Christian Ramsauer, Detlef Kayser und Christoph Schmitz (Hrsg.)
Erfolgsfaktor Agilität

Christian Ramsauer, Detlef Kayser und
Christoph Schmitz (Hrsg.)

Erfolgsfaktor Agilität

Chancen für Unternehmen in einem
volatilen Marktumfeld

WILEY-VCH Verlag GmbH & Co. KGaA

1. Auflage 2017

Alle Bücher von Wiley-VCH werden sorgfältig erarbeitet. Dennoch übernehmen Autoren, Herausgeber und Verlag in keinem Fall, einschließlich des vorliegenden Werkes, für die Richtigkeit von Angaben, Hinweisen und Ratschlägen sowie für eventuelle Druckfehler irgendeine Haftung.

© 2017 Wiley-VCH Verlag & Co. KGaA, Boschstr. 12, 69469 Weinheim, Germany

Alle Rechte, insbesondere die der Übersetzung in andere Sprachen, vorbehalten. Kein Teil dieses Buches darf ohne schriftliche Genehmigung des Verlages in irgendeiner Form – durch Photokopie, Mikroverfilmung oder irgendein anderes Verfahren – reproduziert oder in eine von Maschinen, insbesondere von Datenverarbeitungsmaschinen, verwendbare Sprache übertragen oder übersetzt werden. Die Wiedergabe von Warenbezeichnungen, Handelsnamen oder sonstigen Kennzeichen in diesem Buch berechtigt nicht zu der Annahme, dass diese von jedermann frei benutzt werden dürfen. Vielmehr kann es sich auch dann um eingetragene Warenzeichen oder sonstige gesetzlich geschützte Kennzeichen handeln, wenn sie nicht eigens als solche markiert sind.

Bibliografische Information der Deutschen Nationalbibliothek

Die Deutsche Nationalbibliothek verzeichnet diese Publikation in der Deutschen Nationalbibliografie; detaillierte bibliografische Daten sind im Internet über http://dnb.d-nb.de abrufbar.

Printed in the Federal Republic of Germany

Gestaltung: pp030 – Produktionsbüro Heike Praetor, Berlin
Cover: Christian Kalkert, Birken-Honigsessen
Coverfoto: wi6995 – fotolia.com
Satz: inmedialo UG, Plankstadt
Druck & Bindung:

Gedruckt auf säurefreiem Papier.

ISBN: 978-3-527-50901-0

Inhalt

Vorwort der Herausgeber — 7

Diskussion mit den Herausgebern Prof. Dr. Christian Ramsauer,
Dr. Detlef Kayser und Dr. Christoph Schmitz — 11

1 Agil – Erfolgsfaktor agiles Unternehmenssystem — 17

2 Unsicher – Auswirkungen einer veränderten Welt — 33

3 Definiert – Was man unter Agilität versteht — 77

4 Profitabel – Der Effekt von Agilität auf das Unternehmensergebnis — 101

5 Strategisch – Das richtige Maß an Agilität — 127

6 Informiert – Monitoring als Schnittstelle zum unsicheren Geschäftsumfeld — 161

7 Vorbereitet – Anwendung der Agilitätsstellhebel — 201

8 Koordiniert – Das Steuerungsmodell für Agilität — 239

9 Verankert – Agile Organisation und Unternehmenskultur — 265

Danksagung — 289

Die Herausgeber und Autoren — 291

Stichwortverzeichnis — 295

Vorwort der Herausgeber

Volatilität und Unsicherheit sind heute das neue »normal« für das Management von vielen Unternehmen. Die bisherige typische Mittel- und Langfristplanung verliert an Bedeutung. Stattdessen stehen Szenario-Planung und kurze Reaktionszeiten auf neue Veränderungen stärker im Fokus. Agile Unternehmen stellen sich deutlich besser auf das neue Umfeld ein. Die Agilität wird so zum neuen Erfolgsfaktor für das Management.

Unternehmen werden, nicht zuletzt durch die fortschreitende Digitalisierung global zunehmend enger verknüpft und voneinander abhängig. Inzwischen erzeugen selbst lokale Ereignisse in weit entfernten Regionen nahezu unmittelbar Auswirkungen in den eigenen Heimatmärkten. Insbesondere werden diese immer dann spürbar, wenn Naturkatastrophen wie Erdbeben oder durch Menschen verursachte Störungen, wie Streiks, kleinere Zulieferer aus der zweiten oder dritten Reihe arbeitsunfähig machen. Innerhalb kürzester Zeit können solcherart Ereignisse internationale Konzerne in ihrer Lieferfähigkeit nachhaltig am anderen Ende der Welt in Schwierigkeiten bringen.

Derartige Beeinträchtigungen treten jedoch im globalen Maßstab so gut wie ständig weltweit auf. Dadurch steigt allerdings die wahrgenommene und reale Volatilität, während gleichzeitig die Planbarkeit von Betriebsabläufen abnimmt.

Um diesen Unsicherheiten erfolgreich zu begegnen, müssen Unternehmen entsprechende Rahmenbedingungen schaffen, um die für sie relevanten Volatilitäten vorzudenken, diese zu detektieren und dann geplant darauf zu reagieren. Der Instrumentenkasten dafür ist groß und umfasst Themen wie die Gestaltung von flexiblen Zulieferverträgen, die richtige Einrichtung und Dimensionierung von Reserven, die Flexibilisierung der Mitarbeiter, intelligente Produktionsanlagestrategien und vieles mehr.

Während in vereinzelten Industrien, beispielsweise in der Mode- oder der Tourismusbranche mit ihren saisonalen Volatilitäten, bereits Lösungsansätze erkannt wurden, haben viele Unternehmen bisher keine systematischen Lösungen für die zunehmende Volatilität entwickelt. Nur in wenigen, meist nicht industriellen Umgebungen, wie etwa beim Militär oder in der Raumfahrt, findet man eine konsequente Kultur des Planens mit dem Unvorhersehbaren – oft im Extremen und zu sehr hohen Kosten.

Am Ende stellt die Einrichtung von Agilität im Unternehmen eine Art Versicherungspolice dar: Sie kostet eine Prämie und im Gegenzug versichert sie gegen eine Bandbreite an Unsicherheiten. Wo jedoch der optimale Versicherungspunkt für einen Betrieb liegt, ist eine wichtige unternehmerische Fragestellung. Häufig definiert sich dieser Versicherungspunkt heute als Resultat jahrelanger Einzelentscheidungen und nicht als Ergebnis einer ganzheitlichen optimierten Versicherungsstrategie.

In diesen zunehmend volatilen Zeiten stellen sich daher immer mehr Unternehmen die Frage, ob sie über- oder unterversichert sind. Zu den damit verbundenen Fragen in Bezug auf die Instrumente sowie deren Kosten und Wirkungen soll dieses Buch einen Beitrag leisten.

Managementberatungen sehen in der Agilität seit Langem eine zentrale Fähigkeit von Unternehmen. Diese Fähigkeit zu entwickeln und zu pflegen, nahm in den vergangenen Jahren allerdings immer mehr an Bedeutung zu. Vor allem angesichts von Finanz- und Währungskrise, inhärenter Zyklizität und Saisonalität der Märkte, des rasant beschleunigten technologischen Fortschritts und der globalen Vernetzung sowie sich immer schneller veränderndem Kundenverhalten.

Das Topmanagement weiß zwar zumeist um die Bedeutung des Themas Agilität, arbeitet daran jedoch häufig nicht so intensiv und konsequent wie an klassischen funktionalen Exzellenzaufgaben. Gründe dafür sind die große Komplexität, die mangelnde Greifbarkeit und die schwierige monetäre Übersetzung in Produktivität und Profitabilität. Auch die »Cross-Funktionalität« und der folglich oft fehlende natürliche Eigner des Themas zählen dazu.

Um diese Hürden zu überwinden, bedarf es einer methodisch stringenten »crossfunktionalen« Herangehensweise, in der Stakeholder-Management und entsprechende Steuerungsmechanismen eine wesentliche Rolle spielen. Notwendig sind zudem End-to-end-Betrachtungen sowie eine sorgfältige analytische Durchdringung und Problemlösung zur Vorbereitung der Transformation von Verantwortlichkeiten und Ablauforganisation.

Die schwierigste Aufgabe besteht wahrscheinlich darin, das breite und umfassende Thema Agilität in klar umrissene, handhabbare Teilaspekte »herunterzubrechen«. Gleichzeitig sollen diese Aspekte den Verantwortlichen in der Organisation eindeutig zugeordnet werden, mit der Anforderung, eng und konstruktiv zusammenzuarbeiten. Diese Herausforderung ist durchaus machbar, wenn auch nicht einfach umzusetzen. Sie bietet gerade deshalb die Möglichkeit zur Differenzierung im Wettbewerb sowie zur Verbesserung von Profitabilität und Widerstandsfähigkeit.

Die Idee für das vorliegende Buch ist auf ein gemeinsames Dissertationsprojekt zwischen McKinsey & Company und dem Institut für Innovation und Industrie Management der Technischen Universität Graz zurückzuführen. Der Startschuss fiel nach einer Tagung im Mai 2013 in München, inspiriert durch einen Vortrag eines NASA Commanders, der mehrere Space Shuttle Flüge als Pilot durchführte, zum Thema »Vorbereiten auf das Unvorhersehbare«. Wir entschieden damals, dass für ein Buchprojekt das Zusammenwirken zwischen Industrie, Managementberatung und universitärer Forschung am ehesten zum Erfolg für dieses neue Management-Thema führt. Das Ziel war, ein kompaktes Nachschlagewerk für das Topmanagement von Industrieunternehmen aber auch für Master-Studierende und Doktoranden zum Thema Agilität zu schaffen.

Dem Autorenteam Thomas Deubel, Stefan Heldmann, Andreas Hönl, Martin Kremsmayr, Dominik Luczak, Alexander Pointner, Christian Rabitsch, Matthias Schurig, Marco Wampula, das mit sehr hohem persönlichen Einsatz die Gespräche mit Management und Fachexperten aus der Industrie führte, neue Methoden entwickelte und die zahlreichen Beispiele aufbereitete, gilt unser besonderer und herzlichster Dank für die überaus engagierte Arbeit in den vergangenen drei Jahren.

Februar 2017, Graz, Köln, Frankfurt   Prof. Dr. Christian Ramsauer
                                            Dr. Detlef Kayser
                                            Dr. Christoph Schmitz

Diskussion mit den Herausgebern Prof. Dr. Christian Ramsauer, Dr. Detlef Kayser und Dr. Christoph Schmitz

Interviewer: Das Buch stellt eine Behandlung des Themas Agilität aus verschiedenen Blickwinkeln dar. Was macht die Bedeutung von Agilität in Wissenschaft und Praxis aus? Herr Professor Ramsauer, warum haben Sie Agilität zu einem Forschungsschwerpunkt an Ihrem Institut gemacht?

Prof. Dr. Christian Ramsauer: Zu unseren Grundsätzen am Institut gehört es, dass wir anwendungsbezogen Forschungsthemen auswählen und diese bearbeiten. Vor diesem Hintergrund kam auch das Thema Agilität als Kernthema zustande. In Gesprächen mit Detlef Kayser und Karl-Friedrich Stracke [President Fahrzeugtechnik und Engineering, Magna Steyr] wurde ich darauf aufmerksam, welch hohen Stellenwert das Thema in Unternehmen hat und dass es ein Bedürfnis gibt, hier eine wissenschaftliche Grundlage zu schaffen. Die vorhandenen Publikationen zu diesem Thema waren zu einem Großteil auf oberflächliche Konzepte beschränkt, die sich nicht zur Implementierung im Unternehmen eigneten. Weitere Forschungsaktivitäten in dem Bereich beschränkten sich vor allem auf technische Aspekte, jedoch gab es keine übergreifende Forschung, die auch wirtschaftliche Aspekte genügend mitberücksichtigt. Daraufhin reifte der Gedanke, das Thema zu einem Forschungsschwerpunkt am Institut zu machen, der tatsächlich anwendungsbezogene Ergebnisse hervorbringt und Grundlagen für Managemententscheidungen schafft.

Interviewer: Wie schätzen Sie die zukünftige Entwicklung des Themas in der Forschung ein?

Prof. Dr. Christian Ramsauer: Ich sehe heute, dass das Thema in der Industrie bereits einen hohen Stellenwert einnimmt und über die nächsten Jahre immer wichtiger werden wird. Die Forschung wird hier auch zulegen müssen, und ich bin mir sicher, dass sich in Zukunft mehr Managementprofessoren mit diesem Thema auseinandersetzen werden.

Interviewer: Dr. Schmitz, durch Ihre Arbeit in der Beratung haben Sie einen guten Überblick über Industriegrenzen hinweg und stehen in engem Kontakt zu den Entscheidern. Haben Sie in Ihrer Arbeit bestimmte Muster erkannt, wie sich Unternehmen mit dem Thema Agilität auseinandersetzen?

Dr. Christoph Schmitz: Ich sehe, dass das Thema Agilität von immer größerer Bedeutung für die Wirtschaft wird, ausgelöst durch verschiedenste Treiber. Die Geschwindigkeit von Verhaltensänderungen, Kommunikation, und Innovation beschleunigen die Welt permanent und treiben den Bedarf zur kontinuierlichen Anpassung. Ein wichtiger Faktor hierbei ist sicherlich die fortschreitende Digitalisierung, welche einen immensen Einfluss auf die Unternehmen hat und haben wird. Der Agilitätsdruck auf Wertschöpfungsketten nimmt deutlich zu. Besonders evident ist dies in B2C-Geschäften an der Kundenschnittstelle, da diese Kunden permanent und mit hoher Geschwindigkeit ihren »Geschmack« und ihr Verhalten verändern – durch »push« und »pull«. Hierauf müssen die Unternehmen agil reagieren oder dies sogar aktiv als Differenzierungsfaktor nutzen. Ein Beispiel ist die Modeindustrie. Wo es früher eine Winterkollektion und eine Sommerkollektion gab, haben führende Spieler heute teilweise monatlich wechselnde Kollektionen (fast fashion). Dies treibt eine pivotale Notwendigkeit für Agilität. Im selben Atemzug ist Agilität jedoch auch ein ziemlich amorphes Thema – intellektuell klar, aber operativ schwierig. Alles sollte idealer Art und Weise agiler werden, ein konkreter Anknüpfungspunkt ist jedoch häufig sehr schwer zu greifen, da Agilität in Unternehmen auf organisatorische und Governance-Komplexität trifft. Viele Unternehmen finden sich noch stark in Silostrukturen. Häufig trifft man auf entsprechende Denkweisen: »Ich muss nur auf den Kunden eingehen« oder »es geht nur darum, die Produktion/Supply-Chain agiler zu machen«. Tatsächlich potenziert die Komplexität der Wertschöpfungskette aber den Bedarf an Agilität. Wenn es das Ziel ist, dem Kunden gegenüber agil zu sein, muss in den vorgelagerten Prozessen ein viel höherer Grad an Agilität vorgehalten werden, eine Aufgabe, für die es dann jedoch meist keine definierten Verantwortlichen gibt – dies stellt meines Erachtens ein deutliches Problem dar. Durch die häufig vorgefundenen Silostrukturen erfolgt kein voller Zugriff auf das Thema.

Interviewer: Dr. Kayser, wie sehen Sie das Thema Agilität aus einer Industrieperspektive? Was macht das Thema wichtig und wie wird es innerhalb der Unternehmen wahrgenommen?

Dr. Detlef Kayser: Zunächst lässt sich sagen, dass die zunehmende Volatilität sich direkt auf das Geschäft in der Industrie auswirkt – Vorhersagen werden schwieriger und Entwicklungen schreiten schneller voran. Bereits heute zeigt sich, dass viele Planungsmethoden und Vorhersagealgorithmen nicht mehr die korrekten Antworten auf die stark gestiegene Volatilität im Umfeld liefern können. Auch die Finanzkrise hat vielen Unternehmen gezeigt, wie wichtig Agilität ist. Das macht das Thema natürlich sehr relevant und präsent. Gleichzeitig ist es aber wie auch bereits von Dr. Schmitz erwähnt, ein sehr schwer zu greifendes Thema, und die Tatsache, dass es dabei immer um Ereignisse und in die Zukunft gerichtete Aktivitäten geht, macht es nicht einfach für ein Industrieunternehmen.

Interviewer: Agilität kostet oftmals im ersten Schritt eine gewisse Investition, vor allem im Operations-Bereich, ohne dass bereits ein konkreter Erwartungswert gegengerechnet werden kann. Was ist Ihre Wahrnehmung dieses Konflikts in den Unternehmen?

Dr. Christoph Schmitz: Dieser Konflikt wird sehr deutlich, da Unternehmen oft weiterhin in traditionellen Prozessen und Strukturen denken. Das Verständnis für die Relevanz des Themas ist da, das Thema ist aber auch schwer zu fassen – zum Beispiel wie kann ich Agilität in einer Investmententscheidung bewerten? Diese direkte Überführbarkeit in monetäre Bewertungen ist häufig komplex und damit haben die Unternehmen im Moment immer wieder ein Problem. Weiterhin erlebe ich diese Agilitäts-Debatte sehr oft als eine Problemdebatte, und nicht als eine Lösungsdebatte, das heißt die Diskussionen drehen sich oft um Kosten, Aufwand und Schwierigkeiten, anstatt um die Nutzung von Agilität als Differenzierungs- und Wettbewerbsfaktor. Konkret: Wenn es um Themen geht wie 3D-Druck und dezentrale/lokale maßgeschneiderte Produktion, werden die Chancen und Möglichkeiten transparent gesehen. Wenn es aber um Themen wie Agile Supply Chain geht, dann ist dies viel schwieriger zu fassen und zu bewerten – hier wird das Thema dann schnell als Kostenfaktor gesehen.

Dr. Detlef Kayser: Ich nehme das ähnlich wahr. Das Problembewusstsein für die schwere Vorhersagbarkeit und den Bedarf an Agilität ist in meiner Erfahrung innerhalb der Unternehmen deutlich gestiegen. Woran es aber noch mangelt, ist ein Antwortbewusstsein, welches die korrekten Reaktionen auf diese Probleme generiert. Es fehlt noch an einem konkreten Werkzeugkasten, der hilft diese Themen als Lösungen in den Unternehmen zu etablieren.

Interviewer: Wo sehen Sie die Vorteile des kombinierten Ansatzes aus Forschung, Industrie und Beratung, wie er auch im vorliegenden Buch verfolgt wird?

Prof. Dr. Christian Ramsauer: Der Vorteil der Wissenschaft ist, dass wir uns mit unseren Ressourcen grundlegenden Themen widmen können, ohne bereits im Voraus einen Return-on-Investment vorweisen zu müssen, wie dies in der Wirtschaft der Fall ist. Wir können uns einzelnen Themen widmen, und diese im Rahmen von Doktorarbeiten oder auch Master- oder Bachelorarbeiten tiefgreifend beleuchten. Für sich alleine sind dies nur kleine Ausschnitte, in der Diskussion mit Unternehmen aus Industrie und Beratung jedoch erwächst auf dieser Basis eine sehr interessante Diskussion. Man schärft sozusagen die Forschungsergebnisse und identifiziert die praxisrelevanten – gleichzeitig regt uns die Diskussion an, neue Themen zu verfolgen, die wir bisher möglicherweise noch nicht bedacht hatten. Ich glaube es ist ein guter Innovationsansatz um ein Thema von verschiedenen Seiten zu beleuchten und schnell voranzutreiben. Vor allem die Diskussion und Reibung aus Wissenschaft und Praxis, wie sie auch im Entstehungsprozess unseres Buches stattgefunden hat, ist für ein gutes Ergebnis notwendig.

Dr. Christoph Schmitz: Aus meiner Sicht haben Forschung und Beratung die Fähigkeit, komplexe Fragestellungen wie das Thema Agilität konzeptionell zu fassen und operative Lösungen zu erarbeiten. Diese Lösungen umfassen drei Dimensionen: a) konkrete Prozesse, Tools, Frameworks und Methoden; b) organisatorische, steuerungs- und führungstechnische sowie IT-Lösungen; c) Befähigung und Verhaltensänderungen. Hiermit tut sich die Industrie häufig noch schwer. Die Industrie ist oftmals sehr gefangen im Tagesgeschäft und findet nicht die Zeit und

Möglichkeiten, solche Konzepte zu entwickeln und diese dann in die Operative zu übersetzen.

Dr. Detlef Kayser: Meine Wahrnehmung durch die Industriebrille bestätigt das. Zum einen ist man durch das Tagesgeschäft sehr stark ausgelastet und es findet sich kaum Zeit, ein so großes Thema wie Agilität konzeptionell zu verstehen und zu bearbeiten. Die Industrie ist sehr gut darin, spezifische Lösungen für ein einzelnes Unternehmen oder einen einzelnen Bereich zu finden, tut sich allerdings schwer damit, über die eigene Branche hinwegzusehen und beispielsweise Mustererkennung über ähnliche Aktivitäten in anderen Industrien zu betreiben. Es gibt oft wenig Quereinsteiger, die eine solche Perspektive mitbringen und beispielsweise Lösungen aus der Automobilindustrie auf die Luftfahrt übertragen könnten. Diese konzeptionelle und übertragende Aufgabe ist dann ein Bereich, wo ich den größten Wert im Zusammenspiel mit Beratung und Wissenschaft sehe.

Prof. Dr. Christian Ramsauer: Genau so ging es auch andersherum – so hat ein Student den von uns im Team entwickelten Agilitäts-Index im Rahmen seiner Masterarbeit zur Bewertung eines Unternehmens angewendet und so wiederum neue Erkenntnisse gesammelt. Auch bei dem Thema Messung von Agilität hat unser kombinierter Ansatz zu Erkenntnissen geführt, die nur aus der Industrie oder Beratung heraus nicht möglich gewesen wären. So konnte Dr. Schurig beispielsweise viel Zeit dafür verwenden, sich mit Modellen zu beschäftigen, welche die Agilität eines Unternehmens simulieren – für so etwas ist im beruflichen Alltag in der Regel einfach nicht genügend Zeit vorhanden.

Interviewer: Nun haben wir nochmals die Breite des Themas diskutiert und auch im vorliegenden Buch wird ein ganzheitlicher Ansatz verfolgt. Herr Ramsauer, was hat Sie dazu bewogen, in Ihren Forschungsaktivitäten ebenfalls in dieser Breite vorzugehen?

Prof. Dr. Christian Ramsauer: Vor unserem gemeinsamen Buchprojekt hatten wir bereits ein Projekt mit einem Industrieunternehmen durchgeführt, in welchem wir uns zunächst auf die Produktion beschränkten. Dabei haben wir dann schnell gesehen, dass Verbesserungsmöglichkeiten in der Produktion von einer Vielzahl weiterer Faktoren abhängen – zum Beispiel von den Lieferanten in der Lieferkette, aber auch von organisatorischen Faktoren, mit oftmals noch sehr starren Einheiten und Organisationsformen. Das brachte uns schnell zu dem Schluss, dass Agilität ein Thema ist, das von dem Produktionsleiter bis zum CEO reicht und nicht isoliert in einem Teil betrachtet werden kann. Aus diesem Grund entschieden wir uns, das Buchprojekt in seiner jetzigen Breite durchzuführen.

Interviewer: Herr Schmitz, wie ist es aus Ihrer Sicht möglich, diese eben genannte Breite des Themas Agilität in Beratungsprojekte zu fassen und zu kanalisieren, um gezielt auf einzelne Probleme einzuwirken?

Dr. Christoph Schmitz: Aus meiner Sicht ist es von großer Wichtigkeit, das Thema in einzelne Elemente zu schneiden, um es für die Unternehmen greifbar zu machen. Der gangbare Weg ist hierbei, es in die Strukturen der Unternehmen zu übersetzen, zum Beispiel agile Innovation, agile Supply Chain, agile Kundenschnittstelle und so weiter – am Ende ist es für den Erfolg eines solchen Angangs immer wichtig, dass es einen klaren Verantwortlichen/Eigner gibt. Es ist meines Erachtens ähnlich wie mit dem allseits bekannten Lean-Ansatz, der prinzipiell ebenfalls in jedem Unternehmensbereich angewendet werden kann – auf diese Art muss das Thema Agilität auch deutlich mehr funktional konkretisiert werden, um dedizierte Verantwortlichkeiten zu finden. Gleichzeitig ist die monetäre Verortung des Themas von großer Bedeutung. Es müssen Übersetzungsmechanismen gefunden werden, womit es möglich wird, eine erhöhte Agilität in resultierende KPIs und monetären Impact zu übersetzen. Da ein Großteil der Unternehmen – insbesondere in Nordamerika – sehr stark auf den Kapitalmarkt ausgerichtet ist, geht es am Ende primär um den Return-on-invested-capital (ROIC). Wenn diese Übersetzung erreicht ist, wird es möglich, einem Unternehmen exakt zu zeigen, wo das Thema Agilität angewendet werden kann und was die monetären Vorteile daraus sind. Sobald dies erreicht ist, wird das Thema auch für Führungskräfte greifbar und inspirierend.

Dr. Detlef Kayser: Da stimme ich zu. In der Industrie ist Agilität heute ein vornehmlich qualitativ bewertetes Thema. Das Verständnis für die Wichtigkeit ist da, aber es erfolgt keine finanzielle Bewertung und es ist nicht in die Controlling- oder Planungsfunktion integriert. Das macht eine Berücksichtigung und Argumentation für Agilitätsmaßnahmen natürlich viel schwieriger, schon alleine aufgrund der Sorgfaltspflichten, die ein Geschäftsführer eines börsennotierten Unternehmens befolgen muss. Wenn erreicht werden kann, dass Agilität mehr als eine Art Versicherung auf mögliche zukünftige Ereignisse in die Rechnungslogik des Unternehmenscontrollings einfließt, wird das Thema viel greifbarer und in der Praxis umsetzbar.

Interviewer: Wie bewerten Sie Agilität im Kontext zur fortschreitenden Digitalisierungswelle? Ist es eine Voraussetzung agil zu sein, um auf schnell wachsende Wettbewerber zu reagieren?

Dr. Christoph Schmitz: Ich denke, die Digitalisierung ist ein »Enabler« sowie »Beweggrund« für Agilität gleichermaßen. Zum einen können Unternehmen mittels digitaler Ansätze und Lösungen Agilität im Unternehmen schaffen, die mit anderen Mitteln so nicht möglich wären. Zum anderen ist das Aufkommen von disruptiven Wettbewerbern, die durch digitale Geschäftsmodelle ganze Industrien durcheinanderwirbeln können, eine klare Anforderung für mehr Agilität, um schnellere Reaktionen zu gewährleisten sowie neue Fähigkeiten aufzubauen.

Dr. Detlef Kayser: Die Digitalisierung spielt eine große Rolle in der Erkennung, aber auch Bewältigung von Volatilität. Durch Big-Data-Ansätze beispielsweise können viel präzisere Vorhersagen getroffen werden – und so kann beispielsweise in der Luftfahrt die Ticketnachfrage besser vorhergesagt werden. In der Bewältigung dieser Schwankungen, spielt die Digitalisierung dann auch eine Rolle, indem zum Beispiel über intelligente Pricing-Algorithmen die Auslastung optimiert werden kann. Ich denke, wir stehen hier noch am Anfang eines Weges, der durch die Entwicklung künstlicher Intelligenz und neuronaler Netzwerke noch viel weiter gehen wird.

Interviewer: Ich danke Ihnen allen für die interessante Diskussion.

1 Agil –
Erfolgsfaktor agiles Unternehmenssystem

Dominik Luczak

Inhaltsverzeichnis

1.1	Agilität als Wettbewerbsvorteil	18
1.2	Das agile Unternehmenssystem	19
1.3	Agilität rentiert sich	27
1.4	Erfolgsfaktoren bei der Einführung eines agilen Unternehmenssystems	29
1.5	Struktur dieses Buchs	31

1.1 Agilität als Wettbewerbsvorteil

Die in den letzten Jahren kontinuierlich gestiegene Unsicherheit, mit der sich Unternehmen konfrontiert sehen, stellt diese vor zahlreiche Herausforderungen. Unternehmen müssen ihr Produkt- und Leistungsportfolio ständig auf die sich rasch verändernden Absatzmärkte ausrichten und auf neue Wettbewerber reagieren. Diese Neuen im Markt revolutionieren zum Teil durch bisher unbekannte, oft digitale Geschäftsmodelle etablierte Industrien quasi über Nacht. In Folge werden Innovations- und daraus resultierende Produktlebenszyklen immer kürzer und erfordern ein immer rascheres Handeln der Etablierten. Die Reduzierung der Bauteilvarianz durch modulare Produktarchitekturen unter Einsatz von Standard-Komponenten aus Industriebaukästen sowie ein konsequenter Design-to-Manufacturing-Ansatz reduzieren die Komplexität und ermöglichen die wirtschaftliche Darstellung des Produktportfolios. Zusätzlich werden Kundenanforderungen immer schnelllebiger – und deren Veränderungen über die Zeit dadurch immer schwieriger zu antizipieren.

Im gleichen Maße steigt die Unsicherheit auf den Beschaffungsmärkten, wie man in der Automobilindustrie als Beispiel für die gestiegene Wahrscheinlichkeit des Eintretens von Naturkatastrophen im Nachgang zum Tsunami und der Atomkatastrophe in Fukushima im Sommer 2011 beobachten konnte. Die Überflutung großer Gebiete im Nordosten Japans hatte die Zulieferkette der großen Automobilhersteller empfindlich und nachhaltig getroffen. Innerhalb weniger Tage und Wochen sahen sich die betroffenen Unternehmen gezwungen, alternative Beschaffungsquellen in der ganzen Welt zu erschließen und diese in die Lieferkette zu integrieren.

Diese Herausforderungen erfordern schnellere Anpassungsprozesse in den Unternehmen und machen die explizite Auseinandersetzung mit dem Thema Agilität unabdingbar.

In einem unsicheren Marktumfeld wird Agilität zum Erfolgsfaktor. Unternehmen haben die Chance, sich (a) durch Agilität vom Wettbewerb zu differenzieren, (b) schneller als (weniger agile) Wettbewerber auf kurzfristige Marktpotentiale zu reagieren, (c) in schrumpfenden Märken kosteneffizient und weiter wettbewerbsfähig zu bleiben und (d) sich kontinuierlich an die sich wandelnden Kundenanforderungen anzupassen. Dies erfordert auch die Fähigkeit zur schnelleren organisatorischen Rekonfiguration des Unternehmens durch schnellere Entscheidungsprozesse sowie agilere – sich schneller an sich verändernde interne und externe Anforderungen anpassende – Geschäftsprozesse.

Zahlreiche Unternehmen erkannten bereits den Wert von Agilität für ihr Geschäftssystem und bauen diese konsequent weiter aus. In einem unsicheren Unternehmensumfeld stellt Agilität daher einen entscheidenden Erfolgs- und Wettbewerbsfaktor dar.

Da sich Industrien in der Ausprägung der Unsicherheit stark unterscheiden und Geschäftsmodelle – etwa bei Faktoren wie Kapitalintensität oder Absatzdynamik – stark variieren, unterscheidet sich der strategische Wert von Agilität im Geschäftsmodell von Industrie zu Industrie, aber auch von Unternehmen zu Unternehmen. Das adäquate Maß der Agilität im Geschäftssystem ist daher immer im Einzelfall zu bestimmen und spezifisch auf die Unternehmensstrategie und das jeweilige Unternehmensumfeld zuzuschneiden.

Im Folgenden beschreiben wir zusammenfassend die Kerngedanken dieses Buches. Wir fokussieren uns hierbei auf die Erhöhung von Agilität in Industrieunternehmen und stellen Gründe für die erhöhte Unsicherheit dar, denen sich diese Unternehmen heute gegenüberstehen, definieren was wir hinter dem Begriff Agilität verstehen, erklären die gestiegene Notwendigkeit für Agilität im Geschäftsmodell von Industrieunternehmen, zeigen Möglichkeiten zur Bewertung und Messung von Agilität auf und stellen konkrete Stellhebel und Maßnahmen zur Steigerung der Agilität im Unternehmen vor. Weiter beschreiben wir Mechanismen zur frühzeitigen Erkennung von Handlungsbedarfen – was wir im Folgenden unter dem Begriff »Monitoring« zusammenfassen – und zeigen, wie Unternehmen im Rahmen eines Steuerungsmodells diese Information verwerten und in konkrete Maßnahmen umsetzen können. Nicht zuletzt muss Agilität bereits in der organisatorischen Struktur und der Kultur des Unternehmens verankert sein.

1.2 Das agile Unternehmenssystem

Agilität ermöglicht Unternehmen in einem Umfeld, das von externer Unsicherheit geprägt ist, wirtschaftliche Chancen zu realisieren.

Sowohl in der Praxis als auch in der wissenschaftlichen Literatur findet sich aktuell eine Vielzahl an Definitionen und Interpretationen für den Begriff Agilität.

Wir definieren Agilität in diesem Buch als die Fähigkeit eines Unternehmens, sich proaktiv auf Unsicherheiten vorzubereiten und sich so in die Lage zu versetzen, innerhalb kürzester Zeit auf Veränderungen über die gesamte Wertschöpfungskette hinweg zu reagieren, um wirtschaftliche Chancen zu realisieren.

Die Wege und Chancen zur proaktiven Vorbereitung sind vielfältig: die Nutzung einer Multi-Sourcing-Strategie im Einkauf zum Beispiel, die sicherstellt, dass kritische Vergabeumfänge stets an mehr als einen Lieferanten vergeben werden, oder die Einführung von Arbeitszeitkonten in der Produktion, über die der Arbeitseinsatz der Mitarbeiter in definierten Grenzen über den Zeitablauf angepasst werden kann. Hierzu zählen ebenfalls Maßnahmen, die auf die Flexibilisierung der Zusammenarbeit innerhalb des Unternehmens abzielen, beispielsweise über ein stark projektbasiertes, temporäres Zusammenarbeitsmodell, in denen die Anforderungen der Mitarbeiter stärker über Methoden und Kompetenzen als über traditionelle »Stellenbeschreibungen« definiert werden. Transparenz hinsichtlich zu besetzender Projektstellen kann beispielsweise über eine Online-Plattform hergestellt werden, in der offener Ressourcenbedarf für alle Mitarbeiter transparent gemacht wird. Gleichzeitig kann über ein derartiges zentrales System der interne Bewerbungs- und Besetzungsprozess abgebildet werden.

Um die Agilität des Unternehmens zu erhöhen, muss ein über alle relevanten Bereiche des Unternehmens koordiniertes Agilitätskonzept – im Folgenden agiles Unternehmenssystem genannt – implementiert werden. Dieses besteht aus dem Baustein Monitoring, der als Frühwarnsystem Veränderungen im Unternehmensumfeld erkennt; einem Steuerungsmodell, bestehend aus Prozessen und Gremien, das auf Basis von Informationen aus dem Monitoring Entscheidungen über den Eintritt definierter Szenarien bezüglich Markt- und Umfeldentwicklung sowie die für diese Szenarien zu implementierenden Agilitätsstellhebel trifft.

Die Agilitätsstellhebel umfassen im Kern die reinen Operations-Stellhebel, die – aufgrund ihrer hohen Relevanz für Industrieunternehmen – im Fokus dieses Buches stehen. Hierzu gehören Stellhebel in den Bereichen Arbeitsorganisation, Produktionsanlagen, Produktionsnetzwerk, Beschaffung, Logistik sowie Produktgestaltung.

Der Begriff »Operations« bezieht sich in diesem Buch nicht nur auf die Produktion im engeren Sinne, sondern auf alle Prozesse der Erzeugung von materiellen und immateriellen Gütern über die gesamte Wertschöpfungskette. Die Wertschöpfung findet dabei nicht nur in der Produktion, sondern auch beispielsweise in Produktgestaltung, Beschaffung und Logistik statt.

Daneben existieren Stellhebel zur Erhöhung der Agilität in indirekten Bereichen (Finanzen, IT, HR und so weiter) sowie im Bereich Marketing und Vertrieb, auf die in diesem Buch nicht tiefer eingegangen wird. Zusätzlich umfassen die Agilitätsstellhebel den Bereich Strategie sowie übergreifende Stellhebel mit dem Fokus auf die Erhöhung der organisatorischen Agilität im Unternehmen und der Etablierung einer agilen Unternehmenskultur.

Die Implementierung der Agilitätsstellhebel muss dabei auf die strategische Ausrichtung des Unternehmens abgestimmt sein und wird über kurz-, mittel- und langfristige Ziele sowie die Verankerung in entsprechenden Budgets operationalisiert.

Dieses Buch will ein ganzheitliches Verständnis des Konzepts des agilen Unternehmenssystems schaffen. Dazu gehen wir im Folgenden auf die einzelnen Bausteine in und um das agile Unternehmenssystem näher ein.

1.2 Das agile Unternehmenssystem

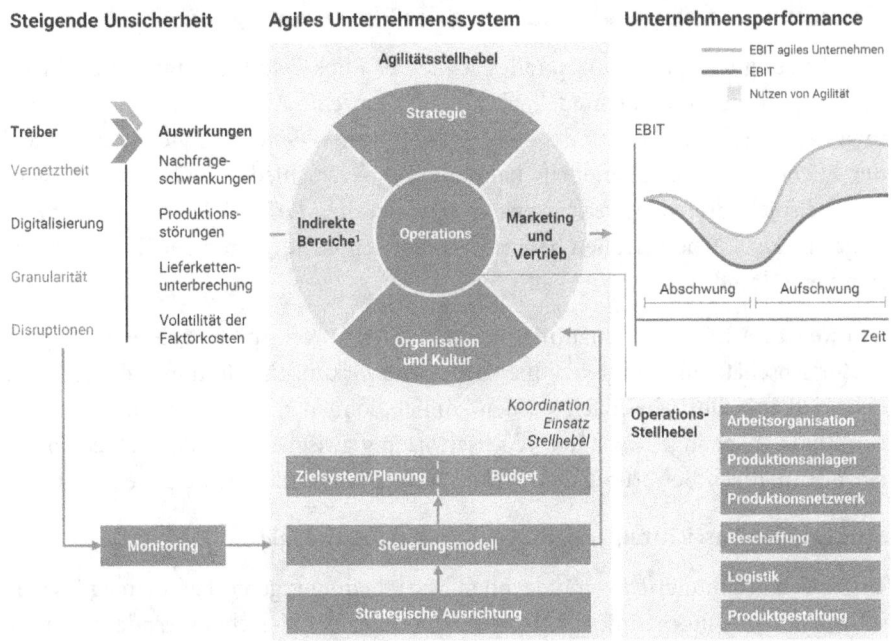

1 Finanzen, HR und weitere indirekte Bereiche (G&A)

Abbildung 1.1: Bausteine eines agilen Unternehmens

Steigende Unsicherheit – Verständnis von Ursachen, Treibern, Einflussebenen und Auswirkungen

Die Grundlage zur Gestaltung des agilen Unternehmenssystems ist ein tiefes Verständnis der Ursachen der gestiegenen Unsicherheit – Unbeständigkeit, Undurchsichtigkeit und Ungewissheit – sowie vorherrschender Treiber und Multiplikatoren, also die globale Vernetzung der Absatzmärkte, die Digitalisierung von Geschäftsmodellen, Disruptionen von Industrien und Marktsegmenten sowie einer gestiegenen Granularität der Wertschöpfung. Sie tragen heute dafür Verantwortung, dass die Unsicherheit zur neuen Normalität geworden ist. Evidenzen hierfür finden sich unter anderem in der gestiegenen Volatilität der Finanzmärkte, in schwankenden Rohmaterialpreisen sowie im gestiegenen und immer schwieriger einzuschätzenden Einfluss von neuen Trends und Technologien. Das Ausmaß der Auswirkung dieser Faktoren und Einflüsse auf das Unternehmen muss daher genau analysiert und bewertet werden.

Kapitel 2 beschreibt diesen Analyse- und Bewertungsprozess in der Praxis. Im Rahmen eines Workshop-Formats können Eintrittswahrscheinlichkeiten und Auswirkungen von Unsicherheiten auf die verschiedenen Bereiche des Industrieunternehmens unter Berücksichtigung des jeweiligen Reaktionsvermögens analysiert und bewertet werden.

Unternehmensperformance – Messung der Effekte von Agilität

Die Messung des Umsetzungsgrades sowie der Effekte von Agilität sollte sowohl für das gesamte Geschäftsmodell, als auch für einzelne Agilitätsstellhebel im Rahmen der Entscheidung über deren Einsatz erfolgen. Die Messung der Agilität auf der Ebene des Geschäftsmodells kann auf Basis verschiedener Größen erfolgen, zum Beispiel durch das Break-even-Niveau oder die *Market Adaptiveness* (Marktfolgefähigkeit). Beide Größen beschreiben den Anpassungsgrad der Kosten an ein sich veränderndes Umsatzniveau.

Um weitere Ansätze zur Quantifizierung der Effekte von Agilität geht es in Kapitel 4. Zur Abschätzung konkreter finanzieller Auswirkungen, die durch den Einsatz von Agilitätsstellhebeln erzielt werden können, lohnen sich aufgrund der komplexen Zusammenhänge sowie der Wechselwirkung zwischen Agilitätsstellhebeln bei der quantitativen Bewertung der Effekte im Geschäftssystem simulative Ansätze.

Strategische Ausrichtung – agile Unternehmensstrategie

Unter sich kontinuierlich verändernden Marktbedingungen erlaubt ein agiles Geschäftsmodell Unternehmen, sich schnell und flexibel an sich ändernde Anforderungen anzupassen. Dadurch kann ein Unternehmen in einem breiten Band von Betriebspunkten wirtschaftlich operieren. Darüber hinaus muss es die strategische Ausrichtung auch erlauben, erkannte Marktchancen – auch wenn diese sich außerhalb der bestehenden Zielmärkte und Produktsegmente befinden – schnell, effizient und effektiv zu realisieren. Dies kann beispielsweise über ein systematisches und eng am Markt und Zielkunden ausgerichtetes Portfoliomanagement erfolgen, indem neue Projekte in einem eigenen Organisationsbereich bewusst von den Regelprozessen und traditionellen Regularien und Anforderungen des Unternehmens abgetrennt werden. Diese Projekte sollten in der frühen Wachstumsphase gestartet und im Rahmen eines Stage-Gate-Ansatzes weiterentwickelt werden. Im Stage-Gate-Ansatz werden engmaschige Meilensteine definiert, an denen der aktuelle Projekterfolg gemessen wird. Hierdurch können Projekte, deren Trajektorie nicht erfolgsversprechend genug ist, schnell gestoppt und die Ressourcen entsprechend umverteilt werden. Dies ermöglicht es Unternehmen, schnell, effizient und effektiv ein breites Portfolio von Projekten – Realoptionen auf zukünftigen wirtschaftlichen Erfolg – zu entwickeln und zu skalieren.

Im Kern steht jedoch die strategische Frage, auf welche Unsicherheiten das Unternehmen durch Investition in Agilität vorbereitet sein möchte, also welcher Level an Agilität der adäquate Level im Sinne der Wirtschaftlichkeit im Geschäftsmodell und in der Unternehmensstrategie ist. Weiter müssen konkrete Stellhebel und Maßnahmen, welche die Agilität erhöhen sollen, ausgearbeitet werden. Bei der Auswahl der Stellhebel zur Agilitätssteigerung sollten Aspekte wie das Verhältnis aus Aufwand (Kosten, gebundene Ressourcen für Implementierung) und Nutzen (Maß an Agilitätssteigerung) sowie der Effekt des Stellhebels in möglichen Zukunftsszenarien eine zentrale Rolle spielen.

Monitoring – Ein Frühwarn-Radar zum schnellen Erkennen von Veränderungen

Der Baustein Monitoring überwacht kontinuierlich das Unternehmensumfeld, um frühzeitig – und idealerweise vor dem Wettbewerb – auf sich ändernde Rahmenbedingungen reagieren zu können. Sie stellt neben dem Steuerungsmodell einen elementaren Baustein des agilen Unternehmenssystems dar.

Rahmenbedingungen in Veränderung können sein: (a) Kundentrends, (b) der Eintritt neuer Wettbewerber in den eigenen Markt, (c) nachhaltige Veränderung von Faktorkosten oder (d) Einflüsse aus regulatorischen Änderungen. Hierzu muss das Unternehmen geeignete Quellen und Sensoren identifizieren, aus denen wertvolle Informationen für die Beobachtung der verschiedenen Entwicklungen gewonnen werden können.

Als Output liefert das Monitoring quantitative oder qualitative Signale, auf deren Basis das Unternehmen Entscheidungen zu seiner agilen Aufstellung treffen kann. Für ein Absatz-Monitoring können beispielsweise Bandbreiten für regionale Absatzzahlen nach Produktgruppen definiert werden. Bei Überschreiten der definierten Grenzen muss man annehmen, dass eine systematische Änderung des Umfelds vorliegt, auf die das Unternehmen reagieren muss. Im Fall von qualitativen Signalen, zu denen beispielsweise Informationen über den Eintritt neuer Wettbewerber oder neuer Technologien gehören, muss das Monitoring relevante Informationen zur Verfügung stellen, auf deren Basis das Management Entscheidungen treffen kann. Das Steuerungsmodell entscheidet auf Basis der Signale des Monitorings über die Einleitung entsprechender Maßnahmen/Agilitätsstellhebel. Typische Monitoring-Felder für Industrieunternehmen sind Märkte, Technologien, Wettbewerb sowie die Zulieferkette. Je früher dort Veränderungen erkannt werden, desto mehr Reaktionszeit bleibt dem Unternehmen zur Entscheidung und Implementierung entsprechender Gegenmaßnahmen. Auf Grund der fortschreitenden Digitalisierung steht heute eine Vielzahl an Informationen zur Verfügung, die als Eingangsgrößen vom Monitoring verwendet werden können. Durch Fortschritte in der IT-Technologie und neuen, analytischen Methoden ist es heute möglich, diese Informationen effizient und zielgerichtet zu nutzen. Vorteile hiervon sind neben einem höheren Automatisierungsgrad bei der Datenauswertung ein »Real-Time Monitoring« sowie die Gewinnung neuer Erkenntnisse durch »tiefere« Analyse der Datenbasis (zum Beispiel »Weak signal«-Analysen). Dies erfordert jedoch spezifische Fähigkeiten im Unternehmen, die aufgebaut werden müssen. Diese Fähigkeiten werden benötigt, um beispielsweise Datenquellen zu identifizieren, zu priorisieren, aufzubereiten und auszuwerten sowie um die dazu notwendige IT-Infrastruktur aufzusetzen und zu unterhalten (zum Beispiel Big-Data-Datenbanksysteme für die Speicherung und Auswertung großer Datenmengen).

Agilitätsstellhebel – Funktionale Hebelkategorisierung

Als Agilitätsstellhebel werden Maßnahmen bezeichnet, welche die Agilität im Unternehmen entsprechend der Definition erhöhen. Sie werden in verschiedenen Bereichen und Funktionen des Unternehmens umgesetzt und wirken auf definierte Bereiche im Geschäftsmodell. Dies kann beispielsweise über die Umsetzung einer Baukastenstrategie in der Produktentwicklung zur Steigerung der Agilität im Einkauf (der nun abgekoppelt von Veränderungen des Produktmixes im bestehenden Kapazitätsrahmen operieren kann) und einer Steigerung der Agilität in der Produktion (die in weiten Bereichen durch eine Komponentenstandardisierung ebenfalls unabhängig von variantenspezifischen Anpassungen der Produktionsanlagen wird) erreicht werden.

Technologische Fortschritte im Rahmen von Industrie 4.0 und Digitalisierung sind ein weiterer wichtiger Stellhebel für Unternehmen, die Agilität in den Operations zu steigern. Wir möchten im Folgenden Exkurs »Industrie 4.0 und Agilität« näher auf diesen Zusammenhang eingehen.

Exkurs 1.1: Industrie 4.0 und Agilität

Die Digitalisierung spielt für Industrieunternehmen eine immer größer werdende Rolle. Sie umfasst sowohl die Digitalisierung der Produkte, etwa die steigende Vernetzung im Automobil, aber auch die unternehmensinterne Digitalisierung von Produktionsanlagen (u.a. zentral koordinierte, führerlose Flurtransportsysteme in Produktionshallen) sowie die Digitalisierung von Prozessen (u.a. digitale Produktenwicklung, -simulation und -validierung).

Die Digitalisierung der Produktionsstufe – im Deutschsprachigen häufig unter dem Schlagwort »Industrie 4.0« zusammengefasst – baut maßgeblich auf vier Säulen auf:

Industrie 4.0			
Daten, Rechenleistung und Vernetzung	Analytische Methoden und Intelligenz	Mensch-Maschine-Interaktion	Digital-to-Physical
- Big Data - Internet-of-Things - Cloud-Technologien	- Künstliche Intelligenz - Advanced Analytics	- Mobile Devices und grafische Oberflächen - Virtuelle und erweiterte Realität	- Generative Fertigungsverfahren - Fortgeschrittene Robotertechnik - Neue Energiespeichermedien

Digitalisierung und Agilität verbindet ein ambivalentes Verhältnis. Zum einen stellt die Digitalisierung einen Enabler, also eine Grundlage, zur Erhöhung der Agilität im Geschäftsmodell dar. So kann durch den Einsatz generativer Fertigungsverfahren beim Prototypenbau die Entwicklungszeit und damit die Time-to-Market signifikant reduziert werden oder die Flexibilität von Fertigungszellen durch Einsatz fortschrittlicher Roboter für ein breiteres Spektrum zu bearbeitender Teile erhöht werden. Zum anderen aber zwingt die Digitalisierung auch Unternehmen, ihre Agilität weiter zu erhöhen, da sie die Wettbewerbsintensität in vielen Industrien durch das Entfallen von Einstiegshürden, wie beispielsweise dem hohen Kapitalbedarf zur Investition in Produktionsanlagen, durch neue digitale Geschäftsmodelle massiv erhöht.

Dieses Buchs bearbeitet das Thema Digitalisierung an den relevanten Stellen intensiver und stellt Chancen und Herausforderungen im Kontext der Agilität heraus: in Kapitel 5 im Kontext von Agilität in der Unternehmensstrategie. Kapitel 6 beschreibt den Einsatz von Big Data und Advanced Analytics-Ansätzen im Rahmen des Monitoring. Kapitel 7 beschreibt diverse Industrie-4.0-Stellhebel zur Erhöhung der Agilität im Bereich Operations.

Zielsystem/Planung und Budgets – Operationalisierung von Agilitätsstellhebeln in Zielsystem, Planung und Budgets

Zur Operationalisierung von Agilität durch Implementierung von Agilitätsstellhebeln müssen Unternehmen notwendige Aufwendungen berücksichtigen, ebenso aber auch erwartete Effekte in Planung, Zielsystem und Budgets frühzeitig verankern. Dies schließt finanzielle Aufwendungen zur Implementierung der Agilitätsstellhebel mit ein, aber auch die verursachten laufenden Kosten sowie nicht-monetären Effekte wie beispielsweise Zusatzabsatz durch Reduzierung von Produktionsrestriktionen. Im Zielsystem können sowohl direkte Agilitätsziele (etwa Ziele für zukünftige Agilität hinsichtlich des Absatzvolumens in Summe oder der Absatzstruktur) als auch indirekte Ziele (etwa Gesamtabsatzwachstum) verankert werden.

Steuerungsmodell – Steuerung und Koordination der Stellhebelumsetzung

Auf Basis des Inputs aus dem Baustein Monitoring muss das Unternehmen entscheiden, welche Agilitätsstellhebel implementiert respektive aktiv geschaltet werden sollen. Diese Entscheidung sollte in einem unternehmensübergreifenden und bereichsübergreifenden Gremium getroffen werden, welches über alle relevanten Informationen und entsprechenden Zugang in die Organisation verfügt. Hierzu empfiehlt sich im Vorfeld die Definition von Agilitäts-Playbooks, die ein Bündel an abgestimmten Agilitätsstellhebeln darstellen, um auf ein definiertes Szenario schnell zu reagieren. So können beispielsweise für den Fall eines nachhaltigen Absatzrückgangs arbeitsorganisatorische Stellhebel vorbereitet und sogar vorabgestimmt werden, um im Eintrittsfall schneller reagieren zu können. Nach Verabschiedung der Maßnahmen innerhalb des Agilitäts-Playbooks werden nachgelagerte Budgets zur Finanzierung der Implementierungskosten, Unternehmensziele sowie – wo notwendig – Bereichs- und Funktionalstrategien entsprechend angepasst.

Agile Organisation und Kultur

Ein weiterer Baustein des agilen Unternehmenssystems ist die agile Unternehmensorganisation und Kultur. Ein agiles Organisationsdesign kann das Unternehmen unterstützen, das Geschäftsmodell schneller zu adaptieren und weiterzuentwickeln oder auch den regionalen Fokus zu verschieben. Es kann aber auch das Unternehmen in die Lage versetzen, seine Aktivitäten auf andere Bereiche des Produktportfolios schneller und kostenoptimaler zu fokussieren. Die Erhöhung der organisatorischen Agilität verläuft entlang der Aspekte Prozesse, Strukturen und Menschen. Hochgradig standardisierte Kernprozesse, globale Anwendung und universelles Verständnis bei Mitarbeitern sind eine wichtige Voraussetzung für eine agile Unternehmensorganisation.

Die organisatorische Struktur des Unternehmens muss als unterstützender Rahmen fungieren. Sie darf die Agilität nicht durch zusätzliche Komplexität oder durch eine Behinderung des Aufbaus kunden- und marktnaher Strukturen negativ beeinflussen. Letztlich steht und fällt der Unternehmenserfolg mit den Menschen, die das Unternehmen ausmachen. Die Etablierung einer starken Kultur mit unternehmerisch denkenden Mitarbeitern bildet den Kern eines agilen Unternehmenssystems. Sie müssen die Unsicherheit als Chance wahrnehmen und ermutigt sein, als Teil von cross-funktionalen Teams unabhängige Entscheidungen zu treffen.

Es stellt sich hierbei die Frage, wie ein Zusammenspiel der Bausteine des agilen Unternehmenssystems funktionieren kann. Auf Basis der Treiber und der jeweiligen Auswirkungen der Unsicherheit auf das Unternehmen beziehungsweise den Unternehmenserfolg wird eine Auswahl an möglichen Planszenarien erstellt. Planszenarien können auf Basis von Absatzentwicklungen (etwa Einbruch des US-Markts), auf Basis von Wettbewerbsaktivitäten (etwa Wettbewerber X tritt in Marktsegment Y ein) oder auf Basis von Faktorkostenveränderungen (etwa: Rohmaterialkosten steigen signifikant) definiert werden.

Zusätzlich werden vorlaufende Kennzahlen (KPIs) und entsprechende Datenquellen identifiziert, die im Rahmen des Monitorings verwendet werden können, um beispielsweise frühzeitig die Marktentwicklung oder den wahrscheinlichen Eintritt eines bestimmten Szenarios vorauszusagen. Dies kann eine Erhebung des Auftragseingangs oder die Erhebung von Erfolgsquoten in frühen Phasen der Vertriebsprozesse (zum Beispiel »Conversion« von Verkaufs- und Beratungsgesprächen) zur frühzeitigen Erkennung von Absatzveränderungen sein.

Im Rahmen des Steuerungsmodells werden für alle Szenarien Bündel an konsistenten und aufeinander abgestimmten Agilitätsstellhebeln erarbeitet, die entweder bereits frühzeitig (also vor Eintritt des Szenarios) oder bei Überschreitung gewisser Szenario-Parameter (etwa Absatzrückgang größer als 30 Prozent) umgesetzt werden.

So kann sich ein Unternehmen heute dazu entscheiden, Grundlagen zur Erhöhung der arbeitsorganisatorischen Flexibilität in der Produktion zu schaffen – etwa den Einsatz von flexiblen Arbeitszeitkonten oder den verstärkten Rückgriff auf Fremdarbeitskräfte, und das bereits vor Eintritt der Planszenarien.

Weitere arbeitsorganisatorische Maßnahmen wie Umtaktungen von Produktionslinien oder der Einsatz von Kurzarbeitszeitmodellen werden erst bei Eintritt entsprechender Planszenarien umgesetzt. Dabei stellt das Unternehmen sicher, dass das Zielniveau an Agilität konsistent zu Geschäftsmodell und Unternehmensstrategie ist. Die Wirtschaftlichkeit der einzelnen Agilitätsstellhebel wird individuell bewertet und sichergestellt. Bei positiver Entscheidung zur Umsetzung spezifischer Agilitätsstellhebel werden diese in die unternehmensweite Planung, Budgets und Zielsysteme entsprechend eingearbeitet.

1.3 Agilität rentiert sich

Man sieht heute bereits an zahlreichen Beispielen, dass agile Unternehmen wirtschaftlich erfolgreicher sind als vergleichbare, weniger agile Wettbewerber. Wir möchten im Folgenden einige Ergebnisse unserer Untersuchungen zum Zusammenhang zwischen Agilität und Unternehmenserfolg vorstellen. Auf Basis verschiedener Betrachtungsweisen zeigt sich durchgängig eine positive Korrelation zwischen Agilität der betrachteten Unternehmen und deren Wirtschaftlichkeit.

Agilitäts-Plus 1: Unternehmen mit niedrigem Break-Even sind profitabler

Der Break-even ist ein betriebswirtschaftliches Konzept, das die Mindestabsatzmenge eines Unternehmens beschreibt, bei der gerade die fixen Kosten durch die erzielten Deckungsbeiträge gedeckt werden. Agile Unternehmen schaffen es, ihre Kostenstrukturen schnell an ein sich änderndes Absatzniveau anzupassen und erreichen dadurch ein geringes Break-even-Niveau. Unsere Untersuchungen zeigen eine stark positive Korrelation zwischen einem niedrigen Break-even-Niveau (relativ zum Umsatz) und der Umsatzrendite von Unternehmen. Wir haben hierzu eine Datenbank mit über 5000 Unternehmen aufgebaut und Umsatz- und Ergebniszahlen über einen Zeitraum von 5 Jahren aus öffentlich verfügbaren Geschäftsberichten ausgewertet. Die durchschnittliche Umsatzrendite von Unternehmen mit einem geringen Break-even-Niveau (weniger als 60 Prozent am Umsatz) weist auf ein im Durchschnitt mehr als viermal so hohes Profitabilitätsniveau im Vergleich zu Unternehmen mit einem höheren Break-even-Niveau hin (definiert als mehr als 80 Prozent vom Umsatz).

Agilitäts-Plus 2: Die Marktfolgefähigkeit eines Unternehmens korreliert positiv mit der Profitabilität

Die Marktfolgefähigkeit eines Unternehmens kann über die Kennzahl Market Adaptiveness gemessen und quantifiziert werden. Diese beschreibt die Anpassungsfähigkeit der Kosten – sowohl der fixen als auch variablen Kosten – bei einer Veränderung des Umsatzes. In Phasen des wirtschaftlichen Aufschwungs, in denen das Unternehmen mit steigenden Umsätzen konfrontiert wird, schaffen es agile Unternehmen, die Kostenbasis unterproportional zum Umsatzanstieg aufzubauen. Bei rückläufigen Umsätzen gilt es, Kosten idealerweise proportional zum Umsatzrückgang zu reduzieren. Auf Basis frei am Markt verfügbarer Unternehmensdaten konnten wir empirisch zeigen, dass zwischen der Anpassungsfähigkeit von Unternehmen und der durchschnittlichen Profitabilität (gemessen nach Umsatzrendite) eine positive Korrelation besteht. Das Top-40%-Quantil der Unternehmen mit guter Market Adaptiveness konnte die durchschnittliche Profitabilität im Zeitraum von 2007 bis 2012 um fast vier Prozentpunkte steigern, wohingegen das Bottom-40-%-Quantil im Durchschnitt fast drei Prozentpunkte an Profitabilität über den gleichen Zeitraum verlor.

Agilitäts-Plus 3: Agil organisierte Unternehmen sind erfolgreicher

Eine Studie von McKinsey & Company aus dem Jahr 2015 findet einen Zusammenhang zwischen agilen Organisationsformen und der Unternehmensperformance. Der »McKinsey Organizational Health Index« zeigt, dass Unternehmen die auf dem Fundament eines stabilen funktionalen Backbones auch agile Elemente in ihrer Organisation einsetzen, eine 70-prozentige Chance besitzen, im Top-25%-Quartil hinsichtlich »Organizational Health« zu liegen – weit mehr als Vergleichsunternehmen, die sich jeweils nur auf eines der beiden Elemente im Organisationsmodell ausgerichtet hatten.

»Organizational Health« weist empirisch eine hohe Korrelation mit der wirtschaftlichen Unternehmensperformance auf. Diese Ergebnisse sind auch konsistent mit den Erkenntnissen einer Studie der Columbia Business School-Professorin Rita Gunther McGrath, die auf Basis einer Stichprobe von mehr als 2300 großen nordamerikanischen Unternehmen jene 10 Unternehmen identifizierte, die es schafften, ihren Nettogewinn um jährlich mehr als 5 Prozent im Zeitraum von 1999 bis 2009 zu steigern. Diese Unternehmen wiesen alle sowohl agile als auch stabile Organisationselemente auf, die es den Unternehmen erlaubten, sich schnell an sich verändernde Marktbedingungen anzupassen.

Agilitäts-Plus 4: Unternehmen mit agiler Ressourcenallokation erzielen einen höheren Shareholder Return

Agile Unternehmen sind in der Lage, ihre Aktivitäten schneller an sich verändernde Anforderungen anzugleichen und ihre Ressourcen entsprechend umzuverteilen. Eine von der Unternehmensberatung McKinsey & Company durchgeführte Studie, basierend auf einer Stichprobe von mehr als 1600 nordamerikanischen Unternehmen im Zeitraum von 1990 und 2005, zeigte, dass Unternehmen, die mehr Kapital in diesem Zeitraum im Unternehmen umverteilen (das Top-Drittel mit einer Reallokation von durchschnittlich 56 Prozent des Kapitals über den Zeitraum von 15 Jahren), einen im Durchschnitt 30 Prozent höheren Shareholder Return aufweisen als das untere Drittel der Stichprobe. Eine agile Ressourcenallokation und schnelle Anpassung der Kapitalstruktur des Unternehmens durch Verschiebung des investierten Kapitals erlaubt Unternehmen, wirtschaftlich erfolgreicher als ihre weniger agilen Konkurrenten am Markt zu agieren.

1.4 Erfolgsfaktoren bei der Einführung eines agilen Unternehmenssystems

Die Transformation des Unternehmens zur Erhöhung der Agilität im Geschäftsmodell ist eine Herausforderung für jedes Unternehmen. Wir beschreiben im Folgenden Faktoren für die erfolgreiche Einführung eines agilen Unternehmenssystems entlang der diskutierten Bausteine.

Agilitätsstellhebel

Faktor 1: Unternehmensweite Synchronisierung der Agilitätsstellhebel

Agilität kann nicht als Insellösung innerhalb von Funktionalbereichen betrachtet werden. Eine Erhöhung der Agilität der Produktion ohne sicherzustellen, dass entsprechende Stückzahlschwankungsbreiten auch von vorgelagerten Logistik- und Einkaufsprozessen erfüllt werden können, wird keinen Mehrwert im Unternehmen liefern. Gerade deshalb ist eine Synchronisierung der Agilitätsstellhebel über alle Bereiche des Unternehmens durch ein cross-funktionales Steuerungsmodell für Agilität unverzichtbar.

Faktor 2: Bündelung von cross-funktionalen Stellhebeln in Agilitäts-Playbooks

Um im Einsatzfall schnell und abgestimmt reagieren zu können, sollten auf Basis der festgelegten Planungsszenarien notwendige Agilitätsstellhebel bereits frühzeitig diskutiert und zur Implementierung vorbereitet werden. Es bietet sich an, auf die spezifischen Planungsszenarien ausgerichtete Bündel an Maßnahmen gemeinsam zu betrachten. Diese Agilitäts-Playbooks sollten im Rahmen der Entwicklung cross-funktional diskutiert und verabschiedet werden. Nur so kann sichergestellt werden, dass Konflikte – insbesondere solche cross-funktionaler Natur, die sonst erst bei der Implementierung des Stellhebels zum Vorschein treten – vorab transparent gemacht werden und gelöst werden können, um eine rasche Implementierung der Stellhebel bei Bedarf zu garantieren.

Monitoring

Faktor 3: Vollständige Transparenz

Umfassende Transparenz ist in allen Bereichen des agilen Unternehmenssystems unabdingbar. Je früher Veränderungen des Unternehmensumfelds durch das Monitoring erkannt werden, desto mehr Zeit und – daraus resultierend – Freiheitsgrade besitzt das Unternehmen zur Auswahl, Implementierung und Umsetzung der Agilitätsstellhebel. Hinsichtlich der Agilitätsstellhebel ist Transparenz bezüglich Implementierungskosten und laufenden Kosten sowie dem erwarteten Maß an zusätzlicher Agilität unerlässlich. Die Arbeit hört nach der Stellhebelumsetzung nicht auf – dann gilt es kontinuierlich Effekte (etwa Stückzahlflexibilisierung) und laufende Kosten nachzuhalten, um bei Bedarf frühzeitig nachsteuern zu können.

Faktor 4: Maximale Automatisierung

Das Monitoring des Unternehmensumfelds hinsichtlich sich verändernder Rahmenbedingungen ist aufwändig, da auf Basis einer Vielzahl unterschiedlicher Quellen und Sensoren in verschiedenen Bereichen Daten konsolidiert, verknüpft und ausgewertet werden müssen. Neue Big-Data-Lösungen helfen, die Effizienz des Monitorings zu erhöhen. Sind Datenquellen und alle Informationen identifiziert und die Verknüpfungs- und Auswertungslogik definiert, kann die Auswertung der Daten vollautomatisiert und in Echtzeit durchgeführt werden.

Strategische Ausrichtung

Faktor 5: Konsistenz zur Unternehmensstrategie

Das adäquate Maß an Agilität hängt von der Industrie und der gewählten Unternehmensstrategie ab. Die Erhöhung der Agilität im Geschäftsmodell sollte nach einer strategischen Entscheidung über den adäquaten Grad der benötigten Agilität und deren nahtlosen Integration in die Unternehmensstrategie erfolgen. Für ein produzierendes Unternehmen im Massenmarkt kann ein niedrigeres Niveau an Agilität hinsichtlich der Anpassungsgeschwindigkeit der Produktionsmenge im Vergleich zu einem Anbieter, der mit höheren Deckungsbeiträgen im Premiumsegment operiert, durchaus Sinn machen und eine gewinnmaximierende Strategie darstellen.

Steuerungsmodell

Faktor 6: Schlagkräftige Positionierung im Unternehmen

Agilität muss durchsetzungsstark im Unternehmen institutionalisiert sein. Nur so wird sichergestellt, dass notwendige Agilitätsstellhebel und daraus resultierende Implementierungskosten auch gegen den Willen von Funktionalmeinungen im Sinne der Vorteilhaftigkeit für das Gesamtunternehmen entschieden und umgesetzt werden können.

Faktor 7: Enge Integration in Budget- und Planungsprozesse sowie Zielsystem

Beschlossene Agilitätsstellhebel müssen eng mit den Kernprozessen im Bereich Planung, aber auch der Investitions- und Finanzierungsstrategie sowie dem Zielsystem des Unternehmens verknüpft und integriert werden. Dies stellt sicher, dass ausreichende Ressourcen für die Implementierung der Stellhebel zur Verfügung stehen und die Wirkung, wie zum Beispiel eine Variabilisierung der Kostenbasis, auch planerisch überprüft werden kann. Die Effekte der Agilitätsstellhebel sollten genauso wie deren Kosten sowohl in Planung, Zielsystemen als auch Budgets berücksichtigt werden.

1.5 Struktur dieses Buchs

Dieses Buch führt den Leser systematisch durch alle wesentlichen Bausteine des agilen Unternehmenssystems. Es zeigt wesentliche theoretische und konzeptionelle Ansätze auf und stellt praxisrelevante Tools und Methoden vor. Jedes Kapitel ist zum besseren Verständnis und als Anreiz zur direkten Anwendung mit Fallstudien aus der Industrie ergänzt.

Die Bedeutung der Digitalisierung über die gesamte Wertschöpfungskette greift das Buch entlang der Kapitel immer wieder auf.

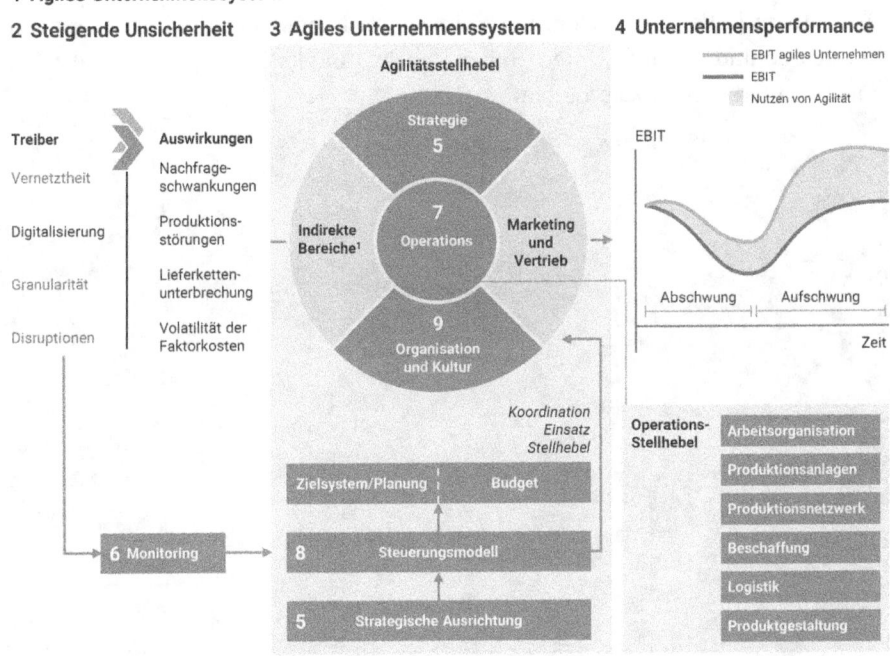

Abbildung 1.2: Kapitelstruktur dieses Buches

Im zweiten Kapitel geht es um die zugrundeliegenden Treiber der steigenden Unsicherheit, mit denen sich Unternehmen heute konfrontiert sehen.

Kapitel 3 gibt die Definition des zugrundeliegenden Agilitätsbegriffes und grenzt diesen zur bestehenden wissenschaftlichen Literatur ab.

Kapitel 4 zeigt Möglichkeiten und Ansätze zur Quantifizierung des Effekts und Nutzens von Agilität im Unternehmen auf.

Um die Synchronisierung der Unternehmensstrategie und Agilität geht es in Kapitel 5.

Kapitel 6 beschreibt den Baustein Monitoring und untersucht, wie moderne Big-Data-Ansätze für die Datenbeschaffung und Auswertung gewinnbringend genutzt werden können.

Eine Einordnung ausgewählter Agilitätsstellhebel sowie ein Exkurs zum Zusammenhang zwischen Industrie 4.0 und Agilität finden sich in Kapitel 7.

Kapitel 8 zeigt verschiedene Ansätze zur Implementierung und Steuerung des agilen Unternehmenssystems auf.

Kapitel 9 betrachtet abschließend den Einfluss der Unternehmensorganisation und -kultur auf die Agilität.

Die Autoren hoffen mit diesem Buch ein weitreichendes Verständnis für Agilität zu schaffen und dadurch Unternehmen dabei zu unterstützen, mit Agilität Wert für das Unternehmen zu schaffen.

2 Unsicher –
Auswirkungen einer veränderten Welt

Martin Kremsmayr

Inhaltsverzeichnis

2.1	**Unsicherheit erkennen**	**35**
	2.1.1 Ursachen des steigenden Unsicherheitsgefühls	36
	2.1.2 Entwicklung der Unsicherheit zur neuen Normalität	43
2.2	**Unsicherheit verstehen**	**52**
	2.2.1 Ausprägungen von Unsicherheit	52
	2.2.2 Ursprungsbereiche von Unsicherheit	54
	2.2.3 Auswirkungen auf die Operations	58
2.3	**Unsicherheit bewerten**	**61**
	2.3.1 Grundprinzip und schematischer Ablauf	61
	2.3.2 Bewertungsprozess in der Praxis	63

> **Leitfragen**
>
> - Auf welche Ursachen ist das steigende Unsicherheitsgefühl bei Entscheidungsträgern unserer Zeit zurückzuführen?
> - Ist Unsicherheit bereits zur neuen Normalität geworden?
> - Wie wirkt sich Unsicherheit auf die Operations produzierender Unternehmen aus?
> - Wie können Unternehmen Unsicherheit strukturiert bewerten und daraus konkreten Handlungsbedarf ableiten?

Die Frage nach der aktuellen wirtschaftlichen Lage sowie möglichen Zukunftsentwicklungen wurde in den vergangenen Jahren zumeist äußerst kontrovers diskutiert. Heute folgt darauf häufig dieselbe Antwort: unbeständig, undurchsichtig und ungewiss. Ein sich dynamisch änderndes Umfeld stellt Unternehmen weltweit vor neue Herausforderungen und hinterlässt ein branchenübergreifend vorherrschendes Gefühl von Unsicherheit. Doch worin liegt dieses vermehrt wahrzunehmende Unsicherheitsgefühl begründet? Was bedeutet Unsicherheit konkret für produzierende Unternehmen und nicht zuletzt: Wie kann Unsicherheit ganzheitlich und strukturiert bewertet werden?

Das in diesem Buch vorgestellte Konzept für ein agiles Unternehmenssystem ermöglicht es Industrieunternehmen, in einem zunehmend unsicheren Umfeld wirtschaftlich erfolgreich zu handeln und sich dadurch einen deutlichen Wettbewerbsvorteil zu verschaffen.

Jedoch ist im Umgang mit Unsicherheit ein systematisches Vorgehen unabdingbar. Der Aufbau dieses Kapitels orientiert sich daher an dem in Abbildung 2.1 schematisch dargestellten Ablauf. Er soll Unternehmen beim Erkennen, Verstehen und Bewerten von Unsicherheit unterstützen und dadurch zur Schaffung einer fundierten Entscheidungsbasis für die Auswahl zielgerichteter Agilitätsstellhebel beitragen.

Im ersten Schritt müssen agile Unternehmen die Unsicherheit in ihrem Geschäftsumfeld als solche erkennen und dabei nicht nur die konkreten Ursachen wahrnehmen, sondern auch die verstärkenden Faktoren unserer Zeit, also Treiber und Multiplikatoren der Unsicherheit, beachten (Kapitel 2.1 – »Unsicherheit erkennen«).

Anschließend gilt es, die unterschiedlichen Ausprägungen und Ursprungsbereiche von Unsicherheit zu verstehen und daraus konkrete Auswirkungen auf das Geschäftsmodell sowie die Operations abzuleiten (Kapitel 2.2 – »Unsicherheit verstehen«).

Die tatsächliche Relevanz einzelner Unsicherheiten wird anschließend mithilfe einer strukturierten Bewertungsmethodik ermittelt (»Kapitel 2.3 – Unsicherheit bewerten«). Dabei wird die Eintrittswahrscheinlichkeit identifizierter Unsicherheiten abgeschätzt und den potenziellen Folgen gegenübergestellt. Als wichtiger

2.1 Unsicherheit erkennen

Kapitel 5 – Agilitätslevel definieren
Kapitel 6 – Monitoring implementieren
Kapitel 7 – Agilitätsstellhebel aktivieren
Kapitel 8 – Maßnahmen steuern
Kapitel 9 – Organisation und Kultur anpassen

2.1 – Unsicherheit erkennen
Ursachen wahrnehmen
Verstärkende Faktoren beachten
Neue Normalität anerkennen

2.3 – Unsicherheit bewerten
Potenzielle Unsicherheiten identifizieren
Eintrittswahrscheinlichkeit abschätzen
Reaktionsvermögen hinterfragen
Folgen bewerten
Handlungsbedarf ableiten
Relevante Unsicherheiten priorisieren

2.2 – Unsicherheit verstehen
Ausprägungen kennen
Ursprungsbereiche erfassen
Auswirkungen begreifen

Abbildung 2.1: Vorgehen im Umgang mit Unsicherheit

Zwischenschritt ist dabei das unternehmenseigene Reaktionsvermögen kritisch zu hinterfragen. Abschließend können die relevanten Unsicherheiten nach einer einfachen Logik mithilfe einer Matrix priorisiert werden.

Das Ergebnis des skizzierten Vorgehens bildet anschließend den Ausgangspunkt für eine effektive Gestaltung eines agilen Unternehmenssystems.

2.1 Unsicherheit erkennen

Der 2007 begonnenen globalen Finanz- und Wirtschaftskrise folgten äußerst unsichere Jahre. Eine Zeit, die nicht zuletzt geprägt war durch die anhaltende Unbeständigkeit der Absatz- und Beschaffungsmärkte, die Folgen undurchsichtiger geopolitischer Zusammenhänge sowie eine große Ungewissheit bezüglich wirtschaftlicher und technischer Entwicklungen. Bereits seit einigen Jahren werden die Konsequenzen dieser unsicheren Rahmenbedingungen in Wissenschaft und Praxis ausführlich diskutiert. Unternehmen versuchen, mit unterschiedlichen Maßnahmen zu reagieren, jedoch bleibt ein hohes Maß an Unsicherheit weiterhin bestehen. Zum einen müssen die Ursachen stark differenziert betrachtet werden und zum anderen tragen gewisse Faktoren dazu bei, dass Unsicherheit inzwischen als neue Normalität betrachtet werden muss.

2.1.1 Ursachen des steigenden Unsicherheitsgefühls

Der Begriff Unsicherheit wird in verschiedenen Kontexten diskutiert und folglich auch unterschiedlich interpretiert. In der klassischen Entscheidungstheorie versteht man unter Unsicherheit schlicht das Gegenteil von Sicherheit und beschreibt künftige Zustände, die nicht sicher vorhergesagt werden können.

Folgt man einem psychologischen Ansatz, so geht der Begriff Unsicherheit stets mit einem Mangel an Vertrauen oder vorherrschenden Angstzuständen einher. Im Kontext dieses Buches verstehen wir unter Unsicherheit einerseits ein subjektiv empfundenes Gefühl bei Entscheidungsträgern, das vor allem in Zeiten schwer vorhersehbarer Zukunftsentwicklungen vermehrt aufkommt. Andererseits zeigen wir anhand realer Entwicklungen, dass das steigende Unsicherheitsgefühl durchaus auch mit konkreten Fakten begründet werden kann. Zahlreiche Führungskräfte kommunizieren diese steigende Unsicherheit als inzwischen allgemein bekannte Tatsache und viele sehen darin eine der größten Herausforderungen unserer Zeit.

Beispielhaft können in diesem Zusammenhang neben geopolitischen Unsicherheiten, Bedenken bezüglicher staatlicher Regulierungen sowie die Folgen technologischer Neuerungen genannt werden. Darüber hinaus ermöglicht die rasant fortschreitende Digitalisierung zwar zahlreiche neue Geschäftsmodelle und trägt in gewissen Bereichen zu enormen Effizienzsteigerungen bei, jedoch birgt sie für viele Unternehmen auch erhebliche Gefahren, beispielsweise im Bereich der Cyber-Kriminalität.

»Die Märkte sind volatiler und unsicherer als bisher und darauf muss reagiert werden.«

Karl-Friedrich Stracke
(Präsident Fahrzeugtechnik & Engineering; Magna Steyr)[1]

Wenngleich die genauen Ursachen der Unsicherheit stets eine differenzierte Betrachtung erfordern, lässt sich das steigende Unsicherheitsgefühl im Wesentlichen auf drei Hauptursachen zurückführen: (1) ein unbeständiges Geschäftsumfeld, (2) undurchsichtige Wirkzusammenhänge und (3) ungewisse Entwicklungen (Abbildung 2.2).

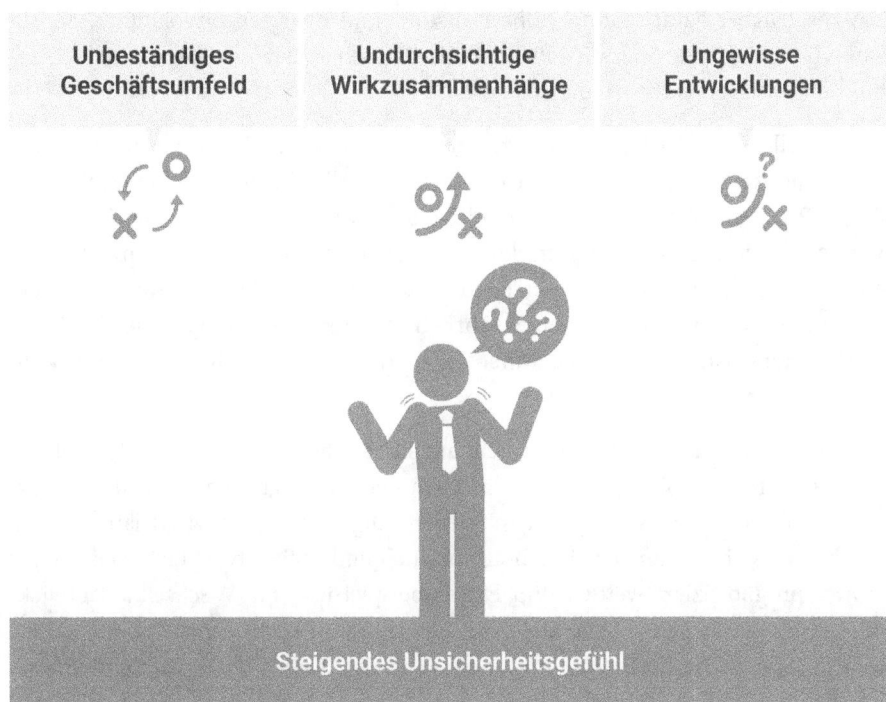

Abbildung 2.2: Ursachen des steigenden Unsicherheitsgefühls

Unbeständiges Geschäftsumfeld

In Zeiten volatiler Märkte und sich dynamisch ändernden Wettbewerbsbedingungen sehen sich Unternehmen mit einem äußerst unbeständigen Umfeld konfrontiert. Schwer prognostizierbare Schocks in der Finanz- und Realwirtschaft können weitreichende Folgen auf das Tagesgeschäft mit sich bringen, aber auch den langfristigen wirtschaftlichen Erfolg von Unternehmen maßgeblich beeinflussen.

Die für die Operations eines produzierenden Unternehmens besonders relevante Unbeständigkeit auf Unternehmensebene stieg in den vergangenen Jahrzehnten signifikant an. Dies kann unter anderem mithilfe von Finanzdaten (außergewöhnliche Entwicklungen von Aktien) oder Realdaten (ungewöhnliche Veränderungen von Beschäftigungszahlen, Umsätzen, Gewinnen und Investitionsaufwendungen) nachgewiesen werden. Zu den Hauptgründen für die zunehmende Unbeständigkeit zählt vor allem der steigende Wettbewerb am Gütermarkt, bedingt durch Trends hin zu mehr Deregulierung. Aber auch beschleunigte Innovationszyklen durch erhöhte Investitionen in Forschung und Entwicklung sowie der einfachere Zugang zu Anleihen- und Aktienmärkten sind beispielhafte Faktoren, die einen wesentlichen Teil dazu beitragen. Dies führt auch dazu, dass heute führende Unternehmen ihre Position weniger erfolgreich halten können, als noch vor 50 Jahren.[2]

Ein zusätzlicher Faktor ist die hohe Rohstoff- und Energiepreisvolatilität, die sowohl die kurzfristige operative Planbarkeit als auch eine langfristig profitable Produktion in vielen Industrien erschwert.

Als aktuelles Beispiel für extreme kurzfristige Schwankungen kann die hohe Ölpreisvolatilität zu Jahresbeginn 2016 gesehen werden. Demnach schwankte der Rohöl-Preis an 24 der ersten 26 Handelstage des Jahres um mehr als 5 Prozent. Vergleichsweise dazu konnten in den vergangenen Jahren Volatilitäten vom Ausmaß >5 Prozent weitaus seltener beobachtet werden. Selbst im Jahr 2008, dem Höhepunkt der Finanzkrise, gab es jährlich in Summe nur knapp über 90 derart volatile Handelstage und im gesamten Jahr 2013 wurden solch hohe Schwankungen überhaupt nicht beobachtet.[3]

Neben stark volatilen Inputkosten stellt auch die hohe Volatilität der Wechselkurse, besonders für global agierende Unternehmen, einen großen Unsicherheitsfaktor dar. Dabei können die genauen Auswirkungen von kurz- und langfristigen Wechselkursschwankungen auf Absatzvolumen und Preisentwicklung vielfach nur schwer prognostiziert werden. Ein Extrembeispiel für eine Wechselkursentwicklung mit langfristigen Folgen stellt der von der Schweizer Zentralbank getätigte währungspolitische Entschluss im Januar 2015 dar. Dabei wurde die Bindung des Franken an den Euro und den damit verbundenen Mindestkurs aufgehoben. Mit dem Ende dieser Kopplung verlor die Schweizer Wirtschaft jenen Schutzschirm, der durch eine künstliche Verbilligung des Franken jahrelang die Exporte deutlich ankurbelte. Die Folgen für die exportorientierte Wirtschaft waren deutlich spürbar: rückläufige Wachstumsraten und geringere Gewinnspannen. Viele heimische Unternehmen sahen sich bereits kurz nach Bekanntgabe dieser Entscheidung gezwungen, über Personalabbau oder Konzernverlagerungen ins Ausland nachzudenken, um den wirtschaftlichen Einbußen entgegenzuwirken.[4]

Weitere Ursachen für das äußerst unbeständige unternehmerische Umfeld finden sich in verstärkt auftretenden politischen Instabilitäten und Regularien. Betrachtet man die durch die Europäische Union in Folge der Krim-Krise im Jahr 2014 verhängten Sanktionen gegen Russland, so zeigt sich unumstritten ein beträchtlicher Schaden auf beiden Seiten. Die politisch motivierten Wirtschaftssanktionen waren demzufolge für milliardenschwere Verluste exportierender Unternehmen vor allem aus Deutschland, aber auch aus dem restlichen EU-Raum, verantwortlich. Darüber hinaus gefährden derartige Sanktionen die Stabilität über viele Jahre gewachsener und gefestigter Handelsbeziehungen.[5]

Undurchsichtige Wirkzusammenhänge

Als eine Folge steigender Komplexität in immer enger vernetzten Wertschöpfungsnetzwerken stehen Unternehmen zunehmend vor der Herausforderung, äußerst undurchsichtige Wirkzusammenhänge und deren Auswirkungen auf die Operations richtig zu interpretieren. Der globale Vernetzungsgrad steigt dabei unter anderem durch neue Informations- und Kommunikationstechnologien sowie sich öffnende und deregulierte Märkte kontinuierlich. Dabei führt dieser Vernetzungsgrad auch dazu, dass vermeintlich überschaubare Entscheidungen oft unvorhergesehene Auswirkungen in nicht berücksichtigten Bereichen mit sich bringen. Dies gilt sowohl für einzelne Unternehmensstandorte, als auch entlang unternehmensübergreifender Wertschöpfungsketten und industrieübergreifend entlang globaler Wirkungsketten.

Die Beherrschung der immer größer werdenden Komplexität in globalen Wertschöpfungsketten stellt besonders heute für viele Unternehmen eine enorme Herausforderung dar. Beispielsweise ist die immer komplexere Vernetztheit von Zuliefernetzwerken bereits seit Jahren ein zentrales Thema in der Automobilindustrie. Durch aktuelle technologische Entwicklungen wird sich diese Thematik jedoch in naher Zukunft noch weiter verschärfen. Denn durch die zunehmende Elektrifizierung sowie den vermehrten Einsatz von Software in den Fahrzeugen, kommen kontinuierlich neue Partner in das automobile Wertschöpfungsnetzwerk hinzu. Für einen Fahrzeughersteller wird es folglich immer schwieriger, die gesamte Wertschöpfungskette – samt den oft äußerst diversen Partnern – bis ins Detail zu überblicken und zu beherrschen. So werden konkrete Aussagen über die Beschaffungsstrategien einzelner Sub- und Subsublieferanten, die Bestimmung der exakten Herkunft einzelner Systemkomponenten sowie die potenziellen Auswirkungen unerwarteter Zwischenfälle immer schwieriger.

Die äußerst komplexen Zusammenhänge können dabei vielfach auch zu indirekten Auswirkungen über nur schwer nachvollziehbare Kanäle führen und tragen so erheblich zur zunehmenden Unsicherheit bei Industrieunternehmen bei. Ausschlaggebend dafür ist dabei nicht zwingend die Anzahl der unterschiedlichen Einflussfaktoren, vielmehr jedoch deren oft vernachlässigte Interdependenzen.

Somit zeigt sich das Treffen von langfristigen und strategischen Entscheidungen in der industriellen Praxis als ein für Unternehmen immer schwierigerer Prozess. So werden in unsicheren Zeiten Großinvestitionen häufig aufgeschoben oder gänzlich vermieden. Selbiges gilt für Exportgeschäfte und Auslandsinvestitionen, vor allem dann, wenn das Zielland mit erhöhter Unsicherheit in Verbindung gebracht wird.

Ungewisse Entwicklungen

Eine Situation kann als ungewiss bezeichnet werden, wenn sich zukünftige Entwicklungen nicht – oder nicht im gewünschten Ausmaß – vorhersagen lassen. Konkrete Ursachen sowie Auswirkungen können vielschichtig sein, zweifelsohne muss Ungewissheit jedoch als ein Hauptgrund des steigenden Unsicherheitsgefühls betrachtet werden. Während das unbeständige Geschäftsumfeld vor allem einzelne konkrete Veränderungen behandelt, beschreiben ungewisse Entwicklungen übergeordnete Trends, die sich in zahlreichen Veränderungen für ein Unternehmen äußern können.

Ein aktuelles Beispiel für ein hohes Maß an Ungewissheit präsentieren die Folgen der wirtschaftlichen Trendwende in China in den Jahren 2015 und 2016. Nach einem jahrelang andauernden Wirtschaftsaufschwung sieht sich die Volksrepublik mit dem Ende ihres beispiellosen Booms konfrontiert. Chinesische Unternehmen kommen zunehmend in Turbulenzen und die wirtschaftliche Stimmung im Land verschlechterte sich in den vergangenen Jahren deutlich. Sinkende Exporte und schwächelndes Wachstum bringen die Wirtschaftsmacht unter Zugzwang und diese Faktoren wirken sich auch deutlich auf die Weltwirtschaft aus. Europäische Unternehmen sehen sich mit einer großen Ungewissheit hinsichtlich der weiteren diesbezüglichen Entwicklung konfrontiert und beginnen zwischenzeitlich, zusätzliche – ähnlich attraktive – Exportländer zu selektieren, also ihre Strategie an die geänderten Bedingungen anzupassen.

Das Beispiel China steht repräsentativ für einen Trend, der sich in den nächsten Jahren noch weiter verstärken wird. Rasant aufstrebende Schwellenländer sorgen in Zukunft für einen Wandel der Weltwirtschaftsleistung, die künftig wohl nicht mehr vornehmlich durch die etablierten Volkwirtschaften, sondern in zunehmendem Ausmaß auch durch neue Wachstumsmärkte generiert wird. Eine wesentliche Rolle dabei spielen nicht nur stark wachsende Mega-Städte mit mehr als zehn Millionen Einwohnern, sondern auch eine Vielzahl kleinerer Städte, die westlichen Entscheidungsträgern oft kaum bekannt sind. Laut einer Studie des McKinsey Global Institute deutet vieles darauf hin, dass bis 2025 knapp die Hälfte des globalen BIP-Wachstums aus weniger als 440 heute weitgehend unbekannten Städten beigesteuert wird.[6] Diese Tatsache stellt einen großen Unsicherheitsfaktor dar, da die Entscheidungsträger ihre Unternehmen bereits heute auf dieses Szenario vorbereiten müssen, wenngleich effektive Wachstumsraten und deren konkrete Auswirkungen noch weitgehend ungewiss sind.

Die Frage nach realistischen Zukunftsszenarien stellt sich jedoch nicht nur angesichts der Entwicklung unterschiedlicher Wirtschaftsräume. Für viele Unternehmen stellen vor allem technologische Entwicklungen einen schwer kalkulierbaren Unsicherheitsfaktor dar. Die Digitalisierung auf industrieller Ebene schreitet rasant voran und bringt eine Vielzahl an neuen Anwendungsbereichen und Geschäftsmodellen mit sich. Vielen Entscheidungsträgern fällt es jedoch schwer, die konkreten Auswirkungen auf ihr Unternehmen und Geschäftsmodell abzuschätzen.

Ein gutes Beispiel hierfür stellt die derzeitige Lage der Automobilindustrie dar. Neue Technologien und die fortschreitende Digitalisierung bringen etablierte Hersteller unter Zugzwang. Konkurrenz kommt dabei nicht nur aus den eigenen Reihen. Vielmehr drängen IT-Giganten wie Apple und Google mit neuen innovativen Ansätzen in das Kerngeschäft der Autobauer vor.

Darüber hinaus bringen disruptive Geschäftsmodell-Innovationen die Branche in Aufruhr. Neue Mobilitätskonzepte und eine boomende Sharing Economy verleitet dazu, traditionelle Gepflogenheiten im Bereich Mobilität und Reisen von

Grund auf neu zu überdenken. So reduzierte sich in den USA der Anteil an Personen mit Führerschein im Alter zwischen 16 und 24 Jahren, im Zeitraum von 2000 bis 2013 von 76 Prozent auf rund 71 Prozent. Hingegen stieg in den letzten fünf Jahren die Zahl der Car-Sharing-Nutzer in Nordamerika und Deutschland um über 30 Prozent an. Des Weiteren zeichnet sich ein neuer Trend ab, wonach Autofahrer nicht länger selbst ein Fahrzeug für sämtliche Aktivitäten besitzen wollen, sondern je nach Anlass aus einem Pool unterschiedlicher Leihfahrzeuge wählen möchten, also beispielsweise einen Sportwagen für das Wochenende oder einen Kleintransporter für Großeinkäufe.[7]

Ein weiterer Unsicherheitsfaktor in der Automobilindustrie stellt die Entwicklung der Elektromobilität dar, wie der nachfolgende Praxiseinblick verdeutlicht.

Exkurs 2.1: Unsicherheitsfaktor Elektromobilität

Ein kurzer Rückblick in die Geschichte zeigt, wie technologische Neuerungen oft weitreichende Folgen mit sich bringen. Während manche Innovationen jedoch schon innerhalb kürzester Zeit zu großem Erfolg führen – man denke nur an das Apple iPhone, das unmittelbar nach seiner Erstvorstellung 2007 bereits millionenfach verkauft wurde –, benötigen andere Entwicklungen weitaus länger. Ein Beispiel hierfür ist die Geschichte der Elektromobilität, deren Grundstein bereits im 19. Jahrhundert gelegt wurde. Dem rasanten Aufschwung und einer ersten Blütezeit um die Jahrhundertwende folgte schnell Ernüchterung. Die Vorteile der Verbrennungsmotoren überwogen deutlich und drängten das elektrische Antriebskonzept für lange Zeit in eine Nischenposition.

Im vergangenen Jahrzehnt gewann das Thema Elektromobilität durch das Zusammenspiel diverser Entwicklungen jedoch wieder rasant an Bedeutung. Dazu gehören unter anderem:

Sinkende Herstellkosten: Technologische Entwicklungen und Skaleneffekte in der Batterieproduktion resultieren in signifikant fallenden Gesamtfahrzeugkosten.

Steigendes Umweltbewusstsein: Vor allem junge Käuferschichten in städtischen Gebieten sehen in elektrischen Fahrzeugen zunehmend eine vielversprechende und umweltschonende Alternative.

Regularien und Subventionen: Umweltpolitische Regularien hinsichtlich Effizienz und Emission sowie staatliche Subventionsprogramme fördern die Verkaufszahlen.

Attraktivere Fahrzeuge: Ein wachsendes Angebot an leistbaren Fahrzeugen mit alltagstauglicher Reichweite macht E-Mobilität deutlich attraktiver.

Ausbau der Infrastruktur: Der schnell voranschreitende Ausbau einer flächendeckenden Lade- und Serviceinfrastruktur fördert eine breite Akzeptanz.

Aufgrund dieser Entwicklungen könnte man durchaus vermuten, der lange vorhergesagte Wandel in der Automobilbranche wäre bereits weit fortgeschritten. In der Tat deutet vieles auf einen radikalen Umbruch hin und die Elektrifizierung von Fahrzeugen gehört neben Trends wie dem autonomen Fahren, der digitalen Vernetzung und der boomenden Sharing-Economy zu den wesentlichen Veränderungstreibern.

»Wir stehen vor der Neuerfindung des Automobils.«

Dieter Zetsche
(Vorstandsvorsitzender, Daimler AG, 2015)[8]

Jedoch ist kaum ein Thema mit einem derart hohen Maß an Unsicherheit behaftet wie die Zukunft der Elektromobilität. Einer aktuellen Studie von McKinsey & Company zufolge wird der Anteil an elektrifizierten Fahrzeugen im Jahr 2030 zwischen 10 bis 50 Prozent liegen.[9] Diese äußerst große Schwankungsbreite deutet bereits auf ein enormes Maß an Unsicherheit hin. Unbestritten ist jedoch, dass die Entwicklung der E-Mobilität weitreichende Folgen für unterschiedliche Wirtschaftszweige mit sich bringen wird. Während sich Automobil-OEMs auf veränderte Nachfrageszenarien einstellen können und vor allem mit Änderungen im Produktportfolio reagieren müssen, sehen sich Komponentenlieferanten, wie beispielsweise Getriebehersteller, mit der potenziellen Disruption ihres Kerngeschäfts konfrontiert. Dass es zu einem signifikanten Wandel in der Automobilindustrie kommen wird, scheint klar zu sein. Es bleibt lediglich die Frage offen, wann dies der Fall sein wird.

»I believe the auto industry will change more in the next 5 to 10 years than it has in the last 50.«

Mary Barra
(Vorstandsvorsitzende und CEO, General Motors, 2016)[10]

Dabei wirken sich die bevorstehenden Entwicklungen keinesfalls nur auf die Automobilbranche aus. So können gute Nachrichten für die Elektromobilität und eine umweltfreundliche Zukunft, aber auch schwerwiegende Folgen für andere Bereiche wie zum Beispiel die Ölindustrie mit sich bringen. Die Ölbranche hatte in jüngster Vergangenheit ohnehin mit äußerst volatilen Ölpreisen zu kämpfen und wird mittelfristig durch die aufstrebende Elektromobilität weiter unter Druck gesetzt. Der Nachrichtendienst Bloomberg betrachtet dabei unter anderem ein Szenario, das einen signifikanten Rückgang des Öl-Konsums bis zum Jahr 2040 vorhersagt. Dies könnte eine fatale Krise in der Ölindustrie mit unüberschaubaren Auswirkungen für die gesamte Weltwirtschaft zur Folge haben. Betrachtet man hierbei ein Extremszenario, das von gleichbleibend hohen Verbreitungsraten von Elektrofahrzeugen – derzeit rund plus 60 Prozent jährlich – ausgeht, so würden durch elektrisch angetriebene Fahrzeuge sogar bereits 2023 jährlich rund 2 Millionen Barrels an Öl substituiert werden. Das würde mengenmäßig exakt jener Überproduktion an Öl gleichkommen, die bereits 2014 eine weitreichende Ölkrise auslöste.[11] Genauer Zeitpunkt und konkrete Auswirkungen einer solchen Krise hängen natürlich stark von den tatsächlichen Verkaufszahlen der elektrifizierten Fahrzeuge ab, der Eintritt als solches gilt bei Experten jedoch als durchaus wahrscheinlich.

> Trotz großer Unsicherheit bezüglich zukünftiger Entwicklungen und branchenübergreifender Auswirkungen deuten viele Faktoren auf eine vielversprechende Zukunft für die Elektromobilität hin. Der Wandel hin zur elektrifizierten Mobilität birgt jedoch große Chancen für traditionelle Hersteller und sollte vor allem als wertvoller Nährboden für richtungsweisende Innovationen gesehen werden.

2.1.2 Entwicklung der Unsicherheit zur neuen Normalität

Ein Blick in die Geschichte verdeutlicht schnell, dass die gesamte Weltwirtschaft und somit auch das individuelle wirtschaftliche Umfeld vieler Unternehmen stets durch ein gewisses Maß an Unsicherheit geprägt waren. So sorgten die später als industrielle Revolutionen bezeichneten Umbrüche für eine radikale Veränderung der technischen, wirtschaftlichen und gesellschaftlichen Verhältnisse und das auch weit über die produzierende Industrie hinaus. Kriege und politische Konflikte aber auch einzelne Ereignisse wie Terroranschläge oder Naturkatastrophen beeinflussten oft jahrelang die Entwicklung der Realwirtschaft. Darüber hinaus wirkten sich weitreichende Krisen in der Finanzwirtschaft massiv auf die globale Wirtschaftsdynamik aus.

Es stellen sich daher folgende Fragen: Ist die Unsicherheit für Unternehmen im Laufe der Zeit wirklich gestiegen, oder handelt es sich dabei lediglich um ein subjektiv empfundenes Gefühl? Ist Unsicherheit tatsächlich zur neuen Normalität geworden – und wenn ja, warum?

Die Gründe für das steigende Unsicherheitsgefühl bei Entscheidungsträgern unserer Zeit sind vielschichtig und lassen sich nur schwer quantifizieren. Dennoch können auch konkrete Entwicklungen beobachtet werden, die dieses Gefühl eindeutig rechtfertigen. Die in Abbildung 2.3 dargestellten Analysen des McKinsey Global Institute (MGI) zeigen hierfür exemplarische Beispiele auf.

Im letzten Jahrzehnt sahen sich viele produzierende Unternehmen mit unerwartet hohen Rohstoffpreisen konfrontiert. Zudem lassen sich heute deutlich schwieriger entsprechende Vorhersagen treffen, als in der Vergangenheit. Angesichts eines stetig wachsenden Konkurrenzdrucks im globalen Umfeld und vielerorts stagnierenden Absatzmärkten – insbesondere in etablierten Industrieländern – stellen volatile Rohstoffpreise eine bedeutende Herausforderung für Unternehmen dar. Betrachtet man die Rohstoffpreisentwicklung der letzten hundert Jahre detaillierter, so ist vor allem die signifikante Trendwende um die Jahrtausendwende bemerkenswert. Nach einem kontinuierlichen Verfall seit 1900 erreichten die gemittelten Realrohstoffpreise für Energie, Lebensmittel, Agrarrohstoffe und Metalle durch einen rapiden Anstieg im ersten Jahrzehnt des 21. Jahrhunderts wieder ein ähnliches Niveau wie zuletzt vor 100 Jahren. Darüber hinaus war dieses Jahrzehnt außerdem von einer deutlich höheren Preisvolatilität geprägt.[12]

Volatilere Rohstoffpreise

Entwicklung des Rohstoffpreisindex seit 1980
Nominaler Preisindex: Jan. 1980 = 100

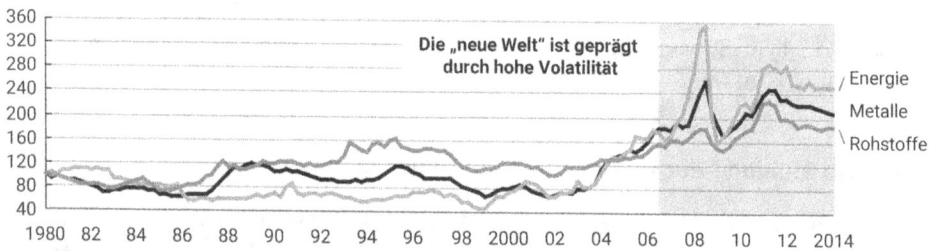

Unvorhersehbare Auswirkungen neuer Technologien

Neue Technologien im Jahr 2025
Bandbreite geschätzter wirtschaftlicher Auswirkungen, in Billionen Dollar pro Jahr

1. Mobiles Internet
2. Automatisierte Wissensarbeit
3. Internet der Dinge
4. Cloud Technologie
5. Fortgeschrittene Robotik
6. Autonome und beinahe autonome Fahrzeuge
7. Gentechnik der nächsten Generation
8. Energiespeicher
9. 3D-Druck
10. Hoch entwickelte Materialien
11. Öl- und Gas-Exploration und Abbau
12. Erneuerbare Energien

Komplexere Handelsstrukturen

Entwicklung globaler Handelsrouten
Linien zeigen die totalen Handelsströme von Gütern zwischen Regionen

— 50 bis 100 Mrd. USD   — 100 bis 500 Mrd. USD   ▬ 500 Mrd. USD oder mehr

1990
Die Vereinigten Staaten und Westeuropa waren die zentralen Handelsdrehscheiben

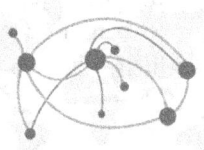
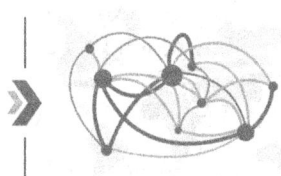

2010
Globale Handelsströme sind stark gewachsen und bilden ein hochkomplexes Netz mit neuen Hauptakteuren aus Asien und dem Mittleren Osten

Steigende Anzahl disruptiver Ereignisse

Anstieg der Anzahl von Naturkatastrophen in den vergangen Jahrzehnten
Anzahl der Katastrophen weltweit[1]

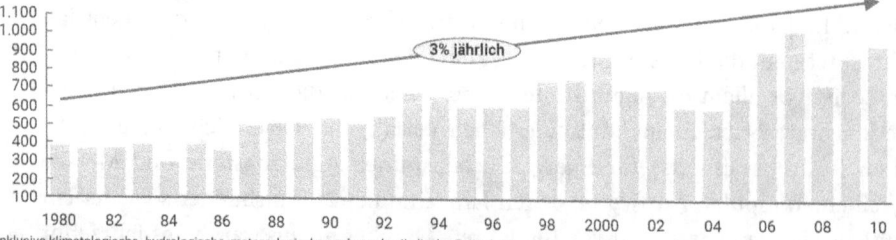

1 Inklusive klimatologische, hydrologische, meteorologische und geophysikalische Ereignisse

Abbildung 2.3: Beispielhafte Indikatoren[13,14,15,16]

Ein weiterer Indikator für eine steigende Unsicherheit kann auch in neuen, teils äußerst disruptiven Technologien gesehen werden, deren zukünftige Entwicklungen jedoch nur sehr schwer vorhersehbar sind. Dies gilt sowohl für die Dauer bis zur vollständigen Verdrängung einer bestehenden Technologie als auch für die damit verbundenen gesamtwirtschaftlichen Auswirkungen. Hier sind vor allem industrielle aber auch politische Entscheidungsträger gefragt. Sie müssen das weitreichende Disruptionspotenzial solcher Technologien frühzeitig erkennen, um Wirtschaft und Gesellschaft entsprechend darauf vorbereiten zu können.

Darüber hinaus führten reduzierte Handelsbarrieren in den vergangenen Jahrzehnten weltweit zu neuen und deutlich erweiterten Handelsrouten. Infolgedessen sehen sich Industrieunternehmen mit den stets komplexer werdenden Strukturen solch globaler Handelsnetze konfrontiert, in denen nun auch Akteure aus Asien und dem Mittleren Osten eine zentrale Rolle einnehmen.

Weitere Effekte, wie die zunehmende Anzahl und die weitreichenderen Auswirkungen von Naturkatastrophen, stellen einen immer größer werdenden Unsicherheitsfaktor dar.[17] Hierzu zeigt das nachfolgende Fallbeispiel 2.1 deutlich, wie ein vermeintlich kleiner Zwischenfall weitreichende Folgen mit sich bringen kann und der richtige Umgang mit Unsicherheit für Unternehmen einen bedeutenden Wettbewerbsfaktor darstellt.

Fallbeispiel 2.1: Chronologie eines Zwischenfalls, der die Mobilfunkbranche nachhaltig veränderte[18]

Am 17. März 2000 verursachte ein Blitzeinschlag in einer Hochspannungsleitung ein Feuer in einer Fabrik von Philips Electronics in New Mexiko (USA). Die Fabrik stellte Mikrochips für die damaligen Mobiltelefone her, wobei 40 Prozent der produzierten Chips für die beiden skandinavischen Rivalen Ericsson und Nokia bestimmt waren. Das verhältnismäßig kleine Feuer konnte innerhalb weniger Minuten wieder gelöscht werden und die Auswirkungen des kurzen Brandes schienen auf den ersten Blick gering. Doch Löschwasser und Rauchpartikel drangen bis in das Reinraumwarenlager des Unternehmens vor. Dabei wurden Millionen von fertigen Chips kontaminiert und somit unbrauchbar gemacht.

Am 20. März kontaktierte Philips Electronics seine Kunden. Das Unternehmen erklärte, dass der Aufräumvorgang noch etwa eine Woche in Anspruch nehmen würde. Die Reaktion der beiden Hauptkunden Ericsson und Nokia auf diese Nachricht war jedoch äußerst unterschiedlich. Bis zu diesem Zeitpunkt hatte Ericsson selbst noch keine Liefereinschränkungen bemerkt und vertraute daher voll auf die Aussagen von Philips. Nokia hingegen erkannte frühzeitig, dass es bei Philips zu längerfristigen Betriebsunterbrechungen kommen könnte und intensivierte den Kontakt mit seinem Lieferanten auf unterschiedlichen Ebenen. Durch das proaktive Verhalten einiger Mitarbeiter wurden die potenziellen Probleme rasch kommuniziert und ein firmeninternes Risiko-Management in Gang gesetzt. Klar definierte Eskalationsstufen ermöglichten es Nokia, innerhalb kurzer Zeit einen Notfallplan aus drei Sofortmaßnahmen zu erstellen:

Maßnahme 1: Ein Team aus Führungskräften und Ingenieuren suchte gemeinsam mit Verantwortlichen bei Philips nach alternativen Produktionsstrategien für Nokia. Philips passte daraufhin seine Produktionskapazitäten in anderen Ländern an, um den Ausfall in New Mexiko bestmöglich zu kompensieren.

Maßnahme 2: Ein zweites cross-kontinentales Team arbeitete unter Hochdruck an konstruktiven Änderungen der Chiparchitektur, die anschließend auch in anderen Werken von Philips, aber auch an Produktionsstandorten anderer Zulieferer realisiert werden konnten.

Maßnahme 3: Eine dritte Gruppe machte sich auf die Suche nach alternativen Lieferanten für baugleiche Chips und wurde kurzfristig sogar im eigenen Netzwerk fündig.

Am 31. März musste Philips eingestehen, dass die Aufräumarbeiten doch längere Zeit in Anspruch nehmen würden und schließlich war das Werk sechs Wochen außer Betrieb. Der für die Telefonsparte bei Ericsson verantwortliche Manager wurde erst Anfang April in das Geschehen mit einbezogen. Zu diesem Zeitpunkt waren aufgrund der schnellen Reaktion von Nokia kaum noch Wege offen, aus der Lage unbeschadet herauszukommen. Einerseits waren alle Elektronikhersteller in diesen Jahren aufgrund des Booms an Mobiltelefonen und anderer Elektronikgeräte – der Markt wies zu dieser Zeit jährliche Wachstumsraten von über 40 Prozent auf – an die Kapazitätsgrenze ihrer Produktion angekommen, andererseits war das Werk in New Mexico der einzige Lieferant für Chips an Ericsson.

Am 20. Juli 2000 vermeldete Ericsson einen durch den Vorfall verursachten operativen Verlust von rund 200 Millionen Dollar im zweiten Quartal, allein in der Telefonsparte. Ein halbes Jahr später räumte man ein, dass der Gesamtschaden bei über 1,68 Milliarden US-Dollar und einem Verlust an Marktanteilen in der Höhe von drei Prozent lag. Nokia hingegen profitierte von seiner proaktiven Reaktion und den effizienten Maßnahmen. Ein Gewinnanstieg um 42 Prozent sowie ein gesteigerter Marktanteil um 30 Prozent waren die Folge.

Doch noch viele weitere Effekte tragen zur steigenden Unsicherheit unserer Zeit bei. So veränderte sich in zahlreichen Branchen das unternehmerische Umfeld vor allem seit der Finanzkrise 2008 deutlich. Verschlechterte Finanzierungsbedingungen und ein zurückhaltendes Käuferverhalten sind nur zwei Beispiele für eine Vielzahl an Spätfolgen. Dazu kommen neue technische Entwicklungen und innovative Businessmodelle, deren Auswirkungen für viele Unternehmen schwer abschätzbar bleiben.

Wir leben in einer äußerst dynamischen Zeit, in der zukünftige Entwicklungen kaum vorhergesagt werden können. Es scheint tatsächlich, als wäre in unserem heutigen Umfeld die Unsicherheit deutlich gestiegen und bereits zu einem ständigen Begleiter geworden.

2.1 Unsicherheit erkennen

Aber ist Unsicherheit tatsächlich fester Bestandteil der neuen Normalität und wenn ja, warum?

Es stellt sich dabei die Frage, ob und inwiefern sich die gegenwärtige Situation von früheren Ereignissen tatsächlich unterscheidet. Das zunehmend unsichere Geschäftsumfeld und das daraus resultierende steigende Unsicherheitsgefühl bei Entscheidungsträgern kann jedoch nicht auf einzelne Ursachen zurückgeführt werden. Vielmehr sollte es als ein Resultat verschiedener Faktoren gesehen werden, die das bereits zuvor vorhandene Maß an Unsicherheit verstärken. Bei diesen Faktoren handelt es sich um ein unüberschaubares Spektrum an Treibern und Multiplikatoren. Dennoch können sie in die folgenden vier Kategorien zusammengefasst werden: Digitalisierung, Granularität, Disruption und Vernetztheit. Diese Faktoren werden in den folgenden Ausführungen einer genaueren Betrachtung unterzogen (siehe hierzu auch Abbildung 2.4).

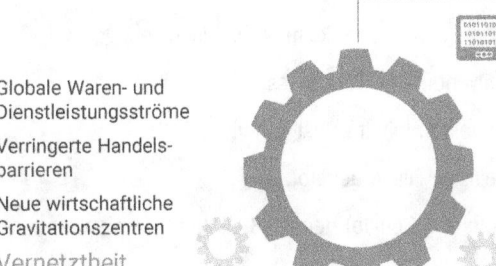

Digitalisierung
Digitale Geschäftsmodelle und Prozesse
Trend zu Ökosystemen und Plattformen
Neue Wege der Information und Kommunikation

Globale Waren- und Dienstleistungsströme
Verringerte Handelsbarrieren
Neue wirtschaftliche Gravitationszentren
Vernetztheit

Granularität
Stark fragmentierte Märkte
Hohe Diversität der Produktportfolios
Kundenspezifische Kommunikationskanäle

Disruption
Radikale Substitution etablierter Technologien
Exponentielle Verbreitungs- und Wachstumsraten
Beschleunigte Innovationszyklen

Abbildung 2.4: Unsicherheitsverstärkende Faktoren

 Digitalisierung

Kaum ein Thema wurde in den letzten Jahren ausgiebiger diskutiert als jenes rund um die fortschreitende Digitalisierung unserer Welt. Im Kontext industrieller Unternehmen gelten vor allem digitalisierte Produkte und Serviceleistung sowie die Digitalisierung unternehmensinterner Prozesse und der Produktion als vielversprechende Maßnahmen um bis dato ungenutzte Potenziale zur Effizienzsteigerung realisieren zu können. Aktuelle Trends in diesem Bereich werden oft unter Schlagworten »Industrie 4.0« oder »Internet der Dinge« zusammengefasst. Sie wirken sich auf produzierende Unternehmen in unterschiedlichen Bereichen aus und implizieren zumeist eine enge Vernetzung der Schnittstelle Mensch-Maschine sowie zwischen den einzelnen Produktionsanlagen und dem hergestellten Produkt.

Für Unternehmen sind die genauen Folgen der Digitalisierung auf das Kerngeschäft, ihre derzeitige Geschäftsstrategie, aber auch die konkreten Auswirkungen auf die Effizienz der Operations und in Bezug auf produktionsnahe Arbeitsplätze oft nur schwer abzuwägen. Vor allem in der produzierenden Wirtschaft ist auch äußerst umstritten, welche Chancen und Risiken die Digitalisierung hinsichtlich bestehender Arbeitsplätze mit sich bringt und mit welchen Maßnahmen sich Unternehmen bereits heute darauf vorbereiten müssen.

Unternehmen sehen sich nicht nur mit den direkten Auswirkungen der Digitalisierung auf die Produktion konfrontiert. Abseits der Produktionshallen wirkt sich vor allem die rasante Verbreitung neuer digitaler Geschäftsmodelle auf den wirtschaftlichen Erfolg traditioneller Unternehmen aus. So hätte es bis vor einigen Jahren kaum jemand für möglich gehalten, dass ...

- ... das größte Taxiunternehmen (Uber) selbst keine Fahrzeuge besitzt,
- ... der größte Anbieter für Übernachtungen (Airbnb) über keine Immobilien verfügt,
- ... der größte Marktplatz (Alibaba) kein Inventar verwalten muss,
- ... der größte Medieninhaber (Facebook) keinen Inhalt selbst generiert,
- ... der größte Filmverleih (Netflix) keine einzige Filiale betreibt,
- ... zwei der größten Softwarebieter (Apple und Google) den Großteil ihrer Nutzeranwendungen nicht selbst programmieren.

Neben der neuen Konkurrenz durch digitale Wettbewerber müssen sich Unternehmen auch auf ein deutlich verändertes Kundenverhalten einstellen. Services wie jene von Amazon haben die Erwartungshaltung und das Kaufverhalten vieler Kunden nachhaltig gewandelt. Sofortige Verfügbarkeit, kürzeste Lieferzeiten und bequeme Zahlungsmethoden werden heute als selbstverständlich angesehen – auch außerhalb der Versandbranche. Als Reaktion darauf versuchen auch traditionelle Industrieunternehmen, durch digitale Anwendungen (wie Mobile-Apps, kollaborative Ökosysteme und virtuelle Produktplattformen) die Interaktion mit ihren Kunden effizienter zu gestalten und Anwender gezielt in Entwicklungs- und Produktionsprozesse zu integrieren.

»If you went to bed last night as an industrial company, you're going to wake up this morning as a software and analytics company.«

Jeff Immelt
(CEO, General Electric)[19]

Granularität

Globalisierungseffekte und eine zunehmende Orientierung an immer anspruchsvoller werdenden Kunden führen in vielen Branchen zu einem enormen Anstieg der Produkt- und Variantenvielfalt. Dieser Trend resultiert in stark fragmentierten Märkten und deutlich komplexeren Produktlösungen und Serviceleistungen.

Durch die steigende Wettbewerbsintensität im globalen Umfeld werden Hersteller immer mehr dazu gezwungen, ihr Angebot kontinuierlich zu erweitern, wodurch eine starke Diversifizierung des Produktportfolios entsteht. Bei beispielsweise nahezu allen Automobil-OEMs konnte in den letzten Jahrzehnten eine enorme Zunahme der Modell- und Derivatenanzahl beobachtet werden. Betrachtet man etwa die BMW Group mit ihren Marken BMW, Mini und Rolls-Royce, so führen rund 350 unterschiedliche Modelle mit circa 500 möglichen Sonderausstattungsmöglichkeiten zu einer Anzahl von 10^{31} theoretisch möglicher Fahrzeugvarianten. Dieser nahezu explosionsartige Anstieg wird auch im Volumensegment anderer OEMs deutlich erkennbar, wie beispielsweise beim Volkswagen Golf: 10^{23}, beim Opel Astra: 10^{17} oder beim Ford Focus: 10^{16}.[20] Der anhaltende Trend zur kontinuierlichen Erweiterung der Produktpalette erhöht dabei, trotz der konsequenten Umsetzung von Modul- und Plattformstrategien, die Komplexität in der Produktion der Automobilhersteller deutlich. Der Aufwand für Produktionsplanung- und Steuerung steigt und Lern- sowie Skaleneffekte können seltene genutzt werden. OEMs – unter anderem Mercedes oder BMW – versuchen unter anderem mit technischen Lösungsansätzen wie zum Beispiel der Verblockungsstrategie gegenzusteuern. Dabei werden Motoren mit unterschiedlicher Zylinderanzahl in einer Art Lego-Prinzip aus standardisierten Einheiten aufgebaut. Aber auch mit einer flexiblen Bedarfs- und Kapazitätsplanung versuchen OEMs dieser Entwicklung gegenzusteuern.

In vielen Bereichen änderte sich darüber hinaus das Marktumfeld signifikant. Unternehmen müssen an einer Vielzahl an Fronten mit Spielern unterschiedlicher Branchen konkurrieren. Automobilhersteller kämpfen dabei nicht mehr ausschließlich im Umfeld traditioneller OEMs und Zulieferer um Marktanteile, sondern auch abseits ihrer eigentlichen Kernkompetenzen mit Softwareunternehmen wie Apple und Google, mit Mobilitätsanbietern wie UBER und Zipcar und mit spezialisierten, bislang eher unbekannten Technologieunternehmen wie Tesla und BYD. Dabei ist die Anwendung einer Vielzahl an innovativen Geschäftsmodellen mit einer gesteigerten Interaktion und Einbindung des Kunden zu beobachten. Für zukunftsorientierte Unternehmen bietet diese Entwicklung die große Chance, sich in einer breiteren Wertschöpfungslandschaft neu zu positionieren und vielversprechende Umsatzpotenziale abzuschöpfen.

Disruption

Als weiterer Treiber von Unsicherheit, der das heutige Geschäftsumfeld deutlich von früher unterscheidet, sind das Ausmaß und die Geschwindigkeit technologischer Entwicklungen zu betrachten. Die Perioden zwischen radikalen Technologieänderungen – viele davon mit dem Potenzial, etablierte Technologien weitestgehend zu ersetzen (Disruptionspotenzial) – werden immer kürzer. Dabei hat sich auch das Tempo, mit der neue Technologien Markterfolge erzielen, enorm erhöht. Im Zeitvergleich, wie lange eine neue Technologie früher, verglichen mit heute, benötigte, um etwa 50 Millionen Anwender zu finden, wird die Brisanz dieser Entwicklung besonders deutlich. Während das Radio dafür über 38 Jahre brauchte, gelang dies dem Nachrichtendienst Twitter bereits in rund 9 Monaten – also über fünfzig Mal so schnell.[21] McKinsey & Company identifizierte dabei zwölf aufstrebende und besonders disruptive Technologien, die in Zukunft unsere Welt nachhaltig verändern werden. Dabei spielen IT-Themen, wie das mobile Internet und Cloud-Lösungen, neben Automatisierungen im Bereich Robotik und autonomes Fahren eine zentrale Rolle. Auch aus dem Energiesektor, beispielsweise im Bereich neuer Energiespeichersysteme, sind disruptive Innovationen zu erwarten.[22]

Als sehr bekanntes Beispiel für eine stark technologiegetriebene Disruption gilt der Erfolg der digitalen Fotografie. Dabei standen Digitalkameras bei ihrer Markteinführung aufgrund ihrer mangelhaften Bildqualität stark in der Kritik. Bereits nach kurzer Zeit überwogen jedoch die Vorteile der neuen Technologie deutlich: schnell sichtbare Bildergebnisse – die Möglichkeit, ohne zusätzliche Kosten eine Vielzahl an Schnappschüssen anzufertigen – und die unkomplizierte Möglichkeit der Weiterbearbeitung. Diese Features und noch weitere Eigenschaften wurden von den Endkunden schnell geschätzt und führten zu einer raschen Ablösung der analogen Konkurrenz. Der wohl prominenteste Verlierer in diesem Szenario war der US-amerikanische Kamerahersteller Kodak. Der einstige Branchenprimus, der als Pionier in der Analogfotografie in die Geschichtsbücher einging, erkannte den bevorstehenden Trend deutlich zu spät und musste schlussendlich Insolvenz anmelden.

In den letzten Jahren zeichnet sich erneut ein deutlicher Wandel in der digitalen Fotografie ab. Der anhaltende Smartphone-Boom wirkt sich – nicht zuletzt wegen der stetig steigenden Bildqualität der verbauten Kameras – deutlich auf die Verkaufszahlen konventioneller Digitalkameras aus. Während sich weltweit die jährlichen Absatzzahlen an Smartphones in den Jahren 2011 bis 2015 beinahe verdreifacht haben, reduzierte sich der Absatz von Digitalkameras in diesem Zeitraum um annähernd zwei Drittel.[23,24] Die genaue Entwicklung dieses Trends bleibt abzuwarten, eine erneute Disruption ist hier durchaus realistisch und etablierte Kamerahersteller sollten darauf vorbereitet sein.

Neben technikgetriebenen Innovationen werden etablierte Unternehmen in Zukunft auch vermehrt mit neu aufkommenden und teils sehr disruptiven Geschäftsmodellen unter Druck gesetzt. Durch geringe Kapitalintensität und Transaktionskosten bei neuen Service- oder Daten-basierten Geschäftsmodellen, sind neue Wettbewerber in der Lage, durch intelligente neue Geschäftsmodelle ganze Industrien zu revolutionieren und etablierte Unternehmen zu verdrängen. Dies erfordert, dass etablierte Spieler ihr Geschäftsmodell sowie ihre strategische Ausrichtung kontinuierlich hinterfragen und weiterentwickeln. Dieses Thema wird in Kapitel 5 intensiver beleuchtet, wobei Fragen zur strategischen Agilität erhellt und beantwortet werden. Aber auch konkrete Möglichkeiten, wie Digitalisierung und Agilität einander ergänzen können, beantwortet dieser Abschnitt. Nur durch die Wahl eines agilen Organisationsdesigns, können etablierte Unternehmen gegenüber den meist deutlich kleineren und agileren Disruptoren wettbewerbsfähig bleiben. Hier befinden wir uns bereits tief im Thema der agilen Organisation und Unternehmenskultur, die im Kapitel 9 detailliert ausgearbeitet wird. Insbesondere die Kernbestandteile einer agilen Organisation und relevante kulturelle Faktoren sowie Soft Skills, die in diesem Kontext von Bedeutung sind, werden dort ausführlich behandelt.

Vernetztheit

Die einzelnen Bestandteile und Akteure der Weltwirtschaft vernetzen sich heute enger denn je. Grenzüberschreitende Ströme von Handelswaren, Dienstleistungen, Finanzen und von Daten und Personen nehmen inzwischen signifikant zu.[25] Die enge globale Vernetztheit öffnet Unternehmen Türen zu völlig neuen Beschaffungs- und Absatzmärkten und ermöglicht gleichzeitig den Zugriff auf bis dato ungenutzte Finanzierungsquellen. Neben vielversprechenden Chancen müssen sich Unternehmen vor allem auch der Risiken einer inzwischen eng vernetzten Welt bewusst sein. Denn sowohl bewusst getroffene Entscheidungen als auch unvorhergesehene Entwicklungen bringen oft Folgen mit sich, die weit über geographische oder branchenbezogene Grenzen hinweg wirken.

Beispielsweise können für die Auswirkungen der zunehmenden Vernetztheit die Folgen der Erdbeben und des Tsunami in Japan im März 2011 betrachtet werden. Lokale Automobilhersteller waren anschließend gezwungen, ihre Produktion für mehrere Monate stillzulegen, da wegen der eng vernetzten Lieferketten dieser Vorfall drastische Auswirkungen auf global agierende Hersteller hatte. Jahrelang auf Effizienz getrimmte Produktionsstrategien, die auf kostenintensive Zwischenlager gezielt verzichteten und die Skaleneffekte der Ein-Lieferanten-Strategie nutzten, versagten angesichts des unvorhergesehenen Ausmaßes dieser Katastrophe. Folglich konnten einige deutsche Hersteller bestimmte Fahrzeugvarianten für längere Zeiträume nicht liefern. Als eine Reaktion darauf analysierten einige OEMs detailliert ihre Lieferketten und kategorisierten Lieferanten anhand deren Ausfallrisiko. Kritische Lieferanten wurden aufgefordert, Multi-Sourcing-Strategien zu implementieren oder geeignete Zwischenlager zu installieren, um im Fall einer erneuten Unterbrechung eine Wiederanlaufzeit von wenigen Wochen sicherstellen zu können. Deshalb werden seither für gewisse Bauteile auch vermehrt Gleichteilestrategien – also die Verwendung von standardisierten Modulen und Bauteilen, die in mehr als nur einem Produkt verbaut werden – verfolgt, um bei Notfällen die Kosten auch für die Lieferanten so gering wie möglich zu halten.

Die stark miteinander verflochtenen Unsicherheitstreiber Digitalisierung, Granularität, Disruption und Vernetztheit zeigen sich letzlich dafür verantwortlich, dass Unsicherheit zur neuen Normalität geworden ist. Sie deuten auch darauf hin, dass die Unsicherheit in den kommenden Jahren weiter steigen wird. Um die daraus resultierenden Folgen besser verstehen zu können, wird im nachfolgenden Abschnitt darauf eingegangen, wie und in welchen Bereichen sich Unsicherheit auf produzierende Unternehmen auswirkt.

2.2 Unsicherheit verstehen

Um die Unsicherheit nicht nur zu erkennen, sondern sie auch zu verstehen, müssen die Verantwortlichen noch weiter differenzieren: Welche Ausprägungen von Unsicherheit können vorliegen? Aus welchen Ursprungsbereichen können potenzielle Unsicherheiten stammen? Und was sind die genauen Auswirkungen auf die Operations?

Der folgende Abschnitt versucht diese Fragen zu klären und bildet somit eine Basis für das im nächsten Abschnitt vorgestellte Vorgehen zur Bewertung von Unsicherheit.

2.2.1 Ausprägungen von Unsicherheit

Traditionelle strategische Ansätze basieren in der Regel auf der Annahme, dass mithilfe geeigneter Werkzeuge zukünftige Entwicklungen ausreichend exakt vorhergesagt werden können. Somit liegt eine solide Entscheidungsbasis für zielgerichtete Maßnahmen vor. Es stellt sich jedoch die Frage, wie Unternehmen mit Situationen umgehen müssen, in denen die Unsicherheit derart große Ausmaße annimmt, dass weder Wahrscheinlichkeit noch Ausprägung bevorstehender Ereignisse prognostiziert werden können. McKinsey & Company beschäftigte sich im Rahmen einer umfassenden Strategie-Initiative mit dieser Thematik und erarbeitete dabei einen systematischen Lösungsansatz.[26] Der entwickelte Ansatz unterscheidet vier charakteristische Ausprägungen von Unsicherheit. Er wird auf den nächsten Seiten vorgestellt und mit konkreten Beispielen unterlegt (Abbildung 2.5).

Ausprägung 1: Ausreichende Vorhersagbarkeit der Zukunft

Bei der geringsten Ausprägung von Unsicherheit geht man von der Möglichkeit aus, eine Vorhersage der Zukunft zu treffen, wobei diese ausreichend genau ausfällt, um mit strategischen Handlungen darauf aufzubauen. Naturgemäß ist jede Vorhersage zwar mit einer gewissen Fehlerquote behaftet, diese spielt jedoch im Rahmen einer angestrebten Strategieentscheidung bei Unsicherheit der Ausprägung 1 keine entscheidende Rolle. Unsicherheiten dieser Ausprägung kann mit traditionellen Methoden und Werkzeugen begegnet werden, vor allem mit Tools wie Marktanalysen, Wettbewerberanalysen oder der Branchenstrukturanalyse nach Michael Porter.

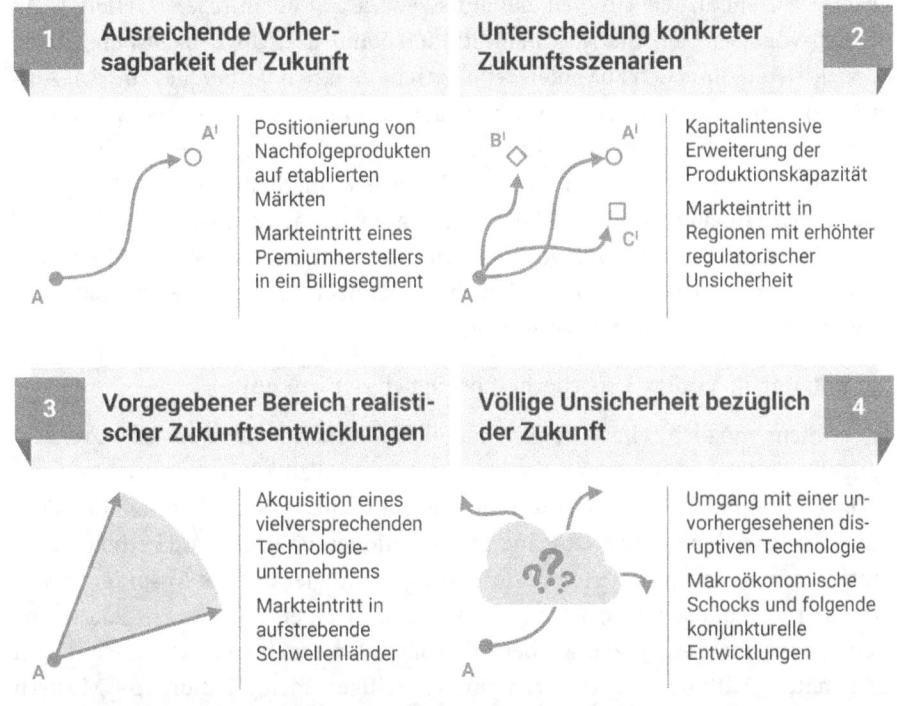

Abbildung 2.5: Ausprägungen von Unsicherheit und Beispiele[27]

Ausprägung 2: Unterscheidung konkreter Zukunftsszenarien

Bei dieser Unsicherheitsausprägung liegt eine begrenzte Anzahl an konkreten Zukunftsszenarien vor. Mögliche Entwicklungen können zwar abgegrenzt werden, die spezifischen Eintrittswahrscheinlichkeiten sind jedoch meist schwer vorherzusagen. Der Fokus sollte daher darauf liegen, durch geeignete Methoden die relativen Wahrscheinlichkeiten für den Eintritt der unterschiedlichen Szenarien zu ermitteln. Als Basis dafür muss ein klares Verständnis darüber vorherrschen, wie sich die einzelnen Unsicherheiten konkret auf das Geschäft auswirken. Hierbei ist es durchaus sinnvoll, verschiedene Strategieoptionen für die einzelnen Szenarien zu entwickeln und somit ein gewisses Maß an Agilität vorzuhalten. Jedoch hängt die optimale Strategie natürlich stets vom tatsächlich eintretenden Szenario ab. Tools zur Entscheidungsanalyse, Optionsbewertung oder Ansätze aus der Spieltheorie können hier hilfreich sein.

Ausprägung 3: Vorgegebener Bereich realistischer Zukunftsentwicklungen

Kann hinsichtlich zukünftiger Entwicklungen ein gewisser Bereich an möglichen Szenarien abgesteckt werden, so handelt es sich um Unsicherheit von Ausprägung 3. Der Möglichkeitsbereich kann dabei in der Regel durch gewisse Kennzahlen begrenzt werden, jedoch ist die Ableitung konkreter Zukunftsszenarien nicht möglich. Auch in diesem Fall sollte der Versuch unternommen werden, eine gewisse Anzahl an realistischen Zukunftsszenarien zu identifizieren. Hierbei gilt es, sich vor allem auf die Maximalwerte am Rand des Möglichkeitsbereichs zu konzentrieren, um auch auf potenzielle Extremszenarien vorbereitet zu sein. Aufgrund des breiten Spektrums an Möglichkeiten muss man bei der Auswahl weiterzuentwickelnder Szenarien akribisch vorgehen. Zumeist ist es hierbei nicht sinnvoll, mehr als vier bis fünf konkrete Szenarien innerhalb des Betrachtungsbereichs auszuarbeiten. Dabei ist besonders darauf zu achten, dass zwischen den Szenarien keine Redundanzen vorkommen. Hierfür werden oft analytische Werkzeuge zur Vorhersage technologischer Entwicklungen sowie fortgeschrittene Methoden der Szenarioplanung verwendet.

Ausprägung 4: Völlige Unsicherheit bezüglich der Zukunft

Ist es nicht möglich, einen Bereich möglicher Zukunftsszenarien abzugrenzen, spricht man von »völliger Unsicherheit«. In diesem Fall können oft nicht einmal geeignete Kennzahlen definiert werden, die Aufschluss über zukünftige Entwicklungen geben. Der richtige Umgang mit Situationen völliger Unsicherheit ist für Unternehmen eine enorme Herausforderung. Wenngleich diese Ausprägung von Unsicherheit eher selten vorkommt und oftmals nach einer gewissen Zeit in eine weniger unsichere Ausprägung übergeht, sollten Unternehmen sich gezielt darauf vorbereiten. Mithilfe von Ansätzen zur frühzeitigen Identifikation von Mustern und Analogien in der Unternehmensumwelt sowie nichtlinearen dynamischen Prognosemodellen kann man Unsicherheiten mit Ausprägung 4 entsprechend begegnen.

Zukunftsorientierte Unternehmen sollten sich konsequent und systematisch mit den unterschiedlichen Ausprägungen von Unsicherheit auseinandersetzen und dabei auch in der Lage sein, diese richtig zu interpretieren. Die in diesem Abschnitt diskutierten Ausprägungen von Unsicherheit können dabei als wichtiges Hilfsmittel im Rahmen des unter Abschnitt 2.3 vorgestellten Vorgehens zur Bewertung von Unsicherheit gesehen werden. Insbesondere bei der Abschätzung der Eintrittswahrscheinlichkeit einer Unsicherheit (Schritt 2 im sechsstufigen Vorgehen) ist es äußerst hilfreich, Unsicherheiten anhand deren Ausprägung zu unterscheiden und zur Bewertung der Eintrittswahrscheinlichkeit unter anderem auf die jeweils vorgeschlagenen Methoden zurückzugreifen. Dazu kommen etablierte Bewertungsmethodiken zum Einsatz, die an späterer Stelle in diesem Kapitel vorgestellt werden.

2.2.2 Ursprungsbereiche von Unsicherheit

Besonders heute operieren Unternehmen in einem sehr dynamischen Umfeld und sehen sich dabei mit einer Vielzahl an potenziellen Unsicherheiten konfrontiert. Neben den bereits diskutierten Ausprägungen von Unsicherheit spielen für eine strukturierte Bewertung auch ihre möglichen Ursprungsbereiche eine wichtige Rolle. Es stellt sich die Frage, aus welchen Teilen des Geschäftsumfeldes die größten Unsicherheiten entspringen und welche Unsicherheiten ihren Ursprung im Unternehmen selbst haben. Im Wesentlichen können hierbei drei Ursprungsbereiche von Unsicherheit unterschieden werden: Makroebene, Mikroebene und Unternehmensebene (siehe Abbildung 2.6).

Abbildung 2.6: Ursprungsbereiche von Unsicherheit im Geschäftsumfeld

Makroebene

Unternehmen sehen sich in ihrer Makro-Umwelt diversen Unsicherheiten ausgesetzt, denen sie nur bedingt entgegenwirken können. Um diese strukturiert und ganzheitlich zu erfassen, werden in der Praxis mehrere Ansätze verfolgt, die sich inhaltlich jedoch nur geringfügig unterscheiden. In der Regel versucht man hierbei, sämtliche ökonomischen, politisch-rechtlichen, sozio-kulturellen, ökologischen und technologischen Umweltfaktoren zu berücksichtigen. Dazu gehören durch einzelne Unternehmen nicht beeinflussbare Entwicklungen, wie Konjunktur- und Inflationsverläufe, aber auch regionale Arbeitslosigkeitsraten und Wirtschaftsleistungen – vielfach mit Auswirkung auf die gesamte Volkswirtschaft.

Makroökonomische Trends stellen aufgrund ihrer weitreichenden Wirkzusammenhänge schwer einzuschätzende Faktoren dar und intransparente politische Entscheidungen wirken sich oft gravierend auf den wirtschaftlichen Erfolg einzelner Branchen aus. Ein konkretes Beispiel dafür sind die durch die Europäische Union verhängten Sanktionen gegen Russland im Rahmen der Krimkrise im Jahr

2014. Laut einer Studie des österreichischen Instituts für Wirtschaftsforschung (WIFO) sind dadurch auch gravierende Auswirkungen auf Europa selbst zu erwarten. Für den schlimmsten Fall geht man davon aus, dass europaweit (EU-27) bis zu 2,5 Millionen Arbeitsplätze und 110 Milliarden Euro an Wertschöpfung unmittelbar gefährdet sind.[28] Aber auch der beschlossene Ausstieg Großbritanniens aus der Europäischen Union sowie die wirtschaftlichen Reformen Chinas, die der Wirtschaftsmacht den Weg von einer staatlich getriebenen Investitionspolitik hin zu einer wachsenden Konsumwirtschaft ebnen sollen, stellen große Unsicherheitsfaktoren auf Makroebene dar. Erst im Frühjahr 2016 wurde das hohe Maß an derzeit vorherrschender Marktunsicherheit in China wieder sichtbar. Die führende Exportmacht vermeldete einen Rückgang an Exporten um rund ein Viertel. Der somit stärkste Einbruch seit Mitte des Jahres 2009 überraschte dabei auch Ökonomen, die ein weitaus geringeres Minus vorhergesagt hatten.[29]

Neben diesen weitestgehend politisch initiierten Unsicherheiten spielen im Umfeld vieler Unternehmen auch erhöhte Wechselkursrisiken eine nicht zu vernachlässigende Rolle. Dazu kommen schwer zu interpretierende Auswirkungen sozialer Umbrüche in Ländern mit hohem wirtschaftlichen Wachstumspotenzial. Ein Beispiel für solche Entwicklungen, die auch große Chancen mit sich bringen können, sind die aufstrebenden Märkte im Schwellenland Indien. Die boomende Mittelschicht Indiens spielt dabei für viele Branchen eine zentrale Rolle. Im zweitbevölkerungsreichsten Land der Welt konnte sich eine finanzkräftige und durchaus konsumfreudige Mittelschicht etablieren, die im nächsten Jahrzehnt voraussichtlich für einen rasanten Aufschwung der heimischen Wirtschaft und Importe sorgen wird.

Mikroebene

Unsicherheit auf Mikroebene impliziert vor allem die oft äußerst schwer vorhersehbaren Entwicklungen in einzelnen Branchen oder Märkten. Im Unterschied zur Makroebene werden dabei auf Mikroebene die einzelwirtschaftlichen Größen separat betrachtet und nicht für gesamtwirtschaftliche Überlegungen aggregiert. Im Fokus der Betrachtung stehen hier unter anderem spezifische Markttrends sowie technologische Entwicklungen, deren Auswirkungen nur einzelne Branchen und Unternehmen betreffen. Das Zusammenspiel zwischen einzelnen Kundengruppen, externen Ressourceninhabern und den wertschöpfenden Unternehmen spielt hierbei eine zentrale Rolle. Unsicherheiten bezüglich branchenweiter Entwicklungen auf Angebots- und Nachfrageseite sowie Preisgestaltungseffekte müssen in diesem Kontext detailliert betrachtet werden.

Als Beispiele dienen hierfür konkrete Unsicherheiten am Markt für Elektrofahrzeuge. Treten zum Beispiel die führenden Technologieunternehmen Apple und Google mit neuen innovativen Modellen in den Automobilmarkt ein, wirkt sich dies auf die gesamte Branche aus. Etablierte Unternehmen sehen sich dabei gezwungen, strategische Entscheidungen zu treffen, um sich auf der Mikroebene neu zu positionieren. Eben diese Unsicherheit seitens der Märkte und ihrer zukünftigen Entwicklungen stellt für alle Automobilhersteller eine zentrale Herausforderung dar. Dazu gehören risikobehaftete Nachfrageeinbrüche ebenso wie überraschende Anstiege und die damit verbundenen Chancen.

Neben Unsicherheiten wegen technologischer Entwicklungen haben auf Mikroebene auch Unsicherheiten durch neu aufkommende Geschäftsmodelle höchste Relevanz. Als Beispiel gilt hier der Online-Versandhändler Amazon, der innerhalb weniger Jahre die Handelsbranche grundlegend veränderte. Die beispiellose Erfolgsgeschichte des Versandhändlers liegt dabei vor allem in einer konsequenten Kundenorientierung begründet, die auf End- und Geschäftskunden gleichermaßen fokussiert. Auf Endkundenseite überzeugt der Onlinehändler vor allem durch günstige Preise, schnelle Lieferzeiten und einen unkomplizierten Bezahlvorgang. Darüber hinaus stellt Amazon für andere Einzelhändler eine serviceorientierte Online-Verkaufsplattform sowie ein umfassendes Logistiknetzwerk zur Verfügung und schafft es dadurch, das Angebot kontinuierlich zu erweitern.

Unternehmensebene

Auf ein einzelnes Unternehmen kann entlang der gesamten Wertschöpfungskette eine Vielzahl an Unsicherheiten einwirken. Es ist sinnvoll, zwischen zulieferseitigen, unternehmensinternen und marktseitigen Unsicherheiten zu unterscheiden.

Zulieferseitige Unsicherheiten betreffen vor allem die Beschaffung und die Produktionslogistik. Die Wichtigkeit einer stabilen Lieferantenkette für produzierende Unternehmen ist unumstritten. Umso schwieriger gestaltet sich der Umgang mit diesen Unsicherheiten, die oft weitreichende Folgen mit sich bringen. Unterbrechungen in der Supply Chain stellen einen großen Unsicherheitsfaktor dar, wobei die genauen Ursachen vielschichtig sein können. Die zunehmende Anzahl und das gesteigerte Ausmaß von Naturkatastrophen hatten im letzten Jahrzehnt schwerwiegende Folgen für die globale Wirtschaft. 2011 entstand in Japan durch das historisch teuerste Erdbeben, die darauf folgenden Tsunami-Wellen sowie die schwerwiegenden Reaktorunfälle ein volkswirtschaftlicher Gesamtschaden von über 210 Milliarden US-Dollar.[30] Die Auswirkungen dieser Katastrophe waren für einzelne Unternehmen noch lange Zeit zu spüren. Unternehmen der vor Ort angesiedelten Elektroindustrie hatten mit irreparabel zerstörten Produktionskapazitäten sowie Lieferengpässen zu kämpfen und kurzfristige Preisanstiege bei bestimmten elektronischen Endprodukten waren die Folge. Diese hatten nicht nur beträchtliche Auswirkungen auf unmittelbare Abnehmerindustrien, sondern auch spürbare Folgen für den Endverbrauchermarkt.

Potenzielle Unsicherheiten auf Unternehmensebene müssen jedoch nicht zwingend aus dem Umfeld eines Unternehmens kommen. Vielmehr können auch unternehmensinterne Faktoren eine zentrale Rolle spielen. So können länger andauernde Streiks wegen gescheiterter Lohnverhandlungen zu deutlichen Umsatzverlusten oder interne Qualitätsprobleme zu nicht geplanten Zusatzkosten führen. Der Ausfall von kurzfristig nicht ersetzbaren Produktionsanlagen oder Störungen im unternehmensweiten IT-System sind weitere Unsicherheitsfaktoren, auf die ein Unternehmen unbedingt achten muss.

Ein oftmals unterschätzter Ursprung von Unsicherheit sind unternehmensintern induzierte Strategieänderungen. In den meisten Fällen müssen Änderungen in der Unternehmensstrategie zwar als eine bewusste Reaktion auf wechselnde Umweltbedingungen betrachtet werden, aber häufig bringen unternehmensinterne Entscheidungen auch ein hohes Maß an Unsicherheit mit sich. Geänderte Eigentümerverhältnisse oder neubesetzte Führungspositionen führen nicht selten zu radikalen Richtungswechseln, deren Erfolg in der Regel nicht garantiert werden kann.

Aktuell befindet sich der Automobilkonzern General Motors (GM) in einer vergleichbaren Situation. Der geplante Strategiewechsel hin zu einer Gleichteile- respektive Plattformstrategie – ähnlich wie sie unter anderem Konkurrent Volkswagen schon seit Jahren einsetzt – soll die Produktlebenszyklen auf mehr als 12 Jahre verlängern und auf diese Weise sukzessive Kosteneinsparungen im Entwicklungs- und Produktionsbereich ermöglichen.[31] Dieser Schritt bringt jedoch auch nicht zu verachtende Gefahren mit sich. Zum einen besteht dabei das Risiko, dass Plattformen mit derart langen Lebenszyklen, angesichts sich rasant weiterentwickelnder Technologien, bereits nach kurzer Zeit nicht mehr dem Stand der Technik entsprechen. Zum anderen geht mit einer radikalen Gleichteilestrategie auch stets ein gewisses Maß an Agilität verloren, beispielsweise bei der Reaktion auf spezielle Marktanforderungen. Darüber hinaus ist die flächendeckende Umsetzung der Strategie mit einem großen Investitionsaufwand und somit auch mit Risiken verbunden.

Die Betrachtung der unterschiedlichen Ursprungsbereiche von Unsicherheit ist insbesondere für die Identifikation möglichst vieler potenzieller Unsicherheiten (Schritt 1 im Vorgehen zu Bewertung von Unsicherheiten unter Abschnitt 2.3) und für die kritische Hinterfragung des unternehmenseigenen Reaktionsvermögens (Schritt 3) von großer Relevanz. Einem Unternehmen muss bewusst sein, wie groß der Handlungsspielraum in den unterschiedlichen Ursprungsbereichen (Makroebene, Mikroebene und Unternehmensebene) ist und welche Reaktionen auf welcher Ebene realistisch und realisierbar sind. Dafür ist es unabdingbar, sich proaktiv mit den unterschiedlichen Ursprungsbereichen zu beschäftigen.

2.2.3 Auswirkungen auf die Operations

Trotz einer detaillierten Analyse der unterschiedlichen Ursprungsbereiche ist der Umgang mit Unsicherheit – eben wegen der Vielzahl unterschiedlicher Ausprägungen – für Unternehmen in der Regel äußerst schwierig. Ein möglicher Ansatz liegt darin, sich über die tatsächlichen Auswirkungen auf operativer Ebene Gedanken zu machen und somit zu versuchen, die folgende zentrale Frage zu klären: Wie wirkt sich Unsicherheit auf die Operations aus? Können hierbei charakteristische Auswirkungen abgeleitet werden?

Bei näherer Betrachtung kann man feststellen, dass sich Unsicherheit, unabhängig von Ursprung und Ausprägung, typischerweise in sechs Formen auf die Operations auswirkt, die in Abbildung 2.7 zusammengefasst sind. Unternehmen stehen demnach vor der Herausforderung, für jede dieser sechs Auswirkungen geeignete Maßnahmen vorzuhalten.

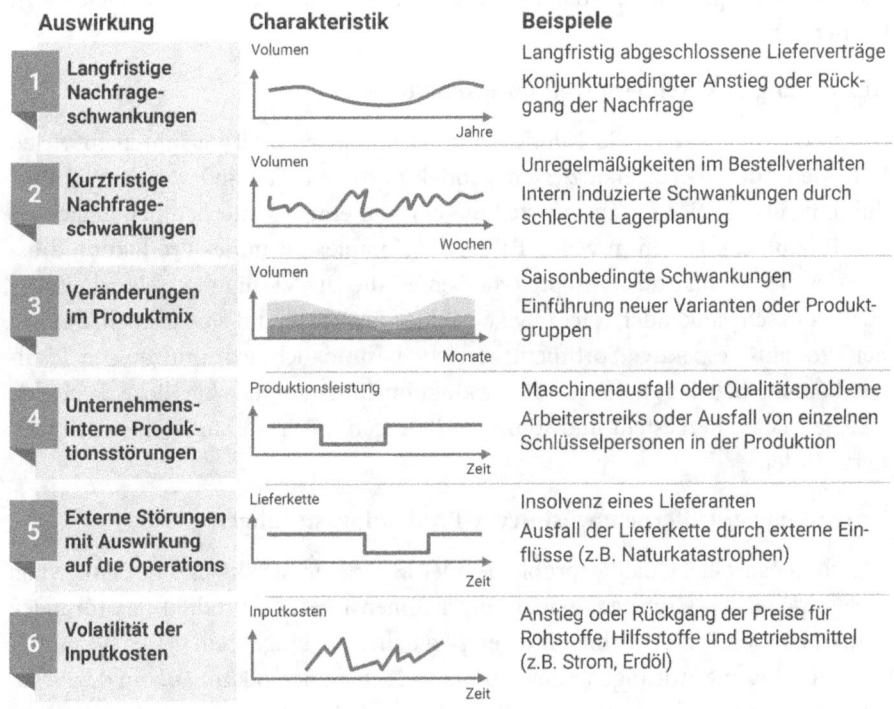

Abbildung 2.7: Auswirkungen von Unsicherheit auf die Operations[32]

Auswirkung 1: Langfristige Nachfrageschwankungen

Langfristige Nachfrageschwankungen beschreiben signifikante Änderungen im Bedarf über einen längeren Zeitraum, beispielsweise von einem Geschäftsjahr auf das nächste. Bei langfristigen Nachfrageschwankungen stellen sich zwei grundlegende Fragen: Wie können auch während des Nachfragerückgangs ausreichende Margen sichergestellt werden? Und die Betätigung welcher Stellhebel ist notwendig, um in Zeiten steigenden Bedarfs überproportionale Gewinne zu erzielen? Typische langfristige Nachfrageschwankungen sind oft die Ursache trendinduzierter Marktpräferenzen und vielfach auch an konjunkturelle Entwicklungen gekoppelt.

Auswirkung 2: Kurzfristige Nachfrageschwankungen

Bei kurzfristigen Nachfrageschwankungen betrachtet man in der Regel einen kleineren Zeithorizont im Bereich mehrerer Wochen bis Monate. Um trotz kurzfristiger Nachfrageschwankungen ein bestmögliches Betriebsergebnis zu erzielen ist es hilfreich, für gewisse Szenarien bereits im Vorfeld klare Produktionsstrategien zu definieren. Es gilt zu vermeiden, dass Gewinnmargen wegen kurzfristiger und unter Zeitdruck gefällter Entscheidungen zurückgehen und so ein langfristiger Schaden entsteht. Ein möglicher Ansatzpunkt ist hier die strategische Einbindung externer Auftragsfertiger, um auf kurzfristige Schwankungen optimal reagieren zu können.

Auswirkung 3: Veränderungen im Produktmix

Anspruchsvoller werdende Kunden und fragmentierte Märkte führen in vielen Branchen zu stark diversifizierten Produktportfolios. Veränderungen im Produktmix, also in der Zusammenstellung der von einem Unternehmen angebotenen Produkte, erhöhen in vielen Fällen die Komplexität in der Produktion drastisch. Agile Produktionskonzepte erlauben es, die zur Verfügung stehende Kapazität trotz schwankender Nachfrage einzelner Produkte und sich schnell ändernder Produkt- respektive Sortimentsbereiche bestmöglich auszunutzen. Im Idealfall können dabei auf denselben Produktionslinien unterschiedliche Produkte gleichermaßen hergestellt und somit Änderungen im Produktmix effizient nivelliert werden.

Auswirkung 4: Unternehmensinterne Produktionsstörungen

Maschinenausfälle, Qualitätsprobleme oder Mitarbeiterstreiks sind nur einige von vielen möglichen Gründen, die zu unternehmensinternen Produktionsstörungen führen können. Unternehmen müssen sich daher die Frage stellen, wie sie auf unerwartete interne Störungen schnell und effizient reagieren können, um den Schaden so gering wie möglich zu halten. Ein möglicher Ansatz ist es hier, ein auf Abruf bereitstehendes Einsatzteam zur Lösung kurzfristiger auftauchender Probleme zu formieren. Ziel eines solchen Teams sollte sein, in einem ersten Schritt die Auswirkung des Problems möglichst schnell zu beseitigen, um so die Dauer der Störung möglichst gering zu halten. Danach folgt in einem zweiten Schritt eine detaillierte Problemanalyse, um die tatsächliche Ursache zu klären und die Ausarbeitung einer dauerhaften Lösung zu ermöglichen.

Auswirkung 5: Externe Störungen mit Auswirkung auf die Operations

Bei externen Störungen, die sich auf die Operations auswirken, ist der Handlungsspielraum eines Unternehmens in der Regel deutlich eingeschränkt. Als Beispiel hierfür können Unterbrechungen in der Lieferkette angesehen werden, auf die ein Unternehmen nur bedingt Einfluss nehmen kann. Neben dem Vorhalten reaktiver Maßnahmen ist es vor allem sinnvoll, in Präventivmaßnahmen zur Risikominimierung zu investieren. Ziel jedes Unternehmens sollte es sein, ein adäquates Maß an Unabhängigkeit von einzelnen Lieferanten sicherzustellen. Multiple-Sourcing-Strategien können dazu einen wesentlichen Teil betragen, jedoch spielen hierbei in der Praxis vor allem wirtschaftliche Faktoren eine große Rolle. Ist die Wirtschaftlichkeit solcher Strategien nicht eindeutig gegeben, lässt sich ihre Umsetzung in der Regel nur schwer argumentieren.

Auswirkung 6: Volatilität der Inputkosten

Die steigende Volatilität der Rohstoffpreise stellt für produzierende Unternehmen eine große Herausforderung dar. War es früher möglich, bei der Preisgestaltung auf weitgehend vorhersehbare Inputkosten aufzubauen, so muss in unsicheren Zeiten hierfür eine Vielzahl an Paramenten mit einbezogen werden. Bei Preisbildungsentscheidungen sind zunehmend strategische Interessen aus den Bereichen Finanzwesen und Einkauf zu berücksichtigen. Es gilt dabei einen optimalen Trade-off zwischen Sourcing-Kosten und Supply-Chain-Risiko sicherzustellen.

Eine umfassende Auseinandersetzung mit den sechs charakteristischen Auswirkungen von Unsicherheit auf die Operations ist als wichtiger Bestandteil des in Abschnitt 2.3 beschriebenen Vorgehens zu Bewertung von Unsicherheit zu sehen. Insbesondere in Schritt 4 (»Folgen bewerten«) wird durch diese Gliederung eine möglichst transparente und ganzheitliche Betrachtung sichergestellt.

2.3 Unsicherheit bewerten

Viele Entscheidungsträger sind sich des hohen Maßes an Unsicherheit durchaus bewusst. Meist fehlt es im Umgang mit Unsicherheiten jedoch an praktikablen Methoden, um eine solide Basis für zukunftsorientierte Entscheidungen zu generieren. Produzierende Unternehmen sehen sich vermehrt mit der Beantwortung folgender Fragen konfrontiert: Welche Unsicherheiten sind für mein Unternehmen wirklich relevant und wie beeinflussen sie die laufende Produktion? Auf welche Unsicherheiten sollte man sich mit konkreten Maßnahmen vorbereiten? Wie lassen sich diese Unsicherheiten aus Unternehmenssicht priorisieren?

2.3.1 Grundprinzip und schematischer Ablauf

Um die Vielzahl an potenziellen Unsicherheiten auf jene mit tatsächlicher Relevanz reduzieren zu können, ist ein mehrstufiges Vorgehen sinnvoll. Dadurch können jene Unsicherheiten identifiziert werden, auf die sich ein Unternehmen proaktiv mit Agilitätsmaßnahmen vorbereiten sollte. Das nachfolgend beschriebene Vorgehen baut in zentralen Schritten auf der unter Abschnitt 2.2 diskutierten Ausführungen zum Verstehen von Unsicherheit auf.

In einem ersten Schritt wird in gezielten Workshops eine möglichst umfassende Sammlung potenzieller Unsicherheiten als Longlist generiert.

In einem zweiten Schritt wird die Eintrittswahrscheinlichkeit der jeweiligen Unsicherheiten abgeschätzt. Neben möglichen Risiken müssen hierbei auch die potenziellen Chancen für ein Unternehmen betrachtet werden. Dabei muss ein klares Verständnis über die theoretisch möglichen Ausprägungen von Unsicherheit vorliegen, um eine möglichst realistische Einschätzung der Eintrittswahrscheinlichkeit vornehmen zu können. Konkrete Methoden und Werkzeuge zur besseren Einschätzung von Eintrittswahrscheinlichkeiten wurden bereits im Abschnitt 2.2.1 genannt.

Danach wird in einem dritten Schritt für jede Unsicherheit, sei sie positiver oder negativer Natur, das Reaktionsvermögen des Unternehmens hinterfragt. Eine kritische Diskussion der identifizierten Unsicherheiten aus den Ursprungsbereichen der Makroebene, Mikroebene und Unternehmensebene (Abschnitt 2.2.2) ist dafür notwendig.

Erst danach kann im vierten Schritt eine fundierte Aussage über die tatsächlich möglichen Folgen für ein Unternehmen getätigt werden. Eine systematische Gruppierung der Unsicherheiten anhand ihrer Auswirkungen auf die Operations (Abschnitt 2.2.3) kann dabei zusätzliche Transparenz in den Bewertungsprozess bringen.

Basierend auf einer Bewertung der Eintrittswahrscheinlichkeit und des Ausmaßes der möglichen Folgen für das Unternehmen kann man im fünften Schritt den Handlungsbedarf, respektive die Relevanz einer Unsicherheit ableiten. Gedanklich gilt somit:

Handlungsbedarf hinsichtlich einer Unsicherheit

=

Eintrittswahrscheinlichkeit

×

[potenzielles Ausmaß der Folgen –
unternehmenseigenes Reaktionsvermögen]

Mit anderen Worten besagt diese Gleichung, dass die Bedeutung einzelner Unsicherheiten für ein Unternehmen dann zunimmt, wenn ein konkretes Szenario realistischer wird, und/oder sich das potenzielle Ausmaß der Folgen erhöht. Lediglich das Reaktionsvermögen des Unternehmens selbst kann – im günstigen Fall – diese Unsicherheiten um ein gewisses Maß reduzieren.

Der sechste Schritt beinhaltet die Priorisierung der Bewertungsergebnisse in einer zweidimensionalen Matrix (Ausmaß der Folgen über Eintrittswahrscheinlichkeit), in der sämtliche Chancen und Risiken eines Unternehmens dargestellt werden. Eine solche Darstellung vereinfacht die Reihung einzelner Unsicherheiten anhand ihrer Relevanz und hilft bei der Entscheidung, auf welche Unsicherheit sich ein agiles Unternehmen proaktiv vorbereiten sollte.

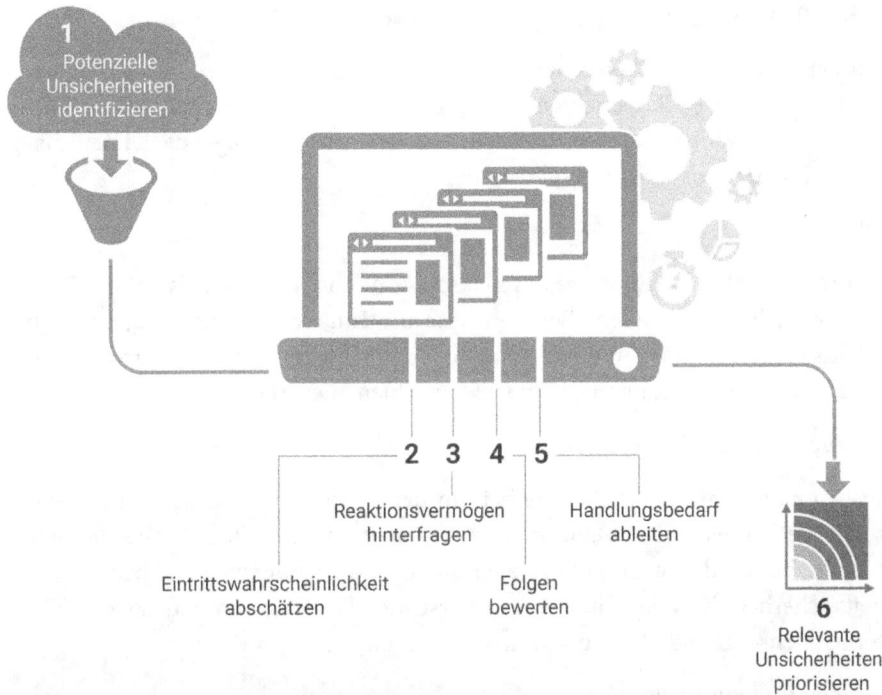

Abbildung 2.8: Schema zur strukturierten Bewertung von Unsicherheit

Abbildung 2.8 verschafft einen Überblick über das Vorgehen bei der Bewertung von Unsicherheiten. Auf die praktische Anwendung der sechs Teilschritte wird im nachfolgenden Unterkapitel eingegangen.

2.3.2 Bewertungsprozess in der Praxis

In diesem Abschnitt wird der sechsstufige Bewertungsprozess detailliert beschrieben. Die sequentiell durchzuführenden Schritte können dabei als Leitfaden für die strukturierte Bewertung von Unsicherheiten in der unternehmerischen Praxis angesehen werden.

Schritt 1: Potenzielle Unsicherheiten identifizieren

Im ersten Schritt gilt es, eine möglichst vollständige Liste an potenziellen Unsicherheiten zu erstellen, wobei Unsicherheiten aus allen Ebenen – also: Makroebene, Mikroebene und Unternehmensebene – beachtet werden sollten. Um eine ganzheitliche Betrachtung sicherzustellen, ist für diese Aufgabe ein Workshop-Format mit cross-funktionaler Beteiligung sinnvoll. Teilnehmern aus unterschiedlichen Funktionalbereichen aber auch verschiedene Führungsebenen sind dabei im Rahmen dieser Workshops dazu angehalten, möglichst alle potenziellen Unsicherheiten zu identifizieren. Die in Abschnitt 2.2.2 diskutierten Ursprungsbereiche unterstützen dabei ein strukturiertes Vorgehen.

Identifikation von Unsicherheiten auf Makroebene

Bei der Analyse der Makroebene ist es hilfreich, sich an öffentlich verfügbaren Umfragen oder Risikoberichten wie dem jährlich veröffentlichten »Global Risk Report« des World Economic Forums zu orientieren. Folgende Dimensionen müssen dabei genauer betrachtet werden:

Ökonomisches Umfeld

Darunter werden die Einflüsse des makro-ökonomischen Umfelds auf das Unternehmen selbst verstanden. Beispielsweise die Inflationsentwicklung, das Wirtschaftswachstum, die Zinsentwicklung oder Wechselkurse können sich mitunter stark auf die Entwicklung der Finanzkennzahlen auswirken.

Politisches und rechtliches Umfeld

Insbesondere handelt es sich hierbei um den Einfluss des Staates auf die Wirtschaft, respektive auf einzelne Industriesparten. Im Speziellen sind es die politische Stabilität, die Steuerpolitik, aber auch Gesetzgebungen zu Arbeitszeit, Arbeitssicherheit, Kartellrecht, Verbraucherschutz, Förderungen und Zölle, die Unternehmensentwicklungen beeinflussen können.

Soziales und kulturelles Umfeld

Dazu zählen alle Elemente, welche die Performance des Marktes aus sozialer Sicht prägen können. Kulturelle Trends, demographische Entwicklungen, Bildung, aber auch die Einkommensverteilung innerhalb der Bevölkerung können sich auf die wirtschaftliche Entwicklung von Organisationen auswirken.

Ökologisches Umfeld

Einflussfaktoren aus dem ökologischen Umfeld wie zum Beispiel Emissionsregelungen, Auswirkungen des Klimawandels, Ressourcenknappheit oder Naturkatastrophen können ganze Wirtschaftssparten beeinflussen und stellen mitunter eine große Unsicherheit dar.

Technologisches Umfeld

Technologische Entwicklungen – auch jene abseits der eigenen Branche – können zu disruptiven Innovationen führen, die die vorherrschende Funktionsweise des Marktes grundlegend verändern. Dies gilt sowohl für konkrete neue Produkte aber auch zum Beispiel für digitalisierte Wertschöpfungsprozesse.

Identifikation von Unsicherheiten auf Mikroebene

Eine Analyse der Mikroebene erfordert die detaillierte Betrachtung des Industrie- und Marktumfeldes. Es gilt, jene Unsicherheiten zu identifizieren, die im Wesentlichen die eigene Branche betreffen oder aus dieser Branche entspringen, also branchenspezifische Unsicherheiten. Hierfür ist umfassendes Detailwissen – unter anderem aus den Vertriebsorganisationen eines Unternehmens – zur Konkurrenzsituation, hinsichtlich aufkommender Trends und zu potenziellen Marktentwicklungen unverzichtbar. Klassische Methoden zur Markt- und Wettbewerbsanalyse (»Porter 5 Forces«) sowie Methoden zur zukunftsorientieren Technologiebewertung (»Technologie-Portfolio« nach Pfeiffer) sind dabei hilfreich sein.

Identifikation von Unsicherheiten auf Unternehmensebene

Um potenzielle Unsicherheiten auf operativer Unternehmensebene zu identifizieren, ist es sinnvoll, die Meinung produktionsnaher Mitarbeiter (Produktionsplaner, Schichtführer und anderer) sowie von Mitarbeitern mit Schnittstellenfunktionen (etwa technischer Einkauf und technischer Vertrieb, Mitarbeiter aus den Bereich Logistik und Distribution) einzuholen. In der Praxis werden dadurch oft Unsicherheiten beleuchtet, die auf Managementebene nicht berücksichtigt werden würden. Dazu gehören beispielsweise Abwägung von Ausfallrisiken einzelner Produktionsmaschinen, aber auch die frühzeitige Feststellungen von etwaigen Qualitätsabweichungen und Produktionsfehlern.

Als Ergebnis dieses ersten Schritts liegt eine umfangreiche Longlist an potenziellen Unsicherheiten vor. Unsicherheiten kommen dabei aus unterschiedlichen Ursprungsbereichen, haben also unterschiedliche Ursachen und treten mit unterschiedlichen Eintrittswahrscheinlichkeiten auf. Darüber hinaus unterscheiden sie sich auch im tatsächlichen Ausmaß der Folgen für das Unternehmen.

Schritt 2: Eintrittswahrscheinlichkeit abschätzen

Konnten potenzielle Unsicherheiten aus den unterschiedlichen Ebenen identifiziert werden, ist anschließend die Eintrittswahrscheinlichkeit für jede Unsicherheit abzuschätzen. Die in Abschnitt 2.2.1 diskutierten Ausprägungen von Unsicherheit liefern hierzu wertvolle Anhaltspunkte. Zur quantitativen Bewertung im Rahmen der in diesem Kapitel vorgestellten Bewertungsmethodik wird ein pragmatischer Ansatz verwendet. Ziel ist es, qualitative Aussagen in ein quantitatives Bewertungssystem zu überführen und so die Vergleichbarkeit verschiedener Unsicherheiten sicherzustellen.

Ein einfaches Bewertungssystem könnte so aussehen wie in Tabelle 2.1.

Eintrittshäufigkeit	Bewertung (1 - 5)	Qualitative Beurteilung
Wöchentlich	5	Sehr wahrscheinlich
Monatlich	4	Wahrscheinlich
Mehrmals pro Jahr	3	Möglich
Jährlich	2	Selten
Seltener als jährlich	1	Äußerst selten
Nie	0	Nicht relevant

Tabelle 2.1: Bewertung der Eintrittswahrscheinlichkeit

Das vorgeschlagene Bewertungssystem hat eine Bewertung der Unsicherheiten auf einer Skala von 1 bis 5 zum Ziel (mittlere Spalte). Diese Bewertung kann dabei je nach Verfügbarkeit entweder aus der statistischen Eintrittshäufigkeit (linke Spalte) oder einer groben qualitativen Beurteilung (rechte Spalte) abgeleitet werden. Ist eine Unsicherheit für das Unternehmen oder die vorherrschenden Rahmenbedingungen nicht relevant oder kann ein Eintreten völlig ausgeschlossen werden, so ist sie mit 0 zu bewerten.

Schritt 3: Reaktionsvermögen hinterfragen

Für die identifizierten Unsicherheiten muss das jeweilige Reaktionsvermögen des Unternehmens kritisch hinterfragt werden. Dabei gilt es, eine ganzheitliche Betrachtung des Reaktionsprozesses anzustreben und das unternehmenseigene Reaktionsvermögen hinsichtlich potenzieller Unsicherheiten aus den unter Abschnitt 2.2.2 diskutierten Ursprungsbereichen zu beurteilen.

In der Praxis kann der Reaktionsprozess eines Unternehmens in drei Phasen unterteilt werden, die detailliert betrachtet werden sollten:

- Phase I: Feststellen des Handlungsbedarfs
- Phase II: Entschluss zur Maßnahme
- Phase III: Operative Umsetzung der Maßnahme

Die erste Phase (Phase I) fokussiert auf eine proaktive Früherkennung von Unsicherheiten aus den Ursprungsbereichen der Makroebene, Mikroebene und Unternehmensebene. Ein effektives Monitoring ist dafür unerlässlich. Neben einer möglichst präzisen Aussage über den tatsächlichen Eintrittszeitpunkt ist in Phase I jedoch auch eine realistische Einschätzung der Eintrittsgeschwindigkeit einer Unsicherheit (V_E) anzustreben. Diese kann als Maß dafür angesehen werden, wie schnell die Auswirkungen einer Unsicherheit für ein Unternehmen spürbar werden. Phase II und III bilden die anschließende Reaktion eines Unternehmens mit Hilfe konkreter Maßnahmen ab. Von der Gesamtdauer dieser beiden Phasen kann ein Rückschluss auf die Reaktionsgeschwindigkeit des Unternehmens (V_R) erfolgen.

Phase I: Feststellen des Handlungsbedarfs

Um den Handlungsbedarf hinsichtlich einer konkreten Unsicherheit frühzeitig festzustellen, ist ein adäquates Monitoring-System (Kapitel 6) äußerst wichtig. Dieses Monitoring zielt vor allem auf eine Maximierung der Frühwarnzeit (T_F) ab, also jener Zeit zwischen der erstmaligen Identifikation eines Warnsignals (Frühwarnindikator) bis zum Eintreten einer Unsicherheit (Abbildung 2.9). Die Funktion des derzeit installierten Monitoring-Systems muss daher hinsichtlich seiner Effektivität bewertet werden.

Folgende Fragen sind dabei kritisch und in industriespezifischem Kontext zu diskutieren:

- Gibt es derzeit ein (Monitoring-)System, das auf ein Erkennen von Unsicherheiten abzielt?
- Werden durch das derzeitige (Monitoring-)System alle Einflussebenen der Unsicherheit beobachtet?
- Verfügt das derzeitige (Monitoring-)System über geeignete Sensoren, um die Signale aus den unterschiedlichen Einflussebenen richtig zu messen?
- Werden Unsicherheiten in adäquater Form für die nachfolgende Steuerung (Kapitel 8) aufbereitet?

Phase II: Entschluss zur Maßnahme

Wurden potenzielle Unsicherheiten durch das Monitoring erkannt, müssen die verantwortlichen Gremien den Entschluss zu angemessenen Maßnahmen fällen. Dies entspricht der Investition in einen konkreten Agilitätsstellhebel. Dabei müssen jedoch auch die Wirkzusammenhänge zwischen den Maßnahmen beachtet werden, die dazu führen, dass die Maßnahmen nicht immer einzeln beschlossen und umgesetzt werden können. Vielmehr sollte die Vorteilhaftigkeit von ganzen Maßnahmenbündeln (Kapitel 5) evaluiert werden. Hier spielt die Steuerungseinheit des agilen Unternehmenssystems, wie sie in Kapitel 8 vorgestellt wird, eine zentrale Rolle.

Ziel ist die administrative Vorlaufzeit (T_A) auf ein Minimum zu verkürzen. Darunter wird jene Zeit verstanden, die mit der ersten inhaltlichen Auseinandersetzung mit einer Unsicherheit beginnt und bis zum tatsächlichen Beschluss zur Reaktion durch das Management dauert. Daher müssen auch hier Effektivität und Effizienz der (Entscheidungs-)Prozesse kritisch hinterfragt werden:

- Kann die Steuerungseinheit auf geeignete Maßnahmen (Stellhebel) zurückgreifen? In Kapitel 7 werden dazu weitere Antworten vorgestellt.
- Werden durch die Steuerungseinheit die richtigen Maßnahmen (Stellhebel) ausgewählt? Wie eine effektive Steuerungseinheit arbeitet, wird in Kapitel 8 vorgestellt.
- Geht die Entscheidungsfindung (Entschluss zur Reaktion auf eine Unsicherheit) schnell genug vonstatten? Ebenfalls in Kapitel 8 werden entsprechende Archetypen für Steuerungseinheiten vorgestellt.

Phase III: Operative Umsetzung der Maßnahme

Die durch die Steuerungseinheit ausgewählten Stellhebel müssen anschließend auf operativer Ebene aktiviert werden (Aktivierung eines Agilitätsstellhebels). Hierbei spielt vor allem das richtige Timing eine zentrale Rolle. Der richtige Zeitpunkt für die Aktivierung einer Maßnahme in Form eines Agilitätsstellhebels hängt dabei einerseits von der Eintrittsgeschwindigkeit einer Unsicherheit und andererseits von der maximalen Geschwindigkeit der operativen Umsetzung ab (Abbildung 2.9). Folgende Fragen gilt es dabei zu klären:

- Wie schnell kann ein ausgewählter Stellhebel auf operativer Ebene aktiviert werden?
- Wie zügig geht die operative Umsetzung (Aktivierung) eines konkreten Stellhebels bis zur Wirkentfaltung vonstatten (= Reaktionsgeschwindigkeit), also: Kann das Unternehmen schnell genug reagieren?

Des Weiteren kann aus dem Verhältnis der potenziellen Eintrittsgeschwindigkeit einer Unsicherheit zur Reaktionsgeschwindigkeit des Unternehmens eine einfache Kennzahl (α) gebildet werden. Diese Herangehensweise verdeutlicht, dass im praktischen Umgang mit Unsicherheiten unterschiedliche Fälle betrachtet werden müssen:

- $\alpha > 1$: Eine Unsicherheit tritt schneller ein, als das Unternehmen reagieren kann.
- $\alpha \approx 1$: Das Unternehmen kann in adäquater Zeit auf eine Unsicherheit reagieren.
- $\alpha < 1$: Die Reaktion erfolgt schneller, als der Eintritt einer Unsicherheit.

In Abbildung 2.9 ist der gesamte unternehmenseigene Reaktionsprozess bei Auftreten einer Unsicherheit schematisch dargestellt. Die beiden Kurven illustrieren dabei den Verlauf der Unsicherheit beziehungsweise den Verlauf der Unternehmensreaktion. Die Steigung der jeweiligen Kurven ist dabei als Indikator für die Geschwindigkeit des Eintritts einer Unsicherheit beziehungsweise der Reaktion des Unternehmens zu interpretieren.

Nachfolgend werden die drei unterschiedlichen Fälle ($\alpha > 1$, $\alpha \approx 1$ und $\alpha < 1$) diskutiert und konkrete Bespiele genannt.

Fall 1: $\alpha > 1$

Ist die Eintrittsgeschwindigkeit einer Unsicherheit signifikant größer als die maximal mögliche Reaktionsgeschwindigkeit eines Unternehmens ($\alpha > 1$), muss das Unternehmen eine Verbesserung entlang des gesamten Reaktionsprozesses und aller damit verbunden Abläufe anstreben. Davon betroffen sind sämtliche Prozesse der Phasen I bis III. Die Verantwortlichen müssen unter anderem Maßnahmen wie Investitionen in ein besseres Monitoring zur früheren Identifikation und zur besseren Interpretation von Frühwarnindikatoren sowie zur internen Prozessoptimierung zur beschleunigten Entscheidungsfindung diskutieren. Auch organisatorische Maßnahmen (Kapitel 9) und beispielsweise ein kritisches Hinterfragen der eigenen Lieferkettenstrategie können hierfür zielführend sein. Typische Beispiele für Szenarien mit $\alpha > 1$ wären Lieferkettenunterbrechungen aufgrund unvorhersehbarer Naturkatastrophen oder plötzliche Verkaufsrückgänge wegen eines unerwarteten Imageverlusts.

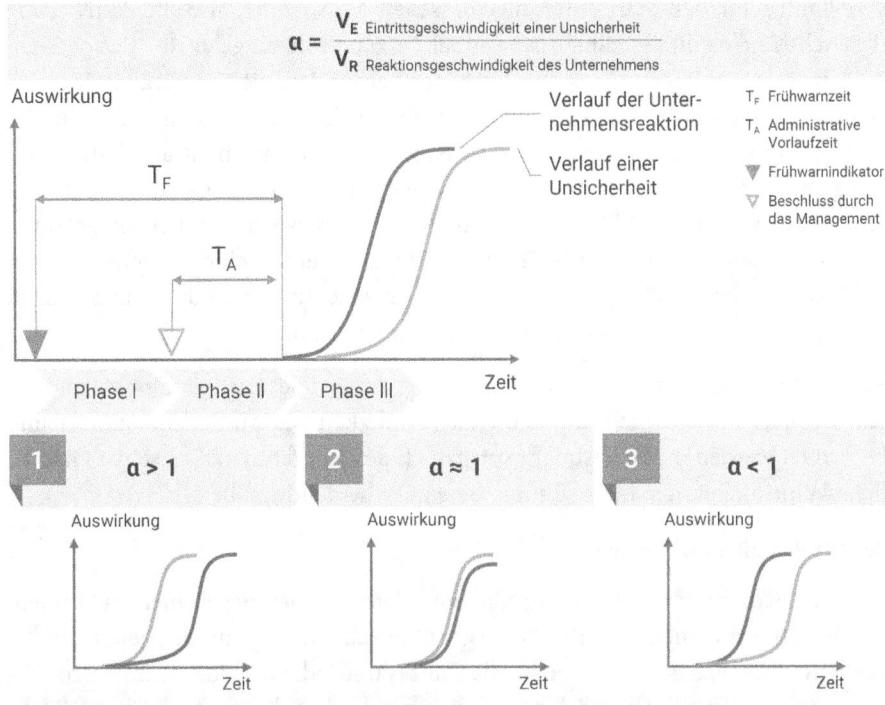

Abbildung 2.9: Beurteilung des unternehmenseigenen Reaktionsvermögens

Fall 2: $\alpha \approx 1$

Entspricht die Eintrittsgeschwindigkeit einer Unsicherheit in etwa der maximal möglichen Reaktionsgeschwindigkeit eines Unternehmens, sollte man den Fokus auf eine Optimierung der internen Abläufe in der Steuerungseinheit (Kapitel 8) legen. Es ist sicherzustellen, dass durch eine klare Verteilung der Verantwortlichkeiten und effiziente Prozessabläufe, Entscheidungen ohne unnötige Verzögerung schnell getroffen und umgesetzt werden. Zur Unterstützung einer beschleunigten Entscheidungsfindung setzen Unternehmen zunehmend Lösungsansätze zur datenbasierten Echtzeit-Entscheidungsfindung (Real Time Decision Making) ein, die es ermöglichen, in Echtzeit einen Überblick über die Leistung ihres Produktionsnetzwerks (Produktionsstandorte, Lieferanten, Produkte) zu erhalten. Auch moderne Monitoringansätze (Kapitel 6) dienen vermehrt als wertvolle Informationsquelle. Beispiele für den Fall $\alpha \approx 1$ könnten unter anderem notwendige Änderungen im Produktmix wegen sich ändernder Kundenpräferenzen oder geringe Schwankungen im Auftragsvolumen sein.

Fall 3: $\alpha < 1$

Mit Fall 3 werden jene Unsicherheiten adressiert, auf die ein Unternehmen schneller reagieren kann, als die potenzielle Unsicherheit eintritt. Die Reaktionsgeschwindigkeit des Unternehmens ist somit stets größer als die potenzielle Eintrittsgeschwindigkeit der Unsicherheit. Der Fokus liegt daher auf dem richtigen Timing für den Start einer angemessenen Maßnahme, also die Aktivierung des richtigen Agilitätsstellhebels (Kapitel 7). Zu früh eingeleitete Maßnahmen sind dabei in der Regel ebenso mit Verlusten verbunden wie ein versäumter Reaktionszeitpunkt. In der Praxis lässt sich der richtige Zeitpunkt für eine Reaktion jedoch oft nur schwer bestimmen. Aus dem Projektmanagement abgeleitete Planungsmethoden wie zum Beispiel die Rückwärtsterminierung können bis zu einem gewissen Grad hilfreich sein, stoßen jedoch wiederum bei ungeplanten Zwischenfällen schnell an ihre Grenzen. Ein Beispiel für eine Unsicherheit mit $\alpha < 1$ können langfristig geplante politische Entscheidungen und Regularien sein, etwa der langfristig geplante Atomausstieg einer Nation.

Es ist jedoch stets zu beachten, dass für eine Aussage über das Reaktionsvermögen eines Unternehmens nicht nur die Geschwindigkeit der Maßnahmenumsetzung betrachtet werden muss. Vielmehr spielt auch deren Effektivität – also die tatsächliche Wirksamkeit der Maßnahme – eine entscheidende Rolle.

Schritt 4: Folgen bewerten

Um das theoretisch mögliche Ausmaß einer Unsicherheit bestimmen zu können, müssen Unternehmen bewerten, wie sich unterschiedliche Unsicherheiten auf die operative Ebene, das Unternehmen als Ganzes und/oder auf das gesamte Produktionsnetzwerk konkret auswirken. Dabei spielt das in Schritt 3 hinterfragte Reaktionsvermögen eine zentrale Rolle, da dadurch das potenzielle Ausmaß einer Unsicherheit unmittelbar gemindert wird.

Schritt 3 und Schritt 4 werden in der Praxis daher oft simultan durchgeführt. Ähnlich zum Vorgehen bei der Abschätzung der Eintrittswahrscheinlichkeit in Schritt 2 wird dabei eine Einordnung in ein quantitatives Bewertungssystem angestrebt. Das in Schritt 3 ermittelte Reaktionsvermögen wird bereits unmittelbar berücksichtigt.

In Schritt 4 sind nun mögliche Folgen (Risiken, aber auch Chancen) möglichst umfassend zu berücksichtigen. Beispiele hierfür sind unter anderem:

- Uneinigkeiten zwischen Stakeholdern, wie Arbeitern, Managern, Eigentümern, Kunden, Lieferanten, Regierung, Gesellschaft oder Kreditgebern. Diese sind oft mit Effizienzverlusten verbunden und können dazu führen, dass die Unternehmensziele nicht mehr konsequent verfolgt werden.
- Eine falsche strategische Ausrichtung des Unternehmens, die in Anbetracht neuer Umstände dazu führen kann, dass aktuelle Entwicklungen verpasst oder schlecht darauf reagiert werden. Ein falsch zusammengestelltes Produktportfolio kann hierfür ein Grund sein. Aus einer falschen strategischen Ausrichtung können somit signifikante Wettbewerbsnachteile resultieren.
- Imageverluste, welche bedingt durch falsche oder fehlerhafte Produkte entstehen sowie eine schlechte Marketing- und Vertriebsstrategie oder Qualitätsprobleme.

- Eingeschränkte Zahlungsfähigkeit (Liquiditätsprobleme), aufgrund einer ungünstigen Finanzierungsstruktur. Dies ist häufig die Folge eines unpassenden Verhältnisses von Eigen- und Fremdkapital oder einer mangelnden Anpassung an Konjunkturphasen.
- Unerwartet hohe Nachfrageanstiege, die für einzelne Produkte (Produktgruppen) durch neu aufkommende Absatzmärkte entstehen, etwa durch eine wachsende Kaufkraft der Schwellenländer.
- Neue Geschäftsmodelle und gesteigerte Effizienz durch digitale Technologien.
- Wirtschaftliche Vorteile, die durch neue Handelsabkommen, beispielsweise ein Freihandelsabkommen, oder staatliche Subventionen entstehen.

Im Zuge der Bewertung des Ausmaßes der Folgen kann es vor allem für produzierende Unternehmen äußerst hilfreich sein, eine strukturierte Unterteilung von Unsicherheiten hinsichtlich ihrer charakteristischen Auswirkungen auf die Operations aus Abschnitt 2.2.3 vorzunehmen.

Die Bewertung auf einer Skala von 1 bis 5 erfolgt anschließend in Relation zu einer Grobkalkulation der finanziellen Auswirkungen (linke Spalte in Tabelle 2.2) oder einer rein qualitativen Beurteilung des Risikos bzw. der Chancen (rechte Spalte in Tabelle 2.2). Die potenziellen finanziellen Auswirkungen einzelner Unsicherheiten sollten dabei durch eine Grobkalkulation verschiedener Szenarien (wie zum Beispiel Kundenverlust, Imageschaden, entgangener EBIT, Kosten eines Produktionsausfalls oder Strafzahlungen) errechnet werden. Für die qualitative Beurteilung kann ein pragmatischer Ansatz verwendet werden, der in mehreren Abstufungen zwischen bestem und schlechtestem Fall unterscheidet. Auch für diese

Finanzielle Auswirkung in EUR			Qualitative Beurteilung	
Negativ	Positiv	Bewertung (1 - 5)	Risiko	Chance
- - - - -	+ + + + +	5	Schlimmster Fall	Bester Fall
- - - -	+ + + +	4	Sehr schwerwiegend	Äußerst positiv
- - -	+ + +	3	Erheblich	Vielversprechend
- -	+ +	2	Mäßig	Gut
-	+	1	Klein	Gering
Keine Auswirkung		0	Nicht relevant	

Tabelle 2.2: Bewertung des Ausmaßes der Folgen

Bewertung bietet sich das Format eines cross-funktionalen Expertenworkshop von Mitarbeiten aus unterschiedlichen Führungsebenen an.

Ein einfaches Bewertungssystem sieht beispielsweise so aus, wie in Tabelle 2.2 abgebildet.

Als Ergebnis dieses Schrittes liegt allen identifizierten Unsicherheiten eine Bewertung hinsichtlich des Ausmaßes ihrer Folgen auf einer Skala von 1 bis 5 vor. Ist eine Unsicherheit für das Unternehmen und die vorherrschenden Rahmenbedingungen nicht relevant oder sind bei einem Eintreten keine Auswirkungen zu erwarten, so ist diese mit Null zu bewerten.

Schritt 5: Handlungsbedarf ableiten

Um den Handlungsbedarf hinsichtlich einer Unsicherheit quantitativ herzuleiten, bietet sich ein bewährter Ansatz an, der in der Praxis in ähnlicher Form in unterschiedlichen Bereichen angewendet wird. Das Grundprinzip des Ansatzes basiert im Wesentlichen auf der sogenannten FMEA-Analyse (Failure Mode and Effects Analysis, Fehlermöglichkeits- und Einflussanalyse) und schafft eine transparente Basis für die nachfolgende finale Priorisierung der relevanten Unsicherheiten in Schritt 6 (Abbildung 2.10).

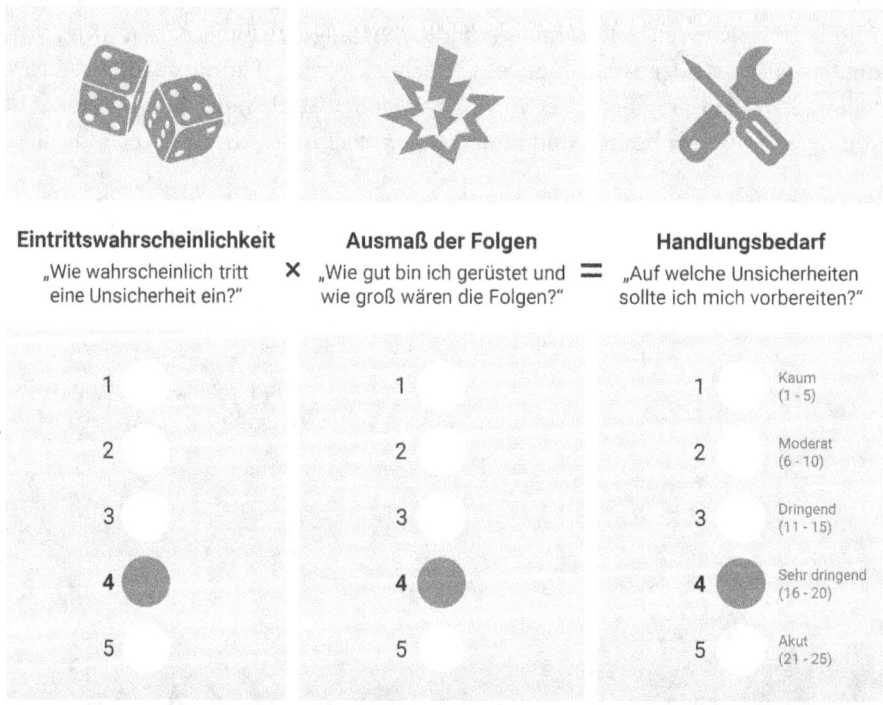

Abbildung 2.10: Ansatz zur Ableitung des Handlungsbedarfs

Das Ergebnis der Multiplikation der Eintrittswahrscheinlichkeit mit dem Ausmaß der Folgen einer Unsicherheit liefert dabei einen brauchbaren Indikator für den tatsächlichen Handlungsbedarf bei einer Unsicherheit. Konkret ergeben sich Werte zwischen 1 und 25. Unterteilt man diese Bandbreite wiederum in gleiche Intervalle, so erhält man fünf unterschiedliche Gruppen von Unsicherheiten, die sich in ihrem Handlungsbedarf von »kaum« bis »akut« unterscheiden.

Zwar ermöglicht dieses Vorgehen eine schnelle und transparente Reihung der Unsicherheiten, für eine finale Handlungsentscheidung müssen jedoch einzelne Fälle noch einmal gesondert betrachtet werden. Es handelt sich dabei beispielsweise um Unsicherheiten mit kleiner Eintrittswahrscheinlichkeit (1), aber großen Folgen (5), oder um Unsicherheiten mit großer Eintrittswahrscheinlichkeit (5), aber vermeidlich kleinen Folgen (1). In beiden Fällen kann die betrachtete Unsicherheit trotz des geringen errechneten Handlungsbedarfs bedeutende Auswirkungen auf ein Unternehmen haben. Durch die Verwendung einer speziellen Priorisierungsmatrix in Schritt 6 wird der Bereich mit akutem Handlungsbedarf bewusst erweitert und diesem Dilemma gezielt entgegengewirkt.

Schritt 6: Relevante Unsicherheiten priorisieren

Das Ergebnis des vorherigen Schritts ist eine quantitative Aussage über den Handlungsbedarf zu konkreten Unsicherheiten im Geschäftsumfeld, die sowohl zu Risiken als auch zu Chancen für das Unternehmen führen können. Zur finalen Priorisierung der Unsicherheiten respektive der erforderlichen Reaktionsmaßnahmen wird eine zweidimensionale Matrix empfohlen, in der das zuvor bewertete Ausmaß der Folgen über der Eintrittswahrscheinlichkeit aufgetragen wird. Die in Abbildung 2.11 vorgeschlagene Darstellung erlaubt eine Unterteilung in fünf Bereiche, in denen Unsicherheiten mit unterschiedlichem Handlungsdarf zusammengefasst werden. Durch diese gezielte Segmentierung werden nun auch die in Schritt 5 beschriebenen Extremfälle abgedeckt.

In Abbildung 2.11 sieht man deutlich, dass der Bereich der Unsicherheiten mit dem größten Handlungsbedarf auch Unsicherheiten mit großem Ausmaß der Folgen und kleiner Eintrittswahrscheinlichkeit (linke obere Ecke der Matrix) beinhaltet, aber auch jene Unsicherheiten mit großer Eintrittswahrscheinlichkeit, aber verhältnismäßig geringem Ausmaß der Folgen (rechte untere Ecke der Matrix). Eben diese Unsicherheiten wären bei einer rein mathematischen Herleitung des Handlungsbedarfs mit dem vorgestellten FMEA-basierten Ansatz nicht ausreichend berücksichtigt. Es handelt sich dabei jedoch um Unsicherheiten, die für ein Unternehmen äußerst kritisch sein können. Die Folgen dieser Unsicherheiten sollten daher unabhängig von der Höhe des errechneten Werts genauer betrachtet werden. So hat beispielsweise der Ausfall eines Lieferanten aufgrund einer Naturkatastrophe zwar eine geringe Eintrittswahrscheinlichkeit, sollte jedoch aufgrund des potenziell hohen Ausmaßes der Folgen unbedingt betrachtet werden. Das Gleiche gilt für Unsicherheiten, deren Ausmaß vermeidlich gering ist, die aber mit sehr hoher Wahrscheinlichkeit bzw. hoher Eintrittshäufigkeit auftreten.

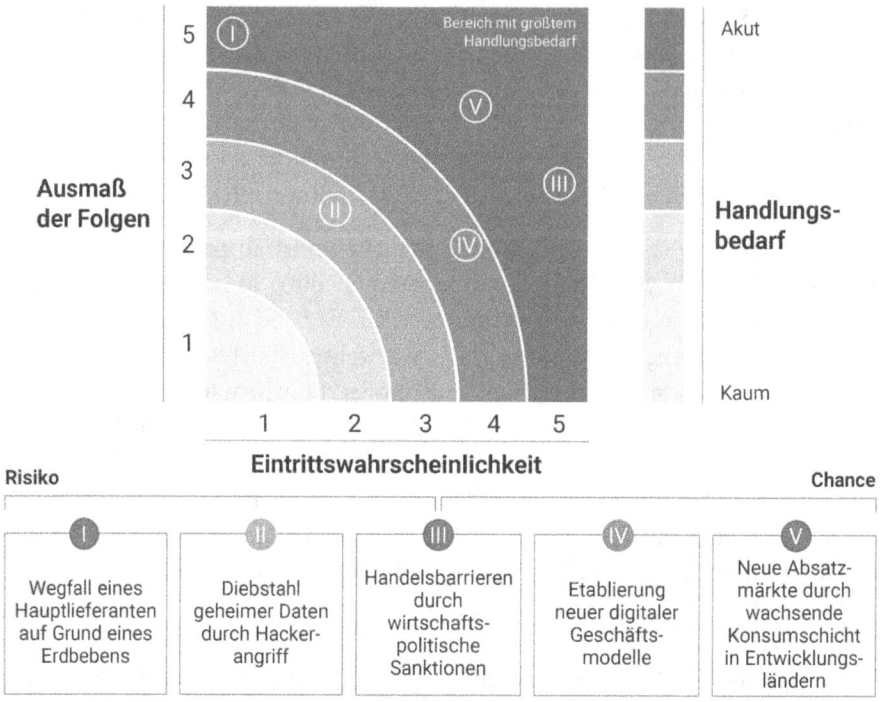

Abbildung 2.11: Matrix zur Priorisierung von Unsicherheiten

Das in diesem Abschnitt vorgestellte Vorgehen unterstützt Unternehmen bei einer strukturierten Identifikation, Bewertung und Priorisierung tatsächlich relevanter Unsicherheiten. Es bildet somit eine wichtige Ausgangsbasis für die Vorbereitung und Umsetzung gezielter Maßnahmen im Rahmen eines agilen Unternehmenssystems.

Anmerkungen

1 Siehe Interview mit Karl-Friedrich Stracke in Kapitel 7.
2 Vgl. Comin, D.; Philippon, T.: »The Rise in Firm-Level Volatility: Causes and Consequences«. In: *NBER Macroeconomics Annual 20* (2005).
3 Vgl. Oyedele, A.: »Here's how insanely volatile oil prices have been this year«. URL: http://www.businessinsider.de/oil-price-volatility-in-2016-2016-2?r=US&IR=T , Abrufdatum: 18.10.2016.
4 Vgl. hierzu u. a. Kerkmann, C.: »Schweizer Unternehmen müssen fliehen«. URL: http://www.handelsblatt.com/unternehmen/management/franken-und-der-euro-schweizer-unternehmen-muessen-fliehen/11239892.html , Abrufdatum: 18.10.2016.
5 Vgl. hierzu u. a.: Eigendorf, J. et al.: »Russland-Krise kostet Europa bis zu 100 Milliarden Euro«. URL: http://www.welt.de/wirtschaft/article142742046/Russland-Krise-kostet-Europa-bis-zu-100-Milliarden-Euro.html , Abrufdatum: 18.10.2016.
6 Vgl. Dobbs, R. et al.: »Urban world: Cities and the rise of the consuming class«. In: *McKinsey Global Institute Report* (Juni 2012).
7 Vgl. Kaas et al.: »Automotive revolution – perspective towards 2030«. In: *McKinsey & Company Report* (Januar 2016).
8 Vgl. De Buhr, J.: »Joint-Venture-Fantasie«. In: DUB – Magazin der deutschen Unternehmerbörse, Spezialausgabe zum Wandel in der Autobranche. URL: https://www.dub.de/zetsche/ , Abrufdatum: 18.10.2016.
9 Vgl. Kaas et al.: »Automotive revolution – perspective towards 2030«. In: *McKinsey & Company Report* (Januar 2016).
10 Barra, M.: »The next revolution in the auto industry«. URL: https://www.weforum.org/agenda/2016/01/the-next-revolution-in-the-car-industry/ , Abrufdatum: 18.10.2016.
11 Vgl. Randall, T.: »Here's How Electric Cars Will Cause the Next Oil Crisis«. URL: http://www.bloomberg.com/features/2016-ev-oil-crisis/ , Abrufdatum: 18.10.2016.
12 Vgl. Dobbs, R. et al.: »Resource Revolution: Tracking global commodity markets«. In: *McKinsey Global Institute Report* (September 2013).
13 Zu »Volatilere Rohstoffpreise« vgl.: Dobbs, R. et al.: »MGI's Commodity Price Index – an interactive tool«. URL: http://www.mckinsey.com/business-functions/sustainability-and-resource-productivity/our-insights/resource-revolution-tracking-global-commodity-markets , Abrufdatum: 18.10.2016. Daten basieren auf: International Monetary Fund (IMF); United Nations Commodity Trade Statistics Database (Comtrade); United Nations Conference on Trade and Development (UNCTAD); World Bank commodity price data; McKinsey Global Institute analysis.
14 Zu »Unvorhersehbare Auswirkungen neuer Technologien« vgl.: Manyika, J. et al.: »Disruptive technologies: Advances that will transform life, business, and the global economy«. In: McKinsey Global Institute Report (Mai 2013). Daten basieren auf: McKinsey Global Institute analysis.
15 Zu »Komplexere Handelsstrukturen« vgl.:. Manyika, J. et al.: »Manufacturing the future: The next era of global growth and innovation«. In: McKinsey Global Institute Report (November 2012). Daten basieren auf: IHS Global Insight; IMF's Direction of Trade; McKinsey Global Institute analysis.
16 Zu »Steigende Anzahl disruptiver Ereignisse« vgl.: Manyika, J. et al.: »Manufacturing the future: The next era of global growth and innovation«. In: McKinsey Global Institute Report (November 2012). Daten basieren auf: Munich Re; McKinsey Global Institute analysis.
17 Vgl. Global Facility for Disaster Reduction and Recovery (GFDRR): »The making of a riskier future: How our decisions are shaping future disaster risk«. URL: https://www.gfdrr.org/sites/default/files/publication/Riskier%20Future.pdf , Abrufdatum: 18.10.2016.
18 Vgl. hierzu u. a.: Latour, A.: »A Fire in Albuquerque Sparks Crisis For European Cell-Phone Giants. Nokia Handles Supply Shock with Aplomb as Ericsson of Sweden Gets Burned«. URL: http://www.wsj.com/articles/SB980720939804883010 , Abrufdatum: 06.10.2016 und Mukherjee, A. S.: »The Fire That Changed an Industry: A Case Study on Thriving in a Networked World«. In: *The Spider's Strategy: Creating Networks to Avert Crisis, Create Change, and Really Get Ahead*, FT Press (2008) sowie online unter: http://www.ftpress.com/articles/article.aspx?p=1244469 , Abrufdatum: 08.01.2016.

19 Clancy, H.: »How GE generates $1 billion from data«. URL: http://fortune.com/2014/10/10/ge-data-robotics-sensors/ , Abrufdatum: 18.10.2016.
20 Vgl. Mößmer, H. E.; Schedlbauer, M.; Günthner, W. A.: »Die automobile Welt im Umbruch«. In: *Neue Wege in der Automobillogistik*, Springer-Verlag Berlin Heidelberg (2007), S. 3-15.
21 Vgl. Chui, M. et al.: »The social economy: Unlocking value and productivity through social technologies«. In: *McKinsey Global Institute Report* (Juli 2012).
22 Vgl. Manyika, J. et al.: »Disruptive technologies: Advances that will transform life, business, and the global economy«. In: *McKinsey Global Institute Report* (Mai 2013).
23 Vgl. Statista.com: »Endkundenabsatz von Smartphones weltweit von 2007 bis 2015 (in Millionen Stück)«. URL: https://de.statista.com/statistik/daten/studie/12856/umfrage/absatz-von-smartphones-weltweit-seit-2007/ , Abrufdatum: 18.10.2016.
24 Photoindustrie-Verband (PIV): »Gesamtmarkt Digitalkameras Weltweit (inkl. Nordamerika)«. URL: https://www.piv-imaging.com/presse/Digitale-Transformation-erweitert-Spektrum-und-definiert-Foto-und-Imagingbranche-neu-10010878 , Abrufdatum: 21.10.2016.
25 Vgl. Manyika, J. et al.: »Global flows in a digital age: How trade, finance, people, and data connect the world economy«. In: *McKinsey Global Institute Report* (April 2014).
26 Vgl. Courtney, H. G.; Kirkland, J.; Viguerie, S. P.: »Strategy under uncertainty«. In: *McKinsey & Company Quarterly* (Juni 2000).
27 Vgl. Courtney, H. G.; Kirkland, J.; Viguerie, S. P.: »Strategy under uncertainty«. In: McKinsey & Company Quarterly (Juni 2000).
28 Vgl. Österreichisches Institut für Wirtschaftsforschung (WIFO): »Makroökonomische Effekte des Handelskonflikts zwischen der EU und Russland«. URL: http://www.wifo.ac.at/jart/prj3/wifo/resources/person_dokument/person_dokument.jart?publikationsid=50950&mime_type=application/pdf , Abrufdatum: 21.10.2016.
29 Vgl. spiegel.de: »Ende des Booms – Chinas Export bricht um 25 Prozent ein«. URL: http://www.spiegel.de/wirtschaft/soziales/chinas-export-bricht-um-25-prozent-ein-a-1081141.html , Abrufdatum: 19.10.2016.
30 Vgl. Munich Re (NatCatSERVICE): »Naturkatastrophen-Bilanz 2011: Erdbeben führen zu den höchsten Schäden aller Zeiten«. URL: https://www.munichre.com/de/media-relations/publications/press-releases/2012/2012-01-04-press-release/index.html , Abrufdatum: 19.10.2016.
31 Vgl. White, J. und Lienert, P.: »GM pitches new product strategy to skeptical investors«. URL: http://www.reuters.com/article/us-gm-productplan-idUSKCN0V72LP , Abrufdatum: 19.10.2016.
32 Vgl. Dubeauclard, R.; Kubik, K.; Schrader, U.: » Agility: A response to the volatile world ». In: Finding Opportunity in Uncertainty: A New Paradigm for Pharmaceutical Supply Chains, McKinsey & Company (2014), S. 32-45.

3 Definiert –
Was man unter Agilität versteht

Matthias Schurig

Inhaltsverzeichnis

3.1	Verständnis von Agilität	78
3.2	Das agile Unternehmenssystem im Detail	85
3.3	Was Agilität nicht bedeutet	89
	3.3.1 Enterprise Risk Management ermöglicht strategische Risiko-Einschätzung	90
	3.3.2 Resilienz bereitet Unternehmen auf externe Schocks vor	90
	3.3.3 Flexibilität fokussiert insbesondere auf die operative Ebene eines Unternehmens	91
	3.3.4 Agile Unternehmen nutzen Unsicherheit – strategisch und operativ	92
3.4	Agilität im Vergleich zu Lean Production	93
	3.4.1 Lean Production reduziert Verschwendung	93
	3.4.2 Agilität setzt auf Atmungs- und Anpassungsfähigkeit	95

> **Leitfragen**
>
> - Welches Verständnis von Agilität liegt diesem Buch zugrunde?
> - Wie kann ein übergreifendes Agilitätskonzept für Unternehmen aussehen?
> - Wie kann Agilität von anderen Konzepten der Veränderungsfähigkeit abgegrenzt werden? Wie unterscheidet sich Agilität insbesondere von Flexibilität, Resilienz und Enterprise Risk Management?
> - Was ist der Unterschied zwischen Agilität und Lean Production?

3.1 Verständnis von Agilität

Agilität wird immer wieder in einem Atemzug mit dem von Toyota initiierten Konzept der Lean Production erwähnt. Manche Stimmen beschreiben Agilität als bloße Weiterentwicklung der Lean Production und sprechen ihr mithin die Struktur eines Gesamtkonzeptes ab.

Doch ist dem so? Wo positioniert sich Agilität innerhalb der Konzepte, die sich mit der Vorbereitung auf unvorhergesehene Ereignisse beschäftigen? Welcher Zusammenhang besteht wirklich zwischen Agilität und Lean Production? Und nicht zuletzt: Welches Verständnis von Agilität liegt diesem Buch zugrunde?

All diese Fragen beantwortet dieses Kapitel. Dabei wird zunächst mit Hilfe einer Definition das Konzept Agilität in produzierenden Unternehmen genauer beschrieben, im weiteren Verlauf dieses Kapitels wird das agile Unternehmenssystem beschrieben, das bereits in Kapitel 1 angesprochen wurde.

Da sich inzwischen viele verschiedene Konzepte mit der Frage beschäftigen, wie Unternehmen mit Veränderungen in ihrem Umfeld umgehen sollten, wird Agilität exemplarisch mit den Konzepten Enterprise Risk Management, Resilienz und Flexibilität verglichen.

Am Ende des Kapitels wird Agilität schließlich dem bereits erwähnten Konzept der Lean Production gegenübergestellt. Dazu gibt es ein Interview mit dem Supply-Chain- und Produktionsexperten Raimund Diederichs. Er erklärt anhand von konkreten Gesichtspunkten, worin für ihn der Unterschied zwischen Agilität und Lean Production besteht und worauf Unternehmen dabei jeweils zu achten haben.

Was wir unter Agilität verstehen – eine formale Definition

In der Managementliteratur, aber auch in Wissenschaftskreisen wurde und wird der Begriff Agilität stets aus verschiedenen Betrachtungsweisen diskutiert. Dabei geht häufig nicht klar hervor, was genau unter diesem Konzept verstanden wird. Dieses Kapitel soll daher zunächst ein allgemeines Verständnis von Agilität schaffen, welches diesem Buch zugrunde liegt.

3.1 Verständnis von Agilität

Beim Studium von Publikationen zu Agilität wird schnell deutlich, dass unter diesem Begriff zumeist ein Unternehmenskonzept verstanden wird, das Unternehmen unterstützend auf Unsicherheiten sowie Veränderungen und Schwankungen in ihrem wirtschaftlichen Umfeld vorbereitet. Da diese Unsicherheiten historisch betrachtet stark zunehmen, wächst für Unternehmen auch die Notwendigkeit, sich mithilfe eines ganzheitlichen Ansatzes systematisch auf diese Veränderungen vorzubereiten.

In Kapitel zwei wurden sechs verschiedene Formen der Unsicherheit identifiziert, die auf die – im Mittelpunkt dieses Buches stehenden – produzierenden Unternehmen einwirken:

- langfristige sowie
- kurzfristige Nachfrageschwankungen,
- Veränderungen im Produktmix,
- unternehmensinterne Produktionsstörungen,
- externe Störungen mit Auswirkungen auf die Produktion sowie
- Volatilität der Inputkosten.

Agile Unternehmen können auf alle sechs Unsicherheitsarten entsprechend reagieren.

Im Folgenden wird das zugrundeliegende Verständnis von Agilität zunächst aus einer theoretischen Perspektive definiert, bevor das praktische Verständnis dieses Konzeptes detailliert vorgestellt wird. Dabei legt dieses Buch besonderen Wert auf eine praktische Anwendbarkeit der Agilität in Unternehmen.

Intensive Forschung zu Agilität sowie ausgiebige Diskussionen mit Praxispartnern haben zur folgenden formalen Definition von Agilität geführt. Agile Unternehmen zeichnen sich demnach durch eine Reihe spezifischer Fähigkeiten aus: Sie bereiten sich **proaktiv auf Unsicherheiten** vor und **reagieren sehr schnell** auf Veränderungen. Dabei haben sie immer das Ziel vor Augen, ihre **wirtschaftliche Situation zu verbessern** und nutzen dafür **alle Elemente ihrer Wertschöpfungskette**.[1]

Die Fähigkeit, sich proaktiv mit seinem Umfeld auseinanderzusetzen, ermöglicht es agilen Unternehmen, ihre Umwelt kontinuierlich auf Veränderungen hin zu beobachten und diese – bevor sie eintreten – in Szenarien durchzuspielen. Beispiele für solche Aktivitäten sind:

- systematische Umfeldanalysen anhand von Monitoring-Aktivitäten,
- die Ableitung von Was-wäre-wenn-Szenarien oder
- die Nutzung von Stresstests, um die Reaktionsbereitschaft des eigenen Unternehmens und seiner Prozesse auf unerwartet starke Veränderungen zu prüfen.[2]

Durch die proaktive Auseinandersetzung mit potenziellen Veränderungen kann sich das Unternehmen auf diese Veränderungen einstellen und vorbereiten – etwa men auch das Ziel verfolgen, wirtschaftliche Vorteile aus Marktveränderungen zu erzielen. Die genaue Definition dieses wirtschaftlichen Ziels ist dabei immer von der individuellen Situation des Unternehmens abhängig. So kann es sein, dass ein Unternehmen im Falle eines überraschend starken wirtschaftlichen Aufschwungs zur Eroberung von Marktanteilen bewusst Agilitätsmaßnahmen nutzt, die zwar zusätzliche Kosten verursachen, gleichzeitig jedoch eine schnellere Ausweitung ihrer Produktionskapazitäten ermöglichen. Beispiele dafür stellen kurzfristige Kapazitätserweiterungen durch die Einbindung von Auftragsfertigern oder Sonderschichten in der Produktion dar, wodurch in beiden Fällen zusätzliche Kosten verursacht werden. Die Erfüllung von strategischen Unternehmenszielen, wie beispielsweise der Ausbau von Marktanteilen während eines wirtschaftlichen Aufschwungs, wird in diesem Falle jedoch höher eingeschätzt als die auftretenden zusätzlichen Kosten.

Die strategische Priorisierung der wirtschaftlichen Ziele erfolgt durch die Steuerungsebene, was bereits in Kapitel eins beschrieben wurde. Der Wille zur Optimierung der wirtschaftlichen Situation als wichtige Eigenschaft agiler Unternehmen kann über die Definition von strategischen Unternehmenszielen beschrieben werden. Neben der Eroberung von Marktanteilen sind weitere Beispiele für strategische Unternehmensziele agiler Unternehmen:

- die Optimierung des Deckungsbeitrages,
- die Maximierung von Cashflow oder
- die Verbesserung des Betriebsgewinns (EBIT).

Die im Konzept der Agilität bewusst offen gehaltene Optimierung der wirtschaftlichen Situation eines Unternehmens ermöglicht es Unternehmen, ihre Agilitätsaktivitäten auf ihre Gesamtstrategie auszurichten. Eine zu enge Fokussierung auf Kostenoptimierungen wie bei anderen Konzepten der Veränderungsfähigkeit – beispielsweise bei Flexibilität in der Produktion oder Wandlungsfähigkeit[4] – wird damit vermieden.

Ein Beispiel für eine Agilitätsmaßnahme zeigt der Exkurs 3.1. Hier wurden zunächst zusätzliche Kosten in Kauf genommen, um im Falle eines unerwarteten Marktaufschwungs zügiger als Wettbewerber reagieren und Marktanteile gewinnen zu können.

> **Exkurs 3.1: Agiler Halbleiter-Hersteller mit leeren Produktionshallen**
>
> Ein europäischer Halbleiter-Hersteller sieht sich ständig der Herausforderung einer stark schwankenden Nachfrage nach seinen Chips in einzelnen Märkten, die zudem schwer zu prognostizieren sind, gegenübergestellt. Gleichzeitig benötigt er zweieinhalb Jahre, um die ersten Chips aus einer neuen Fertigungsstätte in den Markt zu liefern. Um die Schwankungen des Marktes zu nutzen, insbesondere wenn die Nachfrage nach einzelnen Produkten steigt,

hält er leere Produktionshallen in seinen volatilen strategischen Wachstumsmärkten, wie beispielsweise China und USA, vor. Diese muss er im Bedarfsfall nur noch mit der benötigten Produktionstechnologie ausstatten, um damit schneller als die Mitbewerber diese Märkte zu bedienen. Die zusätzlichen Kosten für das Vorhalten der Gebäude nimmt er in Kauf, da er mit zusätzlichem Umsatz rechnet, wenn er seine Kunden im Falle der plötzlich ansteigenden Nachfrage nach den Produkten schneller beliefern kann als seine Wettbewerber. So kann er in diesem volatilen Umfeld Marktanteile durch eine gesteigerte Agilität hinzugewinnen.

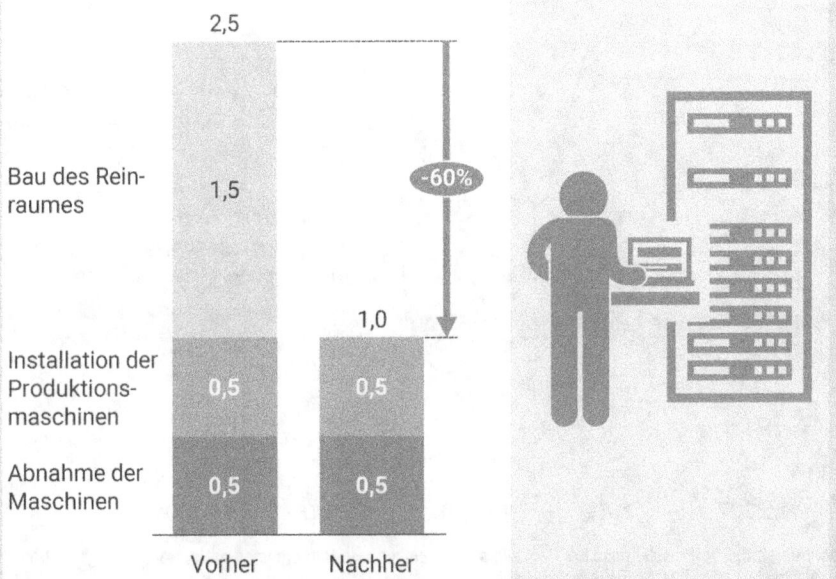

Abbildung 3.2: Ein europäischer Halbleiterhersteller nimmt in seiner volatilen Industrie zusätzliche Kosten in Kauf, um seine Agilität zu steigern – bekommt dadurch aber einen Wettbewerbsvorteil und kann bei einem unerwarteten Aufschwung zusätzlichen Gewinn erzielen

Im Ergebnis können agile Unternehmen schneller und entschlossener bei sich ergebenden Marktchancen zugreifen, beispielsweise während eines wirtschaftlichen Aufschwungs, als ihre Wettbewerber und gleichzeitig während wirtschaftlicher Abschwünge ihre Kosten schneller an die neuen Gegebenheiten anpassen und dadurch über einen längeren Zeitraum als Wettbewerber Verluste vermeiden.

Für einen LKW-Hersteller konnte mithilfe einer Ex-Post-Analyse gezeigt werden, wie weit gesteigerte Agilität seine Verluste während der Finanzkrise 2008/2009 reduziert hätte. Es konnte gezeigt werden, dass mit der gesteigerten Agilität während der Finanzkrise für dieses Unternehmen die Gewinne um über 40 Prozent höher ausgefallen wären, gerechnet auf einen Vier-Jahres-Zyklus. Abbildung 3.3 illustriert diesen Sachverhalt. Der LKW-Hersteller konnte nachträglich Maßnahmen implementieren, die seine Agilität in Zukunft positiv beeinflussen. Diese Maßnahmen beinhalten beispielsweise Notfallpläne mit Aktivitäten zur Kostenreduzierung beim Unterschreiten bestimmter Produktionsvolumina oder spezielle Arbeitszeitmaßnahmen wie die Reduzierung von Zeitarbeitern und die gezielte Nutzung von Arbeitszeitkonten. Der Ergebniseffekt von Agilität wird in Kapitel vier näher betrachtet.

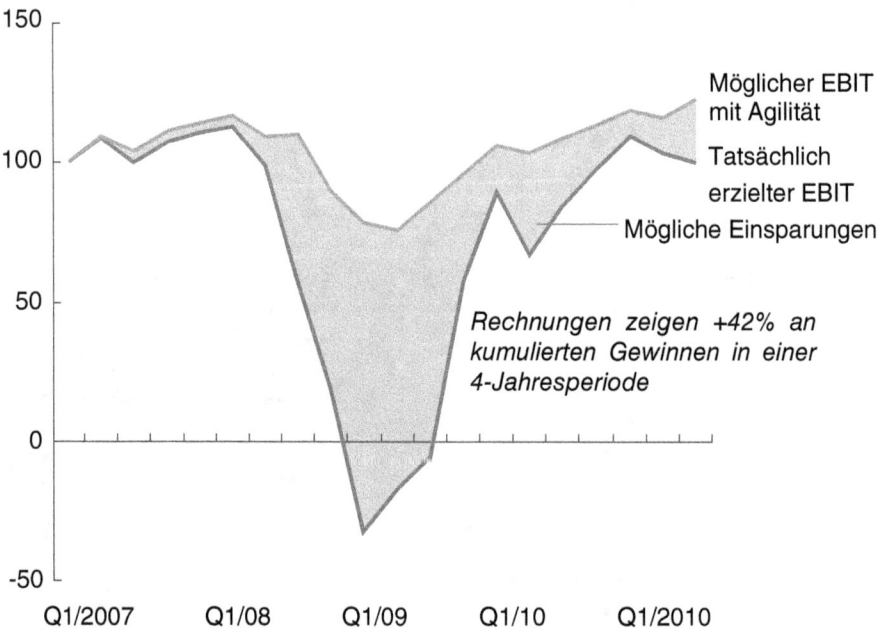

Abbildung 3.3: Am Beispiel des LKW-Herstellers wird deutlich, wie Unternehmen mit gesteigerter Agilität trotz Wirtschaftsabschwüngen ihre Gewinne stabilisieren können

Um strategische Unternehmensziele durch gesteigerte Agilität zu erreichen, greifen agile Unternehmen auf Maßnahmen entlang ihrer gesamten Wertschöpfungskette zurück. Sie binden alle Partner ihrer Wertschöpfungskette mit in ihre Überlegungen ein mit dem Ziel, die Agilität der gesamten Kette zu steigern. So wird ein Gesamtoptimum der Agilität angestrebt, was durchaus zur Folge haben kann, dass an einzelnen Punkten in der Kette gezielte, zusätzliche Aufwände und Bestände notwendig sind, die aber dezidiert die Gesamtagilität steigern. Durch die unternehmensübergreifende Ausrichtung des Konzeptes können zusätzliche Maßnahmen zur Steigerung der Agilität identifiziert werden, die bisherige Konzepte der Veränderungsfähigkeit nicht einbeziehen. So können beispielsweise konsequent Auftragsfertiger zur Abdeckung von Auftragsspitzen oder die Nutzung von im Unternehmensnetzwerk verteilten Beständen zur Deckung von Nachfragespitzen als Maßnahmen entlang der Wertschöpfungskette genutzt werden. Konkrete Agilitätsstellhebel für einzelne Unternehmen und ihre gesamte Wertschöpfungskette werden in Kapitel sieben vorgestellt.

3.2 Das agile Unternehmenssystem im Detail

Viele Unternehmensvertreter fragen sich, wie sie das beschriebene Konzept der Agilität in der Praxis umsetzen können, oder mit anderen Worten: »Wie kann Agilität in meinem Unternehmen angewandt werden? Auf welchen Ebenen und in welchen Funktionen kann ich es nutzen?« Solche und ähnliche Fragen, relevant insbesondere für Anwender in der Praxis, werden in der bislang vorhandenen Literatur nicht ausreichend beantwortet.

Um ein zunächst wenig agileres Unternehmen in ein agileres Unternehmen zu wandeln, schlägt dieses Buch zur Strukturierung der Vorgehensweise die Verwendung eines agilen Unternehmenssystems vor. Es gibt als Konzept eine Struktur vor und benennt, welche Bereiche eines Unternehmens zur Beeinflussung der Agilität des gesamten Unternehmens einbezogen werden müssen. Dieses System ermöglicht die systematische Ausrichtung der Unternehmenselemente in Richtung unternehmensweiter Agilität. Es bildet eine übergreifende Klammer mit dem Ziel, die Agilität des gesamten Unternehmens zu steigern. Wie bereits in Kapitel eins angesprochen, ermöglicht das agile Unternehmenssystem Unternehmen auf externe Veränderungen und Dynamiken erfolgreich zu reagieren. Im Ergebnis können Unternehmen während der auftretenden Unsicherheiten Geschäftschancen nutzen beziehungsweise Verluste vermeiden. Das Unternehmenssystem bildet daher den Kern, um ein Unternehmen agil aufzustellen. Abbildung 3.4, die bereits aus Kapitel 1 bekannt ist, illustriert die Bestandteile des agilen Unternehmenssystems.

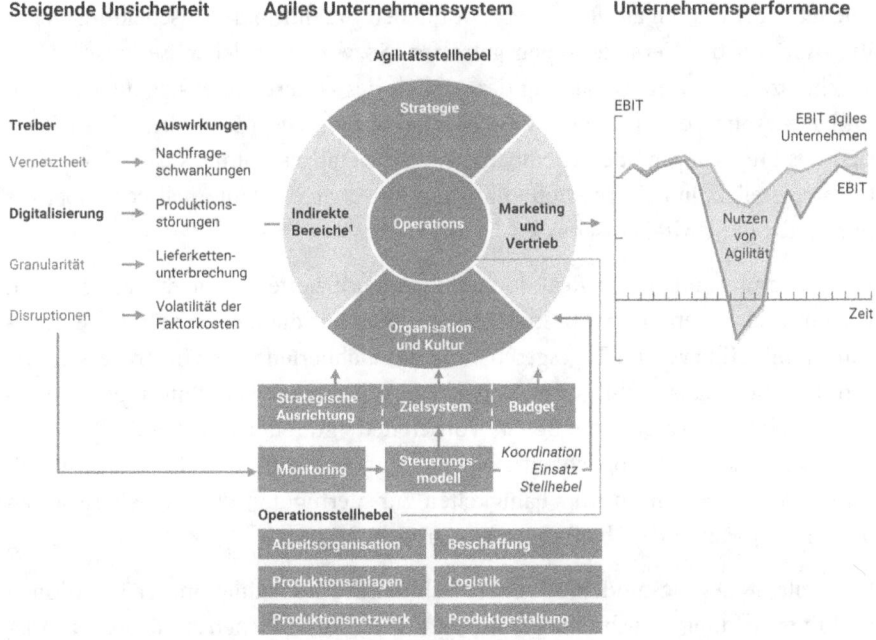

1 Finanzen, HR und weitere indirekte Bereiche (G&A)

Abbildung 3.4: Das agile Unternehmenssystem ermöglicht Unternehmen auf externe Veränderungen zu reagieren und die Unternehmensperformance zu verbessern

Abbildung 3.4 zeigt, wie ein agiles Unternehmen mit Hilfe einer Monitoring-Funktion ständig sein Geschäftsumfeld überwacht. Dieses zeichnet sich, wie in Kapitel 2 beschrieben, durch steigende Unsicherheiten aus, beeinflusst durch verschiedene Treiber. Genau definierte Sensoren dienen dabei als Informationsquellen, um Informationsfelder wie beispielsweise Wettbewerber, Märkte und Technologien auf Veränderungen hin zu beobachten. Treten diese auf, werden diese nicht nur erkannt, sondern auch als aufbereitete Informationen in das anschließende Steuerungsmodell des Unternehmens weitergeleitet. Die Art und Weise, wie und wann die Sensoren anschlagen und in welcher Form Informationen in das Steuerungsmodell weitergeleitet werden, muss deshalb im Vorfeld mit dem Steuerungsmodell abgestimmt werden.

Die Analyse der Umfeldinformationen kann vollautomatisiert erfolgen, wobei unterstützende Informationstechnologien wie zum Beispiel Big-Data-Analysen zum Einsatz kommen können.[5] Die Interpretation der Analysen erfolgt dann wiederum im Steuerungsmodell des Unternehmens. Die Monitoring-Funktion ist ein wichtiger Treiber der Unternehmensagilität und unterstützt die Organisation mit einer raschen Identifizierung von auftretenden Veränderungen im Geschäftsumfeld, wodurch das Unternehmen schnell mit einer abgestimmten Anwendung von Agilitätsmaßnahmen darauf reagieren kann. Kapitel 6 geht auf die Monitoring-Funktion des agilen Unternehmenssystems detailliert ein.

Nimmt nun die zentrale Monitoring-Funktion Veränderungen im Geschäftsumfeld wahr, werden die relevanten Informationen an das Steuerungsmodell weitergeleitet. Dort werden auf Basis der gewonnenen Erkenntnisse Entscheidungen zur Reaktion auf die Veränderungen getroffen. So wird beispielsweise entschieden, welche Szenarien zur Anpassung der Agilität des Unternehmens genutzt werden und insbesondere welche Agilitätsstellhebel aktiviert werden sollen. Man kann sich das Steuerungsmodell exemplarisch als eine abgestimmte Kaskade an Meetings vorstellen, in dem relevante Führungspersonen des Unternehmens über die notwendigen Schritte entscheiden.

Das Steuerungsmodell zur Reaktion auf die identifizierten Umfeldveränderungen wird in drei Stufen unterteilt: Erstens kann man auf die identifizierten Veränderungen mit Hilfe von im Tagesgeschäft bereits etablierten Geschäftsprozessen reagieren. Reicht dies nicht, können zweitens sogenannte Handlungsoptionen als Plan B aktiviert werden, die bereits vorbereitet sind, oder bestehende Praktiken anpassen. Als dritte Möglichkeit steht die Nutzung von besonderen Teams mit speziellen Kompetenzen und Fähigkeiten zur Verfügung, die im Bedarfsfall ad hoc in Projekten oder Abteilungen einspringen können.

Das agile Steuerungsmodell orientiert sich bei der Koordination der Reaktionen und Entscheidungen insbesondere an der bereits vorhandenen strategischen Ausrichtung des Unternehmens und an daraus abgeleiteten Zielsystemen und Budget-Restriktionen. Durch die enge Verbindung des Steuerungsmodells mit der

Monitoring-Funktion auf der einen Seite, aber auch mit der Ausrichtung an der Unternehmensstrategie auf der anderen Seite wird eine abgestimmte Anpassung der Agilität des Unternehmens sichergestellt, die an den strategischen Unternehmenszielen ausgerichtet und übergreifend koordiniert ist.

Das Steuerungsmodell eines agilen produzierenden Unternehmens kann die Agilität des gesamten Unternehmens entlang von fünf Unternehmenselementen anpassen:

- Organisation und Kultur,
- Marketing und Vertrieb,
- Indirekte Bereiche,
- Strategie und
- Operations.

Wie in Abbildung 3.4 zu sehen, bilden die Operations den Kern der Unternehmenselemente eines agilen Unternehmens. Um die operativen Prozesse agil aufzustellen, müssen auch die vier nicht direkt wertschöpfenden Unternehmenselemente entsprechend ausgerichtet sein und unterstützen.

So müssen die Organisation und Kultur eines Unternehmens in einer Art und Weise aufgesetzt sein, welche die Agilität der operativen Prozesse bestmöglich unterstützt. Dafür muss die Organisation eines agilen Unternehmens eine zunächst gegensätzlich erscheinende Herausforderung meistern: Sie muss schlank und stabil auf der einen Seite sowie gleichzeitig dynamisch und schnell auf der anderen Seite sein. Die Unternehmensorganisation muss dabei von der Unternehmenskultur unterstützt werden, der eine zentrale Bedeutung in einem agilen Unternehmen zukommt. Die Unternehmenskultur beschreibt die vorhandenen Wertemuster innerhalb einer Organisation, die ebenfalls in Bezug auf Agilität angepasst sein müssen. So ist grundsätzlich eine veränderungsaffine Unternehmenskultur notwendig, um langfristig Agilität in Unternehmen zu verankern. Aktuelle Untersuchungen von McKinsey & Company haben gezeigt, dass sich – analog zur Unternehmensorganisation – auch die Unternehmenskultur agiler Unternehmen durch zwei gegensätzliche Charakteristika auszeichnet: Sie ist auf der einen Seite schlank und stabil, auf der anderen Seite aber auch schnell und flexibel.[6] Diese herausfordernde Konstellation entsteht oft bei Unternehmen, die bereits länger am Markt agieren, aber nun auf sich verändernde Rahmenbedingungen reagieren müssen. Die Unternehmensführung steht dabei vor der Herausforderung, dass sie – beispielsweise in der Produktion – robuste Prozesse gleichsam bezüglich Effizienz und Veränderung managen und steuern muss. Genauso ist es bei Abläufen im Vertrieb, wo ebenfalls schnell auf sich verändernde Marktbedürfnisse reagiert werden muss. Natürlich kommt es bei solch veränderten Aufstellungen auch zu Spannungen im Unternehmen. Die Entwicklung einer solchen agilen Unternehmenskultur benötigt deshalb spezielle Herangehensweisen. Die Erkenntnisse zu Organisationsformen agiler Unternehmen werden in Kapitel neun im Detail ausgeführt.

Dem Vertrieb als dem direkten Zugang zu Kunden und Märkten kommt eine besonders wichtige Funktion in einem agilen Unternehmen zu. Da agile Unternehmen sich dadurch auszeichnen, besonders schnell auf sich verändernde Kundenwünsche reagieren zu können, muss der Vertrieb im agilen Unternehmenssystem die operative Agilität unterstützen. Der Vertrieb stellt das Ohr zum Markt dar und muss durch entsprechend aufgesetzte Anreizsysteme motiviert werden, Informationen über Marktveränderungen schnell an die zuständigen Stellen im Unternehmen weiterzuleiten. Dies kann beispielsweise durch die konsequente Nutzung von Sales & Operations-Planning-Meetings passieren, in denen regelmäßig der Vertrieb und die Produktion eines Unternehmens strukturiert die Prognosen der Bestellungen besprechen und gemeinsam festlegen, welche Produktionsmengen für die Fertigung eingeplant werden.

Der dritte Baustein des agilen Unternehmenssystems ist die Nutzung der indirekten Bereiche eines Unternehmens, wie zum Beispiel die Unternehmensfinanzierung und HR-Funktionen, um die Agilität des Unternehmens zu beeinflussen. So muss auch die finanzielle Ausstattung und Steuerung eines Unternehmens auf die sich ständig verändernden Rahmenbedingungen ausgerichtet sein. Eine agile Unternehmensfinanzierung erfüllt zwei Anforderungen: Auf der einen Seite stellt sie durch eine geschickte Ausnutzung der finanziellen Möglichkeiten die ausreichende Ausstattung eines Unternehmens mit Kapital sicher. Dafür stehen verschiedene Agilitätsstellhebel zur Verfügung, wie beispielsweise der Abschluss von langfristigen Kreditlinien oder flexiblen Finanzierungsmitteln.

Gleichzeitig erfolgt in der Finanzplanung eine gesamtheitliche Gewinnbetrachtung. So ist es insbesondere wichtig, dass nicht nur die zusätzlichen Kosten und Investitionen in die Agilität eines Unternehmens gesehen werden, sondern auch die zusätzlichen Umsatzpotenziale, die sich aufgrund der genutzten Agilitätsmaßnahmen durch eine schnellere Reaktion auf Marktveränderungen ergeben. Das führt in der Gesamtbetrachtung zu zusätzlichen Gewinnen, die durch gesteigerte Agilität generiert werden können.

Die HR-Abteilung als weitere indirekte Funktion verfügt ebenfalls über wichtige Agilitätsstellhebel. Es müssen beispielsweise Mitarbeiter so geschult und trainiert werden, dass sie in der Lage sind, die vorgesehenen Agilitätsmaßnahmen – etwa in der Produktion – auch zügig umzusetzen. Auch müssen Job-Profile und Stellenbeschreibungen ständig diesen Veränderungen angepasst werden, um sicherzustellen, dass die richtigen Mitarbeiter mit den richtigen Aufgaben betraut sind. Zu verschiedenen Funktionen der indirekten Bereiche stellt Kapitel sieben eine Liste mit Agilitätsstellhebeln zur Verfügung.

Vierter Baustein des agilen Unternehmenssystems sind Maßnahmen, die die Strategie des Unternehmens beeinflussen. Durch eine steigende Unsicherheit im Umfeld wird die klassische Strategiearbeit für Unternehmen erschwert. Da sich Entwicklungen im Marktumfeld mitunter sehr schnell ergeben und die Auswirkungen dieser Entwicklungen auf das eigene Geschäftsmodell häufig nur schwer abzusehen sind, muss ein Vorgehen genutzt werden, das diesen Entwicklungen Rechnung trägt. Das klassische Vorgehen zur Definition einer Unternehmensstrategie mithilfe der Prognose zukünftiger Entwicklung auf Basis der Vergangenheit oder die analytische Strategieentwicklung mit detaillierten Plänen zur Umsetzung genügt den hohen Anforderungen immer seltener. Daher wird in Kapitel fünf ein strategisches Vorgehen für die Schaffung von Agilität vorgestellt. Darüber hinaus beschreibt Kapitel fünf die Strategiearbeit unter Unsicherheit mit dem Ziel der Schärfung strategischer Agilität eines Unternehmens.

Alle genannten Bausteine des agilen Unternehmenssystems richten sich auf die Operations eines produzierenden Unternehmens aus, um diese agil aufzustellen. Daher bilden sie den Kern des Unternehmenssystems, um den sich alle genannten Elemente gruppieren, wie in Abbildung 3.4 illustriert.

Operations bezeichnen dabei alle Prozesse eines Unternehmens, die direkt an der Wertschöpfungskette beteiligt sind, wie bereits im ersten Kapitel ausführlich beschrieben wurde. Für eine Steigerung der Agilität fokussieren produzierende Unternehmen auf die Geschwindigkeit der Kapazitätsanpassung und die Dimension der Kapazitätsänderungen in der Produktion als Kernziele. Die Agilität der Operations kann durch sehr spezifische Agilitätsmaßnahmen beeinflusst werden. Für produzierende Unternehmen können diese Stellhebel dabei in folgende Bereiche gruppiert werden:

- Arbeitsorganisation,
- Produktionsanlagen,
- Produktionsnetzwerk,
- Beschaffung,
- Logistik und
- Produktgestaltung.

Die konkrete Auswahl und Ausgestaltung der einzelnen Hebel hängt stark vom einzelnen Unternehmen und dessen Umfeld ab. In Kapitel sieben werden diese Agilitätsstellhebel vorgestellt und mit Beispielen illustriert.

3.3 Was Agilität nicht bedeutet

Unternehmen setzen sich schon lange mit den Möglichkeiten auseinander, auf auftretende Unsicherheiten und Veränderungen zu reagieren. In Wissenschaft und Praxis sind deshalb verschiedene Konzepte entstanden, um die Veränderungsfähigkeit von Unternehmen zu beschreiben, zu messen und zu erhöhen. Konzepte wie beispielsweise Flexibilität, Resilienz respektive Robustheit oder auch Enterprise Risk Management werden in diesem Zusammenhang erwähnt und in der Literatur diskutiert. Doch wie stehen diese Konzepte zum Konzept der Agilität? Wo gibt es Schnittmengen und wo unterscheiden sie sich fundamental?

3.3.1 Enterprise Risk Management ermöglicht strategische Risiko-Einschätzung

Enterprise Risk Management ist ein Konzept aus dem Risikomanagement und bezeichnet einen gesamtheitlichen Ansatz zur Unternehmenssteuerung. Es wird als stringenter, strukturierter und kontinuierlicher Prozess beschrieben, der innerhalb der gesamten Unternehmung Risiken und Chancen identifiziert, bewertet, über Gegenmaßnahmen entscheidet und deren Umsetzung gewährleistet. Große Bedeutung besitzt dieses Vorgehen insbesondere bei der Strategieentwicklung von Unternehmen, da dadurch in strukturierter Weise mögliche Risiken für das Unternehmen identifiziert, eingeschätzt und entsprechende Strategieanpassungen vorgenommen werden können. Dabei wird kontinuierlich die Risikobereitschaft der Unternehmen eingeschätzt und mit den potenziell auftretenden Risiken verglichen. Die konsequente Nutzung von Enterprise Risk Management stellt daher sicher, dass Unternehmensziele auch bei Auftreten potenzieller Risiken erreicht werden können.[7]

Im Gegensatz zu Agilität fokussiert Enterprise Risk Management also vor allem auf die Identifizierung von Risiken, die ein Unternehmen negativ beeinflussen könnten sowie darauf, wie sich ein Unternehmen darauf vorbereiten kann. Das Ziel von Enterprise Risk Management liegt in der optimalen Vorbereitung auf potenzielle Risiken, die sehr große Auswirkungen auf ein Unternehmen haben können. Dadurch soll ein effektives Management von Unsicherheiten sowie den damit verknüpften Konsequenzen ermöglicht werden. Dabei wird das gesamte Unternehmen betrachtet. In der Praxis zeigt sich jedoch, dass der Ansatz vor allem auf die Risiken von Veränderungen fokussiert und die möglicherweise daraus entstehenden Geschäftschancen nicht konsequent betrachtet werden.[8]

Dieses Vorgehen unterscheidet sich von Agilität. Wie oben beschrieben, versuchen agile Unternehmen nicht, relevante Risiken zu identifizieren, diese zu bewerten und dann Anpassungsmaßnahmen so zu treffen, dass sie diesen Risiken aus dem Weg gehen. Stattdessen bereiten sich agile Unternehmen so vor, dass sie auf Veränderungen und Schwankungen schnell reagieren können. Sie stellen sich in gewisser Weise so ein, dass sie mit ihrer Anpassungsfähigkeit auf Veränderungen vorbereitet sind. Ein Beispiel für eine solche Vorbereitung wurde im Exkurs 3.1 erläutert.

3.3.2 Resilienz bereitet Unternehmen auf externe Schocks vor

Resilienz setzt sich mit den Auswirkungen von externen Schocks und Disruptionen auf Unternehmen auseinander. Dieses Konzept hat zum Ziel, dass ein Unternehmen mit seiner Supply Chain nach einem Schock wieder zu seinem Ausgangszustand, oder im Idealfall zu einem verbesserten Zustand zurückkehrt.[9] Das Konzept kommt ursprünglich aus dem Supply Chain Management und bereitet Unternehmen und deren Supply Chain auf unvorhergesehene Ereignisse vor.[10] Dabei stehen vor allem Ereignisse im Mittelpunkt, deren Eintrittswahrscheinlichkeit eher gering, jedoch ihre Auswirkungen signifikant sein können. Ereignisse, die als Schocks betrachtet werden, sind beispielsweise Terrorattacken wie die vom 11. September 2001, Erdbeben oder auch schwere Brandschäden in Fabriken von wichtigen Zulieferern.

In der Anwendung dieses Konzeptes wird als erster Schritt untersucht, welchen Einfluss solche Ereignisse auf die Leistung eines global vernetzten Unternehmens haben. So kann beispielsweise die Abschaltung einer Fabrik zur Produktion eines wichtigen Zulieferteils infolge eines Erdbebens die Produktion eines gesamten OEMs stoppen. Dies gilt es natürlich – wenn möglich – zu vermeiden, daher kann dieser Prozess bereits sehr umfangreich ausfallen und die Organisation vor komplexe Herausforderungen stellen. Der zweite Schritt, die Vorbereitung eines Unternehmens auf derart mögliche Events, stellt den Kern dieses Konzeptes dar. Ziel ist es, auf solche Events schneller als Wettbewerber reagieren zu können und sich dadurch Wettbewerbsvorteile im Eintrittsfall zu erarbeiten. Die Implementierung von Redundanzen und Flexibilität in der Organisation eines Unternehmens werden als zentrale Stellhebel des Konzepts angesehen.[11]

Es wird deutlich, dass sich Resilienz, im Gegensatz zu Agilität, vor allem mit Risiken und den Auswirkungen von negativen Events beschäftigt. Die Betrachtung von Marktschwankungen, insbesondere auch in positive Richtungen in Folge von beispielsweise starken Nachfrageanstiegen, steht nicht im Mittelpunkt des Konzeptes.

3.3.3 Flexibilität fokussiert insbesondere auf die operative Ebene eines Unternehmens

Flexibilität wurde bereits in unzähligen Publikationen beschrieben und definiert. So gibt es Literatur zur strategischen Flexibilität von Unternehmen und auch zu Flexibilität in der Produktion. Da dieses Buch vor allem auf produzierende Unternehmen fokussiert, werden hier insbesondere die Vorschläge des Flexibilitätskonzepts für die Produktion betrachtet.

Das Konzept der Flexibilität konzentriert sich im Gegensatz zu Resilienz und Enterprise Risk Management darauf, wie Unternehmen auf operativer Ebene, insbesondere in deren Produktion, auf Veränderungen reagieren können. Unter Flexibilität in der Produktion wird daher die »Anpassungsfähigkeit eines Systems auf verschiedene Umweltkonstellationen« verstanden, die auf ein System einwirken können.[12] Ein flexibles System muss demnach veränderungsfähig sein, damit es in einem sich verändernden Umfeld bestehen kann. So beschreibt Flexibilität die intrinsische Fähigkeit von Produktionsprozessen, geringe Schwankungen auszugleichen. Somit kann ein flexibles System Schwankungen und Veränderungen ohne große Vorbereitungen ausgleichen.

3.3.4 Agile Unternehmen nutzen Unsicherheit – strategisch und operativ

Zusammenfassend kann also festgehalten werden: Während Flexibilität in der Produktion kleinere Schwankungen auf einer operativen Ebene abfängt, werden Resilienz und Enterprise Risk Management aus einer strategischen Sichtweise in Unternehmen angewandt. Resilienz versucht Auswirkungen von externen Schocks auf Unternehmen durch eine gesteigerte Robustheit zu begegnen. Während sich Enterprise Risk Management auf die Auseinandersetzung mit wenig realistischen Events konzentriert, die aber einen hohen Einfluss auf den Geschäftsverlauf eines Unternehmens haben können. Dabei konzentriert sich Enterprise Risk Management ausschließlich auf die Betrachtung von Risiken und lässt Chancen, die sich durch Veränderungen ergeben könnten, außer Acht.

Agilität kann genau zwischen diesen Konzepten positioniert werden. Mit dem Konzept der Flexibilität hat es gemein, dass die Bereitschaft, Umfeldveränderungen kurzfristig auszugleichen, fest in der Unternehmensorganisation verankert ist. Im Gegensatz zur Flexibilität nimmt Agilität jedoch die gesamte Wertschöpfungskette eines Unternehmens in den Blick und beinhaltet auch unternehmensstrategische Komponenten. Dadurch kann ein agiles Unternehmen auf größere Veränderungen reagieren als Unternehmen, die lediglich »flexibel« aufgestellt sind. In Richtung Enterprise Risk Management und Resilienz unterscheidet es sich wiederum dadurch, dass es nicht nur auf negative Disruptionen fokussiert, sondern ein Unternehmen auch auf positive Marktsituationen vorbereitet und hinsichtlich des potenziellen gesamtwirtschaftlichen Erfolgs optimiert.

Agilität als systematisches Vorgehen zur Vorbereitung auf Veränderungen setzt sowohl auf der operativen als auch auf der strategischen Ebene eines Unternehmens an. Agile Unternehmen stellen sich auch auf der strategischen Ebene so auf, dass ihre gesamte Organisation, ihr Geschäftsmodell und auch ihre Strategie auf die Notwendigkeit einer schnellen Änderung und Anpassung abgestimmt sind. Gleichzeitig verfügen agile Unternehmen über die Fähigkeit, sich auch auf operativer Ebene schnell auf veränderte Rahmenbedingungen einzustellen. Dabei zeichnen sie sich insbesondere durch Schnelligkeit in der Reaktion sowie Stabilität in ihren Prozessen aus. Dies wird durch eine proaktive Vorbereitung auf Unsicherheiten erreicht.

Beim gesamten Ansatz der Agilität steht das Ziel der Optimierung der wirtschaftlichen Situation eines Unternehmens im Mittelpunkt. Dadurch unterscheidet es sich insbesondere von Flexibilität in der Produktion, das eine wirtschaftliche Betrachtung als Ergebnis der Handlung nicht im Blick hat. Die Chancen und Möglichkeiten, die sich durch die aktive Auseinandersetzung mit potenziellen Veränderungen – wie die Aussicht auf neue und höhere Umsatzerlöse – ergeben, werden von allen drei betrachteten Konzepten nicht in Betracht gezogen.

3.4 Agilität im Vergleich zu Lean Production

Agilität wird regelmäßig im Zusammenhang mit dem von Toyota entwickelten Konzept der Lean Production diskutiert. Dabei wird Agilität als Weiterentwicklung und Nachfolger dieses Konzeptes betrachtet.

Grundsätzlich zielen beide Konzepte auf die wirtschaftliche Optimierung von Unternehmen ab. Lean Production hilft insbesondere, die Effizienz von Unternehmen und deren Prozesse beispielsweise durch kontinuierliche Verbesserung und Reduzierung von Verschwendung – und damit Kosten – zu verbessern. Agilität hingegen stellt, wie beschrieben, Ansätze für Unternehmen zur Verfügung, die ihren wirtschaftlichen Erfolg durch rasche Anpassung an Umfeldveränderungen maximieren wollen.

Lean Production ermöglicht folglich Unternehmen, sich durch gesteigerte Effizienz im Markt zu behaupten. Agilität hingegen wappnet sie wiederum für mögliche Veränderungen.

Im Folgenden wird diese Unterscheidung diskutiert. Es wird dabei dargelegt, welche Gemeinsamkeiten existieren und wo Unterschiede zwischen den Konzepten zu finden sind.

3.4.1 Lean Production reduziert Verschwendung

Lean Production ist das momentan wesentlichste und am weitesten verbreitete Produktionssystem, das in großen Teilen der Industrie, wie der Automobil-, Investitionsgüter- und auch Pharmaindustrie, angewandt wird. Es ist anerkannt als eine erfolgreiche Philosophie, wie Unternehmen ihre Produktion, aber auch die Erbringung von Dienstleistungen, effizient organisieren und diese beständig weiterentwickeln können.[13]

Das übergreifende Ziel der Lean Production gilt der Reduzierung von Verschwendung. Als Verschwendung werden dabei jene Tätigkeiten betrachtet, für die ein Kunde nicht zu zahlen bereit ist. Um dieses Ziel zu operationalisieren, werden alle Prozesse eines Unternehmens hinsichtlich ihres wertschöpfenden Anteils untersucht. So werden Schritte eines Prozesses identifiziert, die wertschöpfend sind. Dies sind jene Schritte, die für einen Kunden Mehrwert generieren und für die dieser zu bezahlen bereit ist. Der wertschöpfende Anteil am gesamten Prozess soll maximiert werden.

Die Tätigkeiten eines Prozesses, die keine Wertschöpfung generieren, sollen reduziert und im besten Falle eliminiert werden. So sind Suchzeiten oder unnötige Transporte Verschwendung. Neben diesen zwei Kategorien gibt es noch Tätigkeiten, die eigentlich als Verschwendung gelten, jedoch für die Unternehmensentwicklung als notwendige Prozesse zu betrachten sind. Beispielsweise zählt die

Qualitätsprüfung nicht als direkt wertschöpfend, ist jedoch für die Erzielung von höchster Qualität notwendig.

Die Fokussierung auf die Reduzierung von Verschwendung steigert letztendlich die Produktivität der Prozesse und des Unternehmens. Flankiert wird dieses Ziel der Lean Production vom Streben nach höchster Qualität und kürzester Durchlaufzeit bei den Prozessen.

Als Fundament dieser Ziele sieht Toyota in seinem Haus des Produktionssystems die Kultur der kontinuierlichen Verbesserung. Diese Unternehmenskultur stellt ständig den Status quo in Frage und strebt nach der bestmöglichen Erfüllung der Prozesse.

Um die Reduzierung der Verschwendung zu erreichen, werden darüber hinaus in der Lean Production folgende wichtige Prinzipien verfolgt:

- Just-in-time-Lieferung mit klarem Fokus auf dem Fluss-Prinzip und einem Pull-System,
- Jidoka als Prinzip zur sofortigen Abstellung von Fehlern und Unterbindung der Weiterleitung von fehlerhafter Qualität in Prozessen,
- Die Prinzipien »Standardisierung der Prozesse«,
- »Nivellierung der Produktion«.

Wendet ein Unternehmen die Prinzipien der Lean Production an, so kann dessen Erfolg an der Entwicklung der Herstellungskosten nachvollzogen werden. Vor der konsequenten Anwendung des Konzeptes sind in den Herstellungskosten Verschwendungen in Form von zusätzlichen Kosten enthalten. Werden nun systematisch die Prinzipien der Lean Production angewandt, wird die Verschwendung reduziert und die Herstellungskosten sinken entsprechend. Der linke Teil von Abbildung 3.5 illustriert diese Logik.

Um im intensiven Wettbewerbsumfeld zu bestehen und so effizient wie möglich zu produzieren, versuchen Unternehmen, ihre Prozesse so schlank wie möglich aufzustellen. Da durch externe Veränderungen, wie beispielsweise eine kurzfristig schwankende Nachfrage, Unruhe in ein System gelangen kann, versucht man, diese Unruhe auszuklammern. Das kann durch Nivellierung geschehen, bei der die Produktionsmenge konstant gehalten wird und Verschiebungen aufgrund schwankender Nachfrage nach einzelnen Produkten innerhalb dieser Menge abgefedert werden. Im Ergebnis wird auf einen Betriebspunkt hin optimiert. Diese Optimierung auf einen einzelnen Betriebspunkt hin ermöglicht eine weitergehende Reduzierung von Verschwendungen. Ändern sich die Rahmenbedingungen, ist der anvisierte Betriebspunkt jedoch nicht mehr optimal.

3.4.2 Agilität setzt auf Atmungs- und Anpassungsfähigkeit

Agilität hingegen fokussiert auf die zwei Ziele »Atmungsfähigkeit« und »Anpassungsfähigkeit«. Wie am Anfang dieses Kapitels bereits beschrieben, versteht dieses Buch unter Atmungsfähigkeit die Bandbreite an Veränderungen, auf die sich ein Unternehmen vorbereitet. Agil zu sein bedeutet, sich mit einer möglichst großen Anzahl von relevanten Veränderungen proaktiv auseinanderzusetzen und zu verstehen, wie man sich auf diese Veränderungen vorbereiten kann. Abbildung 3.5 rechts illustriert dies an der potenziellen Bandbreite der Nachfrage, die durch die Produktionskapazität abgedeckt werden kann.

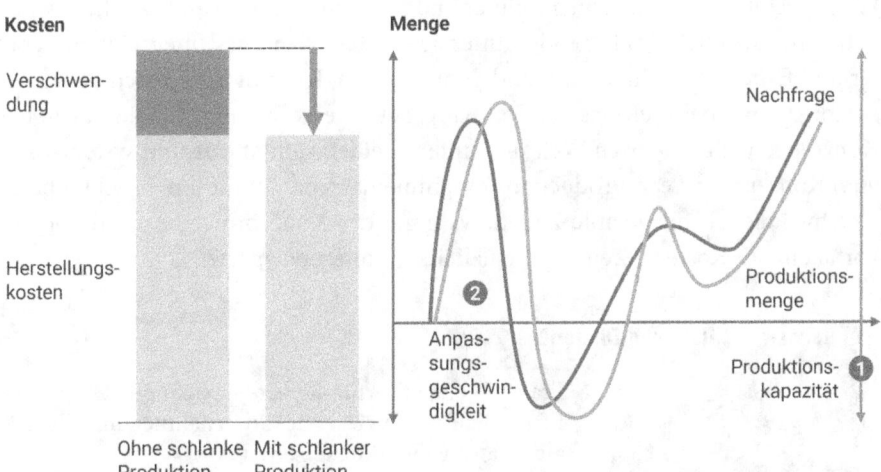

Abbildung 3.5: Reduzierung der Verschwendung als Ziel der Lean Production sowie Anpassungsgeschwindigkeit und Produktionskapazität bei Agilität[14]

Unter Anpassungsfähigkeit als zweite Kerneigenschaft agiler Unternehmen wird die Geschwindigkeit verstanden, mit der ein Unternehmen auf Veränderungen reagieren und sich entsprechend anpassen kann. Am Beispiel der Produktionskapazität bedeutet dies: Wie schnell kann die Ausbringungsmenge vergrößert oder reduziert werden?

Das Zielsystem der Agilität kann daher dann als zweidimensional beschrieben werden: einmal die Bandbreite der möglichen Anpassung sowie die Geschwindigkeit, mit der diese Anpassung erreicht werden kann.

Allerdings erweist sich die Messung des Erfolgs aufgrund des zweidimensionalen Zieles als ungleich schwieriger als bei der Lean Production. Während man bei der Lean Production überspitzt sagen könnte »Geringere Kosten sind, gleichbleibende Qualität vorausgesetzt, im Zweifel besser«, ist dies bei der Agilität schwieriger.

Ist größere Atmungsfähigkeit stets besser? Ist geringere Anpassungsfähigkeit, im Sinne einer niedrigeren Geschwindigkeit in der Anpassung an eine sich verändernde Nachfrage, schlechter? Die Antworten auf diese Fragen hängen immer vom Einzelfall ab. In Kapitel 4 beschäftigen wir uns daher mit der Frage, wie weit sich ein Investment in Agilität lohnt.

Agile Unternehmen optimieren sich auf mehrere verschiedene Betriebspunkte hin. Manche dieser Punkte könnten weniger effizient sein als der optimale Betriebspunkt der Lean Production (wie etwa die zusätzlichen Lagerhallen im Exkurs 3.1), aber der Wechsel zwischen diesen Punkten ist einfacher und mit weniger Aufwand vollziehbar als bei der Lean Production. Und da sich die Zukunft nicht klar vorhersagbar entwickelt, besitzen »agile Unternehmen« im Umfeld der ständigen Veränderung Wettbewerbsvorteile im Vergleich zu lediglich »schlanken Unternehmen«.

Wie der Unterschied zwischen Agilität und Lean Production von Praktikern gesehen wird, ist Inhalt des folgenden Interviews. Der erfahrene Unternehmensberater und Experte für Produktion und Supply Chain, Raimund Diederichs, ehemals Senior Partner bei McKinsey & Company, betreute Lean-Implementierungen bei Konzernen auf der ganzen Welt und unterscheidet Agilität klar und systematisch vom Konzept der Lean Production. Zusammenfassend gilt für ihn: »Agilität heißt Geschwindigkeit für volatile Zeiten, während das Konzept der Lean Production vor allem auf Kosten-, Zeit- und Qualitätsoptimierungen setzt.«

Interview mit Raimund Diederichs

Abbildung 3.5: Raimund Diederichs

Frage: Welche Kernfähigkeiten zeichnen aus Ihrer Sicht produzierende Unternehmen aus, die auf Lean Production setzen?

Diederichs: Lean Production bedeutet im engeren Sinne »Vermeidung von Verschwendung« am Arbeitsplatz, respektive die Vermeidung von nicht wertschöpfenden Arbeiten. Im Fokus einer Lean Production stehen die Minimierung von Überproduktion, Wartezeiten, Transport- und Wegezeiten, unnötigem Handlings-Aufwand, Beständen am Arbeitsplatz, Nacharbeiten und zu komplexen Prozessen.

Es existiert eine Vielzahl von Ansätzen, um Lean Production zu installieren; ein produzierendes Unternehmen sollte sie beherrschen. Viele erfolgreiche Unternehmen haben ihr eigenes System zur Nutzung einer Lean Production definiert, meist sogar mit einem breiten Fokus auf »operative Exzellenz«. Um dies zu erreichen, haben diese Unternehmen einen Werkzeugkasten an Lean-Instrumenten etabliert, ausgerichtet auf ihre spezifischen Produktions- respektive Wertschöpfungsprozesse.

Einige typische Lean-Instrumente seien hier genannt, aber die Liste ist sicherlich nicht vollständig.

- JIT(Just-in-time)-Produktion mit Prinzipien wie Continuous Flow, durchgängige Austaktung der Maschinen, Line Balancing, Pull Control, standardisierte Prozesse;
- Total Productive Maintenance (TPM) mit Prinzipien wie Reduktion der Rüstzeiten (SMED Workshops), vorbeugende Instandhaltung oder OEE (Overall Equipment Efficiency) der Maschinen;
- Qualitätsmanagement mit Prinzipien wie Visualisierung, Poka Yoke zur Fehlervermeidung, System zum Band-Stop, Qualitätsloops oder Root Cause Problem Solving;
- Kontinuierliche Verbesserungen mit Prinzipien wie Datenmanagement, Visualisierung der Produktivität, Kaizen Organisation, Teamarbeit.

Frage: Kann ein schlankes Unternehmen auch in hohem Maße agil sein?

Diederichs: Ein schlankes Unternehmen kann agil sein, allerdings ist dies nicht automatisch garantiert. Nach der in diesem Buch verwendeten Definition bedeutet Agilität die Fähigkeit, sich proaktiv auf Unsicherheiten vorzubereiten und so die Fähigkeit zu erlangen, innerhalb kürzester Zeit auf Veränderungen zu reagieren, mit dem Ziel, die wirtschaftliche Situation eines Unternehmens ständig zu optimieren.

Lean Production richtet sich an relativ stabilen Prozessen aus. Eine gute Abstimmung zwischen Mensch-Maschine-Wertschöpfungsprozess ist in der Regel optimal, wenn eine gewisse Kontinuität von Produkt, Volumen, Arbeitsinhalt und Taktzeit besteht.

Dieses Umfeld kann sich drastisch ändern: Volumenschwankungen, häufig verbunden mit Veränderungen von Arbeitsinhalten für Mitarbeiter, oder andere Arbeitszeitmodelle können die Folge sein. Darauf muss sich ein Unternehmen einstellen. Lean-Instrumente wie JIT Produktion müssen angepasst werden. Es hängt also vom Unternehmen ab, wie rasch und optimal es auf solche Veränderungen reagieren kann. Die Hypothese ist, dass ein schlankes Unternehmen nicht automatisch agil ist, wahrscheinlich aber besser Agilität meistern kann als ein Unternehmen, das weniger erfolgreich die Instrumente für eine Lean Production beherrscht.

Frage: Welche Schritte muss ein schlankes Unternehmen nehmen, um agil zu werden?

Diederichs: Es kommt auf die Fähigkeit an, wie schnell wichtige Lean-Instrumente auf die neue Situation angepasst werden können. Wie rasch können Fertigungsprozesse neu ausgetaktet werden? Kann der Mitarbeiter an der Fertigungsanlage bei Volumenschwankungen mehrere Maschinen gleichzeitig bedienen? Können Arbeitsinhalte auf mehr oder weniger Mitarbeiter verteilt werden? Sind die Lieferanten bereit, mögliche Volumenschwankungen in kurzer Zeit mitzutragen? Meiner Meinung nach wissen agile Unternehmen sehr genau, welche Ansätze zur Aufrechterhaltung einer Lean Production verändert werden müssen.

Frage: Welche Haupthindernisse sehen Sie da?

Diederichs: Das Kritischste ist wahrscheinlich die Geschwindigkeit, mit der Ansätze verändert werden müssen. Wer im Unternehmen erkennt und urteilt über besondere Maßnahmen bei einem agilen Umfeld? Wer kann am besten abschätzen, ab wann solche Maßnahmen zu aktivieren sind? Häufig ist der Übergang ein schleichender Prozess und die Gefahr besteht, dass Veränderungen nicht rasch und konsequent genug umgesetzt werden, also »too little, too late«.

Frage: Welche Industrien oder Unternehmen haben Ihrer Erfahrung nach bereits die Transformation von schlanken hin zu agilen Unternehmen gemeistert? Wie lange dauert eine solche Transformation?

Diederichs: Meine Erfahrung zeigte, dass Unternehmen in der Elektronikbranche häufig über eine hohe Agilität verfügen. Lebenszyklen von Electronic Consumer Products wie Mobiltelefonen sind sehr kurz, häufig nur sechs bis zwölf Monate. Der Anspruch ist heute, das neue Mobiltelefon innerhalb kürzester Zeit weltweit in möglichst allen relevanten Märkten anzubieten. Riesige Volumina sind vorzuproduzieren, um die Kunden weltweit nicht zu enttäuschen. Monate später muss der Produktauslauf gemanagt werden, also Kaufteilbestände drastisch runtergefahren und Produktionsprozesse ebenfalls auf kleine Volumina zurückgefahren werden. Erfolgreiche Unternehmen in diesem Segment beherrschen diese Agilität hervorragend.

Der Transformationsprozess vom schlanken zum schlanken *und* agilen Unternehmen ist je nach Sektor und Unternehmen unterschiedlich. Wichtig ist, Erfahrungen bei umfangreichen Produktwechseln oder drastischen Umsatzveränderungen zu nutzen, um sich auf zukünftige Agilität einzustellen. Wie bei der Einführung von schlanker Produktion: Die Etablierung von Agilität im Unternehmen ist ein Prozess, der mehrere Jahre dauern kann, und eigentlich nie aufhört.

Anmerkungen

1 Zu »Definition von Agilität« vergleiche: Schurig, Matthias; Rabitsch, Christian; Ramsauer, Christian: »Agile Produktion – Ein Produktionskonzept für volatile Zeiten«. In: *ZWF 12*/2014, S. 956-959
2 Vgl.: Schurig, Matthias. (2016), »Methodology to evaluate the agility of a production network using a stress test approach«, Dissertation, TU Graz, 2016.
3 Vgl.: Aghina, Wouter; De Smet, Aaron; Weerda, Kirsten: »Agility: It rhymes with stability«. In McKinsey Quarterly (Dezember 2015).
4 Wiendahl, H.-P.; ElMaraghy, H. A.; Nyhuis, P.; Zäh, M. F.; Wiendahl, H.-H.; Duffie, N. ; Brieke, M.: »Changeable manufacturing – classification, design and operation«, In *CIRP Annals – Manufacturing Technology* 56 (2007) 2, S.783–809
5 Vgl.: Heldmann, Stefan; Rabitsch, Christian; Ramsauer, Christian: »Big Data-basiertes Monitoring – Ein neuer Ansatz für agile Industrieunternehmen in der volatilen Welt«. In: Industrie 4.0 Management 31 (2015) 5, S. 35-39
6 Vgl.: Aghina, Wouter; De Smet, Aaron; Weerda, Kirsten: »Agility: It rhymes with stability«. In McKinsey Quarterly (Dezember 2015)
7 Vgl.: University of Vermont: »Introduction to Risk Management at UVM«, URL: http://www.uvm.edu/~erm/websitePresentation1.pdf, Abrufdatum: 26.10.2016
8 Vgl.: Pergler, Martin: »Enterprise risk management – What's different in the corporate world and why«. In McKinsey Working Papers on Risk, (Dezember 2012), 40.
9 Vgl.: Sheffi, Yossi: »The Resilient Enterprise – Overcoming Vulnerability for Competitive Advantage«, *The MIT Press*, 2005
10 Vgl.: Bhatia, Gurpriya; Lane, Charles; Wain, Adrian: »Building Resilience in Supply Chains«. In World Economic Forum Industry Agenda (Januar 2013)
11 Vgl.: Pettit, Timothy J.; Fiksel, Joseph; Croxton, Keely L.: »Ensuring supply chain resilience: Development of a conceptual framework«. In Journal of Business Logistics 31 2010, 1, S. 1-21
12 Vgl.: Sethi, A. K.; Sethi, S. P.: »*Flexibility in Manufacturing. A Survey*«, In: International Journal of Flexible Manufacturing Systems 2 (1990) 4, S. 289-328
13 Vgl.: Jacquemon, David; Eichfeld, Andy; Ghelber, Erin; Jenkins, Alison; Johnson, Christian; Tamayo, Elixabete Larrea; Nautin, Thierry; Niederkorn, Marc; van Ouwerkerk, Jasper: »The Lean Management Enterprise«, McKinsey, 2014
14 Vgl. Rabitsch, Christian; Schurig, Matthias; Ramsauer, Christian: »Operationalisierung der Agilität – Agilitätsdimensionen und Stellgrößen«, In: Industrie 4.0 Management 31 (2015) 4, S. 48-52

4 Profitabel –
Der Effekt von Agilität auf das Unternehmensergebnis

Thomas Deubel

Inhaltsverzeichnis

4.1	**Typische Vorbehalte gegen Agilität**	**102**
	4.1.1 »Agilität und Effizienz widersprechen sich«	103
	4.1.2 »Ich investiere nicht in Eventualitäten«	104
	4.1.3 »Agilität ist teuer«	105
	4.1.4 »Agilität ist eine rein defensive Strategie«	106
4.2	**Agilität zahlt sich aus**	**106**
	4.2.1 Grundlegende Finanzkennzahlen zur Quantifizierung der Agilität	106
	4.2.2 Auswirkungen einer agilen Unternehmenskultur auf Organizational Health und Unternehmensperformance	111
	4.2.3 Ressourcenallokation und Total Shareholder Return	114
4.3	**Wie lässt sich die finanzielle Wirkung von Agilität quantifizieren?**	**116**
	4.3.1 Theoretische Ansätze und Limitationen	116
	4.3.2 Praktischer Ansatz für die Quantifizierung der finanziellen Wirkung	117
	4.3.3 Anwendungsmöglichkeiten des Simulationsmodells	118

Leitfragen

- Welche typischen Vorbehalte gegen Agilität gibt es und treffen diese zu?
- Mit welchen Kennzahlen lässt sich Agilität messen?
- Wie lässt sich die finanzielle Wirkung von Agilität messen/quantifizieren?

In den vorangegangenen Kapiteln ging es um das aktuelle Umfeld und die sich daraus ergebenden Herausforderungen sowie die Definition dessen, was Agilität im Kontext dieses Buches bedeutet. Welche Wirkung Agilität auf das Finanzergebnis eines Unternehmens hat und warum sie deshalb auch unter wirtschaftlichen Gesichtspunkten sinnvoll ist, wird im Folgenden erläutert.

Das Kapitel beginnt mit einer Diskussion gängiger Vorbehalte gegen Agilität, die einer breiteren Akzeptanz des agilen Unternehmenssystems bisher im Wege stehen. Anschließend wird gezeigt, wie sich Agilität quantifizieren lässt und wie sie in Zusammenhang mit dem Finanzergebnis steht. Abschließend werden Ansätze vorgestellt, mit denen sich der Einsatz von Agilitätsstellhebeln mittels Modellen finanziell bewerten und damit auch optimieren lässt.

4.1 Typische Vorbehalte gegen Agilität

In den vergangenen Jahrzehnten war der Managementansatz der Unternehmen stark von den Prinzipien der Lean Production geprägt. Daher überrascht es nicht, wenn Vorbehalte gegen den Ansatz bestehen, nun Agilität im Geschäftsmodell zu verankern.

Der klassische Planungsansatz – also Finanzplanung, Produktionsplanung, Beschaffungsplanung und mehr – versucht die Zukunft möglichst genau abzubilden und Entscheidungen und Budgets so zu treffen und zu definieren, dass der Gewinn für die Vorhersage möglichst maximiert wird. In manchen Fällen werden zusätzlich einige wenige alternative Szenarien betrachtet. Maßnahmen, die in keinem der Szenarien zu höheren Gewinnen führen, werden sich kaum durchsetzen – insbesondere, wenn sie mit Kosten verbunden sind.

Das Problem beim klassischen Planungsansatz besteht allerdings darin, dass sich die Zukunft mit einer gegen Null tendierenden Wahrscheinlichkeit in einem der wenigen diskreten Szenarien entwickelt, sondern vielmehr dazwischen oder oft auch außerhalb des Szenario-Raums.

Erst wenn der klassische Ansatz mit diskreten Szenarien aufgegeben wird, können sich einige Vorbehalte gegen den Ansatz eines agilen Unternehmenssystems auflösen. Die gängigsten Vorbehalte gegen Agilität werden im Folgenden vorgestellt und es wird gezeigt, wie sich Fehlinterpretationen des Konzepts der Agilität widerlegen lassen.

4.1.1 »Agilität und Effizienz widersprechen sich«

Viele Manager vertreten die Ansicht, Agilität und Effizienz stehen zueinander im Widerspruch. Bei Agilität und Lean Production – dem Symbol der Effizienz schlechthin – handelt es sich, wie bereits dargelegt, durchaus um unterschiedliche, jedoch nicht um widersprüchliche Konzepte. Agilität gilt vielmehr als die nächste Stufe von Lean Production. Beispielsweise werden bei der Flow Production die Einheiten an den verschiedenen Stationen einzeln bearbeitet und dann weitergegeben. Im Gegensatz zur Batch Production, bei der eine gewisse Menge immer zusammen Station für Station bearbeitet wird.

Dieser Ansatz der Flow Production geht damit bereits den Weg hin zu größerer Agilität durch kleinere Bestände an halbfertigen Erzeugnissen und der starken Fokussierung auf die Marktnachfrage. Durch die pro-aktive Vorbereitung des Gesamtmodells auf eine Vielzahl von Szenarien, beispielsweise durch flexible Produktionsanlagen oder größere Mitarbeiterflexibilität, wird dieser Ansatz im Sinne der Agilität noch weiter getrieben.

Abbildung 4.1 verdeutlicht diesen Ansatz. Wenn ein Unternehmen ganz genaue Kenntnis darüber besitzt, welche Produkte es in Zukunft produziert, muss es selbstverständlich keinesfalls verschiedene Szenarien einplanen und in Agilitätsstellhebel investieren. In diesem Fall gilt es lediglich, das prognostizierte Szenario gegebenenfalls im Sinne der Lean Production zu optimieren.

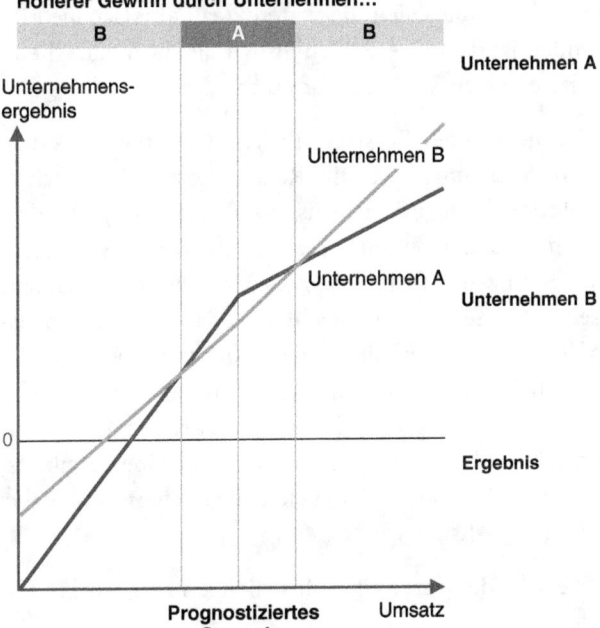

Abbildung 4.1: Lean Production und Agilität – das Unternehmensergebnis in unterschiedlichen Szenarien

Ist die Zukunft jedoch unsicher – wobei diese Annahme eine ungleich höhere Wahrscheinlichkeit besitzt, wie die vorausgehenden Kapitel über Unsicherheiten im Umfeld bereits darlegen konnten –, sollten Überlegungen angestellt werden, wie sich Potentiale möglichst effizient realisieren und durch Abweichungen von der Prognose bedingte Risiken mindern lassen. Wird zur Steigerung der Agilität das richtige Maß gefunden – also gleichzeitig auch nicht in zu viele Ressourcen investiert um gegen alle Möglichkeiten abgesichert zu sein –, lässt sich eine höhere Effizienz erzielen, als dies mit klassischer Lean Production möglich wäre.

Das bedeutet: Ist die Zukunft nicht gänzlich vorhersehbar, muss ein Unternehmen agil sein, um effizient zu sein.

4.1.2 »Ich investiere nicht in Eventualitäten«

Im Gespräch über Agilität äußern erfahrene Führungskräfte häufig, sie seien nicht bereit, in Eventualitäten zu investieren. Dies klingt zunächst durchaus vernünftig, denn aus welchem Grund sollte ein Unternehmen eine Investition für etwas tätigen, dessen Eintreten unsicher ist? Aber genau das ist der Ansatz, den Unternehmen seit Jahrzehnten praktizieren. Auch eine Prognose ist schließlich nichts anderes als ein mögliches Szenario unter vielen. Es mag vielleicht das wahrscheinlichste Szenario sein, aber sicherlich nicht das einzig mögliche.

Demnach sollten Unternehmen eine Investition in Agilität weniger als eine Investition in Eventualitäten betrachten als vielmehr eine Vorbereitung auf einen Zukunftsraum. Die Wahrscheinlichkeit, dass sich die spätere Realität tatsächlich innerhalb dieses Raumes befindet, ist dabei wesentlich größer als die Wahrscheinlichkeit, die Zukunft mit einer einzigen Vorhersage exakt zu treffen.

Betrachten wir hierzu ein Beispiel aus der Praxis: Ein Chemieunternehmen stellt fest, dass dessen steigende und zunehmend volatile Rohstoffkosten die Gewinnmargen einer bedeutenden Produktkategorie in existenzieller Weise gefährden. Bei der Suche nach alternativen Rohstoffen konnte die F&E-Abteilung einen Rohstoff identifizieren, der rund 25 Prozent günstiger war als der bisherig verwendete, ohne die Produktqualität selbst zu beeinflussen. Wichtig ist, dass bei der Umstellung auf den neuen Rohstoff die Fähigkeit erhalten wurde, kurzfristig auch wieder auf den ursprünglichen Rohstoff umstellen zu können, falls Preisänderungen oder Versorgungsschwierigkeiten den ursprünglichen Rohstoff wieder attraktiver machen würden. Hierbei handelt es sich um ein gutes Beispiel für einen Agilitätsstellhebel, durch den die Volatilität von Faktorkosten abgesichert und dabei gleichzeitig eine Kostenreduktion realisiert wird.[1]

Wie sich Unternehmen auf verschiedene Szenarien einstellen können, wird in Kapitel 5 ausführlich beleuchtet.

4.1.3 »Agilität ist teuer«

Selbst wenn erkannt wird, dass die Schaffung von Agilität einen signifikanten Mehrwert bieten kann, besteht häufig die Sorge, dass Agilität große Investitionssummen erfordert und eine Rendite lange ausbleibt, sofern sie sich überhaupt einstellt. Gerade bei Ziel- und Anreizsystemen, die auf kurzfristige Erfolge ausgerichtet sind, werden Investitionen in Agilität damit zusätzlich unattraktiver.

Sicherlich kosten einige Agilitätsstellhebel Geld, allerdings bieten sie auch Kostenvorteile, selbst wenn die abgesicherten Ereignisse letztendlich ausbleiben: So bieten zum Beispiel die Prozesse zur kontinuierlichen Verbesserung – wie sie auch Teil der Lean Production sind – sowohl Kostenersparnis als auch Agilität. Eine Organisation, die sich auf kontinuierliches Lernen ausrichtet, kann in guten Zeiten Effizienzsteigerungen realisieren, während sie in schlechten Zeiten besser auf Unvorhergesehenes reagieren kann. Ein Unternehmen mit einer tief verankerten Kultur, in der Prozesse stetig angepasst und weiterentwickelt werden, agiert daher sicherlich agiler als eines, das eher in starren Prozessen gefangen ist.

Als weiteres Beispiel dient die sogenannte Modulstrategie, die unter anderem in der Automobilindustrie mittlerweile weit verbreitet ist. Die Verwendung bestimmter Module – Teile des Cockpits, Sitze, Connectivity-Systeme – über verschiedene Baureihen eines Herstellers hinweg bietet durch deutlich höhere Stückzahlen einen signifikanten Kostenvorteil. Neue Modelle können viel schneller entwickelt werden, sobald der Markt danach verlangt. Und Schwankungen in einzelnen Baureihen oder Veränderungen des Nachfragemixes zwischen Baureihen werden deutlich unkritischer, als sie es sonst wären. So führt eine große Veränderung in der nachgefragten Stückzahl bei einer Baureihe am Ende nur zu einer kleinen Schwankung auf die Gesamtmenge der modularen Bauteile.

Nehmen wir an, ein Automobilhersteller führt vier Baureihen, mit jeweils 200 000 Einheiten pro Jahr. Alle Baureihen teilen sich dabei die gleiche Klimaanlage. Nun findet eine Baureihe nicht den erwarteten Absatz und es können nur 100 000 Einheiten am Markt abgesetzt werden, also um 50 Prozent weniger. So nimmt die Gesamtmenge der gemeinsamen Klimaanlage jedoch nur um 12,5 Prozent von 800 000 auf 700 000 Einheiten ab. Gleichzeitig kann davon ausgegangen werden, mit 800 000 Einheiten aufgrund von Skalenvorteilen einen niedrigeren Stückpreis zu erzielen, als mit je 200 000 Einheiten für vier verschiedene Systeme. Eine Modulstrategie bringt hier also sowohl Agilitäts- als auch Kostenvorteile. Besondere Vorteile bietet die Verwendung von Gleichteilen dann, wenn diese über Modelle für verschiedene Zielgruppen und Märkte verbaut werden. So können sich Verschiebungen zwischen den Modellen sogar ausgleichen und nicht nur prozentual abmildern.

Natürlich birgt eine breite Anwendung der Modulstrategie wiederum eigene Risiken. Beispielsweise betreffen Qualitätsprobleme bei einem Zulieferer gleich alle

Modelle mit dessen Modulen. Diese Risiken müssen dann wieder im Rahmen der Lieferantenauswahl und -entwicklung berücksichtigt werden.[2]

4.1.4 »Agilität ist eine rein defensive Strategie«

Als letzter signifikanter Vorbehalt gilt das Argument: »Agilität sichert nur gegen negative Effekte ab.« Unternehmen würden zu risikoaversen Strategien gezwungen, während Wettbewerber in Wachstumsphasen viel besser abschneiden. Tatsächlich kann ein agiles Unternehmen die zusätzlichen Potentiale von Wachstumsphasen genauso nutzen, wie es in schlechten Zeiten besser gegen zu große Verluste gewappnet ist.

So können zum Beispiel durch die eben vorgestellte Modulstrategie neue Modelle viel schneller auf den Markt gebracht werden, sobald sich Märkte für neue Produkte entwickeln. Produktionsressourcen können demnach besser auf wachsende oder margenstärkere Modelle verlagert werden, wenn es der Markt zulässt. Zusätzlich erlaubt die Möglichkeit, unterschiedliche Rohstoffe für die Produktion einzusetzen, die Realisierung von Kostenvorteilen, sobald es zum Preisverfall eines dieser Rohstoffe kommt.

Gleiches gilt für Mitarbeiterflexibilität, wie sie zum Beispiel durch Jahresarbeitszeitkonten erreicht werden kann. Dabei definiert sich die Arbeitszeit nicht mehr fix mit 35 oder 40 Stunden pro Woche. Vielmehr wird zwischen den Wochen mehr Flexibilität eingeräumt, während gleichzeitig vor allem die Summe der Arbeitszeit über das ganze Jahr hinweg betrachtet wird. So können in Phasen hoher Nachfrage viel leichter höhere Produktionsmengen erreicht werden, wenn die in vorherigen oder nachfolgenden Phasen geringerer Nachfragen aufgesparten Arbeitsstunden nun eingesetzt werden, beispielsweise durch verlängerte Produktionspausen an Brückentagen oder durch Einsparung einer dritten Schicht.[3]

4.2 Agilität zahlt sich aus

Die bisher zugunsten des agilen Ansatzes vorgetragenen Argumente waren eher qualitativer denn quantitativer Natur. Im Folgenden werden diese Argumente mit Zahlen untermauert und dargelegt, mit welchen Kennzahlen sich der Effekt von Agilität messen lässt und welche Auswirkungen Agilität auf das Unternehmensergebnis hat.

4.2.1 Grundlegende Finanzkennzahlen zur Quantifizierung der Agilität

Wie lässt sich der Effekt von Agilität messen? Um agil zu sein, muss ein Unternehmen über zwei grundlegende Fähigkeiten verfügen: die Fähigkeit, zu atmen und die, sich anzupassen.

Abbildung 4.2 illustriert diese Fähigkeiten am Beispiel eines Schiffes. Gerät ein Schiff in raue See, so muss erstens ausreichend »Wasser unter dem Kiel« vorhanden sein, damit es nicht auf Grund läuft. Zweitens muss es auch manövrierbar bleiben, damit es Hindernissen ausweichen kann.

Übertragen auf den Unternehmenskontext bedeutet Atmungsfähigkeit also, dass ein Unternehmen – im übertragenen Sinne – nicht »zu schwer« ist, es beispielsweise keinen zu hohen Fixkostenanteil mit sich trägt, um in turbulenten Zeiten zu bestehen. Anders ausgedrückt bedeutet dies, die Stückzahl, die alleine benötigt wird, um den Break-even zu erreichen, muss möglichst gering sein, um einen eventuell Jahre andauernden Abschwung zu verkraften. Erst dadurch kommt das Unternehmen in die Lage, ein bestimmtes Maß an Umsatzeinbrüchen ohne unmittelbare Bedrohung für seine Existenz zu überstehen.

Atmungsfähigkeit

„Haben Sie **nicht zu viel Ballast an Bord,** um auch in schweren Zeiten agieren zu können?"

Anpassungsfähigkeit

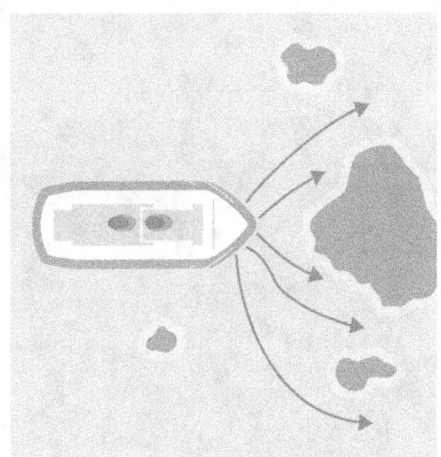

„Können Sie sich an geänderte Rahmenbedingungen **schnell genug anpassen?**"

Abbildung 4.2: Atmungs- und Anpassungsfähigkeit eines Unternehmens

Anpassungsfähigkeit, im Sinne der beschriebenen Manövrierbarkeit eines Schiffes, bezieht sich auf die Anpassbarkeit der Kosten eines Unternehmens, oder analog dazu auf die Anpassbarkeit der Ausbringungsmenge an die Nachfrage. Hier stellt sich die Frage, wie sich die Kosten während eines Aufschwungs entwickeln. Steigen sie im Verhältnis zu den Umsätzen weniger oder vielleicht sogar mehr? Wie entwickeln sie sich während eines Abschwungs? Bleiben sie eher stabil und fix oder sinken sie im Einklang mit den Umsätzen oder vielleicht sogar stärker?

Diese beiden Fähigkeiten lassen sich anhand des Finanzergebnisses eines Unternehmens messen. Bis zu einem gewissen Detailgrad lässt sich diese Messung auch mit öffentlichen verfügbaren Daten (Outside-in) durchführen. Damit kann die

Analyse beispielsweise für ein Benchmarking eines bestimmten Unternehmens mit direkten Wettbewerbern genutzt werden, oder dazu, verschiedene Industrien miteinander zu vergleichen und gegebenenfalls voneinander zu lernen. Die hier verwendeten Kennzahlen entsprechen der Gewinnschwelle, also dem Break-even-Level und der Anpassungsfähigkeit an den Markt, also der Marktfolgefähigkeit.

Break-even-Level

Theoretisch betrachtet ist der Break-even jener Punkt, an dem Erlöse und Kosten gleich hoch sind. An diesem Punkt werden also weder Gewinne noch Verluste erwirtschaftet. Somit handelt es sich hier um eine Nullstelle der Gewinnfunktion, respektive um den Punkt, an dem die EBIT-Kurve die Nulllinie schneidet (siehe Abbildung 4.3).

Break-even-Level

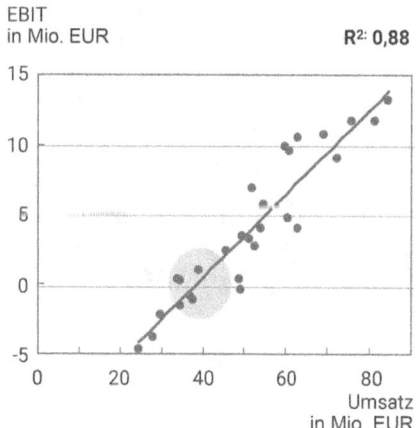

Korrelation von Break-even-Level und Gesamtprofitabilität, in Prozent

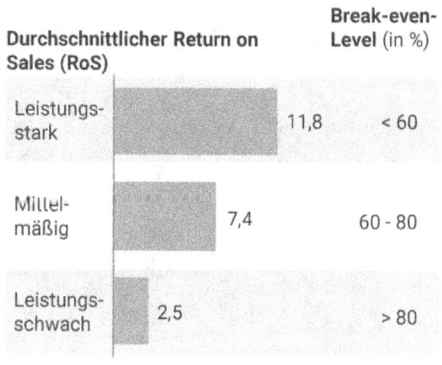

- **Outside-in-Bewertung** anhand von **Regressionsanalysen von EBIT und Umsatz**
- Unternehmen mit **niedrigem Break-even-Level** haben **hohe Gewinnpuffer** für Zeiten mit sinkenden Umsätzen

Abbildung 4.3: Break-even-Level und der Zusammenhang mit Profitabilität

Für die empirische Analyse berechnet sich das Break-even-Level als Schnittpunkt der Regressionsgerade EBIT über Umsatz mit der x-Achse im Verhältnis des durchschnittlichen Umsatzes im Betrachtungszeitraums. Ein Break-even-Level von 80 Prozent bedeutet also, dass ein Unternehmen mindestens achtzig Prozent des durchschnittlichen Umsatzes benötigt, um die Gewinnzone zu erreichen.

Interessant dabei erscheint der eindeutige Zusammenhang von Atmungsfähigkeit (gemessen als Break-even-Level) und Profitabilität. Dieser Zusammenhang wurde für rund 7 000 Unternehmen aller Branchen untersucht. Die Ergebnisse zeigen, dass Unternehmen mit einem niedrigen Break-even-Level (weniger als 60 Prozent der durchschnittlichen Erlöse) einen durchschnittlichen Return on Sales (RoS) von 11,8 Prozent aufweisen. Diese Umsatzrendite liegt wesentlich höher als die durchschnittliche Umsatzrendite (2,5 Prozent) von Unternehmen mit einem relativ hohen Break-even-Level, also mit mehr als 80 Prozent der durchschnittlichen Erlöse (siehe Abbildung 4.3).

Marktfolgefähigkeit

Die Anpassungsfähigkeit eines Unternehmens an den Markt wird über die Kennzahl Marktfolgefähigkeit gemessen. Dabei beschreibt die Marktfolgefähigkeit die Anpassungsfähigkeit der Kosten bei einer Veränderung des Umsatzes.

Es gibt vorrangig drei Möglichkeiten, wie sich die Kosten bei einer Veränderung des Umsatzes entwickeln können:

- Die Kosten bleiben gleich, sie verändern sich also nicht automatisch mit der Umsatzentwicklung.
- Die Kosten verändern sich im Einklang mit dem Umsatz. Das bedeutet, ein Umsatzanstieg/-rückgang um x Prozent geht mit einem Kostenanstieg/-rückgang Prozent einher, der zwischen 0 und x Prozent liegt.
- Die Kosten verändern sich überproportional, sprich: die Kosten steigen oder sinken noch stärker als der Umsatz.

Aus der Unternehmensperspektive betrachtet, ist eine Organisation jedoch nicht immer an Kosten interessiert, die sich vollständig in Übereinstimmung mit Umsatzveränderungen entwickeln. In Phasen mit sinkenden Umsätzen wäre ein überproportionaler Kostenrückgang optimal, in Phasen des Aufschwungs wären hingegen gleichbleibende Kosten vorteilhafter. Daher erfolgt eine Differenzierung der Marktfolgefähigkeit in Phasen des Umsatzanstiegs und des Umsatzrückgangs.

Dabei berechnet sich die Marktfolgefähigkeit, indem das Delta zwischen Kosten und Umsatzveränderungen pro Jahr (in Prozent) durch die Summe der Umsatzveränderungen pro Jahr (in Prozent) geteilt wird. Eine Marktfolgefähigkeit von 0 zeigt demnach eine Kostenentwicklung im Einklang mit den Umsätzen. Eine Marktfolgefähigkeit von +1 bezeichnet unverändert bleibende Kosten. Eine Marktfolgefähigkeit von –1 steht für eine überproportionale Kostenentwicklung. Die berechnete Marktfolgefähigkeit kann theoretisch jeden beliebigen Wert annehmen. Empirische Daten zeigen eine Häufung zwischen den Werten von +1 bis 0. Das bedeutet, die Kostenentwicklung liegt im Bereich zwischen unveränderten Kosten und sich im Einklang mit Umsatzveränderungen bewegenden Kosten. Teilweise zeigen sich auch negative Werte, also die Kosten können stärker reduziert werden oder steigen stärker an, verglichen mit der Veränderung des Umsatzes. Werte größer +1 treten dann auf, wenn sich die Kosten gegenläufig zum Umsatz entwickeln.

Üblicherweise wird die Marktfolgefähigkeit für die verschiedenen Kostenpositionen berechnet. So lässt sich für eine Organisation ein umfassenderes Bild entwickeln als durch eine bloße Betrachtung der Gesamtkosten. Bei der Mehrheit der Unternehmen ist zumindest der Zugriff auf Daten zu Herstellungskosten – also die sogenannten Costs of Goods Sold (COGS) – und die Vertriebs-, Verwaltungs- und allgemeinen Kosten (SG&A) von außen möglich.

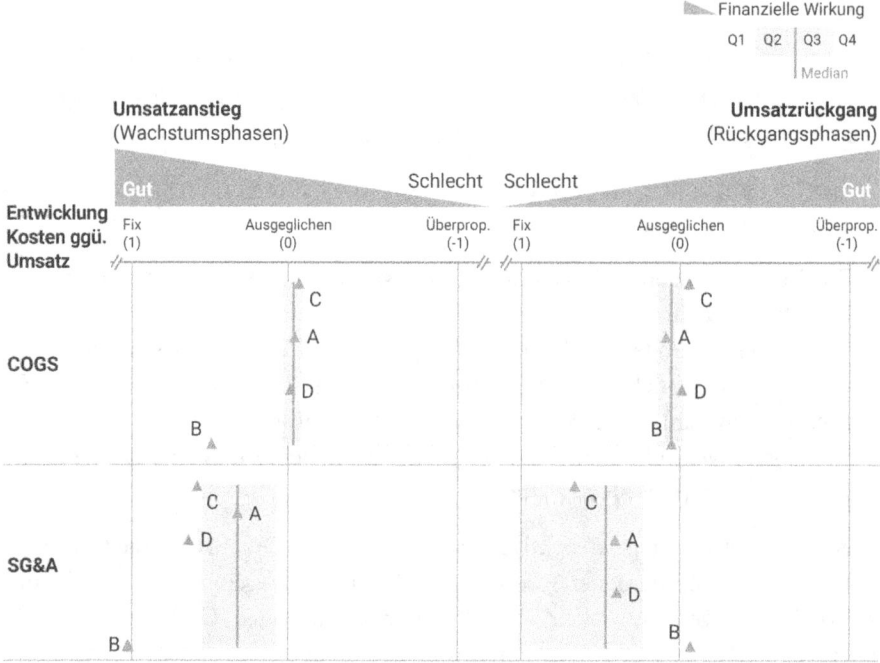

Abbildung 4.4: Beispielhafte Analyse der Marktfolgefähigkeit

Es ist sehr wichtig, eine größere Stichprobe an Unternehmen mit einem vergleichbaren Detailgrad der Daten zu nutzen, da der bloße Wert der Marktfolgefähigkeit an sich nicht aussagekräftig ist. Eine Untersuchung verschiedener Unternehmen aus derselben Branche sowie ein Vergleich der jeweiligen Marktfolgefähigkeit innerhalb dieser Stichprobe liefern somit wesentlich mehr Informationen. Abbildung 4.4 zeigt beispielhaft die Analyse der Marktfolgefähigkeit für unterschiedliche Automobilzulieferer.

Am Beispiel von Unternehmen A zeigt sich, dass in Phasen des Aufschwungs die Herstellungskosten fast synchron zum Umsatz ansteigen, während die Wettbewerber, insbesondere in diesem Fall Unternehmen B, eine Erhöhung der Profitabilität erreichen, da dessen Kosten langsamer ansteigen. In Phasen des Abschwungs allerdings gelingt es nicht, die Kosten auch entsprechend dem Umsatzrückgang ebenfalls zu reduzieren, somit verschlechtert sich die Profitabilität in diesen Phasen. Den meisten Wettbewerbern gelingt dies deutlich besser, insbesondere Unternehmen C. Betrachtet man die SG&A, so fallen auftretende Wettbewerbsnachteile in Phasen des Aufschwungs auf, die im Vergleich zum Wettbewerb deutlich stärker ansteigen. In Phasen des Umsatzrückgangs sind vor allem die COGS im Vergleich zum Wettbewerb zu wenig variabel. Dies führt im Betrachtungszeitraum zu einer abnehmenden Profitabilität im Vergleich zum Wettbewerb.

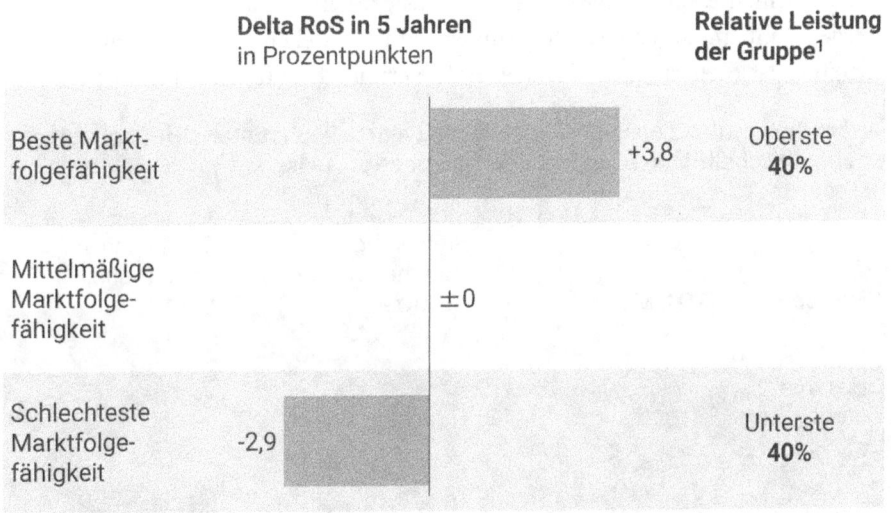

1 Im oberen oder unteren 40%-Quantil, sowohl in Wachstums- als auch Rückgangsphasen

Abbildung 4.5: Korrelation von Marktfolgefähigkeit und Profitabilitätsentwicklung

Abbildung 4.5 illustriert die empirische Korrelation von Marktfolgefähigkeit und Profitabilitätsentwicklung: Bei den sowohl in Phasen des Wachstums als auch des Rückgangs hinsichtlich der Marktfolgefähigkeit leistungsstärksten Unternehmen lässt sich eine erhebliche Steigerung der Rentabilität erkennen, gemessen als Delta der Umsatzrendite zu Beginn und zum Ende des Betrachtungszeitraums. Bei Unternehmen, die in beiden Phasen eine relativ schwache Leistung aufwiesen, zeigt sich hingegen eine Verschlechterung der Rentabilität.

4.2.2 Auswirkungen einer agilen Unternehmenskultur auf Organizational Health und Unternehmensperformance

Neben reinen Finanzkennzahlen lässt sich Agilität auch anhand der Unternehmenskultur messen.[4] Dazu wird der von McKinsey entwickelte Organizational Health Index (OHI) angewendet. McKinsey nutzt den OHI um »weiche Faktoren mit harten Kennzahlen« zu untermauern.[5] Weitere Informationen über den OHI von McKinsey sind dem folgenden Infokasten zu entnehmen. Abbildung 4.6 zeigt die Korrelation zwischen »Organizational Health«, gemessen durch den OHI, und Unternehmens-Performance.

Gemäß einem im Dezember 2015 erschienenen Artikel von McKinsey beschreibt sich Agilität aus Organisationssicht als Kombination einer stabilen Grundstruktur mit dynamischen Elementen. Es geht also nicht um die Entscheidung, ob ein Unternehmen eher wie ein dynamisches Start-up funktionieren soll, das auf sich ändernde Bedingungen schnell reagieren kann, oder eher wie ein etabliertes Unternehmen, das Skaleneffekte nutzt und dadurch in der Regel eher bürokratisch geprägt ist. Es geht darum, beide Fähigkeiten kombinieren zu können und dynamischere Elemente, die schnell an neue Herausforderungen und Chancen angepasst werden können, auf eine solide Grundstruktur zu stellen und die Organisationsstruktur, das Steuerungsmodell sowie die Kernprozesse fix zu verankern.

Wahrscheinlichkeit, dass Unternehmen mit einem bestimmten OHI-Score eine überdurchschnittliche finanzielle Performance aufweisen
in Prozent

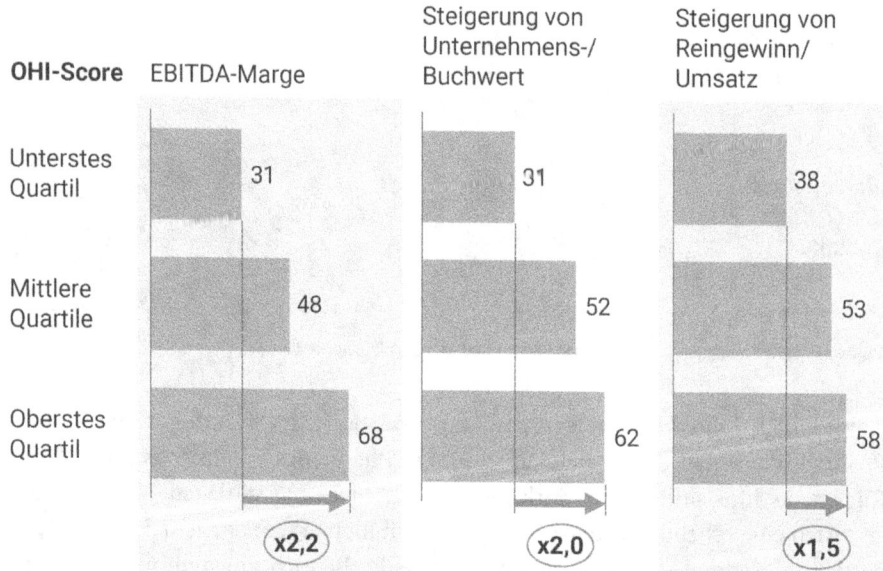

Abbildung 4.6: OHI-Score und Unternehmensperformance[4]

> **Der Organizational Health Index (OHI)**
>
> Der Organizational Health Index (OHI) misst und beobachtet Parameter der Effektivität der Organisation, die in direktem Zusammenhang mit dem finanziellen und operativen Ergebnis stehen. Darüber hinaus liefert er leicht umzusetzende Erkenntnisse über die jeweiligen Verbesserungsbereiche. Harte Kennzahlen zu weichen Faktoren ermöglichen es Führungskräften, die Einstellungen und Verhaltensweisen, die sich auf das Endergebnis auswirken, dauerhaft zu verändern.

> Mit dem OHI lässt sich die »Organizational Health« eines Unternehmens überprüfen, indem das Unternehmen anhand definierter Parameter mit anderen Unternehmen der gleichen Branche, Größenordnung, Ausrichtung etc. verglichen wird. Der OHI-Index basiert auf neun erfolgsentscheidenden, organisationsbezogenen Dimensionen. Dadurch können Unternehmen ihre »Organizational Health« und ihre Ergebnisbewertung mit internationalen und branchenspezifischen Benchmarks vergleichen und diese nach Einheit, Ebene oder Rolle analysieren.

Eine Analogie dazu findet sich im Design von Smartphones. Hardware und Betriebssystem bieten ein stabiles Fundament, während eine Anwendungsebene genügend Freiraum bietet, um darin neue Apps hinzuzufügen, zu adaptieren oder zu löschen. Somit kann das Smartphone stets an die aktuellen Bedürfnisse angepasst werden und bleibt in höchstem Grade agil.

Agile Unternehmen bedienen sich derselben Logik. Die stabile Grundstruktur besteht dabei – länger als die wenigen Jahre eines Smartphones – etwa fünf bis zehn Jahre. Ressourcen können dann oberhalb dieser Grundstruktur dynamisch neu verteilt werden. Dabei bilden sich gegebenenfalls neue Teams und Abteilungen oder lösen sich wieder auf, ganz wie es die aktuellen Gegebenheiten erfordern. Diese Überlegungen werden im Kapitel neun dieses Buches ausführlicher behandelt.

Hinsichtlich der Agilität lassen sich Unternehmen in vier Grundtypen einteilen. Zum einen gibt es das »unbewegliche Unternehmen«, das weder über ein stabiles oder zuverlässiges Rückgrat verfügt noch die für eine Reaktion auf Veränderungen erforderliche hohe Geschwindigkeit erreicht. Zum anderen existiert das »bürokratische Unternehmen«, das sich auf ein sehr stabiles Rückgrat stützen kann. Diesem fehlt jedoch das notwendige Tempo in der Arbeitskultur. Geschwindigkeit, aber fehlendes Rückgrat sind charakteristisch für die dritte Kategorie: die »Start-ups«. Abschließend ist das »agile Unternehmen« zu nennen, das beide Dimensionen in sich vereint.

Abbildung 4.7 zeigt die starke Korrelation zwischen dem jeweiligen Unternehmenstyp und der Wahrscheinlichkeit, mit der ein solches Unternehmen eine hohe Organizational Health erreicht. Ein agiles Unternehmen befindet sich demnach in 70 Prozent aller Fälle im obersten Quartil der Organizational Health. Bei einem agilen Unternehmen liegt die Wahrscheinlichkeit, dass es eine hohe Organizational Health erreicht, doppelt so hoch wie bei allen anderen Grundtypen – und im Vergleich zu unbeweglichen Unternehmen bewegt sich diese Wahrscheinlichkeit sogar um 14-mal höher. Wie Abbildung 4.6 bereits zeigt, korreliert Organizational Health stark mit dem Erfolg und der zukünftigen Entwicklung eines Unternehmens.

4 Profitabel – Der Effekt von Agilität auf das Unternehmensergebnis

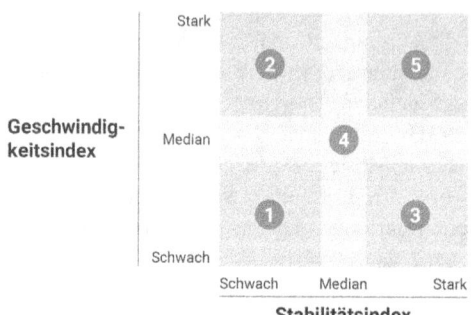

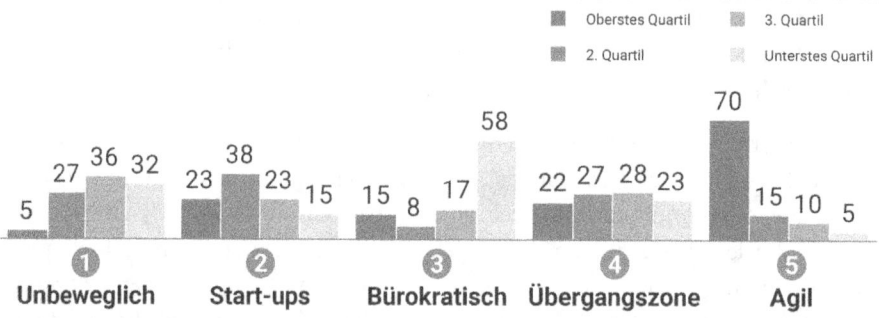

Abbildung 4.7: Korrelation von Agilität und hohem OHI-Score

4.2.3 Ressourcenallokation und Total Shareholder Return

Wie bereits erwähnt, kommt oberhalb der stabilen Grundstruktur der Reallokation von Ressourcen ein ganz wesentlicher Aspekt zu. Agile Unternehmen müssen in der Lage sein, die vorhandenen Ressourcen dynamisch zu allokieren, um sich auf sich ändernde Rahmenbedingungen und sich daraus ergebende Herausforderungen und Chancen einstellen zu können.[6]

Man stelle sich ein Unternehmen A vor, das verschiedene Geschäftsbereiche unter einem Dach vereint. Die Verteilung der zur Verfügung stehenden Ressourcen (Kapital, Mitarbeiter und F&E-Investitionen) ist dabei über den Zeitverlauf relativ stabil. Unternehmen B stellt sich in seinen Geschäftsaktivitäten ähnlich auf, wertet allerdings die Performance der Geschäftsbereiche auf jährlicher Basis aus und passt die Ressourcenallokation auf Basis der relativen Marktmöglichkeiten an.

Forschungen von McKinsey ergaben, dass Unternehmen B nach 15 Jahren durchschnittlich 40 Prozent mehr Wert besitzt als Unternehmen A – dies entspricht einem um dreißig Prozent höheren, jährlichen Total Shareholder Return (TSR) (siehe Abbildung 4.8). Zudem liegt die Wahrscheinlichkeit, Übernahmen oder Insolvenzen abwehren zu können, um 13 Prozent höher.

Unternehmen mit stärkerer Ressourcenreallokation zeigen einen höheren, durchschnittlichen Total Shareholder Return

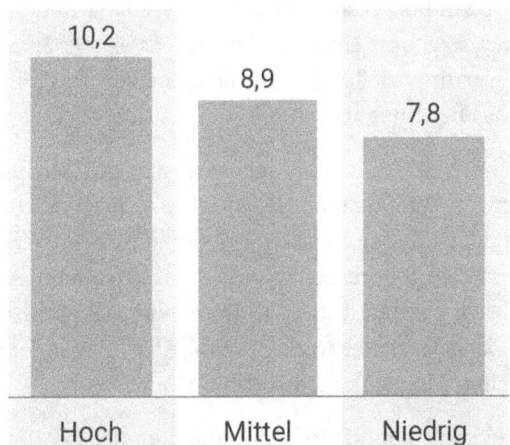

Abbildung 4.8: Grad der Ressourcenreallokation und Auswirkung auf den Total Shareholder Return[7]

Die Unternehmensführung verfügt also über zwei Möglichkeiten: Entweder unterzieht sie die Ressourcenallokation einer stetigen Überprüfung und nimmt notwendige Anpassungen proaktiv vor. Oder sie wartet ab, bis der Markt die Reallokation von Ressourcen selbst vornimmt, indem gegebenenfalls in andere Unternehmen investiert wird. Aktionäre bevorzugen dabei ein aktiv agierendes Unternehmen, wie empirische Ergebnisse zeigen.

Zudem ist dabei interessant, dass größere Umschichtungen von Ressourcen kurzfristig zu einem niedrigeren TSR führen. Die Gründe dafür können in der Risikoaversion der Investoren liegen, die auf größere Reallokationen von Ressourcen eher zurückhaltend reagieren und den Wert erst langfristig erkennen. Ein weiterer Grund kann der starke Zusammenhang zwischen Ressourcenallokation und Unternehmensstrategie sein. Statt jedes Jahr größere Veränderungen vorzunehmen, sollte das Ziel der Unternehmensführung eher eine konsistente Reallokation der Ressourcen über mittlere bis lange Frist im Sinne einer klaren Unternehmensstrategie sein. Das gibt die nötige Zeit, dass sich neue Investitionen entwickeln und bestehende Investitionen ihr volles Potential entfalten können, während die Ressourcen aus Desinvestitionen sinnvoll neu eingesetzt werden können.

4.3 Wie lässt sich die finanzielle Wirkung von Agilität quantifizieren?

Bisher wurden die gängigsten Vorbehalte gegen Agilität beleuchtet. Es wurde gezeigt, wie Agilität und deren Auswirkungen gemessen werden können, und welche signifikant positiven Zusammenhänge zwischen gemessener Agilität und dem finanziellen Ergebnis eines Unternehmens existieren. Agile Unternehmen schneiden in ihrer finanziellen Performance besser ab als ihre weniger agilen Wettbewerber, das bedeutet also: Agilität lohnt sich.

Die folgenden Seiten beschäftigen sich nun mit der Frage, wie sich die finanzielle Wirkung von Agilität quantifizieren lässt, um ein Unternehmen in die Lage zu versetzen, das richtige Maß an Agilität zu finden. Dazu wird zunächst aufgezeigt, warum ein rein theoretischer Bewertungsansatz für Agilitätsstellhebel nicht ausreichend sein kann und wie stattdessen ein praktischer Ansatz mittels eines Simulationsmodells gestaltet werden kann. Abschließend geht das Kapitel auf die drei wesentlichen Möglichkeiten solcher Modelle ein:

- Identifikation von kritischen Elementen der Wertschöpfungskette,
- Durchführung von Kosten-Nutzen-Rechnungen für Agilitätsstellhebel,
- Optimierung des Einsatzes von Agilitätsstellhebeln.

4.3.1 Theoretische Ansätze und Limitationen

Beim Ansatz, den Effekt einzelner Agilitätsstellhebel auf das Unternehmensergebnis zu berechnen, erhält man schnell falsche Ergebnisse. Interdependenzen mit dem Gesamtsystem und gegebenenfalls anderen Stellhebeln sind unausweichlich. Betrachten wir beispielsweise ein Unternehmen, bei dem die tatsächlich erreichte Produktionsmenge kleiner ist als die optimale Menge zur Befriedigung der Nachfrage. Der Engpass sei in diesem Fall der Zwei-Schicht-Betrieb in der Produktion. Wäre man nun fähig, die Produktion kurzfristig für eine gewisse Periode auf einen Drei-Schicht-Betrieb umzustellen, so hätte dieser Stellhebel in der isolierten Betrachtung möglicherweise einen positiven Effekt auf das Unternehmensergebnis. Die Höhe dieses Effekts lässt sich aber unmöglich isoliert betrachten, da ohne Integration in das Gesamtsystem unklar bleibt, ob dann nicht andere Engpässe in der Wertschöpfungskette zum Tragen kommen – vielleicht kann einer der Lieferanten den Bedarf eines Drei-Schicht-Betriebes gar nicht befriedigen, die Logistikkapazitäten des Unternehmens sind nicht ausreichend oder die Anlagen brauchen die Phase der dritten Schicht nachts für Rüstzeiten oder Wartungsarbeiten.

Dieses Beispiel zeigt auf, dass zur korrekten Bewertung des finanziellen Effekts von Agilität das Unternehmen als Ganzes zu betrachten ist und die verschiedenen Agilitätsstellhebel unterschiedliche Parameter zur Definition des Gesamtsystems beeinflussen. Insbesondere dann, wenn der Effekt von Agilität als Erwartungswert über ein ganzes Set möglicher Szenarien berechnet werden soll.

Diese Betrachtungsweise soll im Folgenden genauer dargestellt werden. Dazu wird zunächst der Aufbau eines möglichen Simulationsmodells vorgestellt und anschließend näher auf die Anwendungsmöglichkeiten eines solchen Modells eingegangen.

4.3.2 Praktischer Ansatz für die Quantifizierung der finanziellen Wirkung

Wie eben gezeigt, führt eine einfache Quantifizierung der Wirkung einzelner Stellhebel nur zu sehr begrenzten Erkenntnissen über die tatsächliche Effektivität eines Stellhebels, da es die Organisation oder zumindest die Wertschöpfungskette als Gesamtes zu betrachten gilt.

Zur Ermittlung der finanziellen Wirkung des agilen Ansatzes ist daher eine ganzheitliche Herangehensweise mit Hilfe einer Simulation erforderlich.

Dazu wird das gesamte Produktionsnetzwerk berücksichtigt, von den Lieferanten über Logistikprozesse (Inbound- und Outbound-Logistik, IBL/OBL) und Produktionsschritte bis hin zur Absatzseite. Für jedes Element müssen für die Simulation die Kapazität und Agilität hinterlegt werden. Die Agilität beschreibt dabei, wie die Kapazität der einzelnen Elemente angepasst werden kann in Bezug auf Geschwindigkeit und notwendige Aufwendungen für die Anpassung. Dabei können Kapazitäten oft nur mit einer gewissen zeitlichen Verzögerung erhöht werden oder erfordern Aufwendungen für Mehrarbeit oder Produktionsgüter. Des Weiteren sind Interdependenzen zu berücksichtigen, beispielsweise, wenn Produkte auf mehreren, jedoch nicht allen Produktionslinien produziert werden können. Zudem sind Kosteninformationen, zumindest Deckungsbeiträge, der verschiedenen Produkte, notfalls je Absatzmarkt, notwendig, um entgangene bzw. zusätzliche Gewinne im Falle unzureichender Bedarfsdeckung berücksichtigen zu können.

Abbildung 4.9 zeigt das Vorgehen zur Erstellung eines solchen Modells, Abbildung 4.10 die Grundstruktur eines Modells für einen Automobilhersteller mit den eben beschriebenen Elementen.

Je nach Einsatzzweck sind zusätzlich zu den genannten Informationen, die im Wesentlichen den Status quo des Produktionsapparates abbilden, noch andere anwendbare Stellhebel zur Agilitätssteigerung zu definieren. Diese sind ebenfalls mit Kosten und Implementierungszeiten zu hinterlegen.

Zusätzlich zum Modell des Unternehmens und möglicher Agilitätsstellhebel werden verschiedene Szenarien definiert, auf Basis derer das Verhalten dieses Modells simuliert werden soll. Als Basis-Szenario bietet sich zum Beispiel die aktuelle Produktionsplanung an. Weitere Szenarien entstehen durch Variation der Absatzmengen, also durch Verschiebung zwischen den Produkten oder Märkten oder durch allgemeine Erhöhung oder Verringerung der Mengen um x Prozent. Hilfreich können dabei historische Ereignisse wie der Nachfrageeinbruch in der Finanzkrise und/oder der starke Anstieg der Nachfrage in den folgenden Jahren sein, die entsprechend simuliert werden. Durch die genaue Bestimmung der Di-

Aufbau der Grundstruktur	Definition der Agilität	Definition von Szenarien	Simulation
• Definition der Systemgrenzen • Modellierung der Wertströme, Wertschöpfungsschritte etc. • Definition der Kapazitäten je Element • Berücksichtigung von Interdependenzen zwischen Elementen • Hinterlegung von Kosteninformationen[2]	• Definition der Agilität je Element • Hinterlegung von Stellhebeln zur Erhöhung der Agilität[1] • Berücksichtigung von Interdependenzen zwischen Stellhebeln	• Definition des Basisszenarios (i.d.R. Plan-Szenario) • Identifikation der Variablen inkl. Interdependenzen • Definition von Schwankungsbandbreiten und -geschwindigkeiten • Erzeugung des Wahrscheinlichkeitsraums im Sinne einer Normalverteilung	

1 Inkl. Kosten und Implementierungszeiten
2 Zumindest Deckungsbeiträge

Abbildung 4.9: Vorgehensweise zu Erstellung und Anwendung eines Simulationsmodells

mensionen der Variabilität (zum Beispiel Nachfrageveränderungen in einzelnen Regionen, Mixverschiebungen zwischen Produktreihen) wird sichergestellt, dass wesentliche Veränderungen gegenüber der Planung nicht vernachlässigt werden.

Auf diese Weise lässt sich eine Vielzahl an Szenarien erzeugen, von denen die meisten im Sinne einer Normalverteilung nahe am Ausgangs-Szenario, also der aktuellen Planung, liegen sollten. Gleichzeitig werden sich wenige weiter davon entfernt befinden. Testet man das Modell dann auf diesen Szenario-Raum, so können die verschiedenen Eventualitäten der späteren Realität deutlich besser berücksichtigt werden, als wenn nur auf das Basis-Szenario hin optimiert wird.

4.3.3 Anwendungsmöglichkeiten des Simulationsmodells

Modelle, die diese beschriebenen Elemente enthalten, bieten im Wesentlichen drei unterschiedliche Anwendungsmöglichkeiten.

Zunächst kann das Modell genutzt werden, um für die verschiedenen Szenarien eine Art Stresstest durchzuführen und dabei kritische Elemente der Wertschöpfungskette zu identifizieren – dies ist auch im Sinne einer Art Real-Time-Tracking möglich, um kontinuierlich den Zustand der Wertschöpfungskette zu überwachen und eventuell Handlungsbedarfe frühzeitig zu erkennen.

Als *zweiten* Anwendungsfall erlaubt es das Simulationsmodell anhand der definierten Agilitätsstellhebel eine Kosten-Nutzen-Rechnung durchzuführen und so zu bestimmen, ob die Anwendung eines Stellhebels im Erwartungswert oder auch für einzelne Szenarien rentabel ist oder nicht.

Aufbauend darauf lässt sich als *dritter* Anwendungsfall das Modell auch zur Optimierung des Einsatzes der verschiedenen Stellhebel nutzen und so unter den gegebenen Szenarien das im Erwartungswert optimale Set an Agilitätsstellhebeln definieren.

Identifikation kritischer Elemente der Wertschöpfungskette

Durch die Abbildung der gesamten Wertschöpfungskette im Modell lässt sich für jedes Szenario erkennen, wo eventuell Engpässe oder Überkapazitäten auftreten können. Durch die hinterlegten Kosteninformationen lassen sich aus diesen Informationen zudem die EBIT-Effekte berechnen, die durch entgangene Erlöse für nicht befriedigte Nachfrage oder gegebenenfalls zu hohe Kosten für Leerkapazitäten entstehen.

Über die Vielzahl der verwendeten Szenarien lässt sich eine Zusammenfassung erstellen. Dadurch werden diejenigen Elemente identifiziert, die besonders häufig einen Engpass darstellen, respektive besonders häufig Überkapazitäten aufweisen. Alternativ kann man auch auf diejenigen Elemente fokussieren, die durch Engpässe oder Überkapazitäten die höchsten Kosten verursachen. Abbildung 4.10 zeigt beispielhaft das Ergebnis einer solchen Simulation, bei der die kritischen Elemente in einer Ampellogik hervorgehoben werden. Dabei zeigen sich schwerwiegende Probleme bei Lieferant 4 und der Outbound-Logistik (OBL) von Werk 3, sowie mittelschwere Probleme in der Inbound-Logistik (IBL) von Werk 4, dem Rohbau von Werk 2, der Montage von Werk 3 und der OBL von Werk 4.

Dieses Vorgehen lässt sich mit vergleichsweise geringem Aufwand auch zu einem kontinuierlichen Real-Time-Tracking erweitern. Dazu werden die Szenarien regelmäßig aktualisiert und die Simulation der Wertschöpfungskette in regelmäßigen Abständen wiederholt. Die Aktualisierung der Szenarien basiert dabei auf aktuellen Informationen, wie eingetretene oder absehbare Nachfrageeinbrüchen in bestimmten Regionen, einer stärkeren Nachfrage einzelner Produktgruppen am Markt oder Veränderungen von Lagerbeständen oder Lieferantenkapazitäten. Wird daraus ein neues Basis-Szenario erstellt, aus dem sich erneut eine Vielzahl von Variationen ableitet, erhält man ein neues Set an Szenarien, das auf Basis der aktualisierten Informationen die Zukunft besser abbildet als das vorherige. Speist man dieses neue Set an Szenarien erneut in die Simulation ein, hilft es dabei, Handlungsbedarfe frühzeitig zu erkennen.

Ein möglicher Anwendungsfall als Beispiel: Ein chinesisches Produktionswerk kann sehr schnell in einer Vielzahl von Szenarien zum Engpass werden, wenn im

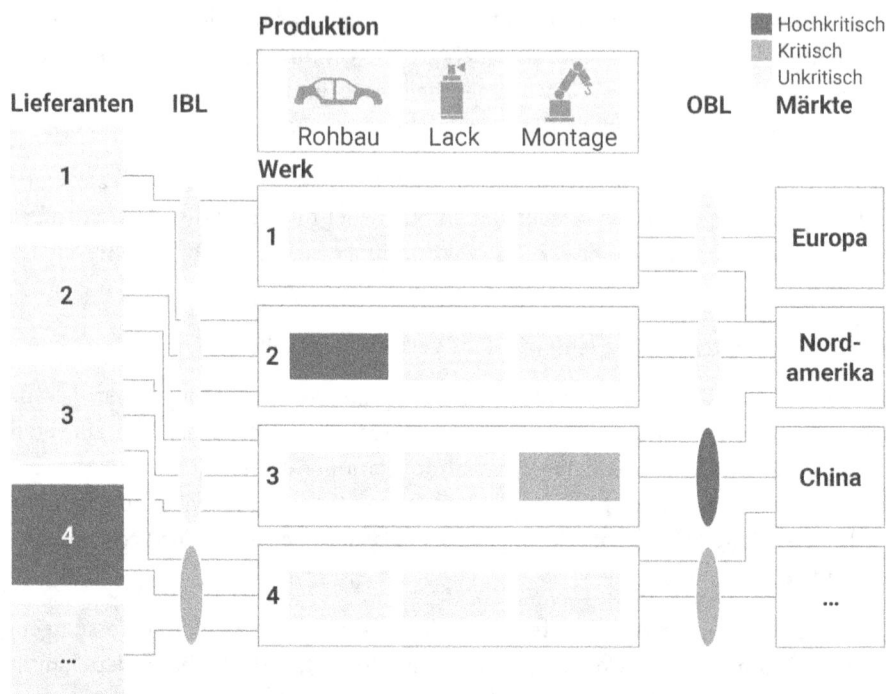

Abbildung 4.10. Identifikation von kritischen Elementen der Wertschöpfungskette

Basis-Szenario entsprechend berücksichtigt wird, dass die Nachfrage im ersten Quartal bereits dreißig Prozent über dem ursprünglichen Basis-Szenario lag. Gleichzeitig kann dabei in der Simulation zum Beispiel auch noch auffallen, dass für diesen Fall der lokale Lieferant für Bauteil A, der im Moment auch einen Teil seiner Produktion nach Europa liefert, an seine Kapazitätsgrenze stößt und die Produktionsmenge der europäischen Lieferanten des Bauteils A mit großer Wahrscheinlichkeit deutlich erhöht werden muss.

Sind die Informationen über eventuell auftretende Engpässe frühzeitig vorhanden, können entsprechende Agilitätsstellhebel frühzeitig aktiviert werden, respektive Gegenmaßnahmen rechtzeitig eingeleitet werden, um Umsatzeinbußen zu minimieren. Die gleiche Methodik lässt sich natürlich auch für Nachfrageeinbrüche und die Minimierung von Kosten durch Überkapazitäten anwenden. Die Logik eines solchen Steuerungscockpits zeigt Abbildung 4.11.

Auch hier zeigt sich der große Vorteil des Modells in der integrierten Betrachtung der Wertschöpfungskette, die erfahrungsgemäß in der Praxis selten praktiziert wird. So wird es durch die geschaffene Transparenz zum Beispiel auch möglich, die Vertriebssteuerung zu nutzen, um Engpässe oder Überkapazitäten zu umgehen. Ist der Verkäufer im Autohaus in der Lage, dem Kunden zum Beispiel bereits bei der Bestellung mitzuteilen, dass bei Verzicht auf das eine oder andere Ausstattungsmerkmal der Liefertermin um × Wochen nach vorne gezogen werden

4.3 Wie lässt sich die finanzielle Wirkung von Agilität quantifizieren? 121

Datenerfassung und -analyse	Kontinuierliche Überwachung des Lieferkettenstatus	Leitfaden für Ad-hoc-Maßnahmen
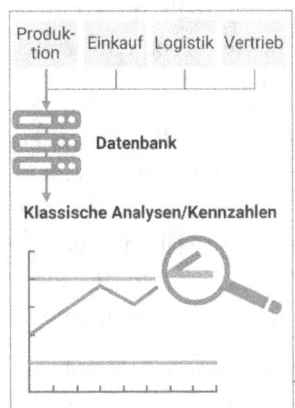	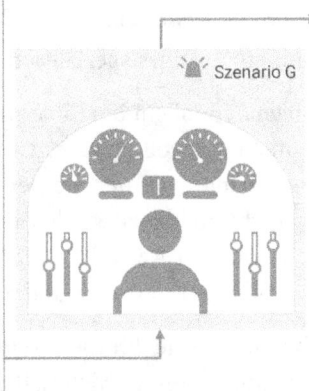	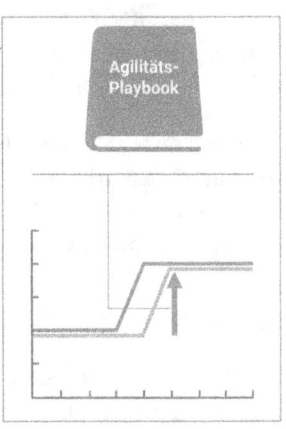
Standardisierte Prozesse für die Datenerfassung und -analyse	Kontinuierliche Überwachung des Lieferkettenstatus und Identifizierung von Situationen mit Handlungsbedarf	Vordefinierte Maßnahmenpläne mit klaren Anweisungen für unterschiedliche Situationen und schnelles Handeln

Abbildung 4.11: Agilitätssteuerungscockpit

kann – da eben gerade diese Option zu einem Engpass führt –, können sowohl Kundenservice verbessert als auch Werksauslastung gesteigert werden.

Kosten-Nutzen-Rechnung für Agilitätsstellhebel

Wurden im vorhergehenden Schritt kritische Elemente der Wertschöpfungskette identifiziert – also Elemente, die in mehreren Szenarien Engpässe darstellen, zu hohe Leerkapazitäten aufweisen und/oder unnötig hohe Kosten verursachen –, so kann nun über die Anwendung von Agilitätsstellhebeln nachgedacht werden. Da viele Agilitätsstellhebel allerdings auch mit Kosten verbunden sind, ist es sinnvoll, eine Kosten-Nutzen-Rechnung für einzelne Stellhebel respektive ganze Stellhebelpakete durchzuführen, um deren Profitabilität vorab zu prüfen.

Wie bereits beschrieben ist es normalerweise nicht möglich, für einzelne Stellhebel in solitärer Betrachtung einen Betrag zu definieren. Vielmehr müssen durch Simulation auch die Interdependenzen mit dem Gesamtsystem, zwischen verschiedenen Stellhebeln und das Verhalten in verschiedenen Szenarien betrachtet werden.

Um die Profitabilität von Agilitätsstellhebeln zu bestimmen, müssen Kosten und Nutzen gegenübergestellt werden. Wie bereits diskutiert, sind mit Agilität nicht – Stichwort Modulstrategie – zwangsweise höhere Kosten verbunden, allerdings kann die Steigerung von Agilität in einem ersten Schritt auch Kosten verursachen oder Investitionen erfordern. Kosten können beispielsweise entstehen durch vorvereinbarte Schwankungsbandbreiten bei Lieferanten, die dafür einen höheren Preis einfordern oder auch höhere Arbeitskosten, wenn die Belegschaft höhere Lohnforderungen im Gegenzug für vorvereinbarte Flexibilität stellt. Investitionen können beispielsweise notwendig sein für Anlagen, die mehrere Produkte herstellen können und nicht nur auf ein einziges spezialisiert sind.

Demgegenüber steht ein Nutzen, vor allem durch vermiedene Kosten für Leerkapazitäten – Mitarbeiter, die nicht sinnvoll eingesetzt werden können, Abnahmemengen, die beim Lieferanten nicht abgerufen werden – oder durch entgangene Gewinne an Produkten, die nicht abgesetzt werden konnten, weil entweder die maximale Kapazität nicht ausreichend war oder aufgrund von Beschränkungen nicht mehr margenstärkere Produkte produziert und abgesetzt werden konnten.

Ein solches Modell lässt sich zum Beispiel für die Produktion eines Automobilzulieferers erstellen. Dieses wird anhand eines Materialflussmodells abgebildet und anhand verschiedener Szenarien auf dessen Effizienz getestet. Für verschiedene Simulationsläufe können dann einzelne Agilitätsstellhebel aktiviert oder deaktiviert und abschließend die Ergebnisse hinsichtlich Produktionsmenge und EBIT verglichen werden.

Abbildung 4.12 zeigt das Ergebnis einer Modellsimulation für drei unterschiedliche Stellhebelpakete in einem Szenario. Die unterschiedlichen Agilitätsstufen unterscheiden sich durch Stellhebel wie die gezielte Nutzung von Überstundenkonten, Einführung/Reduzierung zusätzlicher Schichten, Nutzung von Leiharbeitskräften oder Anpassung der Taktzeiten, um nur einige zu nennen. Als Nachfrage-

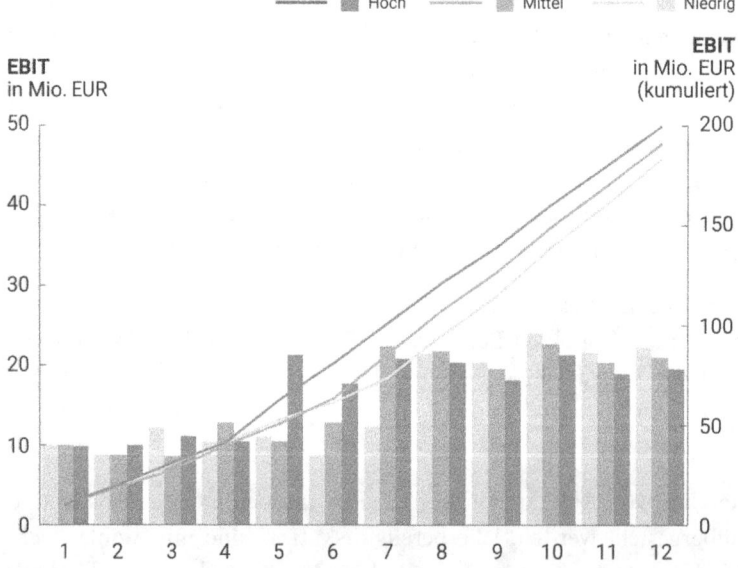

Abbildung 4.12: Der Ergebniseffekt dreier verschiedener Agilitätsstufen

Szenario dient hier beispielhaft die Phase nach der Finanzkrise 2008/2009, die gerade für die deutsche Automobilindustrie von sehr starkem Absatzwachstum geprägt war. Genauer betrachtet wird dabei das Jahr 2009 auf Monatsbasis.

Es ist deutlich zu erkennen, wie mit hoher Agilität in den ersten sechs bis sieben Monaten ein deutlich höheres Ergebnis erzielt werden kann, wobei die Szenarien mit mittlerer beziehungsweise niedriger Agilität des Unternehmens wiederum nach einer gewissen Reaktionszeit ein höheres Ergebnis erzielen. Dies führt sich in diesem Fall auf den Faktor zurück, dass bei hoher Agilität schnell in zusätzliche Produktionskapazitäten investiert wird, die höheren Abschreibungen dann bei nicht mehr voller Auslastung allerdings das Ergebnis drücken.

Kumuliert man den EBIT über die zwölf Monate des Betrachtungszeitraums (Liniendarstellung), erzielt das Set-up mit hoher Agilität das beste Ergebnis, gefolgt von dem Set-up mit mittlerer Agilität.

In diesem Beispiel wird die Unmöglichkeit nochmals deutlich, eine Kosten-Nutzen-Rechnung unabhängig vom Gesamtsystem und unabhängig von den betrachteten Szenarien durchzuführen. Lässt man die Simulation nun für das gesamte Set an Szenarien laufen, so kann anhand der EBIT-Erwartungswerte entschieden werden, wie der Einsatz von Agilitätsstellhebeln optimiert werden kann.

Selbsttätige Optimierung des Einsatzes von Agilitätsstellhebeln

Während die eben beschriebene Kosten-Nutzen-Rechnung eine Entscheidungsgrundlage dafür liefert, welche Stellhebel angewendet werden sollen, so kann man diese Entscheidung auch in eine Weiterentwicklung des Modells selbst integrieren. Dazu wird das Modell zum Optimierungsproblem erweitert und dem Computer überlassen, aus einer definierten Menge an möglichen Agilitätsstellhebeln genau diejenigen auszuwählen, die für das betrachtete Set an Szenarien den höchsten Erwartungswert für das Unternehmensergebnis bieten.

So könnte beispielsweise ein Produktionsnetzwerk mit vier Produktionsstandorten in Deutschland, Osteuropa, Nordamerika und Asien auf verschiedene Szenarien getestet werden. Für jedes Werk gibt es die Möglichkeit, eine dritte Schicht anzuwenden. Zudem gibt es die Option, durch vorherige Investition eine sogenannte Drehscheibe zu schaffen. Diese ermöglicht die Fertigung unterschiedlicher Ländervarianten an einem Standort und gibt damit die Möglichkeit, Volumina zwischen den Standorten zu verschieben.

Als mögliches Ergebnis der Optimierung könnte sich für die definierten Szenarien die Investition in eine Drehscheibe lohnen, da auf diese Weise die Nachfrage am kostengünstigsten verteilt werden kann. Gäbe es diese Möglichkeit nicht, müsste mehr Produktion an Standorten mit höheren Produktionskosten stattfinden und das Ergebnis wäre niedriger. Durch diese Informationen kann man zum einen vorab die Investition in die Drehscheibe tätigen, zum anderen können die Standorte in Asien und Osteuropa bereits vorab darauf vorbereitet werden, dass wahrscheinlich eine dritte Schicht nötig sein wird, um die Marktnachfrage ergebnisoptimal zu befriedigen.

Zur Ableitung einer solchen Empfehlung zeigt sich das beschriebene Optimierungsmodell optimal, da es für jedes Szenario und jede Zeitperiode die Nachfrage unter Zuhilfenahme aller verfügbaren Stellhebel »selbsttätig« optimal verteilt und so eine valide Bewertung der verschiedenen Optionen ermöglicht.

Anmerkungen

1 Vgl.: Doheny, Mike; François, Christophe; Hartung, Isabel; Niemeyer, Alexander; Yaga, Adithya: »Why you need agility now« (September 2011). URL: http://operations-extranet.mckinsey.com, Abrufdatum: 20.11.2015

2 Vgl.: Doheny, Mike; François, Christophe; Hartung, Isabel; Niemeyer, Alexander; Yaga, Adithya: »Why you need agility now« (September 2011). URL: http://operations-extranet.mckinsey.com, Abrufdatum: 20.11.2015

3 Vgl.: Doheny, Mike; François, Christophe; Hartung, Isabel; Niemeyer, Alexander; Yaga, Adithya: »Why you need agility now« (September 2011). URL: http://operations-extranet.mckinsey.com, Abrufdatum: 20.11.2015

4 Vgl.: Aghina, Wouter; De Smet, Aaron; Weerda, Kirsten: »Agility: It rhymes with stability«. In: *McKinsey Quarterly* (December 2015)

5 Vgl. URL: http://www.ohisolution.com/, Abrufdatum: 23.12.2015

6 Vgl.: Hall, Stephen; Lovallo, Dan; Musters, Reinier: »How to put your money where your strategy is«. In: *McKinsey Quarterly* (March 2012)

7 Vgl.: Hall, Stephen; Lovallo, Dan; Musters, Reinier: »How to put your money where your strategy is«. In: McKinsey Quarterly (March 2012)

5 Strategisch –
Das richtige Maß an Agilität

Christian Rabitsch

Inhaltsverzeichnis

5.1	**Wie Entscheider über Agilität nachdenken sollten**	**128**
	5.1.1 Zielbild – Wo kommen wir her und wo wollen wir hin?	129
	5.1.2 Die Wahl des adäquaten Risikoprofils	136
	5.1.3 Die Wahl des richtigen Agilitätslevels	139
5.2	**Strategiearbeit unter Unsicherheit**	**148**
	5.2.1 Wie sich Strategiearbeit ändert	149
	5.2.2 Vorgehensweise bei der Strategieumsetzung	155

Leitfragen

- Wie sollen Entscheider im Unternehmen über Agilität nachdenken?
- Wie passen Digitalisierung und Agilität zusammen?
- Wie kann Digitalisierung helfen neue Werte für das Unternehmen zu schaffen?
- Wie sieht ein der Unternehmensstrategie entsprechendes Risikoprofil aus?
- Wie kann ein Unternehmen bei der Schaffung von Operations-Agilität vorgehen?
- Was ist strategische Agilität?
- Wieso stößt klassische Strategiearbeit bei steigender Unsicherheit an ihre Grenzen?
- Durch welche Maßnahmen lässt sich strategische Agilität erreichen?

Digitalisierung, Globalisierung, steigende Volatilität in den Märkten – dies sind nur einige der Treiber hinter der steigenden Unsicherheit, die in Kapitel 2 aufgezeigt wurden und zu einem sich ständig ändernden Marktumfeld führen. Ein unter solchen Bedingungen langfristiger Erfolg erfordert von Unternehmen kontinuierliche Anpassungsfähigkeit auf allen Ebenen. Die Agilität von Unternehmen steigt in diesem Umfeld zu einer strategisch relevanten Kernkompetenz auf. Dazu erläutert Kapitel 5.1, wie bei der Schaffung von Agilität der Operations vorgegangen werden muss und wie das richtige Maß an Agilität gefunden werden kann. Einen wesentlichen Beitrag zur Agilität des gesamten Unternehmens leistet aber auch strategische Agilität. Darunter wird die Fähigkeit verstanden, die strategische Ausrichtung des Unternehmens kontinuierlich an sich ändernde Rahmenbedingungen anzupassen und neue Wege für die Schaffung von Werten für das Unternehmen zu finden.[1] Darauf wird in Kapitel 5.2 ausführlich eingegangen.

5.1 Wie Entscheider über Agilität nachdenken sollten

Die Schaffung von Agilität ist im Wesentlichen eine strategische Entscheidung und fordert zu Beginn Klarheit über den Status quo und das Zielbild des Unternehmens (Abbildung 5.1).

Im Folgenden wird beschrieben, wie agile Unternehmen die Herausforderungen seitens des Marktes verstehen sollten. Außerdem wird darauf eingegangen, wie sie ihr bestehendes Geschäftsmodell auf diese veränderten Anforderungen einstellen und dieses dadurch langfristig wettbewerbsfähig machen. Die im Markt entstehenden Turbulenzen werden nicht nur als Risiko betrachtet, das es zu managen gilt, sondern auch als Chance genutzt und neue Geschäftsmodelle entwickelt, um langfristig zusätzliche Werte für das Unternehmen zu schaffen. Diese Entwicklung wird anhand des Trends zunehmender Digitalisierung aufgezeigt. Nach der Wahl eines adäquaten Risiko-Profils (Abschnitt 5.1.2) muss die Frage nach dem optimalen Grad an Agilität beantwortet werden (Abschnitt 5.1.3). Agilität ist kontextbezogen und muss der konkreten Problemstellung des Unternehmens angepasst werden. Somit ist keine Universallösung für Agilität für alle Branchen und Situationen möglich.

5.1 Wie Entscheider über Agilität nachdenken sollten

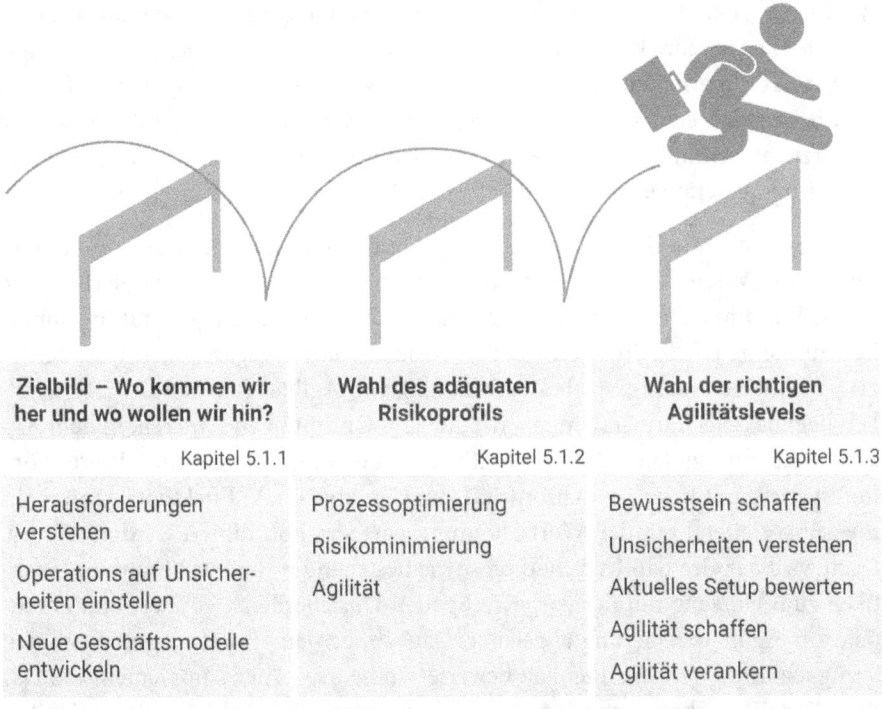

Zielbild – Wo kommen wir her und wo wollen wir hin?	Wahl des adäquaten Risikoprofils	Wahl der richtigen Agilitätslevels
Kapitel 5.1.1	Kapitel 5.1.2	Kapitel 5.1.3
Herausforderungen verstehen	Prozessoptimierung	Bewusstsein schaffen
Operations auf Unsicherheiten einstellen	Risikominimierung	Unsicherheiten verstehen
Neue Geschäftsmodelle entwickeln	Agilität	Aktuelles Setup bewerten
		Agilität schaffen
		Agilität verankern

Abbildung 5.1: Strategisches Vorgehen bei der Schaffung von Agilität

5.1.1 Zielbild – Wo kommen wir her und wo wollen wir hin?

Bei der Entwicklung des Zielbilds wird – unter Betrachtung der Herausforderungen steigender Unsicherheiten und ausgehend von Kernkompetenzen und Geschäftsmodell – analysiert, welche Fähigkeiten in Zukunft notwendig sind, um am Markt erfolgreich zu sein. Aus diesen Erkenntnissen leiten sich in weiterer Folge Strategien ab, wie dieses Zielbild erreicht werden kann. Solche Strategien beinhalten unter anderem die Weiterentwicklung von Kernkompetenzen, die Durchführung von Anpassungen im bestehenden Geschäftsmodell sowie die Entwicklung neuer Geschäftsmodelle.

Die Basis für den Aufbau von Agilität stellt das Verständnis der Herausforderungen dar, die das Marktumfeld mit sich bringt. Das Ergebnis dieses Schritts ist die Kenntnis über Veränderungen im Unternehmensumfeld, die zu Risiken oder Chancen für das Unternehmen führen können. Man geht dabei in einem dreistufigen Prozess vor und analysiert das Makroumfeld, das industriespezifische Umfeld und das unternehmensspezifische Umfeld. Auf diesen Prozess wurde bereits im Kapitel 2.2.2 ausführlicher eingegangen.

Den Startpunkt für strategische Überlegungen stellen die Unternehmensvision und das bestehende Geschäftsmodell dar. Die anhaltende Veränderung von Marktbedingungen macht es erforderlich, das bisher erfolgsbringende Geschäftsmodell auf Zukunftsrobustheit hin zu überprüfen und gegebenenfalls auf steigende Unsicherheit auszurichten. Ausgangsbasis dafür sind die vorhandenen Kernkompetenzen des Unternehmens, die den aktuell wesentlichsten Beitrag zum Erfolg im Wettbewerb leisten. Es ist zu analysieren, inwiefern bestehende Kernkompetenzen weiterzuentwickeln beziehungsweise überhaupt erst neu zu entwickeln sind, um langfristig im veränderten Wettbewerbsumfeld erfolgreich sein zu können.

Für das bestehende Geschäftsmodell gilt es zu überlegen, wie jene direkt und indirekt an der Wertschöpfung beteiligten Bereiche gestaltet und koordiniert werden können, um mit den Auswirkungen der Unsicherheit auf die Operations umgehen zu können. Wie Produktionsunternehmen solche Anpassungen vornehmen, zeigen aktuelle Praxisbeispiele zur Schaffung von Agilität (Fallbeispiel 5.1). Letztlich liegt das Ziel darin, ein möglichst globales Optimum zu eruieren, in dem Ansatzpunkte für agilitätssteigernde Maßnahmen entlang der gesamten Wertschöpfungskette identifiziert, synchronisiert, und für maximale Effektivität unternehmensübergreifend mit den Wertschöpfungspartnern koordiniert werden müssen. Dazu wird der Grad an Unsicherheit sowie bestehende – bereits bekannte – Praktiken zum Umgang mit der vorherrschenden Unsicherheit analysiert und Potentiale zur Agilitätssteigerung abgeleitet. Danach werden Umsetzungsmaßnahmen bezüglich ihrer Wirtschaftlichkeit bewertet und entsprechend implementiert. Das detaillierte Vorgehen dazu wird in den Abschnitten 5.1.2 und 5.1.3 dieses Kapitels beschrieben.

Fallbeispiel 5.1: Aktuelle Implementierungsbeispiele von Agilität in der Praxis

Unternehmen A erkennt die strategische Relevanz von Agilität und baut einen zentralen Bereich zur Koordination und Steuerung von Agilitätsmaßnahmen innerhalb des Unternehmens auf. Dieser zentrale Bereich soll Transparenz bezüglich Agilität über die gesamte Wertschöpfungskette schaffen und Maßnahmen unternehmensweit koordinieren. Wesentliche Eckpunkte neben der Integration des klassischen lang-, mittel-, und kurzzeitigen Kapazitätsmanagements stellen auch die Koordination von Agilitätsmaßnahmen über das ganze Produktionsnetzwerk hinweg, inklusive Supply Chain, Logistik und Vertrieb, dar.

Das Management von Unternehmen B entscheidet sich im Zuge anstehender Entscheidungen zur Kapazitätserweiterung für die Durchführung eines Agilitäts-Stresstests. Dieser Stresstest soll als Entscheidungsunterstützung für Kapazitätsentscheidungen im internationalen Produktionsnetzwerk dienen. Dabei werden in einem Simulationsmodell Fertigungskapazitäten abgebildet, die durch die Aktivierung von Agilitätsstellhebel, wie beispielsweise die Einführung einer dritten Schicht in der Produktion oder die Kapazitätserweiterungen bei Lieferanten, erweitert oder reduziert werden können. Es werden verschiedene Absatz-Szenarien simuliert und das jeweilig optimale Setup des Produktionsnetzwerks gesucht. Durch eine gesamtheitliche Betrachtung einer Vielzahl von Szenarien lässt sich somit ein zukunftsrobustes Setup des Produktionsnetzwerks finden.

> Unternehmen C forciert ein Projekt zur Standardisierung von Projektarbeit innerhalb eines Funktionalbereichs mit dem Ziel, ein agiles Zusammenarbeits- und Organisationsmodell zu erhalten. Dabei werden einheitliche Standards beim Zusammenstellen von Projektteams erstellt und ein zentraler Online-Mitarbeiter-Pool geschaffen, der Wissen und Kompetenzen der jeweiligen Mitarbeiter abbildet. Dies bildet die Grundlage für effektive und effiziente Projektarbeit in Teams, die sich in deren Zusammenstellung im Laufe der Projektlaufzeit je nach Anforderungen der vorherrschenden Projektphase dynamisch ändern.

Letztlich muss ein Produktionsunternehmen eine Strategie erarbeiten, wie es langfristig wettbewerbsfähig bleiben kann. Dabei nimmt die Produktionsstrategie einen wesentlichen Erfolgsfaktor in der unternehmerischen Gesamtstrategie ein, da erst sie eine nachhaltige Wettbewerbsfähigkeit des Produktionssystems überhaupt ermöglicht. Sie beinhaltet aufeinander abgestimmte Entscheidungen über die zu produzierenden Produkte, Produktionsanlagen und Kapazitäten, Prozesstechnologie, Grad der vertikalen Integration, Produktionsplanung und -steuerung, Personal, Produktionsorganisation, Standorte und Kostenstrukturen. Alle diese Faktoren müssen bei der Formulierung des Zielbilds holistisch betrachtet und auf die jeweiligen Herausforderungen und Problemsituationen angepasst werden.

 Eine wichtige Rolle im Kontext der Produktionsstrategie nimmt die Digitalisierung ein, deren Möglichkeiten und Einsatzbereiche, insbesondere im Fokus der Agilität, in diesem Buch intensiv beleuchtet wird.

Digitalisierung birgt genügend Potential für eine entscheidende Effizienzsteigerung, um einen Hochlohnstandort langfristig international wettbewerbsfähig zu halten. Im bestehenden Geschäftsmodell klassischer Produktionsunternehmen entstehen durch die Digitalisierung immense Möglichkeiten, um ein neues Level betrieblicher Leistungsfähigkeit zu erreichen. Mobile, kollaborierende Roboter sowie fahrerlose Transportsysteme, die universell einsetzbar sind, stellen Lösungen dar, die sowohl die Effizienz als auch die Agilität von produzierenden Unternehmen steigern können. So können beispielsweise kollaborierende Roboter an mehreren Arbeitsplätzen zum Einsatz kommen und bei Änderungen an Produkt oder Prozess einfach und schnell für verschiedenste neue Tätigkeiten eingesetzt werden. Sie können mit Menschen ohne Schutzzaun am gleichen Bauteil zusammenarbeiten und somit den Nachteil traditioneller Industrieroboter überwinden.

Durch die Digitalisierung wird ein Paradigmenwechsel ermöglicht, der weg von der physischen Optimierung von Produktionsanlagen, hin zur Optimierung der Prozesse mithilfe von Daten und Informationen über den ganzen Lebenszyklus von Produkt und Fabrik führt. Eine derartige »datengetriebene Optimierung« basiert auf der durchgehenden digitalen Vernetzung. Es soll ein digitales Spiegelbild von Produkt und Fabrik geschaffen werden. Das macht vor allem bei komplexen, variantenreichen und änderungsintensiven Produkten Sinn sowie bei Produkten, bei denen ein hoher Wert auf Nachverfolgbarkeit gelegt wird. Als typische Beispiele dafür können die Herstellung von Fahrzeugen und deren Komponenten oder Medizingeräte betrachtet werden. Die digitale Vernetzung beginnt bei der digitalen Produktentwicklung, geht über die digitale Abbildung und Steuerung des Produktionsprozesses, bis hin zum digitalen Monitoring des Endprodukts im Einsatz beim Kunden. Diese neuen Gegebenheiten bieten den Produktionsunternehmen neben beträchtlichen Effizienzsteigerungspotentialen auch die Möglichkeit zur Entwicklung neuer Geschäftsmodelle. Wesentlich ist die digitale Datenübergabe an allen Schnittstellen über den gesamten Produktlebenszyklus und über die gesamte Wertschöpfungskette.[2]

Durch die Einbindung von Lieferanten, Partnern und Kunden und die Möglichkeit zur Echtzeit-Interaktion werden schnellere Reaktionen und Adaptionen ermöglicht als es bisher der Fall war. Somit kann auch die Agilität des Unternehmens insgesamt gesteigert werden. Dies wird durch folgende Beispiele illustriert.

- In einem Produkt-Konfigurator eines Automobilherstellers können jene Ausstattungsvarianten priorisiert angeboten werden, die in der Supply-Chain aktuell verfügbar sind und Varianten mit schlechter Lieferverfügbarkeit bewusst negativer dargestellt werden.
- Kunden können bis zur letzten Minute Änderungen an der Produktkonfiguration ihres bereits bestellten Produkts vornehmen.
- Ein Automobilhersteller kann es seinen Kunden ermöglichen, den Fertigungszustand seines Autos am Smartphone live zu verfolgen und noch Modifikationen während des Herstellungsprozesses vorzunehmen, wie beispielsweise die Änderung der Farbe oder des Felgentyps.

Basis für diese neuen Möglichkeiten ist die oben beschriebene digitale Abbildung von Produkt und Fabrik sowie die Vernetzung der Wertschöpfungspartner bis hin zum Kunden.

Zur langfristigen Wertsteigerung des Unternehmens ist es neben der beschriebenen Ausrichtung der Wertschöpfungsbereiche auf steigende Unsicherheit auch sinnvoll, Gedanken über Wachstum und neue Wege zur Generierung von Unternehmenswerten anzustellen. Die Diversifikation von Produkten und eine Erweiterung des Leistungsportfolios um Dienstleistungen stellen klassische Wege dazu dar. In diesem Zusammenhang kommt der Digitalisierung erneut eine wesentliche Rolle zu. Es werden nicht nur, wie oben beschrieben, Effektivitäts- und Effizienzsteigerungen im bestehenden Geschäftsmodell möglich, die Digitalisierung erlaubt vielmehr komplett neue Problemlösungen für Kunden. Diese Ansätze nutzen Unternehmen als zusätzliche Chance, um ihren Kunden neue Produkte und Dienstleistungen anzubieten.

Das folgende Beispiel zeigt das enorme Potential zur Schaffung von zusätzlichen Unternehmenswerten, das in der Digitalisierung steckt und Geschäftsmodellinnovationen ermöglicht. Daher können sich auch für klassische Industriebetriebe, die bisher mit dem Thema Digitalisierung nur am Rande in Berührung gekommen sind, große Chancen ergeben.

Fallbeispiel 5.2: Geschäftsmodellinnovation durch Digitalisierung

General Electric (GE), einer der größten Mischkonzerne der Welt, beschloss bereits 2012, eine Milliarde US-Dollar in eine Initiative namens ›Industrial Internet‹ zu investieren. GE hat das Potential erkannt, das hinter den generierten, aber bisher nicht ausreichend genutzten Daten der verkauften Turbinen und Kraftwerke steckt, und wollte dieses neu entstehende Geschäftsfeld nicht kampflos den Datenspezialisten wie beispielsweise IBM überlassen. Ein konkretes Anwendungsbeispiel dafür ist die GE-Kooperation mit der Fluglinie Alitalia, wobei allein im ersten Jahr die Treibstoffeffizienz um 1,5 Prozent gesteigert werden konnte. Dies entspricht einer Ersparnis von 15 Millionen US-Dollar. Dazu wurden Daten von Hunderten von am Flugzeug angebrachten Sensoren aufgezeichnet und analysiert, die beispielsweise Turbinenperformance, Temperaturen oder Leistungsaufnahme messen. So deckte man Diskrepanzen zwischen geplantem und tatsächlichem Flugverhalten auf, worauf die daraus resultierenden Verbesserungen im Flugbetrieb implementiert wurden. Beispielsweise fand man auf diese Weise heraus, dass eine alternative Stellung der Landeklappen bei der Landung eine bessere Aerodynamik zur Folge hat und dass eine Änderung der Sinkgeschwindigkeit die Leistungsaufnahme verringert – beides Faktoren, die zur Reduktion des Kerosinverbrauchs führen. GE hat sich mittlerweile als führender Datenverarbeiter etabliert und bietet in seiner Digitalsparte Komplettlösungen mit dem Leistungsversprechen gesteigerter Effizenz und Effektivität für die produzierende Industrie an.[3]

Abbildung 5.2: Geschäftsmodellinnovation durch Digitalisierung am Beispiel von GE

Entschließt sich ein klassisches Produktionsunternehmen mit einem neuen Geschäftsmodell den Schritt in die New Economy zu gehen, muss es sich der vorherrschenden hohen Veränderungsgeschwindigkeit in dieser New Economy bewusst sein. Speziell ein Großunternehmen mit gewachsenen Strukturen steht vor der Herausforderung, zwei Welten in einem System managen zu müssen, die auf unterschiedliche Weise funktionieren. Dies kann einerseits durch das Etablieren eines Organisationsdesigns geschafft werden, das eine stabile Basis, gepaart mit dynamischen Fähigkeiten in einem System vereinigt. Oder die digitale Initiative kann auch parallel zum etablierten Geschäft als eigenständiges Unternehmen mit eigenen Prozessen geführt werden. Zwei wesentliche Faktoren für das Gelingen sind klare Kommunikationswege und ein freier Informationsfluss. Derartige Aspekte beleuchtet dieses Buch in Kapitel 9.

Fallbeispiel 5.3: Agilität in der Praxis am Beispiel von Daimler

Beispiel 1: Im globalen Mercedes-Benz-Produktionsnetzwerk werden die Werke je nach Modellreihe zentral gesteuert und somit der Einfluss der jeweiligen Werksleiter reduziert. Mehr Verantwortung bekommt ein global für die jeweilige Baureihe verantwortlicher Produktgruppenmanager. Aufgrund der guten Markt- und Markenentwicklung sollen die Produktionskapazitäten in den neuen Nachfragemärkten massiv erhöht werden, wobei die deutschen Werke den Hochlauf der Auslandswerke absichern und entsprechende Qualität sicherstellen. Zusätzlich sollen mehrere Fahrzeugtypen auf einer Linie im Mix produziert und Volumina flexibel zwischen einzelnen Werken verschoben werden. Standardisierung und Modularisierung im Produktaufbau stellen dies sicher. So sollen weniger unterschiedliche, aber dafür universal verwendbare Komponenten wie Achsen oder Klimaanlagen über die Modelle verbaut werden, um durch Skaleneffekte die steigenden Kosten für Variantenvielfalt auszugleichen. Daimler ging 2010 mit Renault/Nissan eine strategische Partnerschafft ein, bei der sie in verschiedenen Bereichen kooperieren, um Effizienz partnerübergreifend zu steigern. So werden beispielsweise Renault/Nissan-Motoren in Mercedes-Modelle verbaut und der Renault Kangoo läuft auch als Mercedes Citan vom Band.[4]

Beispiel 2: Zur Steigerung der Agilität der Operations nutzt Mercedes Outsourcing, indem verstärkt Partnerschaften mit Zulieferern eingegangen werden. Auf dieses Weise reduziert man die Eigenleistungstiefe in vielen Bereichen. So werden im Engineering Aufträge für klassische Hardware-Entwicklung eher nach außen gegeben, da sehr viele Ressourcen für Elektronikentwicklung im Bereich »Autonomes Fahren« und »Internet Connectivity« gebunden sind. Ins globale Produktionsnetzwerk wird zur Spitzenabdeckung der Auftragsfertiger Valmet eingebunden, der die A-Klasse sowie ab dem Jahr 2017 den GLC produziert. Mercedes kann somit flexibel und kurzfristig zusätzliches Volumen ordern und schneller auf Märkte reagieren sowie den Betriebspunkt in den eigenen Werken auf ein optimales Level stabilisieren.[5]

Beispiel 3: Auch wird in der Produktion die Eigenleistungstiefe reduziert und komplette Module zugekauft. Im Personalbereich gibt Daimler Logistiktätigkeiten an Third Party Logistics Provider (3PL) ab, die sich um die Materialbereitstellung kümmern.[6]

Beispiel 4: Der Mitarbeiterflexibilität kommt große Bedeutung zu, da hohe Kosten im Personalbereich gebunden sind. Um Arbeitszeitflexibilität zu schaffen, wird das Überstundenkonto auf ±300 Stunden erweitert, um Arbeitszeiten über Modellzyklen, An- und Ausläufe besser anpassen zu können.[7]

Die folgenden Beispiele stehen erneut unter dem zusätzlichen Aspekt der Digitalisierung und ihren Möglichkeiten und Einsatzbereiche im Fokus der Agilität.

Abbildung 5.3: Agilität der Operations am Beispiel der Daimler-Produktion

Beispiel 5: Daimler erkannte auch das enorme Potential der Digitalisierung für die Mobilität der Zukunft. Dabei ist das Unternehmen auch zunehmend in der New Economy aktiv. Neben den konventionellen Geschäftsfeldern Fahrzeugproduktion und -Verkauf versucht man, in der digitalen Welt mit neuen Geschäftsmodellen die Mobilität der Zukunft aktiv zu gestalten.

Beispiel 6: Mit moovel startete Daimler einen Dienst, der die Mobilität der Zukunft gestalten soll. Alternative Mobilität gewinnt zunehmend an Bedeutung, da viele junge Menschen künftig auf ein eigenes Fahrzeug verzichten werden und die politisch geforderte sowie ökologisch sinnvolle Verkehrsberuhigung der Stadtzentren hinsichtlich des Individualverkehrs forciert wird. Mit der moovel-App am Smartphone wird dabei eine Mobilitätsplattform geschaffen, die den Personentransport von A nach B individuell optimiert. Es werden verschiedenste Transportmittel wie Leihfahrrad, Straßenbahn, Bus, Taxi, Car Sharing, Mietauto, bis hin zum Flugzeug eingebunden. Zusätzlich ist Daimler in den jeweiligen Mobilitätsinitiativen separat aktiv, beispielsweise als Car-Sharing-Anbieter car2go und mit der Taxi-App mytaxi.[8]

moovel wird als eigenständiges Unternehmen innerhalb des Daimler-Konzerns geführt und dabei organisatorisch Daimler Financial Services zugeordnet[9]. Somit ermöglicht man es, den Old-Economy-Konzern mit gewachsenen, hierarchischen Strukturen von ähnlichen Initiativen wie Start-ups in der New-Economy zu entkoppeln. Durch diese organisatorische Trennung gelingt es Daimler, in beiden Welten parallel zu bestehen.

Abbildung 5.4: moovel als Mobilitätsdienstleister des Daimler-Konzerns

5.1.2 Die Wahl des adäquaten Risikoprofils

Sind die langfristigen Ziele des Unternehmens bekannt (Abschnitt 5.1.1), ist es erforderlich, sich Gedanken über die Gestaltung eines entsprechenden Risiko-Profils des Unternehmens zu machen. Auf die Nutzung welcher potentiellen Chancen und die Vermeidung welcher potentiellen Risiken soll sich das Unternehmen einstellen?

Dabei handelt es sich um eine Frage nach der prinzipiellen Ausrichtung hinsichtlich der Marktanforderungen: Geht das Unternehmen von einem relativ stabilen Marktumfeld aus, kann es guten Gewissens einen ökonomisch optimalen Betriebspunkt anstreben und durch konsequente Prozessoptimierung Verschwendung so weit wie möglich aus dem System eliminieren. Weicht aber der reale Betriebspunkt aufgrund eingekoppelter Veränderungen des Umfelds vom geplanten idealen Punkt ab – beispielsweise durch unvorhersehbare Nachfrageänderungen seitens der Kunden –, ist ein auf einen idealen Betriebspunkt abgestimmtes System nicht in der Lage, mit diesen eingekoppelten Veränderungen schnell und wirksam umzugehen. Im konkreten Fall würde es eine nicht ausreichende Befriedigung der Kundennachfrage bedeuten und somit zu einem Verlust von Umsatz und möglicherweise auch Gewinn führen. Ist das prinzipielle Setup aber ein breiteres, das heißt das Unternehmen bereitet sich proaktiv auf einen Korridor möglicher Betriebspunkte vor, wirken sich Abweichungen vom Idealpunkt weniger stark aus und ermöglichen trotzdem einen effizienten Betrieb des Systems. Darauf wurde in Kapitel 4 bereits ausführlicher eingegangen. Im Beispiel des oben erwähnten Nachfragesprungs wäre ein exemplarischer, agilitätssteigernder Stellhebel die vertragliche Zusicherung von Reservekapazitäten beim Lieferanten, die im Anlassfall kurzfristig abgerufen werden können. In diesem Fall wäre es für das Unternehmen möglich, Umsätze und Gewinne durch zusätzliche Verkäufe zu realisieren.

Je nach individueller Risikobereitschaft des Unternehmens ergeben sich bei der Analyse der Herausforderungen verschiedene Risiko-Chancen-Profile, wobei Agilität als spezielle Ausprägung eines solchen Profils angesehen werden kann. Prinzipiell kann man zwischen den Profilen der Prozessoptimierung, der Risikominimierung und der Agilität unterscheiden (Abbildung 5.5). In der betrieblichen Praxis sind die Übergänge fließend und die Profile können beliebig kombiniert werden.

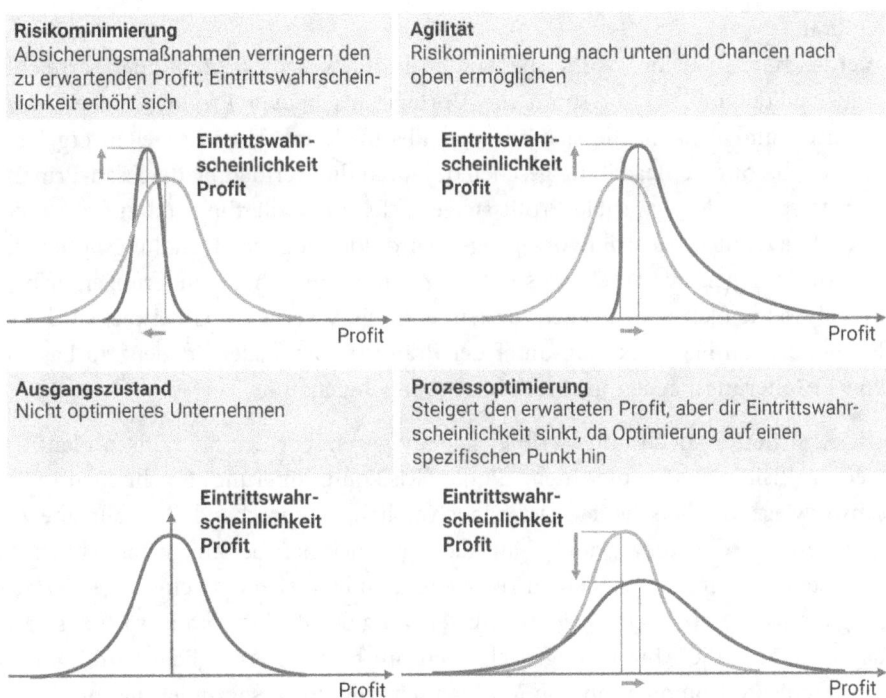

Abbildung 5.5: Agilität als neue Stufe betrieblicher Leistungsfähigkeit[10]

Prozessoptimierung:

Dieses Profil wird durch die Optimierung von Prozessen und den konsequenten Einsatz von Lean-Werkzeugen mit einhergehender Kostenreduktion erreicht. Wenn diese Maßnahmen greifen, steigert sich der resultierende Profit. Jedoch erfolgt die Optimierung in Erwartung eines konkreten Zukunfts-Szenarios und fokussiert somit auf Effizienzsteigerung in einem bestimmten Betriebspunkt, in dem dann maximaler Profit ermöglicht wird. Chancen und Risiken schenkt man keine besondere Aufmerksamkeit. Der Erwartungswert des maximalen Profits sinkt allerdings, da bei steigender Unsicherheit auch andere Zukunftsszenarien eintreten können, als jene, die ursprünglich erwartet wurden.

Risikominimierung:
Ein risikoaverses Unternehmen wählt ein defensives Setup und bereitet sich auf eine Vielzahl von Unsicherheiten mit Alternativmaßnahmen vor. Diese Vorbereitung ist mit zusätzlichem Aufwand verbunden und lässt sich mit Versicherungen oder Hedging vergleichen. Diese Maßnahmen verringern den zu erwartenden Profit, allerdings steigt der Erwartungswert, dass dieser auch tatsächlich eintritt. Exemplarisch für ein solches Profil können höhere, aber dafür variable Leihpersonalkosten genannt werden oder eine Multi-Lieferantenstrategie, die Sicherheit gegenüber Einzellieferantenausfällen auf Kosten höherer Einkaufspreise bringt.

Agilität:
Werden nun die beiden vorher benannten Profile geschickt kombiniert, erreicht man Agilität und vereint somit die Vorteile aus beiden Profilen. Dabei wird Chancen und Risiken, die sich aus den identifizierten Unsicherheiten ergeben können, besondere Beachtung geschenkt. Durch die Verfolgung der Lean-Prinzipien lässt sich der erwartete Profit steigern. Es muss allerdings darauf geachtet werden, dass nicht zu strikt vorgegangen wird und mögliche Handlungsoptionen für Anpassungen, die zu einem späteren Zeitpunkt durch Veränderungen erforderlich werden können, aus dem System eliminiert werden. Als Beispiel wird die Reduktion von Flächenkosten unter der Prämisse maximaler Effizienz zu Lasten von Erweiterungsflächen im Produktionsbereich genannt.

Die Absicherung nach unten erfolgt selektiv gegenüber den als kritisch identifizierten Risiken wie unter dem Punkt Risikominimierung beschrieben. Für schwerwiegende Zwischenfälle ist es auch üblich, entsprechende Notfallpläne zu gestalten, um die Auswirkungen auf das Unternehmen bei einem tatsächlichen Eintreten so weit wie möglich zu reduzieren. So lässt sich eine einseitige Verteilung erreichen, wobei eine negative Abweichung des Profits vom Erwartungswert begrenzt, aber die Abweichung nach oben hin bewusst ermöglicht wird. Durch die geschickte Kombination von Maßnahmen zur Prozessoptimierung und Risikominimierung wird der Betrieb des Systems auf mehreren Betriebspunkten ermöglicht, wie bereits im Kapitel 4 beschrieben. Beispielsweise kann ein auf Volumenschwankungen ausgerichtetes, agiles Produktionsunternehmen intern eine Basisauslastung forcieren und Kapazitätsspitzen an einen Auftragsfertiger abgeben. Bei starker Nachfrage kann man die Kapazitäten beim Auftragsfertiger voll auslasten und zusätzlich die Ausbringung der eigenen Produktion erhöhen. In Zeiten sinkender Nachfrage wird beim Auftragsfertiger Volumen reduziert und intern trotzdem die Basisauslastung weiterhin beibehalten. Erst bei noch weitreichenden Nachfragerückgängen muss man intern die Basisproduktion drosseln. Durch die beschriebene Einbindung des Auftragsfertigers lässt sich für das Unternehmen ein Bereich an Betriebspunkten effizient abdecken.

5.1.3 Die Wahl des richtigen Agilitätslevels

Sind die langfristigen Ziele des Unternehmens bekannt und die sich durch ein änderndes Marktumfeld ergebenden Herausforderungen verstanden, definiert sich durch die Wahl eines entsprechenden Risiko-Profils, wie mit diesen Veränderungen umgegangen werden soll. Entscheidet sich das Unternehmen für die Implementierung von Agilität, so muss die Frage beantwortet werden, wie dabei vorgegangen wird und »wie viel Agilität« notwendig ist. Mit diesem Thema beschäftigt sich dieses Kapitel auf den nächsten Seiten.

Dabei drängt sich die Frage auf, wann der optimale Grad an Agilität erreicht ist, beziehungsweise ob dieser überhaupt jemals erreicht werden kann? Schließlich sollte das Ziel nicht lauten, sich ungeachtet anfallender Kosten auf alle potentiell auftretenden Unsicherheiten vorzubereiten. Wie bereits in der Einleitung dieses Kapitels beschrieben, ist eine allgemein gültige Antwort auf die Frage des richtigen Agilitätslevels nicht möglich, da Agilität kontext-spezifisch geschaffen wird

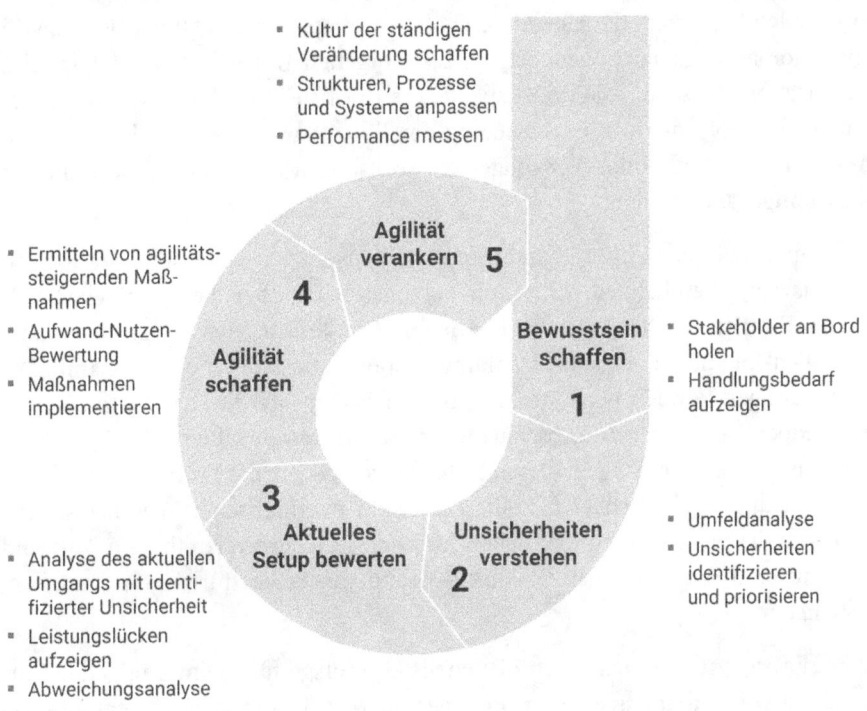

Abbildung 5.6: Schritte auf dem Weg zur Agilität

und an die jeweilige Situation eines Unternehmens angepasst werden muss. Bei der Implementierung von Agilität in einem konkreten Anwendungsfall geht man in fünf Schritten vor, die nachfolgend erläutert werden.

Schritt 1 – Bewusstsein schaffen

Vor der Umsetzung von konkreten Agilitätslösungen muss bei den Beteiligten überhaupt erst das notwendige Bewusstsein dafür geschaffen werden. Steigende Unsicherheit macht es erforderlich, den vorherrschenden Modus Operandi an diese geänderten Umstände anzupassen und dies ist der Grund für die notwendig werdenden Veränderungen. Dieses Bewusstsein ist sowohl für die Mitarbeiter als auch für die Führungsmannschaft sowie die Eigentümer des Unternehmens wichtig. Direkter Kontakt der eigenen Mitarbeiter zu Kunden und Industrieexperten kann zur Sensibilisierung beitragen und den Handlungsbedarf klarmachen. Je nach Grad der notwendigen Veränderung des vorherrschenden Modus Operandi spielt ein professionelles Change-Management eine wesentliche Rolle.

Schritt 2 – Unsicherheiten verstehen

Der zweite Schritt besteht in der Identifikation der für das Unternehmen relevanten Unsicherheiten, die zu Chancen und Risiken führen können, sowie deren Bewertung. Die Bewertung erfolgt über die Einschätzung der jeweiligen Eintrittswahrscheinlichkeit der verschiedenen Unsicherheiten sowie der Abschätzung der potentiellen Folgen auf das eigene Geschäft. Aus diesen beiden Dimensionen wird eine Priorisierungsmatrix gebildet. Dieses Vorgehen wurde bereits in Kapitel 2 detailliert beschrieben. Alle drei Aspekte, die Priorisierung, die Abschätzung der potentiellen Folgen sowie Einschätzung der Eintrittswahrscheinlichkeit, können in einem cross-funktionalen Managementworkshop nochmals diskutiert und bei Bedarf angepasst werden.

Einen nicht zu vernachlässigbaren Sonderfall stellen Unsicherheiten dar, deren Eintrittswahrscheinlichkeit nicht sinnvoll abgeschätzt, aber die potentiellen Folgen bei Eintritt sehr hoch werden können. Exemplarisch seien die Eintrittswahrscheinlichkeit von Handelsbeschränkungen oder Naturkatastrophen genannt. Die Auswirkungen können bei Eintritt in beiden Fällen fatal für das Unternehmen sein, jedoch ist eine seriöse Abschätzung der Eintrittswahrscheinlichkeit im Vorhinein nicht möglich. Statt in diesen Fällen zu versuchen, die Eintrittswahrscheinlichkeit lediglich abzuschätzen, sollte besser ein pragmatischer Weg beschritten werden, mit dem Ziel, die potentiellen Auswirkungen mit vertretbarem Aufwand zu reduzieren und ein entsprechendes Krisenmanagement für den Anlassfall zu installieren.

Die priorisierten Unsicherheiten dienen als Grundlage für die nun folgende Entwicklung von Zukunftsszenarien. Eine genaue Vorhersage zukünftiger Entwicklungen ist nicht möglich, jedoch können zukünftige Entwicklungen in Form von Szenarien antizipiert werden. Dafür werden die priorisierten Unsicherheiten auf

Abhängigkeiten geprüft und mögliche Entwicklungen dieser Unsicherheiten in der Zukunft beschrieben. Anschließend werden diese Zukunftsprojektionen zu konsistenten Zukunftsszenarien gebündelt.[11] Alle diese Szenarien können potentiell eintreten. Der Idealfall wäre somit, dass ein agiles Unternehmen auf alle diese Zukunftsszenarien gleichwertig reagieren kann. Wie treffsicher dies tatsächlich erfolgen kann, analysiert der nächste Schritt.

Schritt 3 – Aktuelles Agilitäts-Setup bewerten

Nachdem sich das Unternehmen der für sich relevanten Unsicherheiten und der daraus abgeleiteten Zukunftsszenarien bewusst ist, wird im nächsten Schritt der gegenwärtige Agilitätslevel des Unternehmens bewertet. Dabei ist die Frage zu beantworten, wie das Unternehmen mit seinem aktuell vorhandenen Setup auf die identifizierten Szenarien reagieren sollte. Unter Setup wird die bestmögliche Kombination aller zu einem bestimmten Zeitpunkt implementierbaren Maßnahmen verstanden, die als Antwort auf das Eintreten der Unsicherheiten im Unternehmen möglich ist.

Es wird analysiert, welche Maßnahmen aktuell implementiert sind und welche Wirkung sie in den jeweiligen Zukunfts-Szenarien zeigen. Diese Analyse wird entlang der sieben Agilitätsdimensionen, die bereits in Kapitel 1 vorgestellt wurden, durchgeführt. Stellt sich heraus, dass die Anpassungen an die Unsicherheiten nur unzureichend durchgeführt werden können, ist Handlungsbedarf erforderlich, wobei zusätzliche Maßnahmen notwendig werden (siehe nächster Schritt 4).

Als Hilfsmittel zur Diagnose kann ein sogenannter Agilitätsindex verwendet werden, der schematisch für ein Unternehmen und den Benchmark des Wettbewerbers in Abbildung 5.7 gezeigt wird.

Der Agilitätsindex stellt ein Analyseinstrument dar, in dem in jeder der sieben Agilitätsdimensionen der Umsetzungsgrad von ausgewählten Agilitätsstellhebeln abgefragt wird. Die Definition der Agilitätslevel »geringe Agilität«, »moderate Agilität« und »hohe Agilität« erfolgt anhand qualitativer und quantitativer Kriterien, wobei das Level »sehr agil« an industrieübergreifende Best-Practice-Beispiele angelehnt ist. Somit ist der Vergleich der eigenen Performance gegenüber Industrie-Peers als auch branchenfremden Best Practices möglich. Durch die Analyse des Umsetzungsgrads der Agilitätsstellhebel, die in den einzelnen Dimensionen des Agilitätsindex enthalten sind, ergibt sich ein individuelles Agilitätsprofil eines Unternehmens, wie in Abbildung 5.7 dargestellt. Vergleicht man dieses nun mit den bereits genannten Best Practices sowie den Agilitätsprofilen von Wettbewerbern oder anderen Top-Performern, können Hinweise auf eigene Leistungsdefizite aufgebracht werden.

Das in Abbildung 5.7 illustrierte Unternehmen besitzt in vielen Bereichen einen Agilitätsvorteil gegenüber dem gewählten Benchmark, im Bereich der Operations

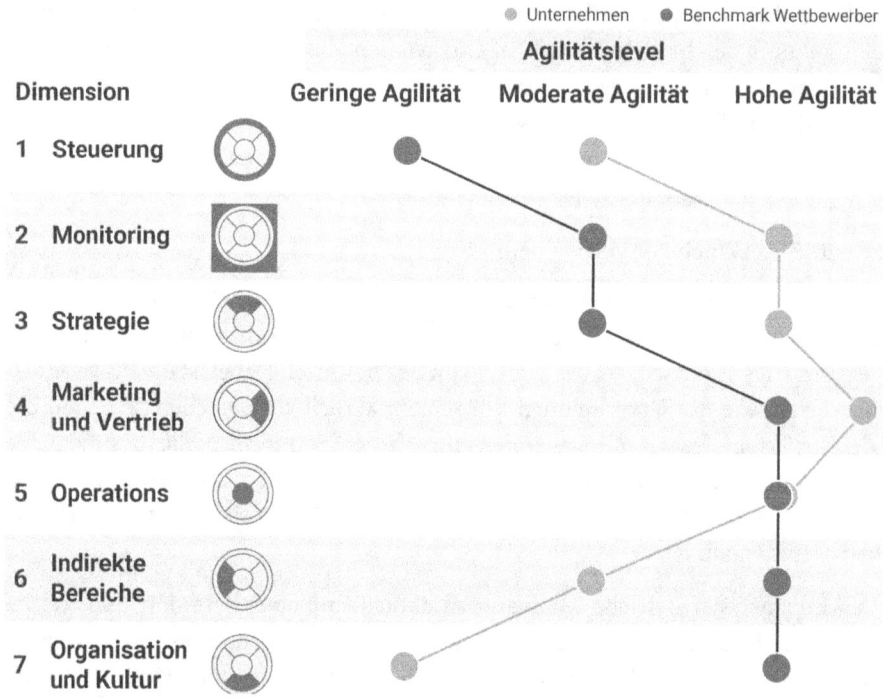

Abbildung 5.7: Agilitätsindex zweier Unternehmen (illustrativ)

sind beide gleich agil und in den Kategorien Indirekte Bereiche sowie Organisation und Kultur besteht ein Agilitätsnachteil. Dieser Nachteil kann beispielsweise bei großen Unternehmen mit gewachsenen hierarchischen Strukturen auftreten, wenn kleinere Wettbewerber aufgrund schnellerer Prozesse sowie einer Start-up-ähnlichen Kultur Vorteile genießen können.

Der Agilitätsindex zeigt genau den primären Handlungsbedarf im Vergleich zum Benchmark in diesen beiden Dimensionen auf. Um tatsächlich Agilitätsprofile zweier Unternehmen vergleichen zu können, ist es sinnvoll, sich auf die jeweiligen Dimensionen zu fokussieren und Details zu den einzelnen Umsetzungsgraden der jeweiligen Stellhebel zu entnehmen.

Neben der beschriebenen Agilitätslücke im klassischen Sinne, also einer Unterdeckung an Agilität, kann auch eine Überdeckung an Agilität vorhanden sein. Das heißt, es ist ein zu hohes Level an Agilität vorhanden, das für den Umgang mit den identifizierten Unsicherheiten eigentlich gar nicht notwendig ist. Wenn dadurch Ressourcen wie Lagerbestand, Kapital oder Maschinen gebunden sind, die anderweitig effektiver eingesetzt werden können, so sollen sie freigesetzt werden – wenn es sinnvoll möglich ist.

Auch auf finanzieller Ebene kann eine Analyse erfolgen. Dabei werden die Auswirkungen von Volumenschwankungen auf das Unternehmensergebnis, mithilfe einer Analyse des Break-even-Level sowie der Markfolgefähigkeit, untersucht (Kapitel 4.2.1). Somit sind Aussagen möglich, wie robust ein Unternehmen ist, um Schocks absorbieren zu können, ohne in finanzielle Nöte zu geraten, und wie gut die Anpassungsfähigkeit der Unternehmens-Gesamtkosten an Marktschwankungen möglich ist. Zusätzlich kann durch die Anwendung von Simulationsmodellen die Wirkung bestehender Maßnahmen auf das Betriebsergebnis untersucht werden (Kapitel 4.2.3).

Schritt 4 – Agilität schaffen

Nach der Feststellung von Handlungsbedarf in den sieben verschiedenen Dimensionen des Agilitätsindex erfolgt die tatsächliche Steigerung der Agilität. Ausgangsbasis stellen die in Schritt 2 identifizierten Zukunftsszenarien dar. Es muss ermittelt werden, welche Maßnahmen konkret getätigt werden können, um die Agilität zu steigern, um die gewünschte Unternehmensperformance beim Eintritt eines dieser Szenarien zu erreichen. Hilfestellung dabei leistet der bereits erwähnte Agilitätsindex, in dem konkrete Agilitätsstellhebel hinter den einzelnen Dimensionen hinterlegt sind. Stellt sich die Agilität in einer Dimension als zu niedrig heraus, so kann durch gezielte Implementierung ausgewählter Stellhebel dieser Dimension die Agilität entsprechend gesteigert werden. Auf konkrete Agilitätsstellhebel im Operations-Bereich geht Kapitel 8 detailliert ein.

Die bereits identifizierten und prinzipiell möglichen Maßnahmen zur Agilitätssteigerung bilden nun die Basis für die konkrete Umsetzungsplanung der Maßnahmen. Nun wird selektiert, welche Stellhebel in welchen Bereichen der Wertschöpfungskette vorbereitet, respektive aktiviert werden, um den bestmöglichen Nutzen in Form von Kundenzufriedenheit und Profitabilität daraus zu ziehen. Wichtig dabei ist die gesamtheitliche Aufwand-Nutzen-Betrachtung der Maßnahmen über die Wertschöpfungskette.

Bei der Implementierung der Agilitätsstellhebel beginnt man mit denjenigen, die das beste Aufwand-Nutzen-Verhältnis besitzen. Den größten Nutzen haben also jene, die sich in der größten Anzahl an Zukunfts-Szenarien als positiv herausstellen und keine bzw. nur geringe Kosten verursachen oder sogar Einsparungen bringen. Ein Beispiel hierfür ist das Einführen von Arbeitszeitkonten zur Erhöhung der Mitarbeiterflexibilität oder klassische Lean-Verbesserungen wie die Reduktion von Wartezeiten (Abbildung 5.8).

Andere Stellhebel besitzen hingegen nur in einigen Zukunfts-Szenarien einen positiven Einfluss und in anderen Szenarien wirken sie sich sogar negativ aus. Die Implementierung solcher Stellhebel erfordern oft strategische Investitionen, beispielsweise die Bereitstellung von zusätzlicher Fertigungskapazität im eigenen Produktionsnetzwerk. Der Nutzen dieser Investition wirkt sich somit nur in Szenarien mit steigernder Nachfrage positiv aus.

"No-regret"-Maßnahmen	Agilitäts-Investment
• Positive Auswirkung in vielen Szenarien • Keine bzw. geringe Investition notwendig • „Quick wins" möglich	• Hoher Nutzen in einigen Szenarien • Aufwand-Nutzen-Abwägung • Strategische Investitionsentscheidung

Beispiele	• Lean-Verbesserungsmaßnahmen wie Wartezeitreduktion • Arbeitszeitkonten bei Mitarbeitern	• Erweiterung der Fertigungskapazität im Produktionsnetzwerk • Modularisierung der Produktpalette

Abbildung 5.8: Aufwand-Nutzen-Betrachtung der Agilitätsstellhebel[12]

Ein angemessener Agilitätslevel wird in vielen Fällen durch eine Kombination aus beidem geschaffen, einerseits aus Stellhebeln, die sich in allen Szenarien rentieren, andererseits Investitionen in ausgewählte strategische Initiativen. Um die optimale Kombination an Stellhebel-Bündeln zu finden, die unter Berücksichtigung der anfallenden Aufwände ein möglichst breites Szenariofeld abdecken, kann das in Abschnitt 4.3 vorgestellte Simulationsmodell einen wertvollen Beitrag leisten. Dabei werden verschiedene mögliche Stellhebelkombinationen für ein definiertes Set an Szenarien, unter der Randbedingung der Maximierung des Erwartungswerts für das Unternehmensergebnis, simuliert. Dadurch findet man ein Optimum zwischen notwendigen Aufwand und Zukunftsrobustheit bei definiertem Szenariofeld auf iterative Weise. Dies zeigt auch das Fallbeispiel 5.4.

> **Fallbeispiel 5.4: Vorteile gesteigerter Operations-Agilität**[13]
>
> Die Vorteile gesteigerter Operations-Agilität gehen weit über die Identifikation und Absicherung gegenüber Risiken hinaus. Wenn Unternehmen ihre Operations agiler machen und zu einer schnelleren Reaktion befähigen, können bisher nicht erreichbare Potentiale ausgeschöpft werden. Dies zeigen Erfahrungen eines globalen Automobilherstellers aus dem Jahr 2008, bei dem ein Team von Supply Chain-Managern die vorhandene Reaktionsfähigkeit des Produktionsnetzwerks hinsichtlich Nachfrageschwankungen untersuchte. Ziel war festzustellen, ob das Produktionsnetzwerk sowohl für negative als

auch positive Nachfrage-Szenarien ausreichend gut aufgestellt ist, je nachdem wie sich die Finanzkrise von 2008 weiterentwickeln würde.

Die Prognosemodelle des Unternehmens konnten die Nachfrage unter stabilen makroökonomischen Bedingungen gut vorhersagen, allerdings waren die Vorhersagen bei steigender Volatilität eher ungenau. Daher analysierte das Team die primären Ursachen der Nachfrageschwankungen in der Industrie. Es wurden mehr als 20 Volatilitätsquellen untersucht und die Analyse soweit detailliert, um die aus ihrer Sicht wichtigsten Unsicherheitsquellen zu identifizieren. Diese lauteten:

- Wachstum in zwei Schlüssel-Schwellenländern,
- unvorhersehbare Regulierungen in diesen Märkten,
- regionale Abwärtsszenarien in etablierten Märkten,
- Volatilität in Zusammenhang mit neuen Marktsegmenten, für die das Unternehmen nicht genug historische Daten für Planungsentscheidungen hatte.

In der Diskussion von Szenarien und deren unterschiedlichen Auswirkungen stellte man fest, dass das bisher angewendete Vorgehen linearer Extrapolation in Kombination mit Best- und Worst-Case-Betrachtungen zu eingeschränkt ist, um eine ausreichende Prognosegenauigkeit zu erreichen. Daher wurde der gesamte Szenario-Raum betrachtet und analysiert, wie sich die Kapazitätssituation im Produktionsnetzwerk in all diesen möglichen zukünftigen Varianten darstellt. Dem Team war von Beginn an klar, dass sie kein Produktionsnetzwerk schaffen können, um sämtliche Fahrzeuge zu bauen, die in allen Szenarien mit erhöhter Nachfrage erforderlich wären. Dies hätte Investitionen zur Folge gehabt, die in der Mehrzahl an Szenarien nicht wirtschaftlich argumentierbar gewesen wären.

Die Szenarien wurden mit Hilfe von Monte-Carlo-Simulation und anderen Techniken modelliert. Somit war es möglich, eine Wahrscheinlichkeitsverteilung der Nachfrage je nach geografischem Markt und Produkt zu generieren, die in der Summe circa 15 000 Szenarien umfasste. Zu dieser Glockenkurve an Szenarien wurde für jedes Szenario die mögliche Produktionskapazität abgebildet und analysiert, ob das Unternehmen die Nachfrage profitabel bedienen kann.

Bei der Analyse stellte sich heraus, dass die ursprünglichen Schätzungen der Planer weitestgehend in Einklang mit den als am wahrscheinlichsten eingestuften Ergebnissen des neuen Planungsansatzes standen.

Allerdings konnten sie auch feststellen, wie viel Aufwärtspotential in den vergangenen Jahren verloren gegangen war und wie viel potentiell in den folgenden Jahren verloren gehen wird, wenn einige der positiven Nachfrage-Szenarien eintreffen sollten (Abbildung 5.9). Das Team schätzte, dass das aggregierte zukünftige Aufwärtspotential einen signifikanten Anteil des jährlichen Profits des Unternehmens ausmacht. Sicherlich kann ein großer Teil dieses potentiellen Volumens unmöglich erreicht werden – und dies wird auch immer so sein –, da nur ein Nachfrage-Szenario sich am Ende als korrekt herausstellt und Produktionsressourcen beschränkt sind. Dennoch konnte das Team mithilfe der gewonnenen Informationen nach Wegen suchen, um mehr von den potentiellen Aufwärts-Szenarien abzudecken, falls sich die

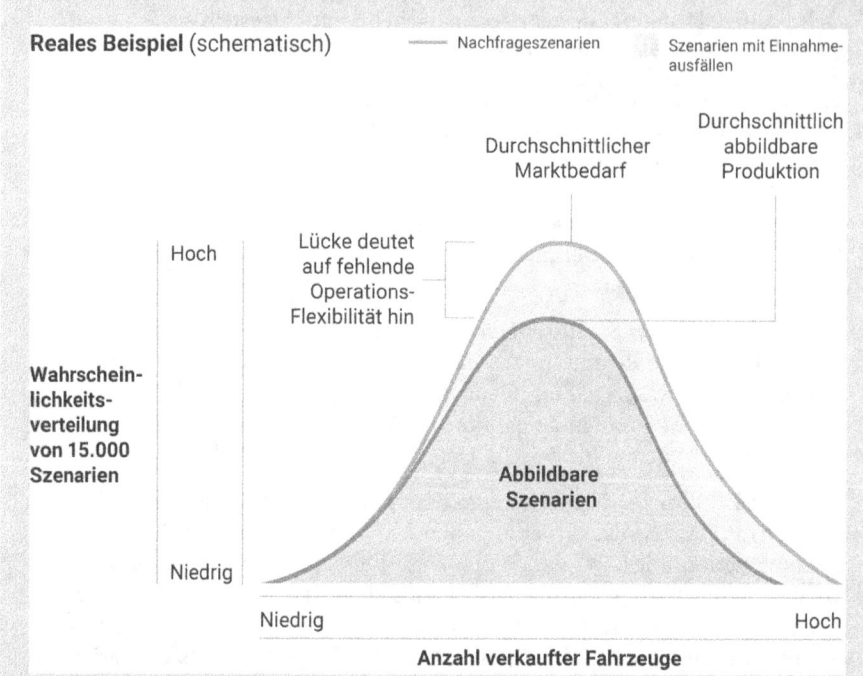

Abbildung 5.9: Nachfrage-Angebot Simulation eines globalen Automobilherstellers deckt Inflexibilität auf[14]

Nachfrage höher als erwartet herausstellt. Dazu wurden einige dieser Szenarien auf dem individuellen Fabrik-Level analysiert und so konnten schließlich Engpässe festgestellt werden. Einige dieser Engpässe wurden durch Optimierungen auf Linienebene beseitigt, während in anderen Fällen der gewünschte Erfolg durch Überarbeitungen an Werkzeugen erzielt werden konnte.

Bei der Aufwand-Nutzen-Bewertung sind für den jeweiligen Stellhebel sämtliche Aufwände über den Lebenszyklus zu erfassen. Dazu können Aufwände in Form von Kapitalinvestitionen, Ressourcen von Mitarbeitern für die Planung der Stellhebel sowie laufende Kosten, Änderungskosten und Desinvestitionskosten zählen. Prinzipiell lassen sich Investitionen in Agilität in drei Typen gliedern, die in der Praxis in verschiedenen Kombinationen auftreten:

- *Typ 1*: Mitarbeiter-Ressourcen: Die reine Planung von Agilitätsstellhebeln nimmt bei Planungsbeginn lediglich Mitarbeiterressourcen in Anspruch, macht jedoch zu diesem Zeitpunkt noch keine direkte Kapitalinvestition notwendig. Erst bei Überschreiten definierter Grenzwerte, die den Anstoß für die Einführung der Stellhebel bedeuten, werden konkrete Investitionen (Typ 2 bzw. Typ 3) notwendig. Als Beispiel sei die Implementierung einer dritten Schicht im Zuge eines bestehenden Schichtplans genannt, die vorbereitet werden kann. Auszahlungen werden erst erforderlich, wenn die Maßnahme eingesetzt wird.

- *Typ 2*: Options-Investment: Alternativ kann auch in optional verfügbare Stellhebel investiert werden, wobei hier ein Teilinvestment zur Sicherung dieser Option vorab getätigt wird. Bei notwendiger Aktivierung dieser Option kann das Unternehmen mit zusätzlichem Investment das volle Potential dieser Maßnahme ausschöpfen. Als Beispiel ist der Vorhalt von Erweiterungsflächen am Betriebsgrundstück genannt. Das Vorhalten von Flächen verursacht Mehrkosten zu Beginn, dafür besteht zu einem späteren Zeitpunkt die Option, eine Erweiterung überhaupt erst im geforderten Zeitrahmen durchführen zu können.
- *Typ 3*: Sofort-Investment: In diesem Fall werden sofort Kapitalinvestitionen bzw. Auszahlungen getätigt. Ein Beispiel stellen dabei Investitionen in Maschinen oder Fertigungsstätten dar, die unmittelbar notwendig werden.

Die Kombination der drei Varianten fällt von Fall zu Fall jeweils unterschiedlich aus, da sie vom Verhältnis der Eintrittsgeschwindigkeit der Veränderung zur Anpassungsgeschwindigkeit des Unternehmens in Abhängigkeit steht. Als Beispiel dient wiederum die Erweiterung der Fertigungskapazität im Netzwerk. Je nach erforderlicher Reaktionszeit kann vorerst nur die reine Planung erfolgen (Mitarbeiter-Ressourcen), die Fabrikhalle gebaut, aber noch nicht mit Maschinen ausgestattet werden (Options-Investment) oder die Fabrik inklusive Fertigungsanlagen sofort gebaut werden (Sofort-Investment).

Schlussendlich ist eine Wirtschaftlichkeitsberechnung der potenziellen Lösungskombinationen durchzuführen und nach der vorgestellten Aufwand-Nutzen-Logik zu implementieren. Dabei ist es wichtig, den Effekt der unterschiedlichen Kombinationen von verschiedenen Agilitätsstellhebeln auf das ganze Unternehmen zu betrachten, da Interdependenzen zwischen den Agilitätsstellhebeln auftreten. In der Nutzen-Dimension ist der Wert zukünftiger Handlungsoptionen inhärent zu berücksichtigen. Eine Entscheidungsunterstützung bei der Auswahl der adäquaten Stellhebel liefern die vorgestellten Simulationsmodelle in Kapitel 4.3. Hier werden definierte Unsicherheiten und Agilitäts-Setups simuliert und deren Einwirkung auf das Unternehmensergebnis sichtbar gemacht.

Schritt 5 – Agilität verankern

Um eine stabile Basis für Veränderungen zu schaffen, hat sich in der Praxis eine integrative Betrachtungsweise von drei Aspekten als erfolgreich erwiesen:[15]

- das technische System, also die Art und Weise, wie die Operations Werte für Kunden erzielen;
- die Management-Infrastruktur, also jene Prozesse und Organisationsstrukturen, die das technische System für maximale Effektivität bestmöglich unterstützen, und
- die Einstellung und das Verhalten aller Mitarbeiter.

Durch die Implementierung von operativen Maßnahmen allein, also Veränderungen im technischen System, kann Agilität nicht sichergestellt werden. Um Agilität im Unternehmen zu verankern und langfristig sicherstellen zu können, bedarf es neben der Implementierung von operativen Agilitätslösungen auch der Betrachtung der beiden anderen Aspekte. Dazu müssen eigens initiierte Veränderungsprojekte, die diese Entwicklung unterstützen, durchgeführt werden. Die Einstellung und das Verhalten aller Mitarbeiter im Unternehmen sind auf das technische System abzustimmen. Agilität kann einen Bruch mit bisherigen Praktiken und Gepflogenheiten bedeuten. Ein gemeinsames Verständnis für die Notwendigkeit dieser Maßnahmen vonseiten der gesamten Führungsmannschaft ist ein wesentlicher Faktor, um Agilität nachhaltig sicherzustellen.

Am Beginn eines Agilitätsprojekts steht die Aufgabe, Bewusstsein auf allen Ebenen für die Notwendigkeit zum Handeln zu schaffen und eine veränderungsaffine Kultur zu etablieren. Insbesondere innerhalb der Mitarbeiterschaft ist Akzeptanz für die notwendigen Veränderungsmaßnahmen zu schaffen, wobei die größte Herausforderung die Schaffung einer veränderungsaffinen Kultur darstellt (Kapitel 9).

Die Management-Infrastruktur ist so zu gestalten, dass die Operations mit maximaler Effektivität und Effizienz die am Markt geforderten Leistungen erbringen kann. Es sind Prozesse und Systeme zu schaffen – und durch eine entsprechende organisatorische Struktur zu unterstützen –, die das geforderte Maß an Agilität ermöglichen und notwendige Entscheidungen schnell und zuverlässig treffen lassen. Dieser Aspekt wird in Kapitel 9 intensiv beleuchtet. Agilitätssteigernde Maßnahmen sind über das gesamte Unternehmen hinweg zu koordinieren. Dabei muss eine zentrale Steuerung von Agilität eingesetzt werden, welche die dezentralen Verantwortungsbereiche bei der Umsetzung unterstützt und die Aktivitäten zentral für maximale Wirksamkeit koordiniert.

5.2 Strategiearbeit unter Unsicherheit

In einem durch steigende Unsicherheit geprägten Umfeld kommt der Strategiearbeit eine besonders bedeutende Rolle hinzu. Das Ziel erfolgreicher Strategiearbeit ist es, einem Unternehmen durch Turbulenzen hindurch zu nachhaltigem Erfolg zu verhelfen. Um Agilität der Operations zu erlangen, deren Implementierung in Abschnitt 5.1 sowie Stellhebel für die Agilität der Operations in Kapitel 8 detailliert beschrieben werden, ist es notwendig, diese Anpassungsfähigkeit der Operations strategisch im Unternehmen zu verankern. Dies allein verhilft aber noch nicht ausreichend zu einem nachhaltigen Unternehmenserfolg in einem unsicheren Umfeld. Strategische Agilität, worunter man die kontinuierliche Anpassung der strategischen Ausrichtung an Veränderungen versteht, ist ebenfalls gefordert. Welche Ursache diesem Ansatz zugrunde liegt und wie weit sich die Strategiearbeit dabei verändert, beschreibt Abschnitt 5.2.1. Wie Strategie unter Unsicherheit in Form konkreter Investments umgesetzt werden kann, wird nachfolgend in Abschnitt 5.2.2 erläutert.

5.2.1 Wie sich Strategiearbeit ändert

Klassische Strategiearbeit basiert auf der Prämisse eines relativ stabilen Umfelds, einer begrenzten Anzahl an Mitbewerben sowie einer pragmatischen Geschäftsbeziehung mit Kunden und Lieferanten. Ausgehend von einer Umfeldanalyse und der internen Betrachtung von Stärken und Schwächen versucht das Unternehmen, seinen Weg für die Zukunft zu formulieren. Es werden langfristige Ziele definiert, um eine entsprechende Marktpositionierung zu erreichen und langfristige Wettbewerbsvorteile zu erzielen. Dabei wird versucht, die Zukunft bestmöglich abzuschätzen und Unsicherheit so weit wie möglich zu eliminieren, was deterministische Zukunftsszenarien zum Ergebnis hat. Ist eine Strategie einmal formuliert, ist die Planungsphase meist für mehrere Jahre abgeschlossen und man beginnt mit der Strategieimplementierung.

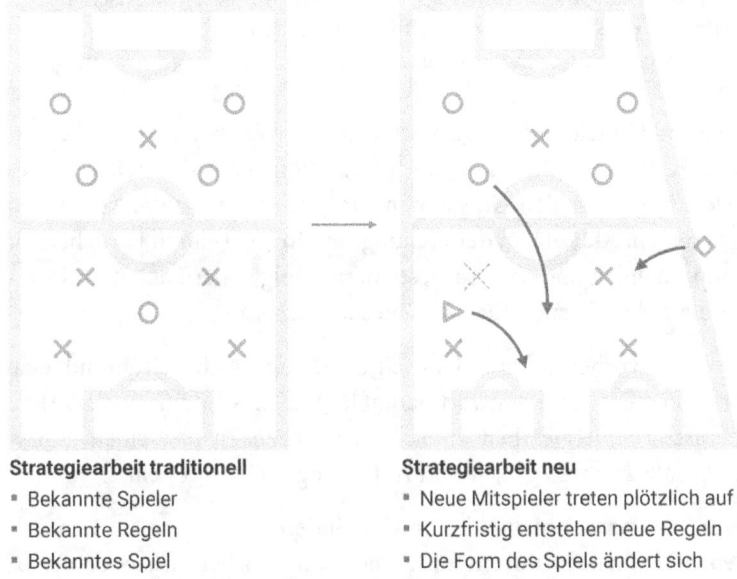

Strategiearbeit traditionell
- Bekannte Spieler
- Bekannte Regeln
- Bekanntes Spiel

Strategiearbeit neu
- Neue Mitspieler treten plötzlich auf
- Kurzfristig entstehen neue Regeln
- Die Form des Spiels ändert sich

Abbildung 5.10: Der Wandel der Strategiearbeit

Globale Vernetzung und rasante technologische Fortschritte, gepaart mit wirtschaftlicher Unsicherheit, schaffen jedoch ein Umfeld, in dem die Zukunft nicht so einfach vorherzusagen ist. Wenn jederzeit neue Wettbewerber aus dem Nichts entstehen und mit neuen Leistungsangeboten den Markt disruptieren können, ist der Einsatz des klassischen Strategieansatzes nicht zielführend. Eine hart erarbeitete Strategie kann sich innerhalb kurzer Zeit als überholt herausstellen, da sich das Umfeld schnell ändern kann.

Fallbeispiel 5.5: »Uber« als Beispiel für disruptierende Unternehmen

Ein aktuell prominentes Beispiel für disruptierende Unternehmen ist der Online-Fahrvermittlungsdienstleister Uber. Neben der Taxi-Branche, die sich in vielen Ländern durch regulatorische Hürden gegen den Eintritt des neuen Wettbewerbers wehrt, sind auch Logistikdienstleister von einem aus dem Nichts kommenden, neuen Wettbewerber betroffen, der die gesamte Branche massiv bedroht. Pilotprojekte wie Uber-Cargo in Hongkong wurden bereits erfolgreich realisiert.[16] Uber traut man das Potential zu, sich zu einem weltumspannenden Logistikkonzern weiterzuentwickeln.[17] Falls klassische Logistikdienstleister eine langfristige Strategie verfolgen, die vorwiegend auf den Trend zunehmenden Paketverkehrs durch steigenden Internetversand setzt, bei denen Wettbewerbsvorteile über Skaleneffekte und Effizienzmaßnahmen erzielt werden und solche Phänomene wie Uber unberücksichtigt bleiben, stellt das disruptierende Unternehmen für das Wachstum dieser klassischen Logistikdienstleister eine Bedrohung dar. Im schlimmsten Fall ist sogar die Existenz der klassischen Logistikdienstleister bedroht.

In einem derartigen Umfeld lassen sich strategische Wettbewerbsvorteile nur durch schnelles Erkennen und Erfassen von Informationen sowie durch schnelles Reagieren erzielen. Diesen beiden Umständen wird im agilen Unternehmenssystem Rechnung getragen. Aktivitäten der Planung sind in einer durch Unsicherheit geprägten Situation niemals abgeschlossen, sondern erfolgen permanent und werden zum kontinuierlichen Lernen für das Unternehmen.

Ist es in einer solch unvorhersehbaren Umwelt überhaupt noch zielführend, eine Strategie zu verfolgen? Die klare Antwort darauf lautet: Ja. Allerdings ist es erforderlich, die klassische Strategiearbeit an sich zu überdenken und einen anpassungsfähigeren Ansatz zu verfolgen, wie in Abbildung 5.11 dargestellt.

Der strategischen Manövrierfähigkeit kommt besondere Bedeutung zu. Um sich kurzfristig ergebende Chancen nutzen zu können, müssen beispielsweise personelle und finanzielle Ressourcen schnell und unkompliziert verlagert werden können. Auch müssen die vorgegebenen Ziele sowie die für die Zielerreichung notwendigen Umsetzungspläne kontinuierlich anpassbar sein. Um das zu ermöglichen, bedarf es einer schnellen Entscheidungsfindung als Grundvoraussetzung. Dazu ist ein Organisationsdesign zu erschaffen, welches das notwendige Maß an Flexibilität gepaart mit Stabilität erlaubt.[18] Außerdem sind entsprechende Entscheidungs- und Governance-Strukturen zu schaffen, die in Kapitel 7 ausführlicher beschrieben werden. Die Planungszyklen sowie die notwendige Anpassungsgeschwindigkeit sollen dabei abhängig von der vorherrschenden Turbulenz der Umwelt gestaltet und entsprechend angepasst werden.

Um die strategische Manövrierfähigkeit überhaupt zum Vorteil des Unternehmens einsetzen zu können, müssen Trends und Signale frühzeitig am Markt wahrgenommen werden. Im Zeitalter globaler Vernetztheit und Informations-

Strategiehandbuch für unsichere Zeiten
Anpassungsfähigkeit als Schlüssel zum Erfolg

Klassische Strategie	Agile Strategie
Prognose zukünftiger Entwicklungen primär auf Basis der Vergangenheit	Strategische Manövrierfähigkeit notwendig auf Grund fehlender Prognostizierbarkeit
Analytische Strategieentwicklung mit detaillierten Plänen	„Schnelles Scheitern – schnelles Lernen – schnelles Verbessern" im Fokus
Erreichung eines langfristigen Wettbewerbsvorteils als Ziel	Portfolio an strategischen Initiativen für langfristen Wettbewerbsvorteil
Umfeldentwicklungen in starrem Strategieprozess unberücksichtigt	Flexibler Strategieprozess an ungewisse Natur der Umgebung angepasst
Fokus oft mehr auf Strategieplanung als auf Strategieimplementierung	Effektive Strategieimplementierung von höchster Bedeutung

Abbildung 5.11: Strategiehandbuch für unsichere Zeiten

überfluss stehen diese Signale dem gesamten Wettbewerb auch zur Verfügung, sie müssen allerdings korrekt interpretiert werden. Somit muss das Unternehmen darauf schneller und besser als der Wettbewerb reagieren. Trends, mit der Fähigkeit, ganze Industrien zu verändern, werden analysiert und deren Implikationen auf das Geschäftsmodell bewertet sowie die Strategie entsprechend adaptiert. Es werden die Trends priorisiert und klare Ziele formuliert, Maßnahmen entsprechend abgeleitet und notwendige Ressourcen anhand der Priorisierung allokiert. Um die Implikationen solcher Trends besser abschätzen zu können, werden diese Trends von den Strategen des Unternehmens in branchen-übergreifenden Wissensnetzwerken ausgiebig diskutiert.

Bei der Betrachtung von Trends und deren Auswirkungen sollte sich das Unternehmen nicht nur auf die eigene Industrie beschränken. Eine innere Voreingenommenheit verhindert oft den Blick hinaus über die Unternehmensgrenzen und somit die Kollaboration außerhalb der traditionellen Industriegrenzen. Viele Unternehmen müssen ihre Grenzen überdenken und über neue Angebote in einem breiteren Ökosystem nachdenken.[19] Diese Denkweise entfernt sich von der Annahme, dass ausschließlich die Gegebenheiten der spezifischen Industrie den Rahmen für die Strategie darstellen. Vielmehr werden die Abgrenzungen zwischen Industrien verschoben oder sie lösen sich ganz auf, was neue Leistungsangebote möglich werden lässt. Ein Beispiel dafür ist der potentiellen Eintritt von Apple und Google in das Automobilsegment, beide versuchen, den Kundennutzen völlig neu zu definieren. Für klassische Automobil-OEMs treten völlig neue Wettbewerber in das Spiel ein, auf die sie entsprechend reagieren müssen.

In einem turbulenten Umfeld kommt dem Experimentieren eine essentielle Bedeutung zu. Um dabei erfolgreich zu sein, muss das Prinzip somit lauten: »Schnelles Scheitern – schnelles Lernen – schnelles Verbessern.«[20] Dieses Prinzip wird nicht nur immer öfter in der Produktentwicklung angewandt, sondern findet mittlerweile auch Einzug im Strategieprozess. Traditionelle Unternehmen stehen dabei vor der Herausforderung, ihren gewohnten Ansatz der präzisen Planung der zukünftigen Geschäftsentwicklung aufzuweichen und ein Start-up-orientiertes Vorgehen zu etablieren. Das Experimentieren, das Scheitern und – am wichtigsten – das daraus folgende Lernen und Verbessern werden hier in den Mittelpunkt gestellt. Strategien, die sich als nicht aussichtsreich erweisen, werden schnell verworfen; das Unternehmen kann schnell und unkonventionell den Fokus auf eine andere Initiative legen. Durch schnelles Scheitern versucht man, die Kosten für solche Experimente so gering wie möglich halten zu können. Zeichnet sich bei einer Initiative Erfolg ab, so kann ein agiles Unternehmen diese Initiative schnell skalieren und breiter ausrollen.

Möchte ein Unternehmen in einem derartigen Umfeld aktiv agieren, muss es die Fähigkeit besitzen, Trends gestalten zu können. Dies kann neben klassischen Innovationen im bestehenden Geschäftsmodell auf unterschiedliche Arten erfolgen, seien es neue Open-Source-Zusammenarbeitsmodelle, Partnerschaften oder Minderheitsbeteiligungen an Start-ups oder innovativen Nischen-Anbietern.[21] Durch eine Beteiligung an einem aufstrebenden Start-up gewinnt das etablierte Unternehmen einerseits an Erfahrung aus erster Hand, ohne gleich selbst ein neues Geschäftsmodell starten zu müssen. Ohne die Bürokratie und Komplexität eines großen Unternehmens lassen sich Innovationen schneller realisieren und Trends gestalten. Andererseits kann eine derartige Minderheitsbeteiligung als eine Möglichkeit betrachtet werden, um bei der Entwicklung von risikoreichen Potentialen, hin zu ertragsreichen Geschäftsmodellen, am sprichwörtlichen Ball zu bleiben. Zu einem späteren Zeitpunkt, wenn das Geschäftspotential genauer abzuschätzen ist, besitzt das etablierte Unternehmen nun zwei Optionen: Entwickelt sich das Start-up ausgezeichnet, ist man also mit an Bord, kann von dessen Entwicklung profitieren und Trends mitgestalten. Wird nichts daraus, sind die entsprechenden Lehren aus dem Scheitern zu ziehen und das Investment ist abzuschreiben. Durch die Verteilung von Investments auf mehrere Start-ups und Initiativen wird normalerweise das gesamthafte Ausfallrisiko minimiert. Das gewählte Vorgehen lässt sich mit dem Einsatz von Realoptionen in der Finanzwirtschaft vergleichen. Dabei gilt es, das Risiko der Gesamtinvestition zu minimieren. Ein Unternehmen kauft sich durch eine geringe Investition zum aktuellen Zeitpunkt das Recht, eine weitere, meist größere Investition, zu einem späteren Zeitpunkt zu tätigen. Zum Zeitpunkt der zweiten Investition kann das Erfolgspotential der Geschäftsidee bereits viel besser abgeschätzt werden.

Fallbeispiel 5.6: hub:raum

hub:raum ist eine Inkubator-Initiative der Deutschen Telekom, die den etablierten Konzern mit Start-ups aus dem Bereich digitale Medien, Mobile- und internetbasierten Geschäftsmodelle zusammenbringt. Die Telekom stellt den im Inkubator vertretenen Start-ups Ressourcen in Form von Finanzierung, Büros, Expertennetzwerken und Mentoring zur Verfügung. Dafür gehen 10 bis 15 Prozent der Unternehmensanteile an die Telekom. Die Telekom verfolgt dabei das Ziel, möglichst früh Innovationen, Wachstumsmärkte und Chancen zu erkennen und somit neue Geschäftsfelder zu erschließen.[22]

In einem Umfeld, in dem sich Wettbewerbsvorteile innerhalb kürzester Zeit als obsolet herausstellen können, zeigt es sich in vielen Situationen als nicht mehr möglich, lediglich auf eine langfristige Strategie zu bauen und diese stringent umzusetzen. Stattdessen sollte ein Portfolio strategischer Initiativen etabliert werden.[23] Dabei werden strategische Initiativen kontinuierlich gestartet und in einem Portfolio aktiv gemanagt. Erfolgreiche Strategien werden demnach nicht mehr am Papier entworfen und implementiert, um langfristig daran festzuhalten. Vielmehr probieren agile Unternehmen strategische Initiativen schnell in einem kleinen Rahmen aus und skalieren diese im Anschluss, sofern sie funktionieren.

Experimentieren alleine ist zu wenig. Vielmehr muss ein strukturierter Prozess vorliegen, um dieses Portfolio an strategischen Initiativen zu managen, bei dem eindeutige Spielregeln eingehalten werden, um das notwendige Maß an Effizienz sicherzustellen. Eine Möglichkeit, solch ein Portfolio zu managen, stellt ein stringent und konsequent gesteuerter Stage-Gate-Prozess dar.[24] Dieser verfolgt dabei das Ziel, erfolgversprechende Initiativen zu skalieren und jene, die sich lahm herausstellen, so schnell und günstig wie möglich einzustellen. Dazu werden die einzelnen Initiativen einer regelmäßigen Überprüfung unterzogen. Durch konsequentes Monitoring und klar definierte Entscheidungskriterien sollte transparent und möglichst frei von unternehmenspolitischer Motivation über Erfolg oder Misserfolg einzelner Initiativen entschieden werden. Stellen sich einzelne strategische Initiativen im Laufe der Zeit als nicht effektiv dar, sind diese wieder zu eliminieren. Ressourcen müssen dazu leicht von einer zur nächsten Initiative verschoben werden können, ein zentraler Punkt der strategischen Manövrierfähigkeit. Dabei erweist sich das zentrale Management der Ressourcenallokation in der Praxis als hilfreich. Auf diese Weise wird verhindert, dass zu starke Bereichsleiter »ihr Budget« verteidigen und eine Reallokation von Ressourcen blockieren.[25]

Ein flexibler Strategieprozess hat dem Umstand gestiegener Unsicherheit Rechnung zu tragen. So kann es sinnvoll sein, den Strategieprozess vom starren jährlichen Planungszyklus zu lösen und an die Geschwindigkeit der Umwelt anzupassen. Traditionell wird oft für eine gesamte Business Unit eine Strategie erarbeitet und für deren Umsetzung ein Budget zugewiesen. Im Falle eines Portfolios von Initiativen aber wird jeder Initiative ein dezidiertes Budget zugeordnet. Die strategische Planung ist von der Budgetplanung zu entkoppeln. Dadurch wird sichergestellt, dass wesentliche Grundsatzfragen diskutiert werden und man sich nicht in operativen Details verliert. Die Ressourcenallokation ist von jener des Vorjahres zu entkoppeln, es erfolgt beim Durchschreiten eines Gates im Stage-Gate-Prozess eine Neubeurteilung der Situation und die erforderlichen Budgets zur Erreichung des nächsten Gates werden freigegeben.

Um das Ziel einer dynamischen Allokation von finanziellen Ressourcen erreichen zu können, muss der sonst statische Budgetierungsprozess flexibilisiert werden. Traditionelle Ansätze in der Finanzplanung und Budgetierung können große Hürden beim Gestalten von strategischen Portfolios darstellen, da häufig versucht wird, die Zukunft so genau zu beschreiben, damit Entwicklungen mit dem Discounted-Cashflow-Verfahren (DCF) bewertet werden können. Dies ist aber in einem volatilen Umfeld nicht zielführend, da der Aufwand, der in die genaue Zukunftsbeschreibung gesteckt wird, erheblich ist und keinen Mehrwert bringt. Der Wert von Flexibilität und von Handlungsoptionen ist in den Budgetentscheidungen zu berücksichtigen.

Durch den Einsatz von Notfallplänen kann das Unternehmen schneller auf identifizierte Unsicherheiten reagieren. Dabei handelt es sich um einen definierten Prozess zum Umgang mit Unsicherheiten. Bei einer What-if-Szenariobetrachtung werden alternative Handlungsoptionen des Unternehmens bei Eintreten einer für das Unternehmen als relevant identifizierten Unsicherheit durchgespielt und mögliche Reaktionsalternativen getestet. Dabei analysiert und evaluiert man eine breite Anzahl an Reaktionsmöglichkeiten des Unternehmens gegenüber kritischen, plötzlich auftretenden Veränderungen und Risiken. Beim Eintreten der Veränderung kann die entsprechende Lösung sehr schnell aktiviert werden. Die langfristig beste Lösung – die Kombination zur aktuellen Problemlösung sowie der Blick auf künftige erhöhte Agilität – sollte konsequent umgesetzt werden.

Eine effektive Strategieimplementierung besitzt einen wesentlichen Einfluss auf den Unternehmenserfolg. Sie beinhaltet die konkrete Übersetzung von Strategien in spezifische Maßnahmen und Aktionen für die Realisierung der Strategien. Viele Unternehmen bringen viel Energie und Ressourcen für die Strategieentwicklung auf, aber häufig werden zu wenig Gedanken investiert, wie diese Strategie im Unternehmen implementiert werden kann. Dem Topmanagement obliegt dabei die Aufgabe, sämtliche Aussagen aus dem Strategiepapier zu verdeutlichen und allen Mitarbeiter im Unternehmen auf den verschiedenen Ebenen zu kommunizieren und verständlich zu machen. Jeder Mitarbeiter muss verstehen, wie er mit seiner persönlichen Arbeit einen Beitrag zur Erreichung der strategischen Ziele leistet. Kapitel 9 geht näher auf diese Aspekte ein.

Um langfristig sicherzustellen, dass die sich mitunter ändernden strategischen Ziele erreicht werden und aus den einzelnen Entwicklungen der Initiativen im strategischen Portfolio auch die richtigen Lehren gezogen werden, ist die Durchführung von sogenannten Lessons Learned ein wichtiger Bestandteil von Strategiearbeit unter Unsicherheit. Durch konsequente Beobachtung, Nachverfolgung und Evaluierung der bereits getroffenen strategischen Entscheidungen und deren Implementierungsschritte sowie des zugrundeliegenden Entscheidungsprozesses sollen Verbesserungspotentiale aufgedeckt und Lehren für zukünftige Entscheidungen getroffen werden.

Strategiearbeit ist seit jeher geprägt durch Unsicherheit, da der Weg in die Zukunft per se nicht eindeutig vorhersehbar sein kann. In Zeiten gesteigerter Unsicherheit und Volatilität ist gute Strategiearbeit wichtiger denn je. Mehr noch, sie ist die Basis für nachhaltigen Unternehmenserfolg. Die Strategiearbeit muss jedoch anders als bisher durchgeführt werden, wie die in diesem Kapitel aufgezeigten Ansätze zeigen. Gleichzeitig bleibt es noch immer zwingend erforderlich, im Bereich der Strategiearbeit schwierige Entscheidungen zu treffen. Nämlich jene, was zu tun ist, und vielleicht noch wichtiger: was nicht.[26] Ein Unternehmen muss definieren, in welchem Feld es konkurrieren will und was es dabei unternimmt, um erfolgreich zu sein. Dem Stage-Gate-Prozess zum Managen des Portfolios an strategischen Initiativen muss eine Organisationsstruktur zugrunde liegen, die eine schnelle Entscheidungsfindung zulässt und die entsprechende Ressourcenverschiebung im Unternehmen ermöglicht.

5.2.2 Vorgehensweise bei der Strategieumsetzung

Die Wettbewerbsvorteile eines Unternehmens entstehen durch das Verfolgen der richtigen strategischen Ziele und das Erzielen von Fortschritten auf dem Weg zur Erreichung dieser strategischen Ziele, während Mitbewerber aufgrund der Komplexität und Unsicherheit der Situation in Stillstand verharren. Den Schlüssel dazu stellt eine sofortige Reaktion dar, sobald Risiken und Verdienstmöglichkeiten bezüglich notwendiger Investments einigermaßen sinnvoll abschätzbar werden. Das in Abschnitt 5.2.1 vorgestellte Portfolio an strategischen Initiativen beschreibt einen Ansatz, der Initiativen in kleinem Rahmen mit limitiertem Risiko startet und bei Anzeichen von Erfolg eine schnelle Skalierung ermöglicht.[27]

Dazu ist es notwendig, das vorherrschende Maß an Unsicherheit zu identifizieren, dem das Unternehmen für die jeweilige strategische Entscheidung ausgesetzt ist. Kapitel 2 stellt vier mögliche Ausprägungen von Unsicherheit sowie die konkreten Werkzeuge zur Analyse dieser Situationen vor. Die vorherrschende Unsicherheit kann zwar nicht reduziert werden, allerdings schafft man durch eine bessere Kenntnis des Unsicherheitslevels und der Auswahl der richtigen Werkzeuge eine bessere Grundlage für strategische Entscheidungen. Das Unterschätzen der vorherrschenden Ausprägung der Unsicherheit kann zu Strategien führen, die weder der Abwehr von strategischen Gefahren dienen, noch die Möglichkeiten bieten, Chancen am Markt zu ergreifen. Das andere Extrem wäre das Überschätzen der vorherrschenden Ausprägung der Unsicherheit, bei der Entscheider davon ausgehen, die Welt sei komplett unvorhersehbar, alles passiere plötzlich und ohne Vorzeichen in irgendeiner Art. Dies kann entscheidungsfreudige Manager dazu veranlassen, die in einem solchen Fall notwendigen Entscheidungen aus einem reinen Bauchgefühl zu treffen und die notwendige analytische Sorgfalt zu vernachlässigen. Andererseits tendieren eher risikoaverse Entscheider dazu, eine solche Situation überproportional lange zu analysieren, wodurch sie die notwendige Entscheidung letztlich verzögern und somit in einer Entscheidungsparalyse verharren.²⁸

Ein Portfolio strategischer Initiativen kann von finanzieller Seite als eine Reihe kleinerer und größerer Investments betrachtet werden. Es lassen sich drei Typen von Investitionen identifizieren, die in Kombination in einem solchen Portfolio vorkommen: No-regret-Maßnahmen, Optionen und Große Wetten.

No-regret-Maßnahmen

Strategische Maßnahmen, die sich in allen Szenarien positiv auswirken

Optionen

Maßnahmen, die hohe Gewinne in den besten Szenarioausprägungen ermöglichen und gleichzeitig hohe Verluste in den ungünstigsten Szenarioausprägungen vermeiden

Große Wetten

Maßnahmen, die in einigen Szenarien große Gewinne ermöglichen, aber in anderen Szenarien große Verluste verursachen können

Abbildung 5.12: Portfolio strategischer Handlungen²⁹

No-regret-Maßnahmen:

Hierbei handelt es sich um strategische Maßnahmen, die sich in allen denkbaren Szenarien positiv auswirken. Als Beispiele seien hier exemplarisch eine Erhöhung der Effizienz oder der Aufbau von Marktwissen genannt. Es kann aber auch der Fall sein, dass trotz unsicheren Umfelds sich die Investition in zusätzliche Kapazitäten zum Eintritt in einen neuen Markt als eine positive Maßnahme darstellt und sie sich in allen Szenarien positiv auswirkt. No-regret-Maßnahmen stellen ein wesentliches Element der Strategieimplementierung dar.³⁰

Optionen:

Optionen verstehen sich ähnlich wie Finanzoptionen und dienen dem Unternehmen der Risikominimierung. Sie werden konstruiert, um hohe Gewinne in den besten Szenario-Ausprägungen zu ermöglichen, aber auch gleichzeitig hohe Verluste in den ungünstigsten Szenario-Ausprägungen zu vermeiden. Die meisten Optionen werden dabei so aufgebaut, dass Unternehmen in die Lage kommen, moderate Investitionen zu Beginn einer strategischen Initiative zu tätigen, und zu einem späteren Zeitpunkt diese Investition skalieren oder zurückzufahren können, abhängig davon, wie sich der Markt entwickelt. Als Beispiele dienen in diesem Fall Pilotprojekte zur Einführung neuer Produkte in einer Testregion, aber auch der Aufbau von Vertriebs-Joint-Ventures in neuen Märkten. Das Lizensieren einer neuen Technologie mit dem Potential zur Disruption der aktuell im Einsatz befindlichen Technologie stellt ebenfalls ein passendes Exempel dar.[31]

Große Wetten:

Sie stellen große Verbindlichkeiten dar, die in einigen Szenarien große Gewinne ermöglichen, in anderen aber auch enorme Verluste verursachen können. Exemplarisch für derartige große Wetten seien massive Kapitalinvestments oder Akquisitionen genannt.[32]

Durch eine angemessene Kombination dieser drei Typen in einem Portfolio strategischer Maßnahmen ist es einerseits möglich, die Skalierung von erfolgsversprechenden Maßnahmen schnell voranzutreiben und andererseits die Risiken zu minimieren, wenn einzelne Initiativen doch nicht den gewünschten Erfolg bringen. Auf Basis der Unternehmensvision werden (1) die strategischen Ziele definiert, (2) unter Berücksichtigung der unternehmerischen Risikoneigung entsprechende Maßnahmen abgeleitet und (3) eine Ressourcenallokation vorgenommen, um ein dem Ziel entsprechendes Portfolio strategischer Initiativen zu gestalten.

Anmerkungen

1 Vgl. Doz, Y. and Kosonen, M.: »Fast strategy: How strategic agility will help you stay ahead of the game«, Pearson/Longman, Harlow, England, New York, 2008.
2 Vgl. McKinsey & Company: »Industry 4.0 How to navigate digitization of the manufacturing sector«, *McKinsey Digital Report*, 2015.
3 Vgl. dazu u. a. Regalado, A.: »GE's $1 Billion Software Bet«, URL: https://www.technologyreview.com/s/527381/ges-1-billion-software-bet/, Abrufdatum: 20.12.2015. sowie ge.com: »Fuelling Global Airlines – GE's Industrial Internet makes aviation sector more efficient«, URL: http://www.ge.com/europe/downloads/MM_CaseStudies_Aviation_Alitalia.pdf, Abrufdatum: 04.09.2015.
4 Vgl. dazu u. a. Doll, N.: »Daimler setzt wieder auf Faktor Mensch«, URL: https://www.welt.de/wirtschaft/article132120348/Daimler-setzt-wieder-auf-den-Faktor-Mensch.html, Abrufdatum:11.12.2015. sowie derautomobilist.de: »Daimler – Neuheiten von der strategischen Alllianz«, URL. http://www.derautomobilist.de/?p=898, Abrufdatum: 11.12.2015. sowie Maltzan, J.: »Ist der Citan ein echter Mercedes?«, URL: http://www.autobild.de/artikel/mercedes-citan-renault-kangoo-test-3606690.html, Abrufdatum: 11.12.2015.
5 Vgl. dazu u. a. Taylor, M.: »Mercedes-Benz to outsource engineering«, URL: http://www.motoring.com.au/mercedes-benz-to-outsource-engineering-52799/, Abrufdatum: 09.12.2015. sowie Volf, F.: »Daimler lässt Mercedes GLC zusätzlich bei Valmet bauen«, URL: https://www.automobil-produktion.de/hersteller/wirtschaft/daimler-laesst-mercedes-glc-zusaetzlich-bei-valmet-bauen-105.html, Abrufdatum: 09.12.2015.
6 Vgl. dazu u. a. Ludwig, C.:«Labour flexibility and logistics outsourcing key to Daimler union deal«, URL: http://automotivelogistics.media/news/labour-flexibility-and-logistics-outsourcing-key-to-daimler-union-deal, Abrufdatum: 09.12.2015.
7 Vgl. dazu u. a. handelsblatt.com: »Daimler will flexiblere Mitarbeiter«, URL: http://www.handelsblatt.com/unternehmen/industrie/zeitkonten-modell-daimler-will-flexiblere-mitarbeiter/8757042.html, Abrufdatum: 09.12.2015.
8 Vgl. dazu u. a. mercedes-benz.com: »Flexibel in jeder Situation«, URL: https://www.mercedes-benz.com/de/mercedes-me/mobilitaet/, Abrufdatum: 21.10.2016. sowie daimler.com: »Mobility Services«, URL: https://www.daimler.com/produkte/services/mobility-services/, Abrufdatum: 21.10.2016. sowie Hecking, M.: »Wir wollen das Amazon der Mobilität werden«, URL: http://www.manager-magazin.de/unternehmen/autoindustrie/daimler-tochter-moovel-wir-wollen-das-amazon-der-mobilitaet-werden-a-993755.html, Abrufdatum: 21.10.2016.
9 Vgl. dazu u. a. daimler-financialservices.com: »moovel – Vernetzte Mobilität«, URL: http://www.daimler-financialservices.com/dfs/de/moovel, Abrufdatum: 21.10.2016
10 Vgl. Fabrituis, J.; Harre, J.: »Keeping manufacturing nimble in volatile times«; URL: https://operations-extranet.mckinsey.com/content/topic/Agile+Operations/view/20121101_wr_agile_manufacturing; Abrufdatum: 18.09.2015
11 Für Details zu Szenariotechnik siehe u. a. Schoemaker, P. (1995), »Scenario planning: A Tool for Strategic Thinking«, Sloan Management Review, Vol. 36 No. 2, pp. 25–40. sowie Gausemeier, J., Fink, A., Schlake, O.: ‚«Scenario Management: An Approach to Develop Future Potentials«, *Technological Forecasting and Social Change*, Vol. 59 No. 2, pp. 113–130, 1998.
12 Vgl. Dubeauclard, R., Kubik, K., Schrader, U.: »Agility: A response to the volatile world«, URL: https://operations-extranet.mckinsey.com/content/industry/Pharmaceuticals/view/20141216_agility_response_to_the_volatile_world_opp_comp, Abrufdatum: 11.08.2015.
13 Doheny, M. et al.: »Agile operations for volatile times«, *McKinsey Quarterly*, May issue, 2012. [freie Übersetzung aus dem Englischen]
14 Doheny, M. et al.: »Agile operations for volatile times«, McKinsey Quarterly, May issue, 2012. [freie Übersetzung aus dem Englischen]
15 Vgl. Drew, J., McCallum, B., Roggenhofer, S. (2004), Journey to lean: Making operatio-

nal change stick, Palgrave Macmillan, Houndmills, Basingstoke, Hampshire, New York.
16. Vgl. dazu u. a. uber.com: »UberCARGO: A Reliable Ride For Your Items«, URL: https://newsroom.uber.com/hong-kong/a-ride-for-your-goods-introducing-ubercargo/, Abrufdatum: 13.12.2015.
17. Vgl. dazu u. a. Russel, J.: »Uber's Latest Experiment Is Uber Cargo, A Logistics Service In Hong Kong«, URL: https://techcrunch.com/2015/01/08/uber-cargo/, Abrufdatum: 13.12.2015
18. Vgl. Heiligtag, S., Luczak, D., Windhagen, E.; »Agility lessons from utilities«, *McKinsey Quarterly*, December issue, 2015.
19. Vgl. Heiligtag, S., Luczak, D., Windhagen, E.; »Agility lessons from utilities«, *McKinsey Quarterly*, December issue, 2015.
20. Vgl. dazu u. a. McGrath, R. G.: »Transient Advantage«, Harvard Business Review, June, 2013. sowie Sull, D.: »The upside of turbulence: Seizing opportunity in an uncertain world«, HarperCollins, New York, 2009.
21. Vgl. Heiligtag, S., Luczak, D., Windhagen, E.; »Agility lessons from utilities«, *McKinsey Quarterly*, December issue, 2015.
22. Vgl. hubraum.com: »Profile«, URL: https://www.hubraum.com/profile, Abrufdatum: 11.12.2015
23. Vgl. Bryan, L.: »Just-in-time strategy for a turbulent world«, *McKinsey Quarterly*, June issue, 2002.
24. Vgl. Heiligtag, S., Luczak, D., Windhagen, E.; »Agility lessons from utilities«, *McKinsey Quarterly*, December issue, 2015.
25. Vgl. McGrath, R.G.: »Continuous reconfiguration in the transient advantage economy«, Strategy & Leadership, Vol. 41 (2013) No. 5, pp. 17–22.
26. Vgl. McGrath, R.G.: »Transient Advantage«, Harvard Business Review, June, 2013.
27. Vgl. Bryan, L.: »Just-in-time strategy for a turbulent world«, *McKinsey Quarterly*, June issue, 2002.
28. Vgl. Courtney, H.G., Kirkland, J., Viguerie, S.P.: »Strategy under uncertainty«, *McKinsey Quarterly*, June issue, 2000.
29. Vgl. Courtney, H.G., Kirkland, J., Viguerie, S.P.: »Strategy under uncertainty«, McKinsey Quarterly, June issue, 2000.
30. Vgl. Courtney, H.G., Kirkland, J., Viguerie, S.P.: »Strategy under uncertainty«, *McKinsey Quarterly*, June issue, 2000.
31. Vgl. Courtney, H.G., Kirkland, J., Viguerie, S.P.: »Strategy under uncertainty«, *McKinsey Quarterly*, June issue, 2000.
32. Vgl. Courtney, H.G., Kirkland, J., Viguerie, S.P.: »Strategy under uncertainty«, *McKinsey Quarterly*, June issue, 2000.

6 Informiert –
Monitoring als Schnittstelle zum unsicheren Geschäftsumfeld

Stefan Heldmann

Inhaltsverzeichnis

6.1	**Bedeutung des Monitorings für Agilität**	**162**
	6.1.1 Monitoring als zentraler Systembaustein	162
	6.1.2 Monitoringtypen	164
	6.1.3 Mechanik der Agilität und der Monitoring-Effekt	166
	6.1.4 Systemgedanke – Abhängigkeiten im agilen Unternehmenssystem	168
6.2	**Systemgestaltung und Monitoringansätze**	**169**
	6.2.1 Entwicklung von Monitoringsystemen	169
	6.2.2 Monitoringansätze	173
6.3	**Big Data als neuartiges Werkzeug für Monitoring**	**178**
	6.3.1 Neue Möglichkeiten im Zeitalter der Digitalisierung	178
	6.3.2 Big Data-basiertes Monitoring	182
	6.3.3 Big Data als universeller Ansatz	186
6.4	**Verankerung von Monitoring in der Organisation**	**193**

Leitfragen

- Was ist Monitoring und welche Bedeutung besitzt Monitoring für die Agilität des Unternehmens?
- Welche Abhängigkeiten mit anderen Bausteinen des agilen Unternehmenssystems sind zu berücksichtigen?
- Wie muss ein effektives und effizientes Monitoringsystem gestaltet sein?
- Was sind typische Monitoringfelder und wie kann Monitoring in diesen Feldern hinsichtlich Agilität bewertet werden?
- Warum eignet sich Big Data zum Monitoring und wie funktioniert dies?
- Was sind Voraussetzungen für den Einsatz von Big Data und wie können die dafür notwendigen Ressourcen und Fähigkeiten aufgebaut werden?
- Wie sollte Monitoring in der Unternehmensorganisation verankert werden?
- Welcher Grad an Zentralisierung und Koordination ist vorteilhaft?

6.1 Bedeutung des Monitorings für Agilität

Unter Unsicherheit zeichnen sich agile Unternehmen durch schnelle Reaktionen auf Veränderungen aus. Diese Anpassungsfähigkeit stützt sich zu großen Teilen auf die proaktive Vorbereitung von Agilitätsstellhebeln, indem beispielsweise notwendige Stellhebel identifiziert und deren Einsatz vorgehalten wird (»Vorbereitet sein«: siehe Kapitel 7). Ebenso wichtig ist eine schnelle Entscheidungsfindung und -ausführung (»Koordiniert sein«: siehe Kapitel 8), wenn eine Reaktion des Unternehmens notwendig ist. Damit diese beiden Teile des agilen Unternehmenssystems funktionieren, ist es unverzichtbar, Veränderungen im Geschäftsumfeld wahrzunehmen. Wenn Entwicklungen nicht beobachtet werden, dann ist unklar, was zu tun ist. Wenn Veränderungen nicht erkannt werden, dann ist unklar, wann ein Unternehmen reagieren muss. Ein Unternehmen muss über relevante Unsicherheiten im Geschäftsumfeld im Bilde sein (»Informiert sein«: siehe Kapitel 6). Je früher dann konkrete Veränderungen erkannt werden, desto besser kann ein proaktiv vorbereitetes Unternehmen agieren. Damit ein möglichst frühzeitiges Erkennen möglich ist, beschränkt sich Monitoring nicht nur auf ein passives Beobachten von Entwicklungen. Die Aufgabe des Monitoring umfasst vielmehr ein strukturiertes Erheben von relevanten Informationen und deren systematische Aufbereitung beziehungsweise Auswertung. Hierzu zählt auch das Bestreben, Frühwarnindikatoren zu identifizieren, die eine Veränderung bereits vor dem tatsächlichen Eintreten anzeigen.

6.1.1 Monitoring als zentraler Systembaustein

Das Monitoringsystem bildet die Schnittstelle des Unternehmens zu seinem Umfeld, das von steigender Unsicherheit geprägt ist. Hierdurch können relevante Veränderungen rechtzeitig erkannt werden. Abbildung 6.1 zeigt, wie durch Monitoring Veränderungen im Geschäftsumfeld wahrgenommen werden. Die Platzierung geeigneter Sensoren ist dabei notwendig, um Informationen zu relevanten Veränderungen aufzunehmen. Bei Sensoren handelt es sich um Informationsquellen verschiedener Art, die für die gezielte Beobachtung von zuvor definierten Unsicherheiten genutzt werden. Dabei sind die zu beobachtenden Veränderungen und einzusetzenden Sensoren industrie- und unternehmensspezifisch. Ein Sensor kann in verschiedenen Formen zum Einsatz kommen – von einem integrierten System numerischer Datenströme bis hin zu informellen Quellen qualitativer Beobachtungen. Zum Beispiel können Einzelhändler ihre täglichen Verkaufszahlen für das gesamte Sortiment kontinuierlich erheben und ihren Zulieferern zur Verfügung stellen. Für diese Unternehmen dient ein solches System als Sensor für die Nachfrage von Endkunden im Markt.

Ein Beispiel für informelle Sensoren sind Lobbyisten, die abseits ihrer Hauptaufgabe der Interessensvertretung wertvolle Informationen zu regulatorischen Veränderungen liefern können. Unternehmen können einen solchen Sensor beispielsweise über aktive Mitgliedschaften in Industrievereinigungen zusätzlich ausbauen, da sie damit aktiv in den Informationsaustausch mit anderen Verbänden und der Politik eingebunden sind.

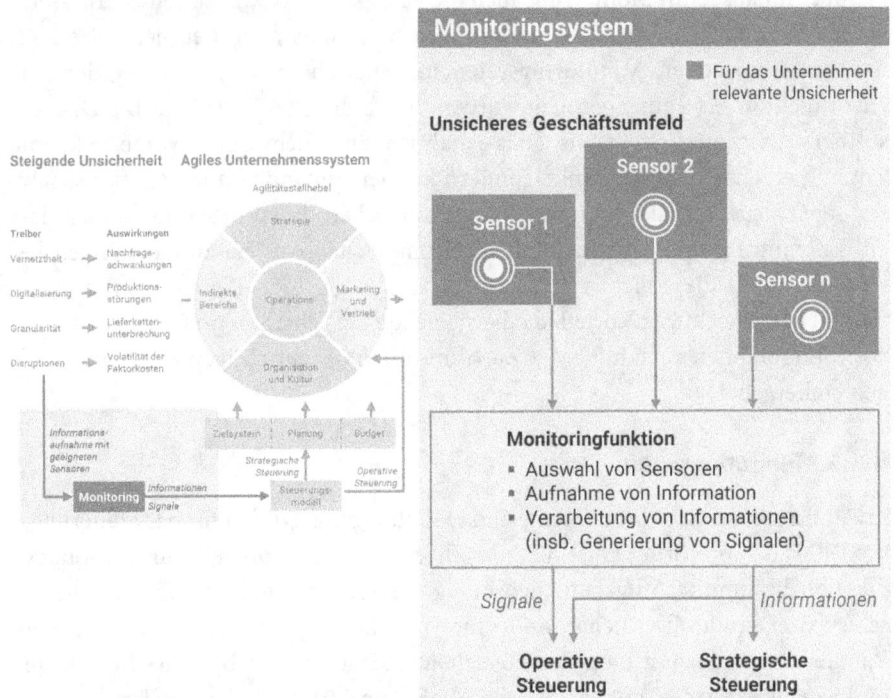

Abbildung 6.1: Grundkonzept des Monitoringsystems[1]

Im Wesentlichen unterstützt das Monitoring die Geschwindigkeitsdimension von Agilität. Je früher Sensoren Informationen über Veränderungen liefern, desto schneller kann das Unternehmen reagieren. Hierbei wird vorausgesetzt, dass die bereitgestellten Informationen auch entsprechend schnell verarbeitet werden – aus den Informationen müssen Rückschlüsse auf bevorstehende Veränderungen gezogen werden. Das Monitoring muss sich aber nicht auf die Aufnahme und das Bereitstellen von Informationen beschränken. Eine Verarbeitung der von Sensoren erhobenen Informationen in Signale ist ebenfalls Teil der Monitoringfunktion. Während die Informationen helfen, Veränderungen besser zu verstehen, werden durch Signale bereits konkrete Veränderungen angezeigt. Zum Beispiel liefert ein ERP-System als Sensor für Nachfrageschwankungen das monatliche Volumen von Angebotsanfragen als Information. Hieraus kann ein Signal für die Veränderung der Nachfrage abgeleitet werden, indem man die Abweichung des aktuellen Anfragevolumens von einem langfristigen Trend berechnet. Liegt dieser Wert deutlich oberhalb dieses Trends, könnte dieses Signal einen Anstieg in der Nachfrage anzeigen. Man spricht hierbei auch oft von Frühwarnindikatoren, da solche Signale einen Vorlaufcharakter besitzen. In dem aufgeführten Beispiel laufen die Angebotsanfragen dementsprechend der eigentlichen Nachfrage voraus.

Darüber hinaus kann Monitoring auch die Fähigkeit, proaktiv zu sein, verbessern, indem es ermöglicht, mehr Veränderungen wahrzunehmen. Beispielsweise können mit innovativen Monitoringsystemen neue Themen erkannt werden, die zuvor nicht in Erwägung gezogen wurden. In Abschnitt 6.3 wird mit Big Data ein solcher Ansatz vorgestellt. Big Data-Analysen sind nicht durch vorab bekannte Zusammenhänge eingeschränkt, sondern können anhand von Korrelationsanalysen sogar neue kausale Zusammenhänge aufdecken. Ein Vorteil hierbei ist, dass ein Erkenntnisgewinn nicht durch die Komplexität von Zusammenhängen beschränkt ist, da diese nicht vorab antizipiert oder gar modelliert werden müssen. Dies ist ein gewichtiger Vorteil, da die steigende Unsicherheit im Geschäftsumfeld von Unternehmen auch mit einer Zunahme an undurchsichtigen Zusammenhängen einhergeht.

6.1.2 Monitoringtypen

Erkenntnisse aus dem Monitoring sind Haupteingangsgrößen für das Steuerungsmodell. Das Monitoring muss hierzu nicht nur Informationen sammeln, sondern diese für bestimmte Aufgaben auch in Signale aufbereiten. Man kann somit zwischen zwei grundsätzlichen Monitoringtypen in Abhängigkeit vom Einsatz im Rahmen des Steuerungsmodells unterscheiden: Informationsbasiertes Monitoring und Signalbasiertes Monitoring (siehe Abbildung 6.2). Diese beiden Typen unterscheiden sich nicht nur durch unterschiedliche Eigenschaften, sie haben auch unterschiedliche Einsatzgebiete. Grundsätzlich gibt es Monitoring für strategische und operative Steuerung, die sich in ihren Anforderungen an das Monitoring voneinander differenzieren.[2]

Informationsbasiertes Monitoring wird vor allem für die strategische Steuerung eingesetzt. In der strategischen Steuerung ist die Rolle der Frühwarnung weniger stark ausgeprägt. Dahingegen spielt die Interpretation der gewonnenen Informationen durch das Management eine wichtige Rolle. Aufgrund der Vieldeutigkeit und Mehrdimensionalität in strategischen Problemstellungen kann strategisches Monitoring nicht allein auf technischen Datenanalysen aufbauen, die automatische Signale generieren. Es profitiert vielmehr von der gezielten Bereitstellung von umfassenden Informationen, die alle entscheidungsrelevanten Faktoren abdecken. Beispielhafte Aufgaben sind die Identifikation von innovativen Technologien oder die Beurteilung, welche alternative Technologie sich zu welchem Zeitpunkt durchsetzen wird.

Die Aufbereitung durch das Monitoringsystem kann sich für diesen Typ im einfachsten Fall auf eine strukturierte Zusammenfassung der Informationen beschränken. Beispielsweise kann das System Informationen zu neuen Produkttechnologien aus verschiedenen Quellen sammeln, wie beispielsweise aus Forschungsberichten, Konferenzbeiträgen, Unternehmenspräsentationen oder Pressemitteilungen. Diese Informationen werden dann verschiedenen Technologien chronologisch zugeordnet, um die zeitliche Entwicklung der Informationen abzubilden. Die Auswertung der Informationen, wie zum Beispiel die Einschätzung, wann eine Technologie marktreif wird, verbleibt jedoch letztlich beim Management oder weiteren Experten im Unternehmen.

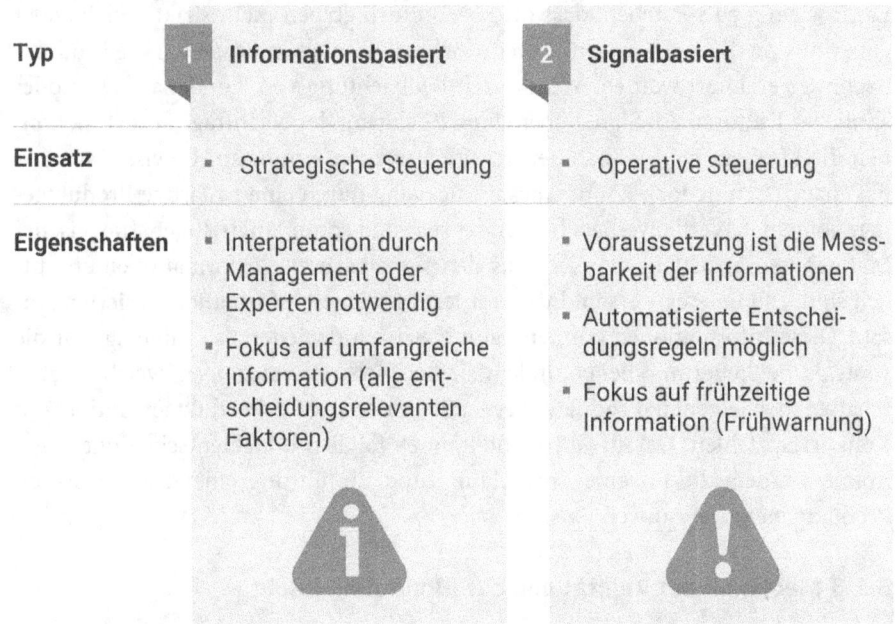

Typ	1 Informationsbasiert	2 Signalbasiert
Einsatz	• Strategische Steuerung	• Operative Steuerung
Eigenschaften	• Interpretation durch Management oder Experten notwendig • Fokus auf umfangreiche Information (alle entscheidungsrelevanten Faktoren)	• Voraussetzung ist die Messbarkeit der Informationen • Automatisierte Entscheidungsregeln möglich • Fokus auf frühzeitige Information (Frühwarnung)

Abbildung 6.2: Grundsätzliche Monitoringtypen

Signalbasiertes Monitoring findet vor allem bei der operativen Steuerung Anwendung. In der operativen Steuerung spielt die Frühwarnung eine wichtige Rolle. Ein einfacher Fall dieser Art ist ein frühzeitiges Signal von rapiden Veränderungen in der Nachfrage. Eine solche Entwicklung kann ursächlich durch verschiedene Treiber bedingt sein. Gesamtwirtschaftliche Entwicklungen wie eine Finanzkrise können genauso ursächlich sein wie ein Einbruch des Kundenvertrauens auf Unternehmensebene oder eine neue Regulierung für die gesamte Branche. Um seiner Funktion gerecht zu werden, muss das Monitoringsystem vorausschauende Signale an die Steuerung liefern.

Somit spielt eine Analyse der durch die Sensoren gewonnenen Informationen eine zentrale Rolle und grenzt das operative Monitoring deutlich vom strategischen Monitoring ab. Diese Analysefunktion setzt voraus, dass die betrachteten Informationen messbar sind, also beispielsweise in Form von numerischen Daten vorliegen. Am Beispiel der Produktnachfrage könnte eine solche Information die Häufigkeit von Angebotsanfragen sein, wie zuvor bereits erläutert wurde. Ist diese Voraussetzung erfüllt, können Signale generiert werden. Gelingt es, solche Signale eindeutig zu formulieren, können darauf aufbauend auch automatisierte Entscheidungsregeln eingeführt werden. Ein Signal ist dann direkter Auslöser von Maßnahmen, die zuvor als angemessene Reaktion des Unternehmens definiert wurden. Der Vorteil liegt in einer schnellen Reaktionsfähigkeit des Unternehmens, da hier eine Auswahl oder Entscheidung über Maßnahmen proaktiv vorgezogen wurde.

Es ist wichtig zu verstehen, dass beide Monitoringtypen nicht strikt voneinander getrennt sind. Dies soll anhand eines weiteren Beispiels in Bezug auf die Produktnachfrage erläutert werden. Wird durch Beobachtung von Kundenanfragen oder ähnlicher Faktoren ein Signal über einen Rückgang der Nachfrage ausgelöst, können direkt operative Maßnahmen ergriffen werden, um beispielsweise Kapazitäten anzupassen. Jedoch könnte dieser Rückgang durch eine neuartige Produktgeneration eines Wettbewerbers begründet sein und somit langfristiger strategischer Maßnahmen bedürfen, die nicht aus den signalbasierten Informationen ersichtlich sind. Ein tieferes Verständnis erfordert hier einen informationsbasierten Ansatz. Diese Informationen können dann gleichzeitig wieder als Grundlage für die strategische Steuerung dienen, indem sie beispielsweise aufzeigen, welche Eigenschaften den eigenen Produkten gegenüber der neuen Produktgeneration der Konkurrenz fehlen. Darauf aufbauend können folglich Budgetentscheidungen getroffen werden, die für eine Entwicklung und Einführung einer eigenen neuen Produktgeneration notwendig sind.

6.1.3 Mechanik der Agilität und der Monitoring-Effekt

Um ein besseres Verständnis für agiles Verhalten zu schaffen, betrachtet dieser Abschnitt die Fähigkeit eines Unternehmens, auf eine Veränderung, im konkreten Fall einen rapiden Anstieg in der Produktnachfrage, zu reagieren.[3] Dieses Beispiel betrachtet somit den Fall des Signalbasierten Monitorings für operative Steuerung und Abbildung 6.3 zeigt die entsprechenden Hauptcharakteristika agilen Verhaltens. Zunächst wird die Unternehmensreaktion durch die Frühwarnzeit (A) und die Reaktionszeit (B) beschrieben. Erstere beschreibt das Aufkommen eines Signals im Monitoringsystem, das dem eigentlichen Nachfrageschock vorausläuft. Solch ein Frühwarnindikator ist die erste Chance für das Unternehmen eine Reaktion zu initiieren. Die Reaktionszeit besteht aus der Zeit, die für die Auswahl und Entscheidung über die passenden Agilitätsstellhebel notwendig ist. Beispielsweise bedarf die Erhöhung der Nachfrage des Einsatzes einer zusätzlichen Schicht in der Produktionslinie um die Kapazität zu erhöhen.

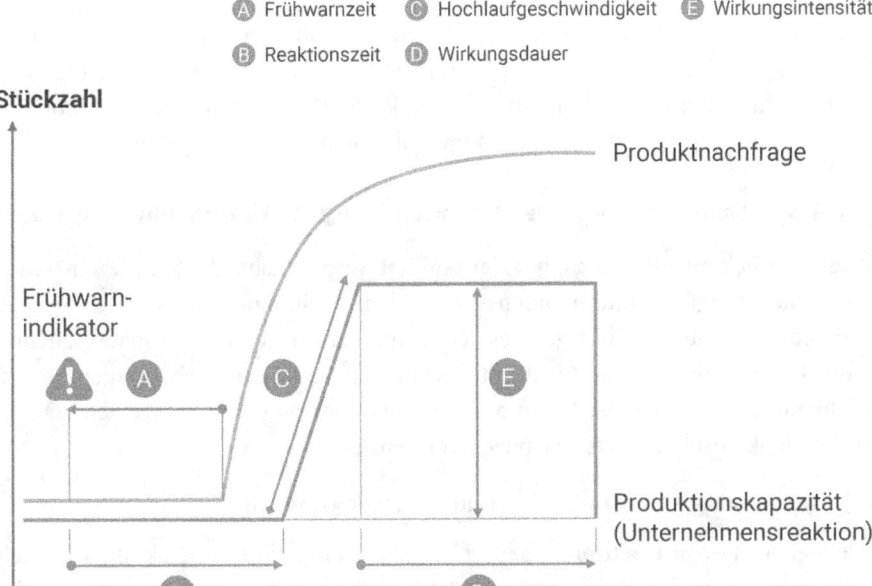

Abbildung 6.3: Mechanik der Agilität[4]

Die Hochlaufgeschwindigkeit (C) beschreibt die Entfaltung der Hebelwirkung. Zum Beispiel führt eine zusätzliche Produktionsschicht mit vorhandenen Mitarbeitern zu einem Sprung in der Produktionskapazität, während, wie beispielhaft in Abbildung 6.3 dargestellt, Rekrutierung und Training von zusätzlichen externen Arbeitskräften mehr Zeit für eine Erhöhung der Kapazität in Anspruch nehmen. Der Agilitätsstellhebel oder die Kombination mehrerer Stellhebel sind durch die Wirkungsdauer (D) und Wirkungsintensität (E) gekennzeichnet. Eine Zusatzschicht kann beispielsweise durch Betriebsvereinbarungen zeitlich limitiert sein. Des Weiteren ist die Kapazität durch Hinzunahme einer Schicht nicht einfach kontinuierlich skalierbar, sodass die Intensität auf einen gewissen Korridor beschränkt ist.

Der Durchlauf eines solchen Zyklus unterstreicht die unterschiedlichen Einflüsse der Bausteine des agilen Unternehmenssystems auf die einzelnen Charakteristika einer Unternehmensreaktion. Agilitätsstellhebel definieren die Hochlaufgeschwindigkeit (C), Wirkungsdauer (D) und Wirkungsintensität (E) der Reaktion. Diese limitieren den Aktionsspielraum eines Unternehmens. Das Steuerungsmodell mit seinen Regeln für Entscheidungsfindung und Stellhebelauswahl beeinflusst die Reaktionszeit (B), während das Monitoring die Frühwarnzeit (A) bestimmt. Agilitätsstellhebel haben primär Einfluss auf die Reaktionsfähigkeit eines Unternehmens und sind gleichzeitig industrie- oder unternehmensspezifisch. Monitoring kann hingegen als universelles Instrument angesehen werden, da ein Monitoringsystem für alle Industrien etabliert werden kann, wenn ein strukturierter Ansatz zur Gestaltung (siehe hierzu Abschnitt 6.2) verfolgt wird.

Des Weiteren bildet Monitoring die Schnittstelle zum unsicheren Geschäftsumfeld, also der eigentlichen Motivation für die Einführung eines agilen Unternehmenssystems. Somit wird deutlich, dass jedes Unternehmen diese Funktion braucht. Sie ist wichtiger Bestandteil im agilen Unternehmenssystem.

6.1.4 Systemgedanke – Abhängigkeiten im agilen Unternehmenssystem

Wie der Blick auf die Mechanik der Agilität verdeutlicht, dürfen die einzelnen Bausteine des agilen Unternehmenssystems keinesfalls isoliert betrachtet werden. Aus Sicht des Monitorings geht es nicht nur darum, mehr Informationen und schnellere Signale als Input für die Steuerung der Agilitätsstellhebel zu generieren. Vielmehr müssen die Bausteine auch aufeinander abgestimmt werden. Dieses Systemdenken soll an zwei Beispielen verdeutlicht werden.

(1) Abstimmung von Monitoring und Steuerungsmodell

Die Steuerung von Reaktionen bedarf der zuvor eingeführten Reaktionszeit. Beispielsweise können Entscheidungen über Änderungen des Schichteinsatzes in der Produktion von der Zustimmung durch Arbeitnehmervertreter abhängig oder per Betriebsvereinbarung unter die Voraussetzung eines Mindestvorlaufs der Ankündigung gestellt sein. Somit ergibt sich eine gewisse Anforderung an ein Signal aus dem operativen Monitoring. Ist die Frühwarnzeit beispielsweise nur sehr gering im Vergleich zur Reaktionszeit, besitzt das Signal nur einen geringen Wert und der Monitoringaufwand ist gegebenenfalls nicht gerechtfertigt. Nur eine sorgfältige Abstimmung der Steuerungsanforderungen und Monitoringfähigkeiten kann zu einem effektiven und effizienten System führen.

Eine Besonderheit im operativen Bereich sind die bereits erwähnten automatisierten Signale. Hier ist das Erkennen einer Veränderung direkt mit der Aktivierung einer adäquaten Reaktion verknüpft. In diesen Fällen ist der Systemgedanke besonders stark ausgeprägt. Aus der Steuerung müssen zusätzliche Anforderungen bezüglich der Einsatzrahmenbedingungen und der Verlässlichkeit des Signals definiert werden, die dann bei der Gestaltung des Monitoring berücksichtigt werden müssen. Wird beispielsweise ein automatisiertes Signal für eine Veränderung der Produktnachfrage angestrebt, kann es für das Unternehmen sinnvoll sein, automatisierte Kapazitätsanpassungen auf einen Veränderungskorridor von +/- xx Prozent der Nachfrage einzuschränken, da das Risiko negativer Auswirkungen durch eine falsche Reaktion bei größeren Veränderungen steigt. Ebenso kann das Steuerungsmodell beispielsweise erfordern, die Wahrscheinlichkeit eines Fehlsignals für automatisierte Regelungen besonders niedrig anzusetzen.

(2) **Abstimmung von Monitoring und Agilitätsstellhebeln**

Abhängigkeiten sind auch zwischen den beiden Bausteinen Monitoring und Agilitätsstellhebeln zu beachten. Zum Beispiel kann ein produzierendes Unternehmen durch Einsatz von Leiharbeitern in der Vorproduktion auf einen sprunghaften Anstieg der Nachfrage reagieren. Aufgrund der Anlernphase der Leiharbeiter und der Vertragsgestaltung mit dem Leiharbeitsanbieter muss dieser sprunghafte Anstieg rechtzeitig wahrgenommen werden, um entsprechend Zeit für diese notwendigen Schritte einzuräumen. Ist dies nicht der Fall, bleibt als Alternative unter Umständen nur der Fremdbezug von zusätzlichen Vorprodukten zu möglicherweise höheren Kosten. Es wird somit deutlich, dass sich ein agiles Unternehmen mit der Abwägung zwischen besseren Monitoringfähigkeiten und möglicherweise teuren, kurzfristig einsetzbaren Agilitätsstellhebeln auseinandersetzen muss. Hier kommt der Gedanke einer erhöhten Wirtschaftlichkeit durch Agilität deutlich zum Ausdruck. Sorgfältig definierte Schnittstellen zwischen den Systembausteinen tragen zur Erreichung dieses Ziels bei.

Mit dem zuvor vorgestellten Konzept der Mechanik der Agilität existiert ein einfaches Werkzeug, womit dieses Systemdenken in das Design eines agilen Unternehmenssystems übersetzt werden kann. Systembestandteile und einzelne Agilitätsstellhebel können auf diese Weise jeweils bezüglich ihrer Auswirkungen einfach beschrieben und miteinander verglichen werden. Weitergehende Details zu der effektiven Steuerung des agilen Unternehmenssystems werden in Kapitel 8 vorgestellt.

6.2 Systemgestaltung und Monitoringansätze

6.2.1 Entwicklung von Monitoringsystemen

Der Erfolg von Monitoring stützt sich neben einer konsequenten Anwendung insbesondere auf die zweckmäßige Gestaltung des Monitoringsystems. Wie zuvor dargestellt, spielt hier der Systemgedanke eine zentrale Rolle. Das Monitoringsystem kann nicht eigenständig entwickelt werden, sondern muss mit den anderen Bausteinen abgestimmt werden. Die Entwicklung des Monitoringsystems muss also in die Gestaltung des agilen Unternehmenssystems eingegliedert sein. Abbildung 6.4 zeigt systematisch den gesamten, in vier Hauptschritten gegliederten, Entwicklungsprozess für ein Monitoringsystem. Der Prozess ist grundsätzlich für das Informationsbasierte Monitoring und das Signalbasierte Monitoring identisch, wobei Letzteres auch den zusätzlichen Schritt der Signalgenerierung beinhaltet.

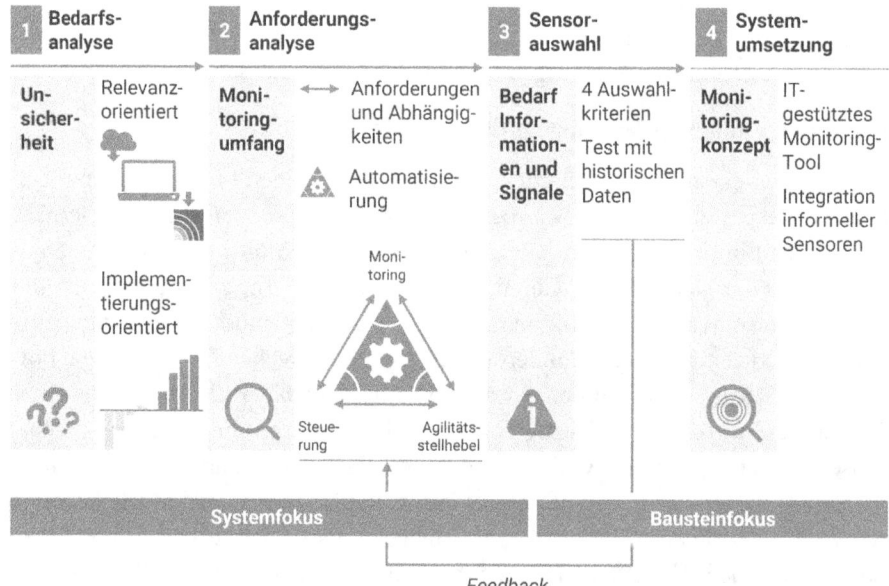

Abbildung 6.4: Entwicklungsprozess für ein Monitoringsystem

Grundlegende Voraussetzung für die Entwicklung eines effektiven und effizienten Monitorings ist die Identifikation des Monitoringumfangs. Es gilt zu bestimmen, welche Veränderungen für das Unternehmen Relevanz besitzen und beobachtet werden sollten. Hierzu wird erfasst, welche Unsicherheiten in welchem Ausmaß vorliegen. Darauf aufbauend entscheidet das Unternehmen, auf welche dieser Herausforderungen es sich aktiv vorbereiten möchte. Somit erfolgt die Identifikation des Monitoringumfangs aus zwei aufeinander aufbauenden Perspektiven. Zunächst wird anhand einer Beurteilung von Eintrittswahrscheinlichkeit, unternehmenseigenen Reaktionsvermögen und Ausmaß der Folgen die Relevanz unterschiedlicher Unsicherheiten bewertet und diese gegeneinander priorisiert (Abschnitt 2.3). Darauf aufbauend wird mithilfe von Szenarien das richtige Agilitätslevel für das Unternehmen definiert (Abschnitt 5.1.3). Diese durch die Implementierung der Agilität adressierten Unsicherheiten sind zwingend Bestandteil des Monitorings, da Informationen und Signale für die Steuerung benötigt werden. Jedoch kann der Monitoringumfang um weitere Unsicherheiten ergänzt werden, die in der Relevanzanalyse identifiziert wurden, um beispielsweise den Grad der Implementierung anhand von aktuellen Entwicklungen im Geschäftsumfeld stetig hinterfragen zu können.

Sobald der Monitoringumfang definiert ist, können die Anforderungen an das Monitoringsystem hinsichtlich der konkreten Monitoringfunktion ermittelt werden. Wie bereits in den Ausführungen zum Systemgedanken erläutert, gibt es hier nicht nur Anforderungen, die seitens des Steuerungsmodells und der Agilitätsstellhebel an die Monitoringfunktion gestellt werden, wie beispielsweise in Form von Mindest-Vorlaufzeiten einer Frühwarnung. Im Gegenzug muss auch die Befähigung der anderen Bausteine durch das Monitoring berücksichtigt werden. Ein Unternehmen kann durch frühzeitige Informationen oder Signale auch mit »langsameren« Agilitätsstellhebeln oder Steuerungsfunktionen operieren. Hierbei kann Monitoring nicht einfach bilateral mit dem Steuerungsmodell oder den Agilitätsstellhebeln betrachtet werden, vielmehr muss immer die gesamte Wirkungskette betrachtet werden. Dies gilt insbesondere für eine Automatisierung im agilen Unternehmenssystem. Wenn Signale direkt in Handlungen mit vordefinierten Agilitätsstellhebeln überführt werden, müssen alle Bausteine vorab im Detail abgestimmt sein. Aber auch im Fall eines informationsbasierten Monitorings, das eine zusätzliche Verarbeitung der bereitgestellten Informationen hinsichtlich einer Handlungsentscheidung benötigt, muss beispielsweise die Informationsbereitstellung an die verantwortlichen Entscheidungsträger im Steuerungsmodell berücksichtigt werden. Die ersten beiden Schritte des Entwicklungsprozesses – Identifikation des Monitoringumfangs und Erhebung der Anforderungen – unterliegen somit einem Fokus auf das gesamte agile Unternehmenssystem (Systemfokus). Die weiteren Schritte richten sich dahingegen auf die eigentliche Monitoringfunktion (Bausteinfokus) aus.

Als Ergebnis der Anforderungsanalyse steht der Bedarf an Informationen und Signalen, der durch eine passende Auswahl von Sensoren gedeckt werden muss. Sensoren können jede Art von Informationsquelle sein und sollten anhand vier zentraler Charakteristika bewertet werden:

1. Ein Sensor muss frühzeitig die notwendigen Informationen oder Signale liefern, um schnell handeln zu können.
2. Kombinationen verschiedener Sensoren sind hinsichtlich einer verbesserten Monitoringfunktion zu untersuchen. Beispielsweise kann ein Sensor für das Monitoring von Zulieferern die systematische Erhebung von Daten zu Termin-, Mengen- und Qualitätstreue sein. Die Informationen des Sensors können aber auch für das Monitoring der Nachfrage im Markt genutzt werden, um zusätzliche Signale aus vorgelagerten Wertschöpfungsstufen mit einfließen zu lassen.
3. Signale müssen robust sein, um das Risiko von falschen Reaktionen zu minimieren. Das heißt, Signale sollten möglichst keine »False Positives« (Signal zeigt Veränderung an, die nicht besteht) und »False Negatives« (Signal zeigt keine Veränderung an, obwohl sie besteht) auslösen. Welcher der beiden Fälle strikter zu vermeiden ist, muss im Einzelfall anhand der jeweiligen Auswirkungen solcher Fehlsignale geprüft werden.

4. Die Kosten für die Installation und den Betrieb eines Sensors sind zu betrachten. Kosten können hierbei in unterschiedlicher Form anfallen – beispielsweise als Lizenzgebühren für eine Datenbank oder in Form von Gehältern für Lobbyisten oder Vertreter in Industrievereinigungen. Generell sollten hierbei nur zusätzliche Kosten berücksichtigt werden, die durch eine konkrete Nutzung im Rahmen des Monitorings entstehen.

Es ist wichtig zu betonen, dass der Gesamtprozess einer Rückkopplung zwischen Bausteinfokus und Systemfokus bedarf. In der Anforderungsanalyse können Anforderungen und Leistungsfähigkeit der Monitoringfunktion nur grob bewertet werden. Daher muss das System feinjustiert werden, indem Erkenntnisse aus der Sensorauswahl in die Abstimmung zwischen den Systembausteinen einfließen. Solche Erkenntnisse beziehen sich insbesondere auf die Beobachtbarkeit der relevanten Veränderungen und die Leistungsfähigkeit der identifizierten Sensoren. Können bestimmte Veränderungen nur mit einer deutlich größeren als erwarteten Ungenauigkeit erkannt werden, dann ist eine angestrebte Automatisierung beispielsweise zu hinterfragen. Kann keiner der untersuchten Sensoren die angestrebte Vorlaufzeit für benötigte Signale erbringen, müssen die Anforderungen an das Steuerungsmodell oder die Agilitätsstellhebel gegebenenfalls angepasst werden. Diese Erkenntnisse können anhand einer Betrachtung historischer Daten generiert werden. Hierbei wird untersucht, ob und wie gut man vergangene Veränderungen mit den ausgewählten Sensoren erkannt hätte. Diese Ergebnisse werden mit den Anforderungen abgeglichen und Abweichungen aufgedeckt. Kommt es hierbei zu signifikanten Abweichungen, müssen die Anforderungen dementsprechend hinterfragt werden und, wie oben beschrieben, das Gesamtsystem angepasst werden.

Abschließend folgt die Umsetzung des erarbeiteten Konzepts in ein operatives Monitoringsystem. Wichtigster Bestandteil hierbei ist der Aufbau eines IT-gestützten Monitoring-Tools. Die genaue Ausgestaltung ist nicht nur vom Konzept, sondern auch von vorhandenen IT-Systemen abhängig. Nach Möglichkeit sollte das Monitoring-Tool stets in die bestehende IT integriert werden, wenn hierdurch Kosten eingespart werden können.

Eine weitere wichtige Herausforderung für die Systemgestaltung ist die Integration von informellen Sensoren. Als Beispiel eines informellen Sensors seien enge geschäftliche Beziehungen mit anderen Unternehmen genannt. So können Vertriebsmitarbeiter eines Zulieferers wertvolle Informationen aus der Interaktion mit den Einkäufern ihrer Kundenunternehmen erhalten. Diese Informationsquelle ist natürlich durch Vertraulichkeit eingeschränkt. Jedoch können hieraus über standardmäßig ausgetauschte Informationen – wie beispielsweise einer Abnahmeprognose – zusätzliche Erkenntnisse gewonnen werden. Wichtig dabei ist, die Erkenntnisse müssen nicht aus einem direkten Informationstausch stammen, sie können auch aus Beobachtungen des Verhaltens eines Kundenunternehmens durch den Vertrieb abgeleitet werden. Da informelle Quellen keine strukturierten Informationen liefern und auch oft nicht in digitaler Form vorliegen, müssen entsprechende Schnittstellen zur Überführung der Informationen in das System geschaffen werden.

Ein Beispiel aus der Praxis ist die Nachfrageprognose bei industriellen Unternehmen, bei der man oft historische Daten und Auftragsbestände als Informationen nutzt. Einige Unternehmen erweitern diese Informationsbasis mit Erkenntnissen aus dem technischen Vertrieb. Deren Mitarbeiter erhalten in Diskussionen mit Kundenunternehmen wertvolle Informationen zu deren Kapazitätsauslastung, die zusätzliche Informationen über den zukünftigen Bedarf beinhalten. Diese Daten können für die Nachfrageprognose nur effektiv genutzt werden, wenn die Informationen systematisch erhoben werden. Dies ermöglichen Unternehmen beispielsweise über eine Erfassung der Erkenntnisse durch die technischen Vertriebsmitarbeiter mittels einer einfach zu bedienenden Eingabeschnittstelle des IT-gestützten Monitoring-Tools.

6.2.2 Monitoringansätze

Typische Monitoringfelder

Das Monitoringsystem beschäftigt sich allgemein mit allen notwendigen Beobachtungen des unsicheren Geschäftsumfeldes. Geringere Bedeutung haben interne (Produktions-)Abläufe, bei denen Monitoring typischerweise für Performance Management eingesetzt wird. Diese Systeme bestehen in der Regel aus verschiedenen Teilsystemen, die wiederum einzelne Bereiche der Geschäftstätigkeit des Unternehmens abdecken.

In der Praxis zeigen sich fünf typische Monitoringfelder, die häufig im Monitoringumfang von Unternehmen vorkommen. Tabelle 6.1 gibt einen Überblick zu diesen typischen Feldern und vermittelt einen ersten Eindruck zum Fokus von Monitoring im Rahmen eines agilen Unternehmenssystems.

Während diese typischen Monitoringfelder grundsätzlich keinen Neuigkeitsgrad in Bezug auf eine agile Unternehmensausrichtung darstellen, können sie jedoch hinsichtlich ihrer Ausrichtung auf Agilität bewertet werden. Das bedeutet, die Monitoringfunktion für die einzelnen Felder kann in einem Unternehmen in mehr oder weniger starker Ausprägung zum Einsatz kommen, um auf diese Weise auf eine Erhöhung der Agilität abzuzielen.

In Abschnitt 5.1.3 wurde der Agilitätsindex als Instrument zur Bewertung des aktuellen Agilitätsniveaus vorgestellt. Im Folgenden wird beispielhaft gezeigt, wie anhand eines Kataloges von Bewertungsfragen eine solche Bewertung in Bezug auf Monitoring durchgeführt werden kann. Die grundsätzliche Idee hierbei lautet, unterschiedliche Stufen an Agilitätsniveaus zu definieren.

Monitoringfeld	Ziel	Inhalt
Inputfaktoren/Rohmaterial	Monitoring zielt hier häufig auf eine kontinuierliche Optimierung der Kosten (»Rekonfiguration«) ab	Stetige Betrachtung von Preisen und Verfügbarkeiten von Rohmaterialien und anderen Inputfaktoren
Zulieferer/Lieferanten	Hauptsächlich beschäftigt sich das Monitoring der Zulieferer mit der zuverlässigen Versorgung des eigenen Unternehmens mit Vorprodukten und Rohmaterialien	Beobachtung der Zulieferer in abgestufter Intensität: Für kritische Zulieferer werden umfassende Informationen bezüglich Performance (Kosten, Qualität, Liefertreue) und politischer, ökonomischer sowie ökologischer Entwicklungen an deren Standorten erfasst. Der Umfang an beobachteten Faktoren reduziert sich für unkritische Zulieferer
Technologie	Ziel dieses Feldes ist der optimale Einsatz bestehender oder die Entdeckung disruptiver Technologien	Zum Beispiel kann die Beobachtung der Entwicklungstendenzen (einschließlich des Reifegrads) neuartiger Produktionstechnologien im Fokus stehen
Markt	Hauptziel ist das Bereitstellen von Frühwarnindikatoren für Chancen und Risiken auf dem Markt, um diesen mit Anpassungen im eigenen Angebot zu begegnen	Umfassende Betrachtung der Treiber für Nachfrage und Preisgefüge im Markt, zum Beispiel Kundensentiment, Wirtschaftslage oder Regulierung
Wettbewerb	Mit dem Monitoring sollen Chancen für eine verbesserte Marktposition und Bedrohungen der aktuellen Marktposition erkannt werden	Beobachtung aktueller Entwicklungen von Produkten und Services, welche kompetitiv oder komplementär zum eigenen Angebot stehen. Hierzu gehört beispielsweise die Beobachtung des Zeitpunkts der Marktreife von neuen Produkten

Tabelle 6.1: Typische Monitoringfelder

Im folgenden Beispiel werden drei Stufen verwendet, die von »geringer Agilität« bis zu »hoher Agilität« reichen. Anhand von Bewertungsfragen werden verschiedene Aspekte der Monitoringfunktion beleuchtet und jede Teilfunktion in eine dieser Stufen eingeordnet. Im Beispiel werden dabei Aspekte wie die Frequenz des Monitorings oder die Art der verwendeten Sensoren betrachtet.

Die Bewertung setzt voraus, dass für jeden Aspekt vorab die unterschiedlichen Stufen definiert und voneinander abgegrenzt werden. Hierzu eignet sich eine Vorgehensweise, bei der die höchste Stufe als Idealzustand skizziert wird. Dieser Idealzustand kann beispielsweise als konsequente Anwendung von Best Practices verstanden werden und wird dann in den unteren Stufen sukzessive hinsichtlich der Leistungsfähigkeit der Monitoringfunktion aufgeweicht. Tabelle 6.2 stellt das Ergebnis eines solchen Vorgehens beispielhaft dar:

6.2 Systemgestaltung und Monitoringansätze

Bewertungsfragen	Hohe Agilität	Moderate Agilität	Geringe Agilität
Wie hoch ist die Monitoringfrequenz?	Echtzeit-Monitoring: sofortige Verarbeitung jeder relevanten neuen Information	Regelmäßiges Monitoring: Zyklus mit Veränderungsgeschwindigkeit der zu beobachtenden Größe(n) abgestimmt	Ad-hoc-Monitoring: fallweise Informationserhebung bei Bedarf
Welche Sensoren werden verwendet?	Interne und externe Sensoren mit direktem und indirektem Bezug zur beobachtenden Größe	Interne und externe Sensoren nur mit direktem Bezug zur beobachtenden Größe	Opportunistischer Ansatz: kein Einsatz monitoringspezifischer Sensoren (nur Verwendung bereits verfügbarer Informationen)
Wie werden Monitoringergebnisse berichtet?	Automatisiertes Reportingsystem mit Warnfunktion basierend auf einer Bewertung der Auswirkung auf den Geschäftserfolg	Standardreporting mit regelmäßigen Review-Meetings	Erkenntnisdistribution nur auf Ad-hoc-Basis (bei Bedarf; ohne vorab definierte Struktur)
Werden Frühwarnindikatoren genutzt?	Monitoringinformationen werden systematisch zur Generierung von Frühwarnindikatoren mit optimaler Vorlaufzeit genutzt	Kein systematisches Frühwarnsystem, aber aktive Beobachtung von Trendveränderungen	Keine laufenden Frühwarn- oder Trendanalysen
Wann werden Entwicklungen an das Topmanagement berichtet?	Entwicklungen werden bezüglich ihrer Auswirkung auf den Geschäftserfolg bewertet: klare Eskalationsregeln für Topmanagement-Involvierung	Manager der Monitoringfunktion entscheidet fallweise über die Topmanagement-Priorität	Kein systematischer Ansatz zur Priorisierung von Erkenntnissen aus dem Monitoring

Tabelle 6.2: Beispielhafter Bewertungskatalog für Monitoringfunktionen

Dieser Bewertungskatalog sollte nicht zwingend als absolute Skala verstanden werden. Er verschafft aber Transparenz über die verschiedenen möglichen Ausprägungen in den einzelnen Aspekten. Es geht somit nicht nur um die Identifikation von Abweichungen gegenüber der jeweils höchsten Stufe (»Hohe Agilität«) im Sinne eines Handlungsbedarfes. Diese Interpretation ist möglich, aber das Hauptaugenmerk sollte auf der Auswahl der jeweils sinnvollen Ausprägung für jede Teilfunktion liegen. Es kann durchaus für ein Unternehmen sinnvoll sein, für ein bestimmtes Monitoringfeld nicht die höchste Stufe in jedem Aspekt der Monitoringfunktion anzustreben. In diesem Sinne können auch verschiedene Felder mit ihrer jeweiligen Monitoringfunktion miteinander abgestimmt werden, um den Gesamtaufwand des Monitoringsystems zu kontrollieren. Sieht sich ein Unternehmen einem stark volatilen Absatzmarkt ausgesetzt und ist gleichzeitig bis zur Rohstoffgewinnung vertikal integriert, dann kann beispielsweise ein Echtzeit-Monitoring der Nachfrage im Markt sowie eine Ad-hoc-Beobachtung von Zulieferern der Investitionsgüter die richtige Gestaltung des Monitoringsystems sein.

Die Vorgehensweise zur Erstellung eines Agilitätsindex ist hier beispielhaft für das Monitoring dargestellt. Sie kann aber in gleicher Art und Weise auf andere Bausteine übertragen werden. Insbesondere gilt dies für Agilitätsstellhebel, die in Kapitel 7 ausführlich beschrieben werden.

Monitoring im weiteren Sinne

Bisher wurde Monitoring im engeren Sinn beschrieben. Es beinhaltet die Platzierung von Sensoren sowie Aufnahme von Informationen und die Verarbeitung in Signale. Der Blick in die Praxis zeigt auch, dass Unternehmen die Funktion des Monitorings häufig weiter fassen und durch zusätzliche Elemente ergänzen. Im Folgenden werden daher drei Beispiele aus der Industrie vorgestellt, die eine sinnvolle Erweiterung vor dem Hintergrund eines agilen Unternehmenssystems darstellen. Sie skizzieren die Breite des Handlungsspielraumes bei der Gestaltung eines Monitoringsystems.

Fallbeispiel 6.1: Aktivitäten des Monitoring im weiteren Sinne

Beispiel 1: Kommunikationsinfrastuktur für das Monitoring von Disruptionen in der Supply Chain

Ein Unternehmen der Elektronikindustrie nutzt die Kombination aus einer Früherkennung von Disruptionen in der Supply Chain und einem War Room zur effektiven Bewältigung solcher Situationen. Die Früherkennung ist darauf ausgerichtet, Naturkatastrophen wie Erdbeben, kritische Vorfälle wie politische Unruhen und andere externe Bedrohungen für die Supply Chain möglichst frühzeitig zu erkennen. Hierfür nutzt das System Informationen aus RSS Feeds, etwa Reuters, und ordnet diese Informationen Teilen der Supply Chain (Zulieferer, Logistikstrecken, eigene Standorte) zu. Das System läuft 24/7, also rund um die Uhr, und bewertet automatisch, ob ein Teil der Supply Chain von einem Ereignis betroffen sein kann. Ist dies der Fall, werden die betroffenen Abteilungen direkt informiert. Hierzu sind im System entsprechende Zuständigkeiten eingepflegt. Diese Abteilungen können im Falle eines kritischen Vorfalls den War Room nutzen, in dem alle relevanten Informationen gebündelt werden. Der War Room ist ein kommunikationstechnisch voll ausgestatteter Raum. Diese Infrastruktur ist sogar als Netzwerk von War Rooms an allen wichtigen Standorten des Unternehmens ausgebaut. Manche Unternehmen haben sogar schon ihre kritischen Zulieferer in dieses Kommunikationsnetz integriert. Die Bereitstellung von War Rooms hat zum Ziel, den Informationsfluss und Entscheidungen zu koordinieren, um eine schnelle Beseitigung der Störung in der Supply Chain herbeizuführen.

Beispiel 2: Topmanagement-Befragungen für die Identifikation von Veränderungen außerhalb des eigentlichen Monitoringsystems

Manche Unternehmen befragen ihre Führungskräfte regelmäßig, um Chancen und Risiken besser zu erkennen. Dabei muss jeder Manager eine Begründung formulieren, warum eine Situation besonders wichtig ist. Das Topmanagement,

General Motors (GM) baut daten-getriebene IT-Infrastruktur auf

Der Aufbau notwendiger Fähigkeiten bedarf beachtlicher Investitionen, wie bereits das Beispiel von GE zeigte. Werden diese Fähigkeiten der Informationstechnologie und Datenanalyse aber als erfolgskritisch angesehen, sollten sie intern im Unternehmen aufgebaut werden. Genau mit dieser Sichtweise stellte der Autobauer General Motors seine IT-Strategie auf den Kopf.

Nach der durch die globale Finanzkrise ausgelösten schwierigen Phase des Unternehmens und der Rückkehr in ein ruhigeres Fahrwasser, legte GM im Jahr 2012 den Fokus wieder auf einen nachhaltigen Geschäftserfolg. Im selben Jahr bestellte das Unternehmen Randy Mott als Chief Information Officer (CIO), der zuvor bei Dell, Hewlett-Packard und Wal-Mart beschäftigt war. Seine Agenda für das Unternehmen umfasste nichts Geringeres als die Transformation in ein daten-getriebenes Unternehmen und beinhaltete die Reduktion der IT-Outsourcing-Quote von 90 Prozent auf 10 Prozent, die Konsolidierung der Datenzentren von 23 auf 2 und die Einrichtung neuer Zentren für Softwareentwicklung als Ziele.[26] Im Zuge der Transformation wurde die Anzahl der Mitarbeiter im Bereich Software und IT von 1 500 auf 5 900 erhöht.[27]

> »Man hat einfach angenommen, dass ein Unternehmen von unserem Format, unserer Größe, unserer Komplexität, unserer globalen Reichweite, eine IT-Infrastruktur des 21. Jahrhunderts haben musste. Wir hatten sie nicht. Wir gehen dieses Problem in einem außerordentlichen Umfang an. Wir machen sehr gute Fortschritte, aber es wird drei oder mehr Jahre dauern, um das Minimum zu erreichen. Es hat 30 Jahre gebraucht, den Zug zu verpassen. Es kostet uns drei bis vier Jahre, um wieder aufzuholen.«
>
> Dan Akerson; ehemaliger CEO bei GM[28]

Das Aufgabenspektrum der Softwareentwicklungszentren reicht von verbesserten Fähigkeiten für Testsimulationen zur Beschleunigung der Fahrzeugentwicklung bis hin zur Entscheidungsunterstützung, um Investitionen zwischen Absatzländern gewinnmaximierend einzusetzen.[29] Somit definierte GM, ähnlich wie GE, die Aufgaben von IT-Infrastruktur und Softwareentwicklung funktionsübergreifend neu. Hierzu investierte das Unternehmen alleine für eines dieser Zentren 130 Millionen US-Dollar, um Hardware- und Softwarefunktionen an einem Standort zu bündeln. Dieses Zentrum unterstützt nicht nur die globale Produktentwicklung, sondern auch andere Bereiche wie Produktion, Marketing und Vertrieb. Darüber hinaus wurde eine Kommandozentrale eingerichtet, von der aus IT-Fachkräfte die Operations des Unternehmens beobachten und frühzeitig potenzielle Probleme aufdecken sollen.[30]

Aufgrund dieser massiven Anstrengungen ist auch GM im Big Data-Zeitalter angekommen. Bereits im Jahr 2014 führte der Autobauer in der neuen Infrastruktur 1,1 Petabyte an Daten aus Produktentwicklung, Einkauf, Logistik, Qualitätsmanagement, Produktion, Kundenbetreuung, Vertrieb, Marketing und Finanzwesen zentral zusammen. Hierdurch machte man die zuvor zersplitterte Datenwelt für detailliertere Analysen zugänglich. Ein kollektiver Blick auf die Daten ist nicht mehr durch eine Aufteilung in Marken und einzelne Fahrzeugmodelle versperrt.[31]

GM konnte bereits einige Erfolgsgeschichten verzeichnen. So konnten beispielsweise mithilfe der umfassenden Datenbank die verbauten Teile in einem Fahrzeug identifi-

> ziert werden, bei dem sich ein Kunde über blockierende Bremsen beschwert hatte. Durch Auswertung der Produktionsdaten des betreffenden Zulieferers gelang es GM, innerhalb eines Monats alle vom fehlerhaften Bauteil betroffenen Fahrzeuge in den USA zu identifizieren. Insgesamt mussten Teile bei vier Fahrzeugen ausgetauscht werden, wobei ohne die ausgeprägte Datenbasis und Analysemöglichkeiten eine Rückrufaktion mit Tausenden Fahrzeugen wahrscheinlich gewesen wäre.[32]

Die Beispiele unterstreichen, dass der Aufbau von Big Data-Fähigkeiten und Kapazitäten in einigen Unternehmen bereits weit fortgeschritten ist. Es wird auch deutlich, dass Big Data keine punktuell eingesetzte Technologie sein muss. Vielmehr lässt sich eine allgemeine Adaption der Unternehmen an das Zeitalter der Digitalisierung erkennen. Man könnte sagen, dass Unternehmen durch den Einsatz von Big Data auf die neuen Möglichkeiten in der digitalen Welt reagieren und gleichzeitig die Grundlagen schaffen, um dadurch auch besser mit der erhöhten Unsicherheit im Geschäftsumfeld umzugehen. Aufgrund ihrer Universalität sollten erworbene Big Data-Technologien und Analysefähigkeiten auch für das Monitoring genutzt werden. Big Data-basiertes Monitoring kann somit ein wichtiger Baustein für die Agilität sein, ist aber auf jeden Fall nur ein Teil einer digitalen Transformation hin zur Nutzung von Big Data.

6.3.2 Big Data-basiertes Monitoring

Beim Blick auf die Industrie zeigt sich ein einheitliches Bild, in dem Unternehmen nach einer besseren Beherrschung der Unsicherheit streben, um ihren wirtschaftlichen Erfolg zu steigern. Hierbei fordert man unter anderem ein verbessertes Verständnis der ursächlichen Marktdynamiken und eine Weiterentwicklung von Management-Informationssystemen im Sinne eines Monitoring. Im Folgenden wird gezeigt, wie ein Big Data-Ansatz hier helfen kann. Der Fokus liegt dabei auf der grundsätzlichen Idee für ein Big Data-Denken im Monitoring. Detaillierte Erläuterungen der zugrundeliegenden Technologien werden der einschlägigen Fachliteratur überlassen.

Um den Grundgedanken des Ansatzes zu verdeutlichen, wird ein konzeptioneller Vergleich zwischen Big Data und Small Data vorgenommen. Letzteres beschreibt die traditionelle Herangehensweise, welche in einem stabilen Umfeld mit geringer Unsicherheit vorherrschend ist. Für beide Ansätze werden jeweils zwei Sichtweisen beleuchtet (siehe Abbildung 6.6). Zum einen beschreibt die Datensicht, in welcher Form Informationen genutzt werden. Zum anderen verdeutlicht die Analysesicht den Umgang mit den Informationen in Form von Auswertung der Daten.[33]

Small Data zeichnet sich durch eine limitierte Anzahl an Datenquellen aus, die teilweise explizit für einen bestimmten Zweck erhoben werden. Oftmals stehen diese Daten auch nicht stetig zur Verfügung, sondern werden beispielsweise in Form von Reports zyklisch erhoben und ausgewertet. Die Datensicht von Big Data ist breiter sowie tiefer und sie lässt sich sehr anschaulich entlang des 4-V-Modells[34] erläutern, was in Bezug auf den Anwendungsfall eines Monitorings im Folgenden ausgeführt wird.

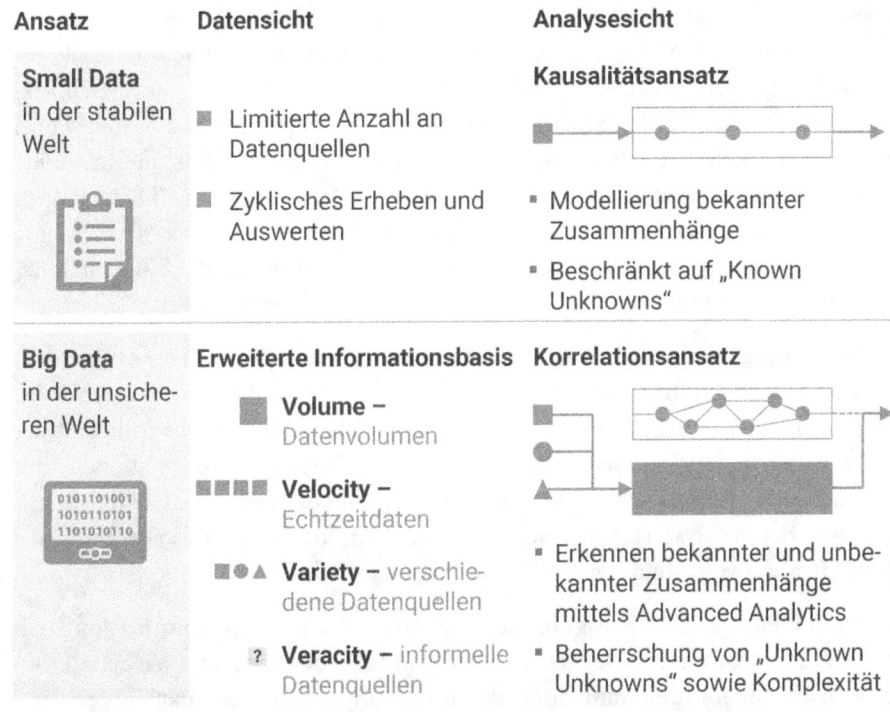

Abbildung 6.6 Konzeptioneller Unterschied zwischen Small Data und Big Data

Auf Basis dieses 4-V-Modells bedeutet Big Data zunächst einmal ein großes »Volume« an Daten, das es insbesondere ermöglicht, auch schwache Signale zu erkennen. Beispielsweise vervielfacht sich die Datenmenge, wenn ein Unternehmen die Auftragslage anhand einzelner Auftragseingänge beobachtet, anstatt in Form von aggregierten Kundengruppen oder Regionen. Jedoch können dadurch einzelne Kunden identifiziert werden, die in ihrem Nachfrageverhalten Vorlaufcharakter aufweisen und daher als Frühwarnindikatoren dienen. Big Data-Denken geht aber weit über diese Dimension hinaus und eröffnet zusätzliche Verbesserungspotentiale für ein effektives Monitoring.

»Velocity« bedeutet, dass Daten in Echtzeit zur Verfügung gestellt und analysiert werden. Entsprechend dem vorigen Beispiel der Auftragslage werden Auftragseingänge nun kontinuierlich ausgewertet. Dabei können Muster, wie sich verändernde Losgrößen von Aufträgen, im Vergleich zu einer beispielsweise quartalsweisen Auswertung früher erkannt werden.

»Variety« beschreibt die Möglichkeit, mit Big Data-Technologien vielfältige Informationen zusammenzuführen, die aus unterschiedlichen Quellen stammen und in unterschiedlichen Formaten vorliegen. Im Beispiel des Auftragsmonitoring kann hierunter die Ergänzung der Auftragsdaten mit textbasierten Informationen aus dem Web, wie Pressemitteilungen oder Blog-Einträgen, verstanden werden.

Diese Daten werden unternehmensextern erhoben und liegen als Text und nicht in numerischen Werten vor. In geeigneten Datenbankumgebungen können beide Informationsquellen gemeinsam bereitgestellt werden. Dabei erlauben fortgeschrittene Analysewerkzeuge die Extraktion wesentlicher Informationen aus Texten, wobei man hier oft von Text Mining spricht. Ein Anwendungsbeispiel ist die Erhebung von sogenannten Sentimentindikatoren, wobei aus den Textdaten Informationen bezüglich der Stimmungslage extrahiert werden. Mit dieser Art von Text Mining können Unternehmen beispielsweise Informationen bezüglich der Kundenzufriedenheit in das Monitoring der Auftragsentwicklung mit einbeziehen.

Dieses Beispiel verdeutlich auch die letzte Dimension des Big Data-Ansatzes: »Veracity«. Informelle Informationsquellen werden für das Monitoring erschlossen und insbesondere bei Webquellen gibt es das Problem der Glaubwürdigkeit der Informationen. Durch geschicktes Auswerten und Filtern der Informationen können beispielsweise gefälschte Informationen erkannt oder viel beachtete Informationen in der Analyse stark gewichtet werden, wie das beispielsweise durch die Identifikation von Meinungsführern im Web möglich ist.

Auf jeden Fall wird klar, dass ein Big Data-basierter Ansatz die Informationsbasis für das Monitoring erweitert (siehe Abbildung 6.7). Volume und Velocity erhöhen insbesondere die Granularität der Informationen, sodass man in der Tiefe nach zusätzlichen Informationen und Signalen suchen kann. Dahingegen erhöhen Variety und Veracity insbesondere die Breite der möglichen Suche, in dem zusätzliche Informationsquellen für ein Monitoring erschlossen werden.

In der Analysesicht unterscheiden sich Small Data und Big Data in der grundsätzlichen Herangehensweise. Traditionelle Ansätze folgen dem Kausalitätsprinzip und bauen somit auf Kenntnissen über bestehende Zusammenhänge auf. Diese erklären die Wirkungen verschiedener Variablen untereinander und erlauben eine einfache Interpretation von Informationen. Jedoch stellen sie auch eine hohe Anforderung dar, da diese Zusammenhänge bekannt sein müssen. Gleichzeitig liegt hierdurch auch eine Einschränkung vor, da nur »Known Unknowns« durch diesen Ansatz abgebildet werden können. Zudem gibt es Anzeichen dafür, dass auf Kausalitäten aufbauende Vorgehen, insbesondere bei komplexen Problemstellungen, nicht gut funktionieren. Die Motivation, sich mit Big Data als neuartigem Ansatz zu beschäftigen, wird von der von Unsicherheit geprägten Welt unterstrichen, da sie gleichzeitig mit einem Anstieg an Komplexität einhergeht (siehe hierzu Abschnitt 2.1.1).

Big Data erweitert die Analysesicht um das Korrelationsprinzip. Wie bereits erwähnt, ermöglicht man hierdurch das Erkennen unbekannter Treiber von Veränderungen (»Unknown Unknowns«) oder man kann nicht direkt beobachtbare Entwicklungen anhand von korrelierenden Proxy-Variablen verfolgen. Dabei steht heute durch die laufende Fortentwicklung von Verfahren der Datenanalyse (Advanced Analytics) eine Vielzahl an Methoden zur Verfügung, um mit statisti-

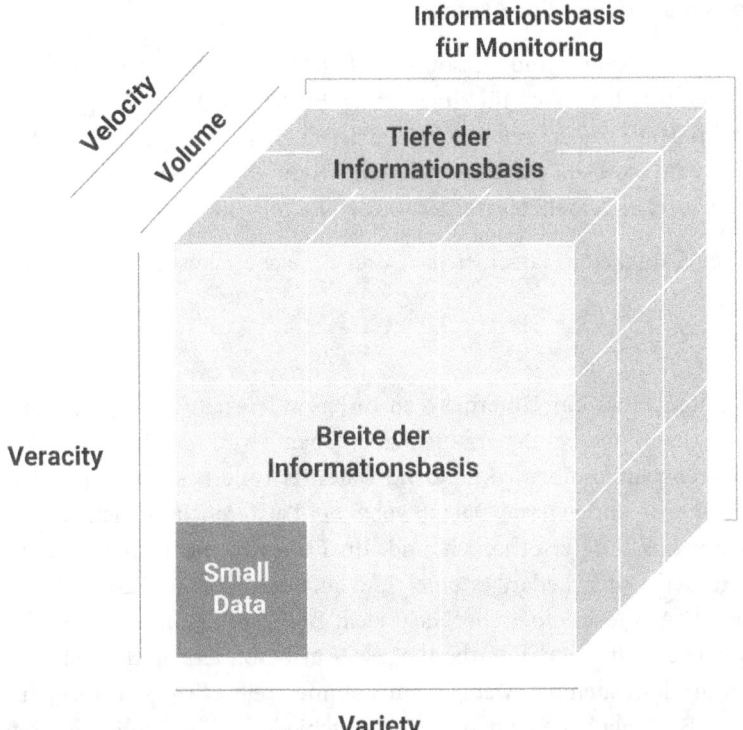

Abbildung 6.7: Informationsbasis bei Big Data-basiertem Monitoring

schen Verfahren oder Verfahren des Maschinellen Lernens wesentliche Zusammenhänge zu identifizieren. Der Einsatz dieser Verfahren unterliegt der Einschränkung, dass eine gewisse Interpretierbarkeit der Ergebnisse erhalten bleiben muss. Ein reiner Black-Box-Ansatz[35] würde zu Misstrauen gegenüber den Ergebnissen führen und kann zur Folge haben, dass auch funktionierende Monitoringsysteme schlussendlich nicht angewandt werden.[36]

Es ist wichtig zu erwähnen, dass hier keine vollständige Ablösung von Kausalitäten propagiert werden soll. Vorhandenes Wissen über bestehende Zusammenhänge muss zumindest genutzt werden, um die Analyseergebnisse zu überprüfen. Eine wichtige Aufgabe hierbei ist der Ausschluss von Scheinkorrelationen – also Zusammenhänge zwischen zwei Größen, denen keinerlei Kausalzusammenhang zu Grunde liegt –, die bei einer blinden Anwendung einer Black-Box-Analyse auftreten können. Vielmehr geht es um eine Ergänzung, die Unternehmen unabhängiger von eigenem Wissen über Zusammenhänge in den Dynamiken ihres Geschäftsumfeldes und somit der herrschenden Unsicherheit macht.

Des Weiteren sollte der Big Data-Ansatz zum Experimentieren ermutigen. Die Verfügbarkeit einer Vielzahl an neuen Daten und die Möglichkeit, diese Daten relativ schnell und umfangreich auszuwerten eröffnet vielfältige Chancen auf neue Erkenntnisse, die es zu erforschen gilt.

6.3.3 Big Data als universeller Ansatz

Der Aufbau von Fähigkeiten und Ressourcen (Big Data-Kompetenzen) ist aufwendig und in den meisten Fällen für einen reinen Einsatz im Monitoring deswegen nicht gerechtfertigt. Jedoch gibt es im Zuge der Digitalisierung vielfältige Anwendungsfelder von Big Data im Unternehmen, wodurch die Entwicklung von Big Data als universeller Ansatz betrachtet werden kann.

Die notwendigen Fähigkeiten lassen sich in drei Bereiche (siehe Abbildung 6.8) einteilen:

Daten

In Bezug auf Daten muss ein Unternehmen insbesondere fähig sein, relevante Daten zu identifizieren und bei Bedarf auch zu erheben. Grundsätzlich ist hierbei zunächst eine Transparenz über vorhandene Daten erforderlich. Dies gilt gleichermaßen für interne und externe Daten, wobei bei Letzteren zusätzlich Kenntnisse zur Datenbeschaffung erforderlich sind. Im Falle von nicht öffentlich zugänglichen, externen Daten bedarf es einer Einkaufsfunktion für diese Art von Wirtschaftsgütern. Aus technologischer Sicht stellt Big Data besondere Anforderungen an die Speicherung und Verarbeitung, was insbesondere an der teilweise fehlenden Struktur der Daten und weniger am Volumen selbst liegt. Plattform-Infrastrukturen für Big Data haben zur Aufgabe, verschiedene Daten zu integrieren und unterschiedlichen Anwendungen zugänglich zu machen. Eine wichtige Herausforderung hierbei liegt in der Integration mit Alt-Systemen und der passenden Kombination mit neuartigen Systemen wie Cloud-basierten Lösungen[37].

Analysen

Echter Mehrwert entsteht erst durch die Auswertung der gespeicherten und aufbereiteten Daten. Somit sind Kompetenzen auf dem Gebiet von Advanced Analytics notwendig. Advanced Analytics kann als interdisziplinäres Feld der Datenanalyse gesehen werden, da es sich aus unterschiedlichen Bereichen entwickelt hat. Hierzu zählen insbesondere die Informatik und Statistik. Die Bandbreite von möglichen Analyseverfahren und -modellen ist dabei aus nachvollziehbaren Gründen immens. So können beispielsweise Umsatzprognosen anhand von statistischen Regressionsmodellen oder mit Hilfe von künstlichen neuronalen Netzwerken erstellt werden. Ebenso befassen sich die Verfahren mit der Auswertung von unstrukturierten Daten, wobei die Erstellung von Sentiment-Analysen auf Basis von Textinformationen bereits als prominentes Beispiel genannt wurde.

Darüber hinaus zählt auch die Visualisierung als ein wichtiges Verfahren für die Analyse von Big Data, da hier der Mensch mit seiner ausgeprägten Fähigkeit Muster zu erkennen in die Analyse integriert werden kann.[38] Bedeutsam vor dem Hintergrund des hohen Datenvolumens und der vielfältigen Datenformate ist auch die schnelle Verarbeitung der Daten im Zuge der Analyse. Unternehmen müssen bei Bedarf die passenden Technologien wie beispielsweise Hadoop[39] oder In-Memory-Processing[40] zur Verfügung stellen.

Mitarbeiter

Die Fähigkeiten in Bezug auf Daten und Analysen müssen auf die Bedürfnisse des Unternehmens ausgerichtet sein. Für die Koordination der gesamten Wirkungskette von Big Data sind somit Mitarbeiter mit den passenden Fähigkeiten notwendig. Fachkräfte, welche die Schnittstellen zwischen IT-Infrastruktur, Programmierung, Statistik, Maschinellem Lernen und Anwendungen im Unternehmen besetzen, werden unter dem Begriff Data Scientists zusammengefasst. Hinzu kommt der Bedarf an Experten in den vom Data Scientist koordinierten Fachgebieten, um die gesamte Wirkungskette von Big Data abzubilden. Aus dieser Gruppe sind die Fachkräfte mit umfassenden Fähigkeiten auf dem Gebiet der Advanced Analytics hervorzuheben. Die Bereitstellung dieser Kompetenzen sollte nicht unterschätzt werden, da entsprechend ausgebildete Data Scientists und Advanced Analytics-Personal nicht ausreichend verfügbar sind. In einer Studie aus dem Jahr 2011 wurde alleine für die USA ein potenzieller Mangel von mehr als 1,5 Millionen entsprechend qualifizierten Mitarbeitern bis zum Jahr 2018 vorhergesagt.[41]

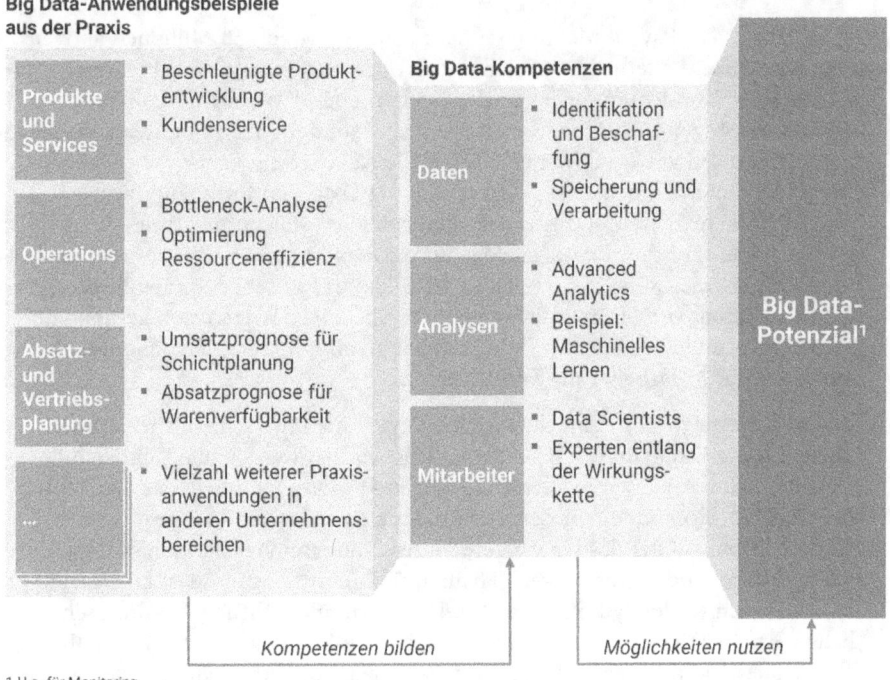

1 U.a. für Monitoring

Abbildung 6.8: Allgemeiner Einsatz von Big Data in Unternehmen

Folgende Beispiele geben einen Überblick über die große Bandbreite für Einsatzmöglichkeiten von Big Data in verschiedenen Unternehmensbereichen (vergleiche Abbildung 6.8).

> **Fallbeispiel 6.3: Big Data als universeller Ansatz**
>
> Produkte & Services
>
> *BMW: Beschleunigte Produktentwicklung*
>
> Aufgrund der hohen Kosten von Änderungen in der Serienproduktion streben es Automobilhersteller an, potentielle Schwachstellen bereits in der Entwicklungsphase zu vermeiden. Hierzu stehen den Unternehmen eine Vielzahl an Informationen zur Verfügung: Produkt- und Entwicklungsdaten, Diagnosedaten, Reparaturdaten und Gewährleistungsdaten. Der Einsatz von Predictive Analytics erlaubt es BMW beispielsweise, aus der Kombination von Daten aus Testfahrten und Werkstattberichten Problembereiche schnell zu identifizieren und frühzeitig in Neuentwicklungen zu beseitigen. Ohne einen solchen Big Data-Ansatz nahmen vergleichbare Analysen zuvor Monate in Anspruch und verlangsamten somit den Produktentwicklungsprozess deutlich.[42]
>
> *PayPal: Kundenservice*
>
> Jedes Jahr erhält PayPal Meinungsäußerungen von rund 150 Millionen aktiven Nutzern. Diese Äußerungen erreichen das Unternehmen auf verschiedenen Kanälen wie Kundenumfragen, Internet-Foren oder Tweets. Dadurch liegen diese Äußerungen nicht nur in großer Anzahl, sondern auch in unterschiedlichen Strukturen vor, wodurch eine manuelle Auswertung nahezu unmöglich wird. Das Unternehmen setzt deshalb eine Big Data-Plattform ein, die es ermöglicht, die textbasierten Informationen beinahe völlig automatisiert zu analysieren. Dabei sind die Nutzungsfelder für das Unternehmen weit gestreut und umfassen beispielsweise die schnelle Identifikation kritischer Kundenthemen, die Berechnung von Stimmungsindikatoren, die zuverlässige Priorisierung von aktuell relevanten Themen und die Erstellung von konkreten Handlungsempfehlungen für Mitarbeiter im Kundenservice.[43]
>
> Das Beispiel zeigt sehr deutlich, wie sich PayPal die unterschiedlichen Dimensionen von Big Data zunutze macht. Zunächst einmal werden alle Kundenäußerungen für die Analysen in Betracht gezogen (Volume), ohne dass aus Millionen von Einträgen eine repräsentative Beispielmenge gefunden werden muss. Darüber hinaus nutzt das Unternehmen insbesondere über die Kanäle der sozialen Medien die Möglichkeit, Themen und Stimmungen quasi in Echtzeit aufzunehmen (Velocity und Veracity). Die Zusammenführung der unterschiedlichen Kanäle (Variety) ermöglicht zusätzlich die Erstellung eines ganzheitlichen Bildes, da unterschiedliche Kundengruppen auf verschiedenen Kanälen kommunizieren. Dieser Ansatz lässt PayPal wichtige Themen schnell identifizieren und somit durch proaktives Handeln die Kundenzufriedenheit erhöhen.[44]

Logistik

DHL SmartTruck: Optimierung Routenplanung

Mithilfe von dynamischer Routenplanung reduziert DHL im Rahmen eines Pilotprojektes die Kosten und den CO_2-Ausstoß seiner Lieferfahrzeuge. Hierzu verwendet DHL eine Planungssoftware, satellitengestützte Standortdaten und Telematikdaten, sodass Fahrzeugstandorte und Verkehrslage in Echtzeit vorliegen. Auf dieser Basis passt das Unternehmen die zu Tagesbeginn bestimmten Optimalrouten dynamisch an, um beispielsweise auf Verkehrsstaus zu reagieren. Das System integriert darüber hinaus die Daten aus den aktuellen Aufträgen, sodass auch die Auftragszuteilung dynamisch adaptiert werden kann. Verspätet sich ein Wagen auf seiner Route, kann ein anderes Fahrzeug seinen Auftrag übernehmen. Somit steigert DHL durch die dynamische Routenplanung auch das Qualitätsniveau des Kundenservice. SmartTruck nutzt darüber hinaus RFID-Technologie, um eine Kontrolle der richtigen und vollständigen Beladung der Lieferfahrzeuge zu gewährleisten.[45]

Operations

Stahlerzeuger: Bottleneck-Analyse

Big Data wird zunehmend auch in der Optimierung der internen Prozessabläufe eingesetzt. Ein Stahlerzeuger hat mit Hilfe einer Monte-Carlo-Simulation mögliche Resultate des Produktionsprozesses und deren Wahrscheinlichkeitsverteilung modelliert. Dieser Ansatz wird schon lange in anderen Disziplinen wie Biologie, computergestützter Physik, Ingenieurswesen oder Versicherungsmathematik verwendet. Industrieunternehmen können diese Methoden adaptieren, um basierend auf großen Mengen an historischen Werksdaten, Wahrscheinlichkeiten für Betriebsstörungen, Varianzen in Durchlaufzeiten oder Verfügbarkeiten von Produktionsequipment für Teile des Produktionsprozesses zu bestimmen.[46]

Das Unternehmen konnte durch diese neue Art von Problemlösungsfindung deutliche Verbesserungen des Produktionsprozesses durchführen. Dabei zeigte die Analyse, dass einfache und kostengünstige Wartungsmaßnahmen zur Erhöhung der Prozesszuverlässigkeit zuerst eingeführt werden sollten. Durch die einhergehende verbesserte Verfügbarkeit von mehreren kritischen Teilen des Produktionsequipments konnte der Durchsatz um 20 Prozent erhöht werden. Dies entsprach einer EBITDA-Erhöhung von 50 Millionen US-Dollar pro Jahr und somit einem Viertel der gesamten Verbesserungen. Diese Ergebnisse sind umso bemerkenswerter, wenn man beachtet, dass das Unternehmen eine 15-jährige Tradition im Bereich des Lean Management hat und noch kurz vor dem Einsatz von Big Data für Qualitäts- und Prozess-Exzellenz prämiert wurde.[47]

Spezialchemie-Unternehmen: Optimierung Ressourceneffizienz

Ein Spezialchemie-Unternehmen mit breitem Produktportfolio, unter anderem für die Papier-, Waschmittel- und metallverarbeitende Industrie, hatte eine jahrzehntelange Historie an überdurchschnittlichen Ausbringungsraten aus seinen Produktionsprozessen. Weiterführende Verbesserungen wurden skeptisch gesehen, da das betrachtete Werk sogar als Benchmark für die Industrie galt.[48]

Dennoch nutze das Unternehmen die umfangreichen Daten aus der Produktion, um mit dem Advanced Analytics-Verfahren der neuronalen Netze die Zusammenhänge zwischen Produktionsinputfaktoren und Ausbringung zu untersuchen. Dabei wurden verschiedene Faktoren mit in die Betrachtung einbezogen, etwa Druckniveau in der Kühlflüssigkeit, Temperaturen, Mengen oder Kohlendioxiddurchfluss. Mithilfe des Big Data-basierten Ansatzes deckte das Unternehmen zuvor unbekannte Sensitivitäten auf. So wurde beispielsweise die Variabilität im Kohlendioxiddurchfluss als signifikanter Treiber der Ausbringungsmenge erkannt. Die gewonnenen Erkenntnisse wurden in eine verbesserte Einstellung der Produktionsparameter überführt, wodurch das Unternehmen die Verschwendung von Rohmaterialien um 20 Prozent und die Energiekosten um 15 Prozent reduzieren konnte. Motiviert von diesen Ergebnissen, arbeitet das Unternehmen an einer Weiterentwicklung seiner Prozesskontrolle, um eine automatisierte Steuerung der Produktion zu ermöglichen.[49]

Marketing & Vertrieb

T-Mobile (USA): Churn Management

Konventionelle Ansätze zur Vermeidung von Kundenabwanderung (Churn Management) im Mobilfunkgeschäft basieren auf den Finanz-Daten der Kunden aus den Abrechnungssystemen. T-Mobile (USA) erweiterte die Analyse auf Ereignisse ohne Bezug zur Abrechnung. Hierzu wurden in einer Partnerschaft mit Systemanbietern die Daten von Funktürmen und Vermittlungsstellen im Netzwerk hinsichtlich Verbindungsfehlern ausgewertet. So können Kunden mit allgemein schlechter Verbindungsqualität gezielt angesprochen und beispielsweise ein besser funktionierendes Mobiltelefon bereitgestellt werden.[50]

In einem weiteren Ausbau des Churn Management integrierte das Unternehmen Clickstream-Daten (Daten zur Beschreibung des Nutzerverhaltens auf Websites) und Daten aus sozialen Netzwerken in die Analyse. Hierdurch können zusätzlich Kundensentiment und Meinungsführer berücksichtigt werden. Letztere beeinflussen die Kundenmeinung in ihrem sozialen Umfeld und können mit einem Anbieterwechsel einen Dominoeffekt auslösen, sodass Unternehmen über sie effektiv auf eine große Gruppe von Kunden einwirken können. Das Unternehmen konnte mit Hilfe dieser Big Data-Anwendung die Abwanderungsquote in kürzester Zeit halbieren.[51]

E-Plus: Individuelles Pricing

Die Telekommunikationsbranche weist eine der größten Wachstumsraten für unternehmenseigene Daten auf. Dieser Trend wird unter anderem von Mobile Computing und Webtracking getragen. Traditionell wurden Daten in der E-Plus-Gruppe in verschiedenen Data Cubes (mehrdimensionale Darstellung verwandter Daten) gespeichert, so dass eine integrierte Analyse verschiedener Datenquellen nicht einfach möglich war. In den vergangenen Jahren investierte das Unternehmen in ein Data Warehouse (zentrale Datenbank heterogener

Daten) und weiterführend in eine integrative Analytics-Plattform. Darüber hinaus baute E-Plus interne Big Data-Kompetenzen in einem Kompetenzzentrum auf. Das Unternehmen ist nun befähigt, die über 10 Milliarden bestehenden sowie die mehr als 600 Millionen monatlich neuen Datensätze zielgerichtet auszuwerten. Die Analysen liefern grundlegende Erkenntnisse über Nutzerverhalten und erlauben E-Plus innovative Tarife sowie kundenspezifische Angebote anzubieten.[52]

Risk Management

American Express: Betrugserkennung

Für Kreditkartenunternehmen ist Betrugserkennung im Laufe der Zeit immer bedeutsamer geworden. Dabei geht es nicht nur darum, einen Betrugsvorfall zu erkennen, sondern auch um die Geschwindigkeit, mit der ein Vorfall aufgedeckt wird.

American Express erkannte, dass es dieser Herausforderung mit seinen traditionellen Datenbanksystemen nicht mehr gerecht wurde. Um die notwendigen Datenmengen und Analysen zu beherrschen, rüstete das Unternehmen auf eine Big Data-fähige Infrastruktur basierend auf Hadoop auf. Durch den Einsatz von Maschinellem Lernen und einer Vielzahl an Datenquellen inklusive Kundenangaben, Umsatzdetails und Händlerinformationen kann American Express innerhalb von Millisekunden einen potentiellen Betrug erkennen.[53] Die neue Infrastruktur ist hierbei ein großer Treiber für die Geschwindigkeit der Betrugserkennung. American Express hat aber ebenso konsequent in den Aufbau von Big Data-Fähigkeiten seiner Mitarbeiter investiert. Bereits im Jahr 2014 beschäftigte das Unternehmen mehr als 25 Wissenschaftler in seinem Big Data Lab, welches bereits über 80 Patente und mehr als 140 wissenschaftliche Veröffentlichungen in den Bereichen High Performance Computing, dynamische Preisbildung, Maschinelles Lernen oder Web Analytics hervorgebracht hat.[54]

ZF: Supply Chain Risk Monitoring

Als Automobilzulieferer agiert ZF in einer globalisierten Industrie mit hohen Anforderungen an Liefertreue. Aufgrund der hohen Kosten sieht das Unternehmen Luftfracht grundsätzlich als letzte Option, um Produktionspläne einzuhalten und einen Verzug gegenüber Kunden zu vermeiden. Umso höher wird das Risiko für eine Störung im Luftfrachtverkehr eingeschätzt, weshalb das Unternehmen mit Hilfe von DHL ein Risikomanagement für diesen Logistikbereich als Pilotprojekt etabliert hat. Neben der Bewertung von bestehenden Risiken wurde ein unternehmensspezifisches Monitoring für Zwischenfälle in der Supply Chain entwickelt.[55] Das Monitoringsystem berücksichtigt die relevanten Frachtrouten des Unternehmens und verfolgt Risiken, die sich potentiell auf die Supply Chain auswirken. Hierbei wird eine Vielzahl an Zwischenfall-Kategorien beobachtet, beispielsweise Naturkatastrophen, Wetterbedingungen, Streiks oder auch geopolitische Unruhen. Das System erstellt automatisierte Benachrichtigungen und inkludiert umgehend Rückmeldungen aus dem Netzwerk über den Status des Zwischenfalls. Weiterhin können direkt Alternativ- oder Notfallrouten beim Logistikanbieter reserviert werden, um rechtzeitig Kapazitäten zu sichern.[56]

Absatz- und Vertriebsplanung

dm-drogerie markt: Umsatzprognose für bessere Schichtplanung

Im Einzelhandel ist die exakte Besetzung der Geschäfte mit Mitarbeitern eine Herausforderung und gleichzeitig ein Erfolgsfaktor. Zu viele Mitarbeiter drücken die Profitabilität, während zu wenige Mitarbeiter die Zufriedenheit von Kunden und Belegschaft negativ beeinflussen.

In der Drogeriemarktkette dm wurden die Schichtpläne in der Vergangenheit durch die Filialleiter auf Basis einfacher Extrapolation historischer Umsatzzahlen und persönlicher Erfahrung vorgenommen. Zur Optimierung der Schichtplanung hat das Unternehmen gemeinsam mit einem auf Maschinelles Lernen spezialisierten Unternehmen verschiedene prädiktive Algorithmen entwickelt. Neben historischen Umsatzzahlen nutzt dm weitere interne Daten wie Ankunftszeiten von Warenlieferungen aus den Distributionszentren oder Ladenöffnungszeiten. Zusätzlich werden externe Daten beispielsweise zu lokalen Märkten, Ferienzeiten, Verkehrsumleitungen und Wettervorhersagen berücksichtigt. Mit diesem Big Data-Ansatz konnte dm eine stabile Schichtplanung mit 4 bis 8 Wochen Vorlaufzeit realisieren.[57]

Otto Group: Absatzprognose zur Erhöhung der Warenverfügbarkeit

Handelsunternehmen mit großem Sortiment sind auf gute Absatzprognosen angewiesen, um Fehlbestände im Warenangebot zu vermeiden. Insbesondere gilt dies im Modegeschäft, da hier wegen der häufigen Kollektionswechsel oftmals nur mehr in einmaligen Einzelchargen bestellt wird.

Die Otto Group nahm sich dieser Herausforderung mit einem Big Data-Ansatz an und entwickelte eine Lösung, die sich auf eine hohe Anzahl an Variablen (multivariate Analyse) stützt. Hierbei baute das Unternehmen ebenfalls auf externe Unterstützung eines auf Big Data-basierte Prognosen spezialisierten Anbieters. Das entwickelte Tool ist vollständig automatisiert und dabei selbstlernend, indem die verwendeten Algorithmen des Maschinellen Lernens stetig die Prognosequalität optimieren. Das Unternehmen berechnet mit diesem Tool Umsatzprognosen für jedes seiner Artikel und verwendet hierbei ungefähr 200 Faktoren, die beispielsweise Marketingmaßnahmen und Wetterlage beinhalten können. Alleine aus dem Onlineshop und Katalogbestellungen werden dem Tool mehr als 300 Millionen Datensätze täglich zur Verfügung gestellt.[58] Im Zuge eines Jahres werden auf dieser Basis etwa 5 Milliarden Prognosen für den Absatz individueller Artikel erstellt. Eine Verbesserung der Vorhersagegenauigkeit von bis zu 40 Prozent konnte mit diesem neuen Ansatz erreicht werden.[59]

Wie diese Beispiele zeigen, sind die Anwendungsmöglichkeiten für Big Data vielfältig und unternehmensspezifisch. Dennoch wird deutlich, dass es im Allgemeinen auf die zuvor beschriebenen Big Data-Kompetenzen ankommt, die ein Unternehmen unabhängig von der konkreten Anwendung zum erfolgreichen Einsatz von Big Data aufbringen muss.

Aufgrund der Universalität des Einsatzes von Big Data nutzen viele Unternehmen Kompetenzzentren zum Aufbau der relevanten Fähigkeiten. Hierdurch können die teilweise knappen Ressourcen für einen unternehmensweiten Einsatz gebündelt werden.

Ein Big Data-Kompetenzzentrum besteht typischerweise aus Data Scientists, IT-Experten, Programmierern und Experten aus den Anwendungsfeldern im Unternehmen wie Logistik, Vertrieb oder Operations.[60] Ein weiterer Ansatz wird in den Beispielen zu dm-drogerie markt und Otto Group skizziert. Unternehmen können sich Big Data-Ressourcen und Fähigkeiten von spezialisierten Anbietern zukaufen oder gar ganze Aufgaben an Externe auslagern.

Ein Teil der zuvor aufgeführten Beispiele kann schon als Monitoring der von Unsicherheit geprägten Welt verstanden werden. Es gibt jedoch noch eine Fülle an weiteren Monitoringfeldern, die von einem Big Data-Ansatz profitieren können. Die grundlegende Idee ist, dass die notwendigen Fähigkeiten in ausgewählten Anwendungsfällen aufgebaut werden. Diese Anwendungsfälle zeichnen sich typischerweise durch eine hohe Erfolgswahrscheinlichkeit oder ein akutes Problem für das Unternehmen aus. Es ist allgemein schwierig vorherzusagen, welche Monitoringfelder am besten von diesem Ansatz profitieren werden. Hierzu muss ein Unternehmen die erforderlichen Kompetenzen wohl durchdacht einbringen und Mut haben zu experimentieren.

> »Wir müssen testen. [Hadoop] ist eine neue Plattform und wir wissen nicht, ob es sich skalieren lässt oder ob es überhaupt zukünftig verfügbar sein wird. Daher brauchen wir eine Einstellung, in der wir davon ausgehen, dass einige Dinge scheitern werden. Wir haben unsere Philosophie für Investitionen dahingehend angepasst, sodass wir einige Investitionen machen werden, obwohl wir wissen, dass wir damit keinen großen ROI erreichen werden. Aber wenn wir nicht investieren, werden wir nie die wenigen [Lösungen] finden, die ein sehr großes Potenzial haben.«
>
> Kevin Murray;
> Vice President Information Management and Integration, American Express[61]

6.4 Verankerung von Monitoring in der Organisation

Neben der Gestaltung und Umsetzung des Monitoringsystems muss Monitoring in der Unternehmensorganisation verankert werden. Die verschiedenen Möglichkeiten hierzu sollen nun anhand eines Unternehmens mit unterschiedlichen Geschäftsbereichen und funktional organisierter Unternehmenszentrale vorgestellt werden.

Grundsätzlich existieren vier mögliche Archetypen der Organisation von Monitoring im Unternehmen, wobei in der Praxis auch Mischformen dieser Typen vorkommen können. Abbildung 6.9 gibt einen Überblick über diese vier Archetypen.

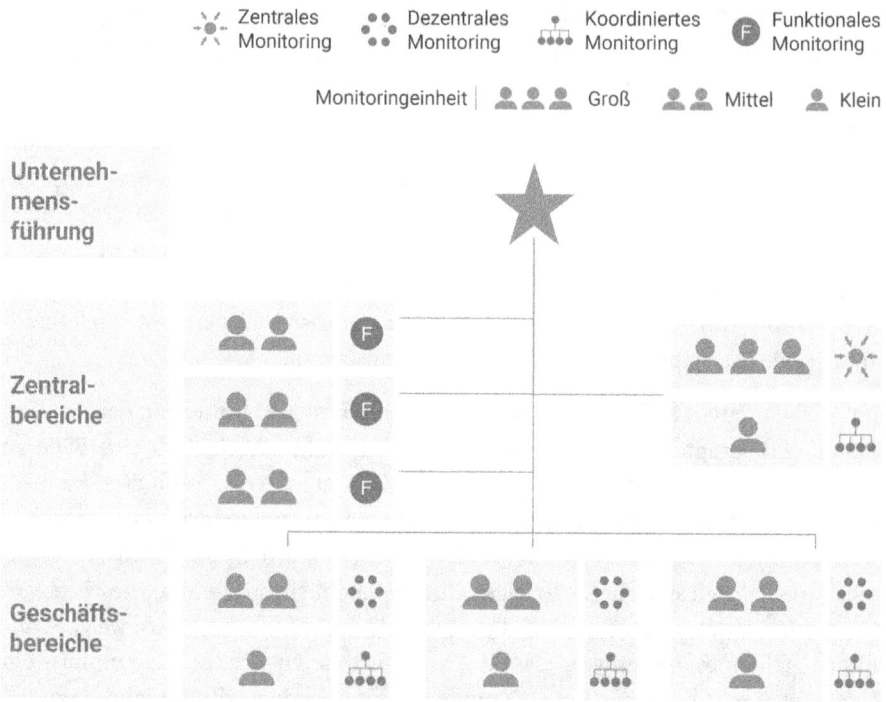

Abbildung 6.9: Vier Archetypen für Organisation von Monitoring im Unternehmen

Zentrales Monitoring

Die erste Möglichkeit liegt in der Einrichtung einer Stabsstelle als Teil der Unternehmenszentrale. Hierbei kann Monitoring eigenständig aufgesetzt oder an eine bestehende Zentralfunktion angegliedert werden. Ersteres ist jedoch nur sinnvoll, wenn das Monitoringsystem einen gewissen Umfang erfordert. Dies ist in der Regel nur der Fall, falls das Unternehmen eine Vielzahl an Monitoring-relevanten Themen identifiziert. Im Falle einer Angliederung sollte eine Zentralfunktion ausgewählt werden, die besonders stark von der Unsicherheit des Geschäftsumfeldes geprägt ist. Zeigen sich schwankende Rohstoffpreise als ein Hauptthema für das Unternehmen, bietet sich beispielsweise der zentrale Einkauf an, während es bei unsicheren Absatzmärkten die Vertriebszentrale oder das zentrale Marketing ist. In jedem Fall bietet ein zentrales Monitoring die Möglichkeit, gezielt Synergien zu nutzen und auf eine gemeinsame Infrastruktur zurückzugreifen.

Des Weiteren werden Redundanzen vermieden, wodurch wiederum ein effizientes System gewährleistet werden kann. Zusätzlich bekommt das Monitoring durch die zentrale Rolle eine hohe Gewichtung, die gleichzeitig die Bedeutsamkeit der Funktion stützt. Ein gewichtiger Nachteil der zentralen Organisation liegt im fehlenden direkten Zugang in die Geschäftsbereiche. Expertenwissen muss stets aus anderen Organisationseinheiten importiert werden. Dies gelingt in der Praxis nicht immer oder ist zumindest mit zusätzlichem Aufwand verbunden.

Dezentrales Monitoring

Zeigen sich die Geschäftsbereiche des Unternehmens als sehr unterschiedlich und äußert sich dies auch in sehr spezifischen Monitoringumfängen, kann der Aufbau einer dezentralen Monitoringeinheit je Geschäftsbereich vorteilhaft sein. So können unterschiedliche Monitoringsysteme aufgebaut werden, die speziell auf die Anforderungen der vorherrschenden Unsicherheiten im Geschäftsumfeld des jeweiligen Geschäftsbereiches angepasst sind. Neben der Individualisierung der einzelnen Systeme nimmt auch der direkte Zugang zu den Geschäftsbereichen dabei eine wichtige Rolle ein. Die Nachteile gegenüber einem zentralisierten System in Bezug auf Effizienz und Gewichtung hängen hingegen vom Einzelfall ab.

Wenn die einzelnen Geschäftsbereiche und deren Monitoringsysteme sehr unterschiedlich ausfallen, liegt auch nur eine geringe Gefahr von Redundanzen vor. Die Gewichtung des Monitorings hängt dabei von der genauen Ausgestaltung im Geschäftsbereich ab. Wird das Monitoring als Stabsstelle der Geschäftsbereichsleitung etabliert und sind die Geschäftsbereiche im Wesentlichen autark, fällt die Gewichtung gegenüber einem zentralen Monitoring nur wesentlich geringer aus.

Koordiniertes Monitoring

In diesem Fall existieren in jedem Geschäftsbereich Monitoringeinheiten. Diese Einheiten zeigen sich auch inhaltlich für ihre jeweilige Monitoringfunktion verantwortlich und bestimmen die Gestaltung des eigenen Monitoringsystems. Zusätzlich existiert auch eine zentrale Stabsstelle, die eine Koordination über die einzelnen Geschäftsbereiche hinweg vornimmt. Die Koordination beinhaltet mehrere übergreifende Aufgaben. Hierzu zählt die Vermeidung von Überlappungen einzelner Monitoringfunktionen, sodass es beispielsweise keine redundanten Sensoren gibt.

Darüber hinaus können gemeinschaftliche Ressourcen aufgebaut, verwaltet und kosteneffizient gestaltet werden, wie beispielsweise das Unterhalten einer übergreifenden IT-Plattform. Im Falle des koordinierten Monitorings ist eine klare Regelung der Verantwortlichkeiten wichtig. Das koordinierte Monitoring strebt danach, die Vorteile aus zentralem und dezentralem Ansatz zu vereinen. Dadurch entstehen aber auch gewisse Nachteile. Die Aufspaltung in zwei Teilorganisationen erhöht den Abstimmungsaufwand und birgt das Risiko von unvorteilhaften Kompromisslösungen, die insbesondere bei nicht ausreichend definierten Verantwortlichkeiten zutage treten.

Funktionales Monitoring

Funktionales Monitoring stellt eine Sonderform des zentralen Monitoring dar, bei der mehrere oder alle Zentralfunktionen eine Monitoringeinheit erhalten. Ähnlich dem dezentralen Monitoring liegt die Motivation hierfür in einer hohen Heterogenität der Monitoring-relevanten Themen, nur dass die Unterschiede besonders zwischen Funktionen und nicht Geschäftsbereichen auftreten. Dies kann passieren, wenn die Geschäftsbereiche sehr ähnliche Funktionen erfordern, wie es beispielsweise bei einem Fahrzeughersteller mit je einem Geschäftsbereich im Personen- und im Lastkraftwagensegment der Fall ist. Das funktionale Monitoring kann auch um ein koordinierendes Element ergänzt werden. Aufgrund der Aufteilung des Monitoring auf verschiedene Zentralfunktionen sollte hierfür keine eigene Zentralstelle geschaffen werden. Die Koordination sollte durch eine der mit Monitoring betrauten Zentralfunktionen übernommen werden, die idealerweise einen hohen Bedarf an Monitoring besitzt. Dies kann sich natürlich von Unternehmen zu Unternehmen unterschiedlich gestalten. So ist beispielsweise Operations für einen Automobilhersteller gegebenenfalls von zentraler Bedeutung, während es für einen Einzelhändler Marketing und Vertrieb sein kann.

Auswahl der Organisationsform

Berücksichtigt man die Diskussion zum Einsatz von Big Data und die Notwendigkeit eines zentralisierten Aufbaus von Big Data-Kompetenzen, lässt sich daraus schließen, dass das Monitoring in diesem Fall zumindest einer zentralen Koordination bedarf. Zudem werden Big Data-Ressourcen und Fähigkeiten oft in einem Kompetenzzentrum zentral zusammengeführt. Dabei erscheint ein ebenfalls zentral organisiertes Monitoring, gegebenenfalls sogar in das Kompetenzzentrum integriert, als attraktive Lösung.

Um die Auswahl einer geeigneten Organisationsform weiter einzuschränken, lohnt sich ein Blick auf das gesamte agile Unternehmenssystem. Wie bereits vorgestellt, liefert das Monitoring Informationen und Signale für die Entscheidungsfindung im Steuerungsmodell. Nach dem Prinzip des Systemdenkens gilt es, diese beiden Funktionen eng miteinander abzustimmen, wie es im Abschnitt 6.1.4 dargestellt wurde. Wird eine Steuerung des agilen Unternehmenssystems durch eine zentrale Organisationseinheit angestrebt, bietet sich eine Integration des Monitorings an. Eine solche Integration spiegelt die konsequente Umsetzung des Systemgedankens wider.

Somit zeichnet sich ein Zielkonflikt ab, denn eine zentrale Positionierung fördert einerseits eine enge Abstimmung mit der Steuerungsfunktion und ermöglicht es, von einem Big Data-Ansatz einfacher zu profitieren. Andererseits erlaubt eine dezentrale Positionierung eine bessere Einbindung von Expertenwissen der einzelnen Geschäftsbereiche. Die Auflösung des Zielkonfliktes muss unternehmensspezifisch erfolgen, denn die beste Lösung für die organisatorische Verankerung des Monitoring kann nur unter Berücksichtigung der individuellen Gegebenheiten gefunden werden.

Anmerkungen

1 In Anlehnung an: Heldmann, Stefan; Rabitsch, Christian; Ramsauer, Christian: »Big Data-basiertes Monitoring – Ein neuer Ansatz für agile Industrieunternehmen in der volatilen Welt«. In: Industrie 4.0 Management 31 (2015) 5, S. 36
2 Zu »Monitoringtypen« vergleiche: Heldmann, Stefan; Rabitsch, Christian; Ramsauer, Christian: »Big Data-basiertes Monitoring – Ein neuer Ansatz für agile Industrieunternehmen in der volatilen Welt«. In: Industrie 4.0 Management 31 (2015) 5, S. 36 & 39
3 Zur »Mechanik der Agilität« vergleiche: Heldmann, Stefan; Rabitsch, Christian; Ramsauer, Christian: »Big Data-basiertes Monitoring – Ein neuer Ansatz für agile Industrieunternehmen in der volatilen Welt«. In: Industrie 4.0 Management 31 (2015) 5, S. 36-37
4 In Anlehnung an: Heldmann, Stefan; Rabitsch, Christian; Ramsauer, Christian: »Big Data-basiertes Monitoring – Ein neuer Ansatz für agile Industrieunternehmen in der volatilen Welt«. In: Industrie 4.0 Management 31 (2015) 5, S. 37
5 Vgl.: Manyika, James; Chui, Michael; Brown, Brad; Bughin, Jacques; Dobbs, Richard; Roxburgh, Charles; Byers, Angela Hung: »Big data: The next frontier for innovation, competition, and productivity«. In: McKinsey Global Institute Report (May 2011), S. 15
6 Vgl.: Manyika, James; Chui, Michael; Brown, Brad; Bughin, Jacques; Dobbs, Richard; Roxburgh, Charles; Byers, Angela Hung: »Big data: The next frontier for innovation, competition, and productivity«. In: McKinsey Global Institute Report (May 2011), S. 21-22
7 In Anlehnung an: Manyika, James; Chui, Michael; Brown, Brad; Bughin, Jacques; Dobbs, Richard; Roxburgh, Charles; Byers, Angela Hung: »Big data: The next frontier for innovation, competition, and productivity«. In: McKinsey Global Institute Report (May 2011), S. 17;
Daten basieren auf: Hilbert, Martin; López, Priscila: »The World's Technological Capacity to Store, Communicate, and Compute Information«. In: Science 332 (2011) 60, S. 60-64
8 Vgl.: Brown, Brad; Court, David; McGuire, Tim: »Views from the front lines of the data-analytics revolution«. In: McKinsey Quarterly (March 2014), S. 3-4
9 Vgl.: Brown, Brad; Chui, Michael; Manyika, James: »Are you ready for the era of ‹big data›?«. In: McKinsey Quarterly (October 2011), S. 3-7
10 Vgl.: Bughin, Jacques: »Big Data: Getting a better read on performance«. In: McKinsey Quarterly (February 2016), S. 1
11 Vgl.: Bughin, Jacques: »Big Data: Getting a better read on performance«. In: McKinsey Quarterly (February 2016), S. 2-3
12 Vgl.: Bughin, Jacques: »Big Data: Getting a better read on performance«. In: McKinsey Quarterly (February 2016), S. 3-4
13 Vgl.: Brown, Brad; Court, David; Willmott, Paul: »Mobilizing your C-suite for big-data analytics«. In: McKinsey Quarterly (November 2013), S. 3-11
14 Vgl.: Brown, Brad; Court, David; McGuire, Tim: »Views from the front lines of the data-analytics revolution«. In: McKinsey Quarterly (March 2014), S. 2
15 Vgl.: General Electric: 2011 Annual Report. URL: http://www.ge.com/sites/default/files/GE_AR11_EntireReport.pdf, Abrufdatum: 06.10.2016
16 Vgl.: General Electric: GE Shareowners Meeting April 25, 2012. URL: http://www.ge.com/sites/default/files/ge_jri_shareowners_04252012_0.pdf, Abrufdatum: 06.10.2016
17 Vgl.: General Electric: 2011 Annual Report. URL: http://www.ge.com/sites/default/files/GE_AR11_EntireReport.pdf, Abrufdatum: 06.10.2016
18 Vgl.: John Paczkowski: GE CEO Jeff Immelt's Big Data Bet. URL: http://allthingsd.com/20130529/ge-ceo-jeff-immelts-big-data-bet/, Abrufdatum: 06.10.2016
19 Vgl.: General Electric: 2011 Annual Report. URL: http://www.ge.com/sites/default/files/GE_AR11_EntireReport.pdf, Abrufdatum: 06.10.2016
20 Vgl.: Callie Bost: »GE Hiring Thousands of Engineers to Build Industrial Web«. URL: https://www.bloomberg.com/news/articles/2013-06-17/ge-hiring-thousands-of-engineers-to-build-industrial-web, Abrufdatum: 06.10.2016

21 Vgl.: General Electric: GE 4Q 2015 Earnings. URL: https://www.ge.com/sites/default/files/ge_webcast_press_release_01222016_0.pdf, Abrufdatum: 06.10.2016

22 Vgl.: TechNewsRss.com: »General Electric goes to a cloud with adequate tech to hoop large information from jet engines«. URL: http://technewsrss.com/general-electric-goes-to-the-cloud-with-enough-tech-to-handle-big-data-from-jet-engines/, Abrufdatum: 06.10.2016

23 Vgl.: »GE Aviation: GE wins position on Gulfstream's G650 for Aircraft Health and Trend Monitoring Launch of Integrated Vehicle Health Management Technology and Service«. URL: http://www.geaviation.com/press/systems/systems_20111009.html, Abrufdatum: 06.10.2016

24 Vgl.: »GE Aviation: GE Aviation Wins Award for Game-Changing Technology Implementation«. URL: http://www.geaviation.com/press/systems/systems_20130516.html, Abrufdatum: 06.10.2016

25 Vgl.: »BunsinessWire: GE to Open Up Predix Industrial Internet Platform to All Users«. URL: http://www.businesswire.com/news/home/20141009005691/en/GE-Open-Predix-Industrial-Internet-Platform-Users, Abrufdatum: 06.10.2016

26 Vgl.: Gery Menegaz: »GM's IT and Cultural Transformation«. URL: http://www.zdnet.com/article/gms-it-and-cultural-transformation/, Abrufdatum: 06.10.2016

27 Vgl.: Doron Levin: »For GM, software is a savior«. URL: http://fortune.com/2013/06/17/for-gm-software-is-a-savior/, Abrufdatum: 06.10.2016

28 Ambrose McNevin: »What does the GM move to bring its IT in house and start building data centers tell us about cloud hype?«. URL: http://archive.datacenterdynamics.com/blogs/what-does-gm-move-bring-its-it-house-and-start-building-data-centers-tell-us-about-cloud-hype, Abrufdatum: 06.10.2016 [freie Übersetzung aus dem Englischen]

29 Vgl.: Doron Levin: »For GM, software is a savior«. URL: http://fortune.com/2013/06/17/for-gm-software-is-a-savior/, Abrufdatum: 06.10.2016

30 Vgl.: Arjen Bongard: »GM CIO Mott is confident IT transformation making progress«. URL: http://www.automotiveit.com/under-mott-gms-it-transformation-moves-forward/news/id-009216, Abrufdatum: 06.10.2016

31 Vgl.: Chris Murphy: »GM's Data Strategy Pushed To Center Stage«. URL: http://www.informationweek.com/strategic-cio/executive-insights-and-innovation/gms-data-strategy-pushed-to-center-stage/d/d-id/1127921?page_number=1, Abrufdatum: 06.10.2016

32 Vgl.: Gabe Nelson: »How data mining helped GM limit a recall to 4 cars«. URL: http://www.autonews.com/article/20131028/OEM11/310289980/how-data-mining-helped-gm-limit-a-recall-to-4-cars, Abrufdatum: 06.10.2016

33 Zu »Datensicht« und »Analysesicht« vergleiche: Heldmann, Stefan; Rabitsch, Christian; Ramsauer, Christian: »Big Data-basiertes Monitoring – Ein neuer Ansatz für agile Industrieunternehmen in der volatilen Welt«. In: *Industrie 4.0 Management* 31 (2015) 5, S. 37-38

34 Hier wird eine auf Big Data-Monitoring ausgerichtete Definition des 4-V-Modells vorgestellt. Das Modell wurde ursprünglich von IBM eingeführt. Ein Überblick findet sich hier: IBM: »The Four V's of Big Data«. URL: http://www.ibmbigdatahub.com/infographic/four-vs-big-data, Abrufdatum: 07.10.2016

35 Ein Black-Box-Ansatz zeichnet sich dadurch aus, dass die Zusammenhänge zwischen Eingangsgrößen (zum Beispiel Informationen) und Ausgangsgrößen (zum Beispiel Signale) sehr komplex sind. Dadurch können die Zusammenhänge zwischen Informationen und Signalen nicht mehr interpretiert werden. Beispielsweise können heute durch Maschinelles Lernen optimierte Prognosealgorithmen erstellt werden, deren Funktionsweise aber nur noch wenigen Experten zugänglich ist.

36 Für ein Beispiel zur Ablehnung eines »Black-Box-Ansatzes« vergleiche: Biesdorf, Stefan; Court, David; Willmott, Tim: »Big data: What's your plan?«. In: *McKinsey Quarterly* (March 2013), S. 9

37 Vgl.: Biesdorf, Stefan; Court, David; Willmott, Tim: Big data: What's your plan?. In: McKinsey Quarterly (March 2013), S. 3-4

38 Vgl.: Manyika, James; Chui, Michael; Brown, Brad; Bughin, Jacques; Dobbs, Richard; Roxburgh, Charles; Byers, Angela Hung: »Big data: The next frontier for innovation, competition, and productivity«. In: *McKinsey Global Institute Report* (May 2011), S. 33-36
39 Hadoop ist eine weit verbreitete Architektur zur Speicherung und Verarbeitung von großen Datenmengen.
40 Im Gegensatz zu traditionellen Systemen werden Daten nicht aus dem Plattenspeicher sondern direkt im Arbeitsspeicher (RAM) oder einem Flash-Speicher verarbeitet. Hierdurch wird die Verarbeitungszeit deutlich reduziert, so dass beispielsweise Echtzeitanwendungen ermöglicht werden.
41 Vgl.: Manyika, James; Chui, Michael; Brown, Brad; Bughin, Jacques; Dobbs, Richard; Roxburgh, Charles; Byers, Angela Hung: »Big data: The next frontier for innovation, competition, and productivity«. In: *McKinsey Global Institute Report* (May 2011), S. 103-106
42 Vgl.: BITKOM: »Big Data und Geschäftsmodell-Innovationen in der Praxis: 40+ Beispiele«. In: *BITKOM Leitfaden* (2015), S. 79-80 [online verfügbar unter URL: https://www.bitkom.org/Publikationen/ 2015/Leitfaden/Big-Data-und-Geschaeftsmodell-Innovationen/151229-Big-Data-und-GM-Innovationen.pdf, Abrufdatum: 07.10.2016]
43 Vgl.: BITKOM: »Big Data und Geschäftsmodell-Innovationen in der Praxis: 40+ Beispiele«. In: *BITKOM Leitfaden* (2015), S. 98-100 [online verfügbar unter URL: https://www.bitkom.org/Publikationen/ 2015/Leitfaden/Big-Data-und-Geschaeftsmodell-Innovationen/151229-Big-Data-und-GM-Innovationen.pdf, Abrufdatum: 07.10.2016]
44 Vgl.: BITKOM: »Big Data und Geschäftsmodell-Innovationen in der Praxis: 40+ Beispiele«. In: *BITKOM Leitfaden* (2015), S. 98-100 [online verfügbar unter URL: https://www.bitkom.org/Publikationen/ 2015/Leitfaden/Big-Data-und-Geschaeftsmodell-Innovationen/151229-Big-Data-und-GM-Innovationen.pdf, Abrufdatum: 07.10.2016]
45 Vgl.: Deutsche Post DHL Group: »Intelligent unterwegs«. URL: http://www.dpdhl. com/de/logistik_popularer/aus_den_unternehmensbereichen/dhl_smarttrucks.html, Abrufdatum: 09.10.2016
46 Vgl.: Dhawan, Rajat; Singh, Kunwar; Tuteja, Ashish: »When big data goes lean«. In: *McKinsey Quarterly* (February 2014), S. 4-5
47 Vgl.: Dhawan, Rajat; Singh, Kunwar; Tuteja, Ashish: »When big data goes lean«. In: *McKinsey Quarterly* (February 2014), S. 4-5
48 Vgl.: Auschitzky, Eric; Hammer, Markus; Rajagopaul, Agesan: »How big data can improve manufacturing«. URL: http://www.mckinsey.com/business-functions/operations/our-insights/how-big-data-can-improve-manufacturing, Abrufdatum: 07.10.2016
49 Vgl.: Auschitzky, Eric; Hammer, Markus; Rajagopaul, Agesan: »How big data can improve manufacturing«. URL: http://www.mckinsey.com/business-functions/operations/our-insights/how-big-data-can-improve-manufacturing, Abrufdatum: 07.10.2016
50 Vgl.: Brett Sheppard: »T-Mobile challenges churn with data«. URL: http://radar. oreilly.com/2011/08/t-mobile-challenges-churn-with.html, Abrufdatum: 07.10.2016
51 Vgl.: Jeske, Martin; Grüner, Moritz; Weiß, Frank: »Big Data in Logistics – A DHL perspective on how to move beyond the hype«. In: *DHL Customer Solutions & Innovation Report* (December 2013), S. 10 [online verfügbar unter URL: http://www.dhl.com/ content/dam/downloads/g0/about_us/innovation/CSI_Studie_BIG_DATA.pdf, Abrufdatum: 07.10.2016]
52 Vgl.: BITKOM: »Big Data und Geschäftsmodell-Innovationen in der Praxis: 40+ Beispiele«. In: *BITKOM Leitfaden* (2015), S. 92-93 [online verfügbar unter URL: https://www.bitkom.org/Publikationen/ 2015/Leitfaden/Big-Data-und-Geschaeftsmodell-Innovationen/151229-Big-Data-und-GM-Innovationen.pdf, Abrufdatum: 07.10.2016]
53 Vgl.: Bernard Marr: »American Express Charges into the World of Big Data«. URL: http://data-informed.com/american-express-charges-into-world-big-data/, Abrufdatum: 07.10.2016
54 Vgl.: Timothy Prickett Morgan: »Why Hadoop Is The New Backbone Of American Express«. URL: http://www.enterprisetech.com/2014/10/17/ hadoop-new-backbone-american-express/, Abrufdatum: 07.10.2016

55 Vgl.: DHL: »DHL and ZF drive down supply chain risk with Resilience360«. URL: http://www.dhl.com/content/dam/downloads/g0/logistics/resilience360/zf_case_study_Apr2014.pdf, Abrufdatum: 08.10.2016

56 Vgl.: DHL: »DHL Resilience360«. URL: http://www.dhl.com/content/dam/downloads/g0/logistics/resilience360/dhl_resilience_360_flyer_en.pdf, Abrufdatum: 08.10.2016

57 Vgl.: Blue Yonder: »Effiziente Mitarbeitereinsatzplanung dank exakter Prognosen«. URL: http://www.blue-yonder.com/downloads/BY_Kundenreferenz_dm_160621.pdf, Abrufdatum: 08.10.2016

58 Vgl.: Blue Yonder: »Mit Blue Yonder verbessert OTTO seine Prognosequalität um bis zu 40%«. URL: http://www.blue-yonder.com/downloads/BY_Kundenreferenz_OTTO_Prognosequalitaet_160621.pdf, Abrufdatum: 09.10.2016

59 Vgl.: Blue Yonder: »Replenishment Optimization bei OTTO«. URL: http://www.blue-yonder.com/downloads/by_case_study_otto_de_160726_preview.pdf, Abrufdatum: 09.10.2016

60 Vgl.: Brown, Brad; Court, David; McGuire, Tim: Views from the front lines of the data-analytics revolution. In: *McKinsey Quarterly* (March 2014), S. 6-7

61 Timothy Prickett Morgan: »Why Hadoop Is The New Backbone Of American Express«. URL: http://www.enterprisetech.com/2014/10/17/hadoop-new-backbone-american-express/, Abrufdatum: 07.10.2016 [freie Übersetzung aus dem Englischen]

7 Vorbereitet –
Anwendung der Agilitätsstellhebel

Alexander Pointner

Inhaltsverzeichnis

7.1	**Agilitätsstellhebel im Bereich der Operations**	**203**
7.1.1	Agile Arbeitsorganisation	203
7.1.2	Agile Produktionsanlagen	207
7.1.3	Agile Beschaffung	213
7.1.4	Agile Logistik	216
7.1.5	Agiles Produktionsnetzwerk	219
7.1.6	Agilität durch Produktgestaltung	221
7.2	**Agilitätsstellhebel in Marketing und Vertrieb**	**224**
7.3	**Agilitätsstellhebel Digitalisierung**	**226**
7.3.1	Bereiche der Industrie 4.0	226
7.3.2	Herausforderungen bei der Umsetzung von Industrie 4.0	229
7.3.3	Herangehensweise an die Industrie 4.0	229
7.3.4	Einflüsse der Industrie 4.0 auf die Agilität in der Produktion	230

Leitfragen

- Welche möglichen Stellhebel existieren, um die Agilität in Unternehmen zu erhöhen?
- Wie sehen mögliche Agilitätsstellhebel vor allem in den Operations eines Unternehmens aus?
- Wie können mögliche Agilitätsstellhebel in der Praxis eingesetzt werden?
- Welche Rolle spielt Industrie 4.0 für die Agilität?

Dieses Kapitel beschäftigt sich mit Stellhebeln zur Steigerung der Agilität in Industrieunternehmen. Bei den Agilitätsstellhebeln, als Teil des agilen Unternehmenssystems, spielen fünf Kategorien eine Rolle. Dabei handelt es sich um Agilität in den Operations eines Unternehmens, auf die in diesem Kapitel der Fokus gelegt wird. Darüber hinaus beschreibt dieses Buch auch Agilitätsstellhebel in der Strategie in Kapitel 5 und in der agilen Organisation und Kultur in Kapitel 9. Auf den Bereich Marketing und Vertrieb geht der Abschnitt 7.2 ein. Auf die Erläuterung der Stellhebel im Bereich der indirekten Funktion wird dabei nicht weiter im Detail eingegangen, da dieser keinen Fokus des Buches darstellt.

Die Stellhebel aus den Bereichen Operations sowie Marketing und Vertrieb wurden in Kategorien und Subkategorien unterteilt. Dabei wurden auch industriespezifische Fokusse definiert. Gesamt wurden hunderte Agilitätsstellhebel definiert und kategorisiert. Neben einer Detailbeschreibung und der Wirkung dieser Stellhebel im Unternehmen, wurde auch eine Referenz zum Grad der Agilität erstellt. Des Weiteren muss beachtet werden, dass die Umsetzung der Agilitätsstellhebel unternehmensspezifisch durchgeführt werden muss. Abbildung 7.1 zeigt eine Übersicht zum Thema Agilitätsstellhebel.

In diesem Kapitel werden aus den hunderten detaillierten Agilitätsstellhebeln jeweils exemplarische Stellhebel für die Kategorien Operations, sowie Marketing und Vertrieb beschrieben und mit Fallbeispielen aus der Praxis untermauert.

Zusätzlich behandelt dieses Kapitel die Digitalisierung in den Operations eines Unternehmens. Neue digitale Technologien können auf der einen Seite Auslöser von Unsicherheiten darstellen, auf der anderen Seite kann die Digitalisierung aber auch Unternehmen dabei unterstützen, agiler auf Unsicherheit zu reagieren. Dies wird zum Beispiel durch eine höhere Transparenz in der Produktion möglich, da mit Echtzeitdaten auf Änderungen reagiert werden kann.

| Agilitätsstellhebel als Baustein des agilen Unternehmenssystem | Zusammenfassung der Agilitätsstellhebel in Kategorien | Detaillierte Beschreibung der Agilitätsstellhebel |

 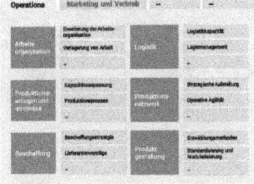 

Fokus dieses Kapitels
- Operations
- Marketing und Vertrieb

- Katalog mit Stellhebel in unterschiedlichen Kategorien und Subkategorien
- Indutriespezifischer Fokus

- Hunderte von Stellhebel pro Kategorie mit ...
  – Detailbeschreibung
  – Wirkung
  – Referenz für Grad der Agilität
- Unternehmensspezifische Anwendung

Abbildung 7.1: Agilitätsstellhebel

7.1 Agilitätsstellhebel im Bereich der Operations

Dieses Unterkapitel konzentriert sich auf den Bereich der Operations, der auch den Fokus dieses Buches darstellt. Die Kategorien in diesem Bereich werden in Tabelle 7.1 gezeigt. Für jede Kategorie wird eine Übersicht von exemplarischen Agilitätsstellhebel in einer Übersichtstabelle dargestellt. Zusätzlich werden einige Stellhebel detaillierter beschrieben und an Hand von Fallbeispielen genauer erklärt.

Die Agilität durch Produktgestaltung wird nicht als agile Produktgestaltung bezeichnet, da es in dieser Kategorie um die Steigerung der Agilität in der Produktion durch Produktgestaltung und nicht um ein agiles Agieren in der Produktgestaltung geht. Die agile Produktgestaltung wird in Kapitel 9 abgehandelt.

7.1.1 Agile Arbeitsorganisation

Die erste Kategorie im Bereich der Operations ist die agile Arbeitsorganisation. Um ein Unternehmen agiler aufzustellen, zählt die agile Arbeitsorganisation zu einem wesentlichen Faktor und stellt oft auch eine Grundvoraussetzung dar, um agiler zu werden. Tabelle 7.1 zeigt eine Übersicht von möglichen Stellhebeln im Bereich Arbeitsorganisation, die die Agilität im Unternehmen erhöhen können.

Kategorien der Agilitätsstellhebel im Bereich der Operations

Agile Arbeitsorganisation

Agile Produktionsanlagen

Agile Beschaffung

Agile Logistik

Agiles Produktionsnetzwerk

Agilität durch Produktgestaltung

Abbildung 7.2: Kategorien im Bereich der Operations

Subkategorie	Exemplarische Agilitätsstellhebel
Verlagerung von Arbeit	Einfache und schnelle Versetzung von Mitarbeitern zwischen Produktionslinien oder Standorten, zum Beispiel durch Mehrfachqualifizierungen.
	Mitarbeiterpool für Spezialprojekte, die gut unter Unsicherheit arbeiten können. Bei zum Beispiel neuen Produktvarianten oder anderen Problemen in der Produktion kann durch den Einsatz von diesen leistungsstarken Talenten kurzfristig reagiert werden.
Erweiterung der Arbeitsorganisation	Einsatz von Leiharbeitern, wodurch zügig die Mitarbeiteranzahl verändert werden kann.
	Kurzfristige Änderung der Betriebsurlaubszeiten. Je nach Auftragslage kann der Betriebsurlaub als Zusatzkapazität oder zum Abbau von Überstunden der Mitarbeiter genutzt werden.
	Flexible Arbeitsverträge bei Produktionsmitarbeitern, wodurch schnell und einfach auf Nachfrageschwankungen reagiert werden kann.
	Nutzung von Arbeitszeitkonten, wodurch innerhalb eines Jahres Überstunden und Minusstunden auf- und abgebaut werden können.
	Kurzfristige Änderung der Schichtdauer oder Schichtanzahl um die Kapazität der Produktion pro Woche zu erhöhen oder zu verringern.

Tabelle 7.1: Agile Arbeitsorganisation

Verlagerung von Arbeit

Wenn standardisierte Prozesse in der Produktion eines Unternehmens vorhanden sind, kann die Agilität durch schnelles Versetzen von Mitarbeiter an andere Arbeitsplätze oder sogar an andere Produktionsstandorte gesteigert werden. Die standardisierten Arbeitsplätze müssen mit ähnlichen Produktionsanlagen ausgestattet sein und es muss sich um ähnliche Produkte handeln, damit die Einschulungszeit so kurz wie möglich gehalten werden kann. Die Abstimmung mit dem Betriebsrat muss nicht zwingend erfolgen, wenn zum Beispiel die Versetzung an andere Standorte im Arbeitsvertrag verankert wurde.

Einen weiteren Stellhebel stellt die Nutzung eines speziellen Mitarbeiterpools dar. Dazu werden Personen aus dem Unternehmen ausgewählt, die bestimmte Fähigkeiten haben, wie zum Beispiel eine hohe Problemlösungskompetenz und eine hohe Qualifizierung hinsichtlich unterschiedlicher Arbeitsplätze im Unternehmen. Aufgaben, bei denen dieser spezielle Mitarbeiterpool eingesetzt werden kann, sind neue Varianten, die kurzfristig in die Produktion eingeführt werden müssen, starke Stückzahlschwankungen, die durch diese zusätzlichen Mitarbeiter überbrückt werden können oder andere Themen wie Produktionsausfälle oder Qualitätsprobleme.

Erweiterung der Arbeitsorganisation

Die Erweiterung der Arbeitsorganisation kann einerseits über die Änderung der Mitarbeiteranzahl oder andererseits über die Änderung der Arbeitszeiten der vorhandenen Mitarbeiter umgesetzt werden.

Ein mögliches Konzept ist dabei die Einführung von Arbeitszeitkonten. Diese können als langfristige Konten, über ein Jahr, oder kurzzeitige Konten, innerhalb eines Monats oder einer Woche, geführt werden. Somit können je nach Bedarf Überstunden oder Minusstunden aufgebaut werden, die dann zu anderen Zeiten genutzt werden können. Es gibt Industrieunternehmen, in denen am Anfang des Jahres die Mitarbeiter selbst entscheiden können, wie viele Überstunden sie bereit wären zu machen. Kann ein Mitarbeiter selbst über die Überstunden im kommenden Jahr entscheiden, steigt auch die Mitarbeiterzufriedenheit.

Flexible Arbeitsverträge sind notwendig, um die Agilität im Unternehmen in der Arbeitsorganisation zu steigern. Diese können sich auf die Arbeitszeiten, auf den kurzfristigen Einsatz oder auch auf den Standort beziehen. Wichtig ist dabei die Zeit, wie lange ein Unternehmen braucht, um im Bereich der Arbeitsorganisation auf Änderungen reagieren zu können.

Fallbeispiel 7.1: Agile Arbeitsorganisation, Automobilindustrie Deutschland

Folgendes Beispiel beschreibt ein Großunternehmen der Automobilbranche in Deutschland und wie dieses Unternehmen auf stark schwankende Absatzzahlen im Bereich der Arbeitsorganisation reagiert.

Grundsätzlich stellen sich zwei entscheidende Fragen. Wie stark ist der Auf- oder Abschwung und wie lange muss dieser durchgehalten werden? Das bedeutet, es muss beachtet werden, inwieweit sich die Absatzentwicklung über einen längeren Zeitraum graduell nach unten oder oben bewegt oder ob es einen kurzen, starken Auf- oder Abschwung gibt, nach dem sich die Lage aber wieder normalisiert. Abhängig davon werden die Stellhebel in vordefinierter Reihenfolge umgesetzt. Diese Maßnahmen wurden alle vorbereitet und mit dem Management abgestimmt. Im Idealfall startet das Unternehmen mit der Ausnutzung der flexiblen Arbeitszeitkonten, geht dann zu weiteren Maßnahmen über, die keine Umtaktung erfordern und anschließend zu Maßnahmen, die eine Umtaktung benötigen. Sollte es sich um einen Abschwung handeln, kann auch noch auf Kurzarbeit umgestellt werden.

Bei der Ausnutzung der Arbeitszeitkonten aller Mitarbeiter können einerseits unproduktive Stunden ohne Auslastung und auch kostspielige Überstunden auf der anderen Seite vermieden werden. Dabei gilt es lediglich, auf den Ausgleich der Stunden innerhalb eines Jahres zu achten.

Sind die flexiblen Arbeitszeitkonten ausgereizt, werden weitere Maßnahmen umgesetzt, die sich vor allem mit der Änderung der Betriebszeiten beschäftigen. Dazu wurde eine Vielzahl von möglichen Stellhebeln definiert, die abhängig von Dauer und Intensivität des Ab- oder Aufschwungs gewählt werden. Als Beispiel sei die Anzahl der Schichten erwähnt, die innerhalb von zwei Tagen im Unternehmen geändert werden kann. Diese Maßnahme wurde bereits vorab mit dem Betriebsrat abgestimmt. Andere Schritte betreffen die Verlängerung von Pausen oder auch die Verkürzung von Schichten.

Eine weitere Maßnahme zielt auf die Zeitangestellten (Leiharbeiter) ab. Diese werden gezielt eingesetzt, um ein schnelles Abbauen oder Aufbauen der Mitarbeiteranzahl zu gewährleisten. Die Anzahl der Leiharbeiter kann innerhalb eines Tages angepasst werden. Der Nachteil dieser Maßnahme liegt darin, dass mit weniger Arbeitskräften auch eine Umtaktung stattfinden muss, die einiges an Planungsaufwand fordert. Des Weiteren ist eine Umtaktung sehr zeitaufwendig, daher wird die Stellschraube »Leiharbeiter« nicht gleich als Maßnahme angewendet.

Sollten alle drei Maßnahmenblöcke bei einer Verschlechterung der Auftragslage nicht ausreichen, kann an den Einsatz von Kurzarbeit gedacht werden. Dies muss mit dem zuständigen Arbeitsamt in Deutschland verhandelt werden. Kurzarbeit ist gleichzeitig sehr oft mit einer großen Medienpräsenz verbunden, daher müssen die Auswirkungen auf das Image des Unternehmens geprüft werden.

Bezüglich der Gewerkschaften werden gewisse Punkte bedacht. Es gibt grundsätzliche Vereinbarungen mit der Gewerkschaft, Details werden aber erst in

Krisensituationen mit der Gewerkschaft diskutiert, da dann die Verhandlungsposition stärker ist. Somit kann das Unternehmen trotz der starken Gewerkschaften in Deutschland langfristig zum Beispiel bis zu 30 Prozent ihrer Mitarbeiter abbauen.

Alle möglichen Agilitätsstellhebel im Bereich Arbeitsorganisation sind in einer Tabelle definiert. Zusätzlich ist beschrieben welchen Nutzen jeder Stellhebel auf die Agilität in der Arbeitsorganisation hat und für wie lange dieser eingesetzt werden kann. Des Weiteren ist definiert, wie viel die Umsetzung des Stellhebels kostet, um von Anfang an eine hohe Kostentransparenz herzustellen. Somit beginnt das Unternehmen die Stellhebel mit dem besten Nutzen/Kosten-Verhältnis einzusetzen und wendet dann Schritt für Schritt, je nach Bedarf, weitere Stellhebel an.

7.1.2 Agile Produktionsanlagen

In diesem Kapitel wird wieder zuerst ein Überblick über mögliche Agilitätsstellhebel gegeben und dann detaillierter auf bestimmte Stellhebel eingegangen. Tabelle 7.2 zeigt den Überblick der Stellhebel im Bereich agile Produktionsanlagen.

Subkategorie	Exemplarische Agilitätsstellhebel
Kapazitätsanpassung	Qualifizierung von Volumenprodukten an zwei oder mehr Produktionsstandorten. Bei erhöhter Nachfrage oder Ausfall von Produktionslinien können Produkte zusätzlich an anderen Standorten produziert werden.
	Leasen oder Mieten von Produktionsanlagen. Bei schwacher Nachfrage können Produktionsanlagen zurückgegeben werden.
	Neue Geschäftsmodelle mit vorhandenen Produktionsanlagen bei schwacher Nachfrage. (zum Beispiel Auftragsfertigung) Damit kann die Auslastung der Produktionsanlagen hoch gehalten werden.
	Standorte für Spitzenabdeckung (Peak Shaving). Bei ausgelasteten Kapazitäten kann die zusätzliche Nachfrage zum Beispiel an Auftragsfertiger übergeben werden.
Agile Produktionstechnologien	Nutzung von generativen Fertigungsverfahren (zum Beispiel 3D-Druck), um effizient auf individuelle Kundenwünsche regieren zu können.
Produktionsanlagen	Durch modulare Produktionsanlagen kann zum einen die Produktionslinie einfach verkürzt oder verlängert werden, zum anderen kann durch den Austausch von Modulen auf neue Varianten reagiert werden.
	Standardisierte Produktionsanlagen unterstützen bei Nachfrageschwankungen nach oben, da zusätzliche Produktionsanlagen kostengünstig und schnell beschafft werden können.
	Mobile Produktionsanlagen können bei Nachfrageschwankungen je nach Bedarf an unterschiedlichen Produktionslinien oder Standorten genutzt werden.

Tabelle 7.2: Agile Produktionsanlagen

> **Fallbeispiel 7.2: BMW – Agilität im Bereich der Operations**
>
> Die Agilität in der Produktion ist für BMW ein wichtiger Punkt. Ein gutes Beispiel dafür ist das Werk in der Region Leipzig/Halle in Deutschland. In einem der modernsten Automobilfabriken der Welt rollen täglich mehr als 650 Fahrzeuge der 2er-Reihe sowie der Typen i3 und i8 vom Band.
>
> Die Fabrik zeichnet sich vor allem durch eine agile Produktionsstruktur aus. Die Montagelinie ist in einer Finger- bzw. Kammstruktur angeordnet. Die Hauptlinie besitzt einen hohen Automatisierungsgrad und die einzelnen Finger können nach Bedarf für zusätzliche Montageschritte aktiviert werden. Zusätzlich erlauben speziell gestaltete Gebäudeerweiterungen die Integration neuer Montageschritte sowie eine direkte Lkw-Materialanlieferung an nahezu jeden Montagestandort. So ist es möglich, mehrere Fahrzeugmodelle auf derselben Montagelinie zu fertigen und eine Anpassung der Kapazität vorzunehmen. Zusätzlich wird die agile Produktionsanlage durch flexible Arbeitszeitmodelle unterstützt. Die Betriebszeit kann zwischen 60 und 140 Stunden pro Woche stufenlos angepasst werden, um auf unterschiedliche Nachfragsituationen reagieren zu können.
>
> In diesem Beispiel wird die Agilität aus den Bereichen der Produktionsanlagen, der Arbeitsorganisation, der Logistik und der Beschaffung diskutiert. Diese stellen in der Gesamtheit ein sehr gutes Beispiel der Umsetzung von Agilität in einem Industrieunternehmen dar.[1]

Kapazitätsanpassung

Als erster möglicher Stellhebel wird die Qualifizierung von Volumenprodukten an zwei oder mehreren Produktionsstandorten vorgeschlagen. Dieser Stellhebel wird relevant, wenn man bei Produktionsstandorten immer wieder an die Kapazitätsobergrenzen stößt oder wenn es öfter zu ungeplanten Störungen in der Produktion von kritischen Produkten kommt. Ziel ist es dabei, die Produkte an zwei Standorten produzieren zu können und bei Bedarf die zweite Produktion schneller starten zu können, als die Nachfrageänderungen stattfinden. Als Beispiel hierfür gilt Infineon Technologies, welche je nach Bedarf die meisten ihrer Produkte an einem zweiten Standort produzieren können und somit in der Lage sind, agil auf Nachfrageschwankungen oder Produktionsausfälle zu reagieren. Das Unternehmen hat dabei alle Vorkehrungen getroffen, um eine schnelles Reagieren zu ermöglichen. Die Produktionsanlagen wurden vorbereitet und die Mitarbeiter wurden geschult. Ziel ist es, alle Produkte an zumindest zwei Standorten produzieren zu können.

Ein weiterer Stellhebel, der in Betracht gezogen werden kann, befasst sich mit dem Leasen oder Mieten von Produktionsanlagen. Steigt die Nachfrage, wird zusätzliche Kapazität geleast oder gemietet. Sinkt die Nachfrage werden die Produktionsanlagen zurückgegeben. Der Unterschied zwischen Leasen und Mieten liegt dabei vor allem in der Zuständigkeit der Wartung. Bei Leasing ist der Nutzer für die Wartung zuständig, bei der Miete muss der Vermieter die Funktionalität sicherstellen. Darüber hinaus können somit große Anfangsinvestitionen in Produktionsanlagen vermieden werden, da nur variable Kosten anfallen. Im Fallbeispiel 7.3 wird anhand von Kawasaki Heavy Industries ein mögliches Modell zum Mieten von Industrierobotern dargestellt.

> **Fallbeispiel 7.3: Kawasaki Heavy Industries – Vermietung von Industrierobotern**
>
> Kawasaki Heavy Industries ist ein japanischer Schwerindustrie-Konzern, der unter anderem in den Bereichen Schiffsbau, Luft- und Raumfahrttechnik, Fahrzeugbau inklusive Motorräder, Hoch- und Tiefbau, sowie Maschinen- und Energieanlagenbau, etwa Roboter für die Industrie aufgestellt ist.
>
> Kawasaki begann mit der Vermietung von Industrieroboter, um die Anfangsinvestitionen in Produktionsanlagen seiner Kunden zu reduzieren und den Kunden die Möglichkeit zu bieten, schnell auf Änderungen des Marktes reagieren zu können. Derzeit liegt der Fokus auf dem Bereich der Smartphone-Produktion, soll aber auch auf andere Produkte ausgebaut werden.
>
> Das Vermieten der kollaborierenden Roboter startete im April 2016 und wird gemeinsam mit einer japanischen Bank abgewickelt. Die Maschinen können Aufgaben erledigen, für die normalerweise zwei Hände eines Mitarbeiters gebraucht werden, wie das Zusammenbauen oder Verpacken von Produkten.
>
> Die Roboter kosten 22 000 bis 23 000 Euro, und können alternativ für rund 1 600 Euro pro Monat mit einer sechsmonatigen Mindestlaufzeit gemietet werden.
>
> Bei konventionellen Robotern war der kurzfristige Einsatz oft nur schwer umsetzbar, da das Programmieren und das Aufstellen von räumlichen Abgrenzungen zwischen Mensch und Maschine bis zu einem Monat gedauert haben. Kollaborierende Roboter der neuesten Generation müssen nicht mehr vom Menschen abgegrenzt sein und können somit innerhalb kürzester Zeit aktiviert werden. Laut Hersteller können die Roboter innerhalb von zwei bis drei Tagen eingesetzt werden.
>
> Somit kann die Agilität im Unternehmen gesteigert werden, da zusätzliche Produktionsanlagen zur Verfügung stehen oder die Anzahl von Produktionsanlagen verringert werden kann, indem die Roboter zurückgegeben werden. Des Weiteren kann das Vermietungsmodell genutzt werden, um Roboter in der Produktion zu testen oder den Return-on-Assets zu verkürzen.[2]

Eine weitere Möglichkeit stellt die Entwicklung von neuen Geschäftsmodellen mit vorhandenen Produktionsanlagen dar. Dabei soll überlegt werden, ob nicht genutzte Anlagen in der Produktion für zusätzliche externe Aufträge genutzt werden können. Als Beispiele gilt die Auftragsfertigung. Die Heidelberger Druckmaschinen AG erweiterte beispielsweise aufgrund geringer Auslastung ihrer Produktion ihr Geschäftsmodell und bietet die eigenen Produktionskapazitäten als Auftragsfertiger für Kunden an. Zusätzlich betreiben sie die »Factory on demand«. Dabei bietet das Unternehmen unterschiedliche Dienstleistungen im Produktionsbereich ihren Kunden an. Von der Technologieberatung über die Beschaffung und Eigenfertigung sowie das Prototyping und die Montage bis hin zur Zollabwicklung und dem Versand können alle Bausteine nach eigenen Wünschen zusammengestellt werden.[3]

Das letzte Beispiel, das hier für die Kapazitätsanpassung genannt wird, beschäftigt sich mit der Nutzung von externen Auftragsfertigern, die bei Auslastung der Kapazität die zusätzliche Nachfrage agil übernehmen können. Somit kann die eigene Produktion bei voller Auslastung effizient betrieben werden und die zusätzliche Kapazität wird durch eine Spitzenabdeckung von externen Auftragsfertigern übernommen. Als Beispiel gilt hier Magna Steyr Fahrzeugtechnik, die ab 2017 die Spitzenabdeckung des 5-er BMW übernehmen und somit die Spitzenabdeckung für BMW betreiben.[4]

Fallbeispiel 7.4: Infineon Technologies – Proaktive Kapazitätsanpassung

Ein großes Thema bei dem Aufbau von zusätzlichen Kapazitäten in der Halbleiterindustrie ist die benötigte Zeitdauer zum Aufbau von zusätzlichen Produktionsstandorten. Dabei kann von mehreren Jahren ausgegangen werden, die für die Auswahl des Standortes, die Bereitstellung der Produktionshalle und des Reinraumes, die Lieferung der Produktionsanlagen, die Qualifizierung der Mitarbeiter, die Planung der Prozesse (ein Gesamtdurchlauf alleine benötigt meist über 3 Monate) für die Leitprodukte und später auch für weitere Produkte und den Anlauf der Volumenproduktion benötigt werden.

Dabei ist zusätzlich noch oft schwer vorauszusagen, welche Technologien und Varianten in Zukunft nachgefragt werden und somit auch, welche Produktionsanlagen gebraucht werden. Des Weiteren muss, wenn die Entscheidung für eine neue Technologie gefallen ist, die Produktion schnell hochlaufen, um wettbewerbsfähig zu sein.

Mögliche Alternativen zu neuen Produktionshallen stellen bei Infineon die Reservierung von Produktionskapazitäten bei Auftragsfertiger (Semiconductor Foundries) oder der Umbau bestehender Fertigungskapazitäten für neue Anforderungen dar.

Auf strategischer Ebene muss daher für jede Variante die Entscheidung getroffen werden, ob zusätzliche Kosten akzeptiert werden, um die frühere Bereitstellung der neuen Technologien zu gewährleisten. Das heißt, Agilitätskosten werden akzeptiert, um den zusätzlichen Umsatz durch einen früheren Markteintritt nutzen zu können.

Um schnell reagieren zu können, werden auf operativer Ebene schon einmal Grundstücke in wichtigen Märkten, wie China oder USA gekauft oder bestehende Grundstücke erweitert. Des Weiteren wird auch eine Produktionshalle mit einem Reinraum aufgebaut. Die Installation der Produktionsanlagen und die Qualifizierung von Technologie, Produkt und Mitarbeitern erfolgt erst später, wenn die konkrete Entscheidung für die neue Technologie getroffen wurde. Somit wird der Aufbau eines neuen Produktionsstandortes in kürzerer Zeit realisiert. Der spätere zusätzliche Umsatz rechtfertigt die Kosten, die proaktiv in den Aufbau eines Reinraumes investiert wurden.[5]

Agile Produktionsanlagen

Ein weiterer Bereich für die Agilität in Unternehmen ist die Nutzung von agilen Produktionsanlagen. Dabei geht es unter anderem um neue Technologien aus dem Bereich der generativen Fertigungsverfahren. Als derzeit wichtigste Technologie sei der 3D-Druck genannt, der in den nächsten Jahren eine wichtige Rolle spielen wird und dies nicht nur in der Produktentwicklung für Rapid Prototyping, sondern auch in der Produktion.

Unternehmen können durch den 3D-Druck agil auf individuelle Kundenwünsche eingehen. Dabei ist für die Agilität nicht nur wichtig, dass schnell zwischen Varianten gewechselt werden kann, sondern dass auch komplexe Geometrien kostengünstig produziert werden können. In bestimmten Märkten kann ein Unternehmen durch das Erfüllen von individuellen Kundenwünschen auch mehr Umsatz generieren, da Kunden bereit sind, für individuelle Lösungen mehr zu bezahlen.

Mit 3D-Druck können auch Kleinserien kostengünstiger produziert werden. Bei konventionellen Produktionen müssen oft zuerst passende Werkzeuge oder Formen hergestellt werden, die erst bei hohen Stückzahlen wirtschaftlich eingesetzt werden können. Da beim 3D-Druck keine Umrüstkosten anfallen, können sich somit auch kleine Stückzahlen rentieren.

> **Fallbeispiel 7.5: General Electric – 3D-Druck**
>
> General Electric (GE) nutzt seit April 2016 3D-Drucker in ihrer Produktion, um Komponenten für Einspritzsysteme für ihre Triebwerke herzustellen. Die Flugzeugabteilung ist dabei die erste Sparte von GE, die generative Fertigungsverfahren in der Produktion nutzt.
>
> GE konnte bei ihrem Einspritzsystem die Anzahl der Komponenten drastisch reduzieren. Dies war vor allem deshalb möglich, weil mit dem 3D-Drucker völlig neue Geometrien umgesetzt werden konnten, die sonst nicht herstellbar waren. Das lag vor allem an der Komplexität und den zu hohen Kosten in der Produktion. Der 3D-Drucker konnte diese Komplexität reduzieren und eine kostengünstige Produktion gewährleisten.
>
> Darüber hinaus können bei General Electric auch individuelle Kundenwünsche kostengünstig umgesetzt werden. Mit den 3D-Druckern spielt es keine Rolle mehr, ob eine Bestellung zum Beispiel nur 1 000 Stück, nur 100 Stück oder ob es sich sogar um nur ein kundenindividuelles Stück handelt.
>
> 3D-Druck stellt in der Strategie von GE einen wichtigen Aspekt dar, um agil auf individuelle Kundenwünsche eingehen zu können und trotzdem effizient produzieren zu können.[6]

Produktionsanlagen

In diesem Abschnitt werden modulare, standardisierte und mobile Anlagen in der Produktion beschrieben. Den Grundbaustein bildet dabei die Modularität. Dafür müssen Module definiert werden, die durch spezifische Schnittstellen verbunden werden können. Damit ist es möglich, einzelne Module auszutauschen, standardisierte Module zu nutzen oder diese mobil an anderen Standorten einzusetzen.

Die modularen Produktionsanlagen steigern die Agilität in der Produktion, da Unternehmen schnell auf Änderungen im Markt reagieren können. Bei Nachfrageschwankungen nach oben werden zusätzliche Module integriert. Bei Nachfrageschwankungen nach unten werden Module anderwärtig verwendet und mobil verschoben.

Standardisierte Produktionsmodule sind meistens billiger, verglichen zu individuellen Lösungen, schnell nachbestellbar und bei Bedarf können diese auch an die Anlagenlieferanten zurückgeben oder weiterverkauft werden. Das heißt, Vorteile bei Nachfrageschwankungen nach oben durch kurze Lieferzeiten von zusätzlichen Modulen; Vorteile bei Nachfrageschwankungen nach unten durch anderweitige Verwendung, Rückgabe oder Weiterverkauf. In der Praxis hat sich gezeigt, dass vielen Unternehmen nicht bewusst ist, dass ihre Anlagenlieferanten auch Standardmodule anbieten. Meistens wird bei den Unternehmen selbst definiert, welche Anlagen sie brauchen, um dann die teureren, maßgeschneiderten Lösungen zu bestellen.

Fallbeispiel 7.6: Toyota – Modulare und mobile Produktionsanlagen

Toyota hat in seinen Werken ein modulares und standarisiertes Design für Produktionslinien definiert. Dabei können einzelne Module schnell und einfach ausgetauscht werden. Zum Beispiel kann je nach Lohnkosten des Einsatzlandes zwischen manuellen und automatisierten Arbeitsplätzen gewechselt werden.

Zusätzlich gibt es bei Toyota ein Spezialprojekt, das in Ohira, Japan, umgesetzt wird. Es soll höchste Agilität im Werk erreicht werden, dies aber mit einem Anfangsinvestment von nur 60 Prozent, verglichen mit seinen anderen Werken. Das Werk ist nur minimal automatisiert und so modular wie möglich aufgebaut, um schnell auf Änderungen reagieren zu können.

Fahrzeuge werden zum Beispiel seitwärts bewegt, um die Linie um rund 35 Prozent verkürzen zu können. Die Linie an sich kann einfach verlängert oder verkürzt werden. Die Produktionsanlagen sind nirgends im Boden verankert. Toyota spricht in diesem Zusammenhang davon, dass seine Anlagen keine Wurzeln schlagen dürfen. Ziel von Toyota ist es, eine mobile, einfache und vor allem günstige Standardproduktionslinie in Schwellenländern aufstellen zu können und je nach Bedarf auch in anderen Ländern zu nutzen. Dies wird vor allem durch eine Modularisierung der Produktionsanlagen möglich.[7]

Fallbeispiel 7.7: BMW – Mobile Produktionsanlagen

BMW nutzt seit vielen Jahren die »Mobilen Standard Fertigungszellen« (Mobi-Cells), die im Karosseriebau schnell und kostengünstig verlagert werden können. Diese Fertigungszellen können auch verbunden werden, um über größere und komplexere Fertigungsstationen zu verfügen. Einerseits kann das Unternehmen neue Varianten oder Modelle im Karosseriebau integrieren. Andererseits kann BMW diese mobilen Fertigungszellen auch an andere Standorte verlagern.

Die Zellen bestehen aus Stahlrahmen in der Größe von 2,9 mal 5,8 Metern. Roboter, Montagevorrichtungen, Stromanschluss und Steuerungseinheit sind dabei fix auf der Plattform integriert. Der Aufbau der standardisierten Fertigungszellen folgt immer einem definierten Muster. Die Zellen sind eigenständige Fertigungsstationen und können je nach Bedarf kombiniert werden. Die Integration einer neuen Zelle erfolgt meist innerhalb von wenigen Tagen.[8]

7.1.3 Agile Beschaffung

Oft reicht es nicht aus, nur das eigene Unternehmen agiler aufzustellen, sondern es müssen auch die Lieferanten agil reagieren können, da sonst die eigene Agilität keinen Mehrwert schafft. Tabelle 7.3 zeigt Stellhebel um die Agilität im Bereich Beschaffung zu erhöhen.

Subkategorie	Exemplarische Agilitätsstellhebel
Beschaffungsstrategie	Einsatz von Multi-sourcing-Strategien zur Absicherung bei Ausfällen von Lieferanten.
	Erhöhung der Transparenz in der Lieferkette bis auf Sublieferantenebene, um ungeplante Lieferausfälle zu vermeiden.
Kooperation mit Lieferanten	Lieferantenverträge mit hoher Volumenflexibilität, bei denen keine minimalen oder maximalen Abnahmemengen definiert sind.
	Agilität wird als Kriterium im Auswahlprozess für Lieferanten genutzt.
	Etablieren von strategischen Partnerschaften mit ausgewählten Lieferanten. Preisvorteile und bevorzugter Kundenstatus in Krisenzeiten helfen Unternehmen, Lieferausfälle zu vermeiden.

Tabelle 7.3: Agile Beschaffung

Beschaffungsstrategie

Im Bereich der Beschaffung geht es nicht mehr nur um Kostensenkung, sondern auch um proaktive Vorbereitung auf Unsicherheiten. Multi-sourcing wird bei Unsicherheiten als Konzept immer wichtiger. Für die Umsetzung muss eine Kompromissentscheidung getroffen werden. Durch Multi-sourcing können höhere Kosten entstehen, aber das Unternehmen kann sich dadurch gegen Ausfälle in der Lieferkette absichern und somit agiler aufstellen. Die höheren Kosten fallen vor allem durch die mehrfache Abstimmung mit den Lieferanten und die geringe Abnahmemenge pro Lieferant an. Somit macht es Sinn Multi-sourcing anzuwenden, wenn es kritische Lieferanten gibt, bei denen das Ausfallsrisiko hoch ist. Gründe dafür können Rohmaterialverknappung, Qualitätsprobleme des Lieferanten oder unvorhergesehene Naturkatastrophen sein.

Der zweite Stellhebel in diesem Bereich ist die erhöhte Transparenz in der Lieferkette. Dabei ist darauf zu achten, dass neben den direkten Lieferanten auch die Sublieferanten der direkten Lieferanten gekannt werden, um eine höhere Transparenz zu erreichen. Transparenz heißt in diesem Fall, dass Produktionsstandorte, Lagerstandorte, grobe Produktionskapazitäten und Risiko für einen Lieferausfall bekannt sind. Als Negativbeispiel gilt hier die duale Beschaffungsstrategie, bei der aber beide Lieferanten auf den gleichen kritischen Sublieferanten zugreifen. Das kann durch eine höhere Transparenz vermieden werden.

> **Fallbeispiel 7.8: Toyota – Multi-sourcing und transparente Wertschöpfungskette**
>
> Nach einem großen Erdbeben in Tōhoku im Jahr 2011 benötigte Toyota sechs Monate, um die Produktionszahlen wieder auf das gleiche Niveau wie vor dem Erdbeben zu bringen. Einer der Hauptgründe für die Probleme war die Single-Sourcing-Strategie bei einer Microcontroller-Einheit der Firma Denso vom Sublieferanten Renesas Electronics.
>
> Renesas produzierte die Microcontroller just-in-time in einem Sechs-Minuten-Rhythmus. Die Produktionsanlagen wurden durch einen Tsunami, ausgelöst durch das Erdbeben, zerstört. Das hatte zur Folge, dass in vielen Werken von Toyota die Produktion reduziert oder gestoppt werden musste.
>
> General Motors hatte zur gleichen Zeit zwar die gleichen Probleme wie Toyota, war aber auf solche Fälle vorbereitet. Durch Multi-sourcing war es möglich den Ausfall von Renesas zu überbrücken.
>
> Toyota auf der anderen Seite verzeichnete zwischen März 2011 und März 2012 einen Verlust von 3,5 Milliarden US-Dollar und musste durch die geringe Transparenz in ihrer Wertschöpfungskette große Verluste verkraften.[9]

Kooperation mit Lieferanten

Ein weiterer Stellhebel zur Agilitätssteigerung besteht in der Verhandlung von Lieferantenverträgen mit hoher Volumenflexibilität. Das bedeutet, dass es einen großen Spielraum zwischen minimalen und maximalen Abnahmemengen gibt. Dies kann Vorteile bei Produkten mit großen Nachfrageschwankungen bringen. Andererseits muss aber auch mit einem höheren Preis vom Lieferanten gerechnet werden, der die geforderte Volumenflexibilität liefern muss. Kriterien, die bei der Entscheidung unterstützen können, sind zum Beispiel der Vergleich zu den Kosten eines Rohmateriallagers und die maximale vom Lieferanten angebotene Volumenflexibilität. Das Fallbeispiel 7.9 zum Thema Kapazitätsmanagement mit Lieferanten geht noch weiter auf dieses Spannungsfeld ein.

Weiteres ist es nicht nur wichtig, das eigene Unternehmen agiler aufzustellen. Sehr oft ist es auch sinnvoll, einen bestimmen Agilitätsgrad von den Lieferanten zu fordern. Dieser sollte zum Beispiel an die Nachfrageschwankungen im eigenen Unternehmen angepasst sein. Das kann zum Beispiel durch ein Agilitätskriterium im Auswahlverfahren der Lieferanten sichergestellt werden. Das bedeutet, dass bei der Auswahl Lieferanten auch unterschiedliche Szenarien durchgespielt und analysiert werden, wie der Lieferant reagieren würde und in wie weit er auf solche Szenarien vorbereitet ist. Mögliche Szenarien können kurzfristige Nachfrageschwankungen, Ausfälle in der Lieferkette oder eine kurzfristige Änderung auf neue Produkte sein. Des Weiteren können Lieferanten auch bei der Weiterentwicklung ihrer Agilität unterstützt werden. Um die Agilität auch längerfristig sicherzustellen, ist es wichtig, die Agilität bei Lieferanten regelmäßig durch Kennzahlen zu überprüfen. Mögliche Kennzahlen sind Liefersicherheit, Qualitätsthemen, kurzfristige Reaktion auf Änderungen oder Anzahl von vorbereiteten Notfallplänen.

Agilität in der Beschaffung kann auch durch intelligente Vergabe an Lieferanten erreicht werden. Wenn zum Beispiel den Kunden zwei unterschiedliche Display-Varianten im Fahrzeug angeboten werden und beide Displays von Lieferanten produziert werden, sollte der gleiche Lieferant für beide Produktvarianten genutzt werden. Da oft die Vorhersagen ungenau sind, würde das bedeuten, dass sonst ein Lieferant mit Display A eventuell zu hohe Nachfrage hat und der zweite Lieferant mit Display B zu wenig Nachfrage. Werden aber beide Varianten vom gleichen Lieferanten bezogen, und dieser produziert beide Varianten an der gleichen Anlage, kann die Absatzmenge geglättet und die unsichere Vorhersage für die beiden Varianten umgangen werden. Dies widerspricht sich auch nicht mit Multi-sourcing, da auch jeweils beide Varianten an beide Lieferanten gegeben werden können.

> **Fallbeispiel 7.9: Automobilindustrie – Kapazitätsmanagement mit Lieferanten**
>
> Bei der Kapazitätsplanung im Produktentstehungsprozess in der Automobilindustrie werden sehr oft funktionsübergreifende Teams zusammengestellt. Geleitet werden die Sitzungen von eigenen Kapazitätsmanagern. Vertreter aus der Produktion, der Entwicklung, dem Vertrieb, dem Einkauf und dem Controlling sind dabei involviert. Ziel ist es den Einkauf zu unterstützen, da somit dieser sich proaktiv auf mögliche Nachfrageschwankungen nach oben oder unten vorbereiten kann.
>
> Zu Beginn wird entschieden, wer die kritischen Lieferanten im laufenden Projekt sind. Dies wird anhand von fünf Kriterien, abhängig von den Produkten, entschieden. Erstens, die Agilität des Lieferanten in der Produktion. Wie viel Stückzahlenschwankungen nach unten oder oben kann der Lieferant abwickeln. Zweitens, die Qualität der Produkte und die Zuverlässigkeit des Lieferanten. Drittens, gibt es bereits Erfahrung mit dem Lieferanten aus anderen Projekten und welche Leistung konnte er abliefern. Viertens, gibt es neue gesetzliche Rahmenbedingungen, die bei diesem Produkt eingehalten werden müssen. Fünftens, wie ist die Prognosesicherheit für die Komponente,

> die der Lieferant produzieren soll. Prognoseunsicherheiten sind vor allem bei Sonderausstattungen zu erwarten. Hier gibt es oft noch keine Erfahrung hinsichtlich der Kundennachfrage.
>
> Durch dieses systematische Vorgehen wird eine hohe Transparenz in der Wertschöpfungskette zum Lieferanten erreicht und der Fokus kann auf die, für kritisch eingestuften, Lieferanten gelegt werden. Das funktionsübergreifende Team trifft sich dann regelmäßig, um die Kapazitäten anzupassen. Gibt es starke Abweichungen muss direkt auf die Lieferanten zugegangen und gemeinsam Lösungen gefunden werden.

Das Konzept des sogenannten »bevorzugten« Kunden beim Lieferanten kann im Zuge einer strategischen Partnerschaft eine wichtige Rolle spielen. Grundsätzlich strebt dieses Konzept eine erhöhte Kundenbindung an, da wichtigen Kunden, die regelmäßig Produkte kaufen, ein Rabatt auf den Preis gegeben wird. Für die Agilität kann dieses Konzept aber auch anderes genutzt werden. Das bedeutet, es werden mit Lieferanten für kritische Teile, Komponenten oder auch Produktionsanlagen Verträge abgeschlossen, bei denen das eigene Unternehmen in Krisensituationen oder auch kurzfristigen Absatzschwankungen gegenüber Mitbewerbern bevorzugt wird. Dies kann durch eine fixe Abnahmemengen oder auch Vorauszahlungen erreicht werden. Somit wird zuerst der »bevorzugte Abnehmer« mit den Restbeständen des Lagers bei Produktionsausfall beliefert und andere müssen warten. Dies ist aber nur relevant, wenn von einer Produktionsanlage des Lieferanten auch andere Mitbewerber beliefert werden. Grundsätzlich muss davon ausgegangen werden, für diese Sonderbehandlung bezahlen zu müssen, da der Lieferant sonst keinen Vorteil daraus zieht.

In manchen Fällen ist es nur schwer möglich, zwei oder sogar mehrere Lieferanten für kritische Komponenten oder Teile zu bekommen. Dies bedeutet, dass ein Single-sourcing notwendig ist. In solchen Situationen sollte dieser Lieferanten als strategischer Partner angesehen werden. Es empfiehlt sich, gemeinsam regelmäßig an der Verbesserung der Prozesse, der Teile oder Komponenten, der Produktion und auch an Back-up-Plänen zu arbeiten. Somit kann auch eine vertrauensvolle Beziehung zum Lieferanten die Agilität im Unternehmen erhöhen, da auf diese Weise transparente Prozesse etabliert werden können.

7.1.4 Agile Logistik

Die agile Logistik beschreibt einerseits die Anpassungsfähigkeit des Logistikequipments und der Logistikkapazität und andererseits das Lagermanagement. Ein Überblick über mögliche Stellhebel im Bereich der agilen Logistik wird in Tabelle 7.4 dargestellt.

Subkategorie	Exemplarische Agilitätsstellhebel
Logistikequipment	Anpassungsfähigkeit der Container, Träger und anderer Transporteinheiten, um schnell auf neue Varianten reagieren zu können.
Logistikkapazität	Schnelle Reaktion in der Logistik durch den Wechsel von Transportmitteln. (zum Beispiel Lkw, Schiff, Bahn, Flugzeug)
	Gezieltes Outsourcing von Logistikdienstleistungen. Nachfragebedingte Anpassungen in der Logistik werden somit vom Dienstleister übernommen.
Lagermanagement	Kleinlager von Komponenten, die oft einen Engpass verursachen, wodurch der Ausfall der Lieferkette vermieden werden kann.
	Dezentrale Lagerstrategie, um durch Nähe zum Kunden kurze Lieferzeiten zu erreichen.

Tabelle 7.4: Agile Logistik

Logistikequipment und Logistikkapazität

Um auf die ständigen Veränderungen der umgeschlagenen Produkte reagieren zu können, müssen auch die Transporteinheiten dementsprechend anpassungsfähig sein. Dies betrifft beispielsweise Container, Träger und andere Einheiten, die an geometrische Abmessungen, das Volumen, das Gewicht und die Befestigungen angepasst werden können. Damit kann vor allem schnell auf neue Varianten reagiert werden.

Außerdem ist eine kurzfristige Anpassung in der Logistik hinsichtlich der Lieferzeiten und Lieferorte wichtig. Um agil reagieren zu können, muss ein schneller Wechsel zwischen unterschiedlichen Transportmitteln möglich sein. Das bedeutet, dass proaktiv alle Alternativen für den Transport bekannt sind, mit Logistikunternehmen bereits Kontakt besteht und man jederzeit vorbereitet ist, das Transportmittel zum Beispiel von Schienen- auf einen Lkw-Transport zu wechseln.

Als gutes Beispiel gilt hier die Automobilindustrie. Während des Streiks der Deutschen Bahn im Jahr 2015 befand sich die deutsche Automobilindustrie in der Lage, innerhalb von zwei Wochen die komplette Bahnlogistik auf Logistik mit Lkw zu verschieben. Der Nachteil der Bahn ist die Inflexibilität gegenüber dem Lkw. Das ist auch einer der Hauptgründe, warum um die 70 Prozent des Güterverkehrs per Lkw abgewickelt wird. Durch den Bahnstreik konnte gezeigt werden, dass die Automobilindustrie sehr agil in der Logistik reagieren kann. Die Ausnahme ist der Transport per Schiff, wo zumindest mit zwei Wochen Vorlaufzeit gerechnet werden muss.

Das Fallbeispiel 7.10 geht noch auf das Thema Outsourcing von Logistikdienstleistungen ein und das Fallbeispiel 7.11 beschreibt, wie die agile Logistik als Wettbewerbsfaktor genutzt werden kann.

Fallbeispiel 7.10: Siemens – Outsourcing von Logistik-Dienstleistungen

Siemens-Division Industry Automation im bayerischen Fürth lagerte seine Logistik an Kühne + Nagel Logistikdienstleister aus und kann somit selbst agiler auf Stückzahlenschwankungen und Änderungen der Varianten reagieren. Dabei wurde die Lager- und Lieferantenlogistik übergeben und die Projektdauer für mehrere Jahre angesetzt. Ziel bei Siemens war es, den Fokus auf die Produktion zu legen und die vorhandenen Mitarbeiter dort optimal einzusetzen.

Kühne + Nagel stellen zusätzlich auch eigene Lagerflächen zur Verfügung. Neben klassischen Aufgaben wie Wareneingang und Warenausgang wird auch die Kommissionierung von Einzelteilen und Vollpaletten, sowie die Verpackung und Konsolidierung übernommen. Des Weiteren hat Kühne + Nagel in Nürnberg ein eigenes Konsignationslager für Siemens Lieferanten errichtet.

Die Vorteile für Siemens liegen auf der Hand. Es sind keine Investitionen für zusätzliche Lagerhallen notwendig. Die Fixkosten konnten reduziert und auf variable Kosten umgestellt werden. Das Risiko bezüglich Stückzahlschwankungen teilte man mit dem Logistikdienstleister. Somit konnte Siemens sich auf die Produktion konzentrieren und musste nur mehr die Informationen an den Dienstleister weiterleiten, welches Material an welchen Ort und zu welcher Zeit zu liefern ist, um die Produktion betreiben zu können.[10]

Fallbeispiel 7.11: Zara – Agile Logistik als Wettbewerbsfaktor

Zara ist das Aushängeschild der Inditex Gruppe unter der Leitung von Amancio Ortega. Innerhalb von 10 bis 15 Tagen kann Zara Modedesigns zu fertigen Produkten für die Verkaufsstellen umwandeln. Das Unternehmen kommt auf zwölf Lagerumschläge pro Jahr, im Vergleich zum Branchendurchschnitt von nur drei bis vier Umschlägen. Insgesamt fertigt Zara im Schnitt in etwa 12 000 Designs pro Jahr. Die nicht verkauften Teile belaufen sich auf etwa zehn Prozent, im Vergleich zum Branchendurchschnitt von 17 bis 20 Prozent. Die letzte Kennzahl bezieht sich auf die fixierten Modedesigns vor einer Modesaison. Diese belaufen sich bei Zara nur auf 50 bis 60 Prozent, im Vergleich liegt der Branchendurchschnitt bei 80 bis 90 Prozent.

Dabei spielen drei Konzepte, die bei Zara angewendet werden und als Basis ihres Erfolgs gesehen werden, eine wichtige Rolle. Erstens, die kurzen Lieferzeiten; damit kann immer aktuell modische Ware angeboten werden. Zweitens, geringe Mengen eines Modedesigns, die zu einem geringeren Angebot führen und somit eine künstliche Verknappung verursachen. Drittens, gibt es eine hohe Anzahl an unterschiedlichen Modedesigns, die zu mehr Auswahl für Endkunden führt und die Chance erhöht, dass etwas Passendes für jeden Kunden dabei ist.

Zaras Verkaufsstellenleiter bestellen zwei Mal pro Woche neue Ware. Dadurch wechselt der Inhalt des Lagers sehr schnell; die Ware wird im Schnitt nur einen Monat angeboten. In den USA befinden sich die Verkaufsstellen über das ganze Land verteilt. Des Weiteren muss die Ware auch von Europa nach Nordamerika gebracht werden. Logistik mit dem Schiff ist für Zara durch die langen Lieferzeiten keine Option, deshalb wird per Luftfracht geliefert. Um die Logistik noch effizienter zu gestalten, werden Informationen der Verkaufsstellenleiter direkt von mobilen Handgeräten an die Produktion und in die Zentrale in Echtzeit geschickt. Durch diese Echtzeitdaten können die Transportwege, die Lagerstätten und auch die Produktionskapazität effizient genutzt werden. Die Transparenz erreicht das Unternehmen durch diese hohe Vernetzung mit Echtzeitdaten. Am Ende verkauft Zara bis zu 85 Prozent der Ware zum Originalpreis, der Branchendurchschnitt liegt bei nur 50 Prozent.[11]

7.1.5 Agiles Produktionsnetzwerk

Unter Produktionsnetzwerk wird hier ein Produktionsverbund verstanden, der aus mehreren Produktionsstandorten besteht. Im Kapitel geht es einerseits um die strategische Aufstellung und andererseits um die operative Agilität im Produktionsnetzwerk. Eine Übersicht von möglichen Agilitätsstellhebeln wird in Tabelle 7.5 präsentiert.

Subkategorie	Exemplarische Agilitätsstellhebel
Strategische Aufstellung des Produktionsnetzwerkes	Dezentrale Organisationseinheiten und Prozesse im Produktionsnetzwerk ermöglichen schnelle Reaktionen durch autonome Entscheidungen.
	Dezentrale Produktionseinheiten (Minifabriken) nahe beim Kunden, die eine rasche Reaktion auf Unsicherheiten ermöglichen.
Operative Agilität im Produktionsnetzwerk	Dynamische Verteilung von Kundenaufträgen in einem Produktionsnetzwerk, um auf Nachfrageschwankungen, Variantenänderungen und Lieferausfälle zu reagieren.
	Standardisierte Prozesse, Produktionsanlagen und Mitarbeiterqualifizierungen als Basis für ein einfaches Verschieben von Kundenaufträgen innerhalb des Produktionsnetzwerkes.
	Änderung des Grades der vertikalen Integration. Bei Nachfrageschwankungen nach oben werden zusätzlich Auftragsfertiger genutzt. Bei Nachfrageschwankungen nach unten wird nur mehr intern produziert.

Tabelle 7.5: Agiles Produktionsnetzwerk

Strategische Aufstellung des Produktionsnetzwerkes

Es gibt erste Forschungsprojekte, die sich mit dezentralen Netzwerken von agilen Minifabriken beschäftigen. Das können Fabriken sein, die mit 3D-Druckern ausgestattet sind und für den letzten Schritt in der Produktion zur Individualisierung der Kundenwünsche zuständig sind. Diese Fabriken sind mobil und können agil auf Kundenwünsche reagieren. Dabei handelt es sich oft um modulare Minifabriken in Containern, die im Produktionsnetzwerk agil und je nach Bedarf eingesetzt werden können. Das Fallbeispiel 7.12 beschreibt dazu ein Projekt von Adidas.

> **Fallbeispiel 7.12: Minifabriken**
>
> Adidas ist Teil eines Forschungsprojekts, das sich mit dezentralen Minifabriken beschäftigt. Ziel dieses Projektes ist es, die Lieferzeit zum Kunden zu verkürzen und trotzdem auf die individuellen Wünsche des Kunden einzugehen. Des Weiteren ist Adidas dadurch nicht mehr von sich ändernden Lohnkosten, zum Beispiel in China, abhängig und kann auch bei Logistikkosten sparen. Das Projekt nennt sich Speedfactory. Ziel ist es, agil, lokal und auf kleinstem Raum zu produzieren.
>
> Die Agilität kann somit durch die Nähe zu den Kunden erreicht werden. Eine wichtige Rolle spielt dabei die Modularisierung von Produktionsprozessen. Des Weiteren setzen die Minifabriken auf 3D-Druck, um individuell auf Kundenwünsche einzugehen, und neue Robotik, um die Effizienz zu steigern.[12]

Operative Agilität im Produktionsnetzwerk

Durch eine dynamische Verteilung von Kundenaufträgen in einem Produktionsnetzwerk kann besser auf Nachfrageschwankungen, Variantenänderungen und Lieferausfälle reagiert werden. Dies wird oft als Möglichkeit des Atmens innerhalb eines Netzwerkes beschrieben, welches die Agilität in internationalen Unternehmen steigern kann. Dabei lautet die wichtigste Frage, wie schnell Produktionskapazität von einem Standort zu einem anderen verschoben werden kann. Dies hängt auch mit der Qualifizierung von Produkten an mehreren Standorten zusammen. Das Atmen im Netzwerk wird zum Beispiel in der Automobilindustrie immer wichtiger, da dort große weltweite Produktionsnetzwerke genutzt und sehr viele unterschiedliche Varianten auf verschiedenen Märkten angeboten werden.

Einer der wichtigsten Grundbausteine, um das Atmen im Produktionsnetzwerk zu ermöglichen, ist die Anwendung von standardisierten Prozessen, Produktionsanlagen und Mitarbeiterqualifizierungen. Dieser Stellhebel wird auch im Bereich Produktionsanlagen bereits beschrieben, wobei hier aber auf die Auslegung für das ganze Produktionsnetzwerk fokussiert wird. Ziel ist es, dadurch nicht nur Produktionsanlagen austauschen zu können oder Standards zu fixieren, sondern auch Mitarbeiter an andere Standorte schicken zu können, da dort die gleichen Prozesse und Produktionsanlagen vorhanden sind. Dies macht es möglich, schnell reagieren zu können, indem Kapazitäten zu anderen Standorten verschoben werden.

Ein weiterer Stellhebel im Produktionsnetzwerk ist die Entscheidung über den Grad der vertikalen Integration. Ein Unternehmen muss überlegen, wo eine Änderung der vertikalen Integration sinnvoll sein kann. In der Praxis wird der Stellhebel der vertikalen Integration zum Beispiel oft in der Maschinenbauindustrie angewendet. Dabei werden Auftragsfertiger qualifiziert, bei denen kurzfristig auf Produktionskapazitäten zurückgegriffen werden kann. Somit wird bei hohem Auftragsbestand diese zusätzliche Kapazität des Auftragsfertigers genutzt und bei geringem Auftragsstand fertigt das Unternehmen mehr Komponenten oder Teile in der eigenen Produktion. Dabei ist es wichtig, dass proaktiv definiert wird, welche Baugruppen oder Teile an den Auftragsfertiger gegeben werden können. Diese sollten einfach zu produzierende Komponenten sein, um die Komplexität beim Auftragsfertiger zu reduzieren, aber auch, um kein Spezialwissen abgeben zu müssen. In der Praxis sind die Produktionsanlagen beim Auftragsfertiger oft im Besitz des eigenen Unternehmens, um die kurzfristige Lieferung von Komponenten sicherstellen zu können.

Ist der Grad der vertikalen Integration, also die Änderung der Wertschöpfungstiefe, mithilfe von Auftragsfertiger im Detail vorbereitet und alle Prozesse abgestimmt, kann dies zu einer Steigerung der Agilität führen. Somit kann kurzfristig mehr Produktionskapazität genutzt und auch Risiko bezüglich geringer Auslastung der Arbeitsorganisation dem Lieferanten übergeben werden.

7.1.6 Agilität durch Produktgestaltung

In diesem Abschnitt muss zu Beginn festgestellt werden, von welcher Agilität gesprochen wird. Einerseits kann von der Agilität in der Produktgestaltung an sich gesprochen werden und andererseits von der Auswirkung der Produktgestaltung auf die Agilität in der Produktion. Der Schwerpunkt dieses Abschnitts liegt auf dem Produktionsbereich, deshalb fokussiert der Abschnitt auf die Auswirkung auf die Produktion.

Bei der Auswirkung der Produktgestaltung auf die Agilität in der Produktion werden vier Themen aufgezeigt. Dabei geht es erstens um die Optimierung der Produkte hinsichtlich Montage- und Fertigungsgerechtigkeit in der Produktgestaltung. Diese kann hinsichtlich Agilität optimal ausgelegt werden. Ein Blick richtet sich auf die Optimierung der Produkte hinsichtlich der Rohmaterialflexibilität, die aber nur in Industrien mit kritischen Rohstoffen relevant ist. Der nächste Aspekt beschäftigt sich mit Entwicklungsmethoden, die eine Steigerung der Agilität fördern. Der letzte und bereits sehr verbreitete Punkt ist die Ausrichtung der Produktgestaltung in Richtung Modularisierung und Standardisierung von Produkten und Komponenten. Tabelle 7.6 zeigt einen Überblick von exemplarischen Agilitätsstellhebeln.

Optimierung der Produkte hinsichtlich Montage- und Fertigungsgerechtigkeit

Im Abschnitt 7.1.2, der agilen Produktionsanlagen, wird bereits ein Stellhebel erwähnt, der sich mit der Qualifizierung von Produkten an zwei oder mehreren Standorten beschäftigt. Demnach können Produkte bei Nachfrageschwankungen nach oben zusätzlich an anderen Standorten produziert werden. Diesen Stellhebel kann auch durch angepasste Produktgestaltung umgesetzt werden. Das bedeutet, bereits in der Produktgestaltung bedenken Unternehmen die Qualifizierung für mehrere Standorte oder für mehrere Produktionsanlagen und entwickeln die Produkte dahingehend. Dadurch kann das mögliche Produkt agil an mehreren Pro-

Subkategorie	Exemplarische Agilitätsstellhebel
Montage- und Fertigungsgerechtigkeit	Produktgestaltung für die Produktion an mehreren Maschinen oder an mehreren Standorten.
	Erweiterung der Produktvarianten durch Software, wodurch sehr unkompliziert dem Kunden eine höhere Variantenvielfalt angeboten werden kann.
Rohmaterialflexibilität	Produktgestaltung hinsichtlich eines schnellen Wechsels des Rohmaterials. (Design-for-Switchability) Lieferausfälle können dadurch umgangen und Kosten in der Beschaffung gesenkt werden.
	Produktgestaltung mit Materialien für eine einfache und schnelle Beschaffung. Bei Nachfrageschwankungen nach oben kann sehr einfach mehr Material beschafft werden.
Entwicklungsmethoden	Konzepte zur Verkürzung der Produktgestaltungszeit wie Rapid Prototyping. Kürzere Produktgestaltungszeiten ermöglichen eine schnelle Reaktion auf die Nachfrage nach neuen Produkten oder Varianten.
Standardisierung und Modularisierung	Modulare Produktgestaltung mit definierten Schnittstellen unterstützt die zügige Anpassung an Varianten. Zusätzlich können einzelne Module an Lieferanten gegeben, späte Kundenindividualisierung im Produktionsprozess realisiert und Standardmodule genutzt werden.
	Nutzung von Standardteilen. Einerseits unterstützen mehrfach verwendbare Teile oder Symmetrien bei hoher Variantenvielfalt. Andererseits unterstützen Massengüter oder Katalogteile bei Nachfrageschwankungen nach oben durch eine schnellere Beschaffung.
	Produktgestaltung hinsichtlich einer sehr späten Produktdifferenzierung im Produktionsprozess. Dadurch muss erst sehr spät auf individuelle Kundenwünsche eingegangen werden.

Tabelle 7.6: Agilität durch Produktgestaltung

duktionsanlagen oder sogar an mehreren Standorten produziert werden. Dazu muss das Unternehmen unter anderem auch die Produktionsplanung in die Entwicklung mit einbeziehen.

Optimierung der Produkte hinsichtlich Rohmaterialflexibilität

Ein weiterer Stellhebel lautet »Design for Switchability«, also die Produktgestaltung hinsichtlich einer möglichen und schnellen Änderung des Rohmaterials. Dafür müssen alle Optionen hinsichtlich der Rohmaterialwahl bekannt sein und Kalkulationen, abhängig vom Rohmaterialpreis, gemacht werden. Zusätzlich muss auch berechnet werden, wie viel ein Wechsel des Rohmaterials in der Produktion kosten würde. Somit kann der genaue Zeitpunkt, abhängig vom Rohmaterialpreis, definiert werden, an dem das Rohmaterial in der Produktion gewechselt werden soll. Dafür muss vorab der exakte Prozess definiert sein. Relevant ist dieser Stellhebel vor allem in Industrien mit kritischen und teuren Rohmaterialien.

Als Beispiel gilt hier die Lebensmittelindustrie, die ihre Rezepte und Prozesse kurzfristig anpassen und dabei unterschiedliche Arten von, beispielsweise, Zucker verarbeiten kann. Das heißt, abhängig vom Zuckerpreis wird zwischen flüssigem Zucker, in Blöcken, in Kristallform oder auch Puderzucker gewechselt. Aber auch Automobilhersteller haben Katalysatoren entwickelt, die unterschiedliche Kombinationen aus Platinum, Palladium und Rhodium nutzen. Somit sichern sich diese Automobilunternehmen gegen Ausfälle oder starke Preisänderungen einer dieser Metalle ab, da sie die Alternativen genau kennen und auch einsetzen können.

Entwicklungsmethoden

Bei den Entwicklungsmethoden soll der Fokus auf jenen Konzepten liegen, die auf eine Verkürzung der Entwicklungszeit abzielen. Benötigt ein Unternehmen weniger Zeit, um neue Produkte auf den Markt zu bringen, kann es schneller auf sich ändernde Kundenwünsche reagieren und schneller neue Produkte oder Varianten auf den Markt bringen. In diesem Abschnitt werden dazu die Möglichkeiten mit Rapid Prototyping kurz beschrieben.

Rapid Prototyping beschäftigt sich mit der schnellen, aber auch gezielten Erstellung von physischen Prototypen, um schneller aus ersten Konzepten lernen zu können, besseres Feedback von Kunden und anderen Abteilungen zu bekommen und die Machbarkeit schneller absichern zu können. In der Produktentwicklung wird es durch die technischen Weiterentwicklungen der 3D-Druck-Technologie möglich sein, Rapid Prototyping zu nutzen. In den USA bietet UPS mittlerweile 3D-Druck-Dienstleistungen in bis zu 100 Geschäftsstellen an, in denen man innerhalb von ein bis zwei Tagen seine 3D-gedruckten Objekte zugestellt bekommt. Somit kann Rapid Prototyping genutzt werden, um die Produktentwicklungszeit zu reduzieren.

Standardisierung und Modularisierung von Komponenten

Dieser Abschnitt beschreibt die Vorteile der Standardisierung und Modularisierung von Produkten und deren Auswirkungen auf die Agilität. Durch einen modularen Produktaufbau besteht die Möglichkeit der späten Individualisierung auf Kundenwünsche, da die Standardmodule von den Modulen für die Individualisierung getrennt werden können. Somit kann zugleich auch die Standardisierung von einzelnen Modulen weiter vorangetrieben werden, welche Vorteile durch eine einfachere Beschaffung bringen. Die Vorteile für die Agilität liegen somit auf der Hand. Agilität in der Produktion durch späte Anpassung auf individuelle Kundewünsche und Erhöhung der Standardmodule, die Kosten einsparen oder auch einfach und schnell nachbestellt werden können.

> **Fallbeispiel 7.13: Automobilindustrie – Agile Produktgestaltung**
>
> Bei der Produktgestaltung in der Automobilindustrie sind zwei Dinge wichtig. Erstens die Frage nach der Differenzierung gegenüber dem Vorgängermodell und der Konkurrenz. Zweitens, wie können in der Produktion alle Derivate auf einer Linie so effizient wie möglich produziert werden.
>
> Die Lösung sind definierte Fixpunkte am Produkt, die bei allen Varianten gleich sind. Damit kann besser mit einer ungenauen Vorhersage der Nachfrage umgegangen werden, da je nach Bedarf unterschiedliche Varianten auf

derselben Produktionslinie produziert werden können. Der Fokus in der Automobilindustrie liegt dabei vor allem auf dem Rohbau. Hier müssen allgemeine Auflagepunkte für jede Variante definiert werden, damit im Rohbau auch alle Varianten gebaut werden können. Bei der Lackierung geht es um Begrenzungen hinsichtlich der maximalen Abmessungen in Höhe, Breite und Länge. In der Montage spielt manuelle Arbeit immer noch eine wichtige Rolle, welche aber auch eine höhere Agilität, verglichen zum Rohbau, bietet.

7.2 Agilitätsstellhebel in Marketing und Vertrieb

Auch im Bereich Marketing und Vertrieb ist es wichtig, über mögliche Agilitätsstellhebel nachzudenken. In Tabelle 7.7 werden exemplarische Stellhebel aus diesen Bereichen aufgelistet.

Subkategorie	Exemplarische Agilitätsstellhebel
Abstimmung zwischen Angebot und Nachfrage	Marktübergreifende Vertriebskoordination. Bei Nachfrageschwankungen können Produkte zwischen Märkten verschoben werden.
	Die Nachfrage kann durch Produktangebote gesteuert werden. Dafür können Produktkonfiguratoren genutzt werden die mit Echtzeitdaten aus der Produktion arbeiten.
Vertrieb	Agile Preisgestaltung zum Kunden abhängig von Rohmaterialpreisen oder vom Lagerbestand in Echtzeit. Kosten für Rohmaterial oder Nachfrageschwankungen werden dadurch direkt an den Kunden weitergegeben.
Marketing	In Echtzeit an die Nachfrage angepasste Marketingstrategie. Bei Nachfrageschwankungen kann die Marketingstrategie angepasst und die Schwankung besser ausgeglichen werden.
	Outsourcing von Marketingaktivitäten. Schnelles Reagieren durch einfache Vergrößerung oder Verkleinerung der Marketingaktivitäten. Dadurch können Fixkosten reduziert werden.
	Nutzung von Kundencommunitys für schnelles Feedback. Mehr Informationen aus dem Markt helfen dabei, schnellere und bessere Entscheidungen hinsichtlich produzierter Varianten zu treffen.

Tabelle 7.7: Agiles Marketing und agiler Vertrieb

Abstimmung zwischen Angebot und Nachfrage

Für die marktübergreifende Vertriebskoordination sind Lagermanagementsysteme für Endprodukte notwendig, die auch länderübergreifend arbeiten. Außerdem ist eine regelmäßige Abstimmung zwischen Lagerstandorten im In- und Ausland notwendig. Wichtig sind dabei eine hohe Transparenz durch Echtzeitdaten aus den Märkten und den Lagerstandorten und eine zentrale Koordinationseinheit. Somit kann ein Unternehmen eine höhere Agilität bei Nachfrageschwankungen erreichen.

Ein weiterer möglicher Stellhebel aus dieser Kategorie beschäftigt sich mit der durch Produktangebote beeinflussten Nachfrage. Dies kann mit einem Produktkonfigurator erreicht werden, der mit Echtzeitdaten aus der Produktion arbeitet. Dabei lautet das Ziel, durch Produktpakete die Kundenwünsche zu beeinflussen und somit die Verfügbarkeit zu garantieren. Engpässe oder Überproduktionen können somit verhindert werden. Wichtig ist dabei, dass der Produktkonfigurator mit Echtzeitdaten arbeitet, um die Kunden optimal steuern zu können. Als Beispiel können Echtzeitdaten über Rohstoffpreise, Lagerbestand und Produktionsdaten genannt werden. Rohstoffpreise können direkt an den Kunden weitergegeben, Überproduktion kann zu einem geringeren Preis angeboten und bestimmte Varianten können ganz aus dem Angebot genommen werden. Das letzte Beispiel macht Sinn, wenn es mit einer bestimmten Variante Probleme in der Produktion gibt.

Vertrieb

Die agile Preisgestaltung gegenüber dem Kunden kann genutzt werden, um zum Beispiel die Rohmaterialpreise direkt an den Kunden weiterzugeben. Eine zweite Möglichkeit wäre es, die Preise vom eigenen Lagerbestand und von Daten aus der Produktion abhängig zu machen. Dabei spielen vor allem Echtzeitdaten eine wichtige Rolle. Der Unterschied zum Produktkonfigurator besteht hierbei in bereits bestehenden Verträgen mit Kunden, die es beim Produktkonfigurator noch nicht gibt. Hier muss die agile Preisgestaltung vertraglich fixiert und anhand von transparenten Prozessen der Preis angepasst werden. Als Beispiel könnte jeweils der aktuelle Rohmaterialpreis einer international anerkannten Plattform genutzt werden um den Preis zu fixieren, der zum Beispiel monatlich angepasst wird.

Marketing

Ein möglicher Stellhebel im Bereich Marketing ist die kurzfristige Anpassung der Marketingstrategien an Änderungen der Stückzahlen- oder Variantennachfrage aus den Märkten. Damit kann auch die Agilität in der Marketingstrategie gewährleistet werden. Das bedeutet, dass im Marketing kurzfristig auf die Kundenbedürfnisse eingegangen wird. Als Beispiel um auf Varianten zu reagieren sei hier Coca Cola genannt. Bei dem Unternehmen war es möglich, die Coca-Cola-Flasche oder -Dose mit dem eigenen Namen zu versehen. Das hatte bedeutet, dass jeder noch so exotische Name auf die Flaschen gedruckt werden konnte und man immer eine individuelle Coca-Cola-Flasche oder -Dose bekam.

Mehrmonatige Marketingpläne können in der heutigen Zeit der Digitalisierung nicht mehr umgesetzt werden, da sich sehr schnell sehr vieles ändern kann. Dabei geht es um Schnelligkeit, Anpassungsfähigkeit und auch Transparenz. Als Beispiel seien die sozialen Medien genannt, bei denen man sehr schnell Feedback zum Produkt oder zur Marketingstrategie bekommt. Dabei muss man dann in der Lage sein, darauf reagieren zu können.

Der Vorteil beim Outsourcing von Marketingaktivitäten besteht darin, die Aktivitäten agil anpassen zu können. Auf diese Weise kann sich auch das Marketing immer an den Bedürfnissen des Kunden entlang ändern. Wenn eine Kampagne nicht den erhofften Erfolg erzielt, wird sie einfach reduziert. Wenn sie gut läuft, werden weitere Leistungen zugekauft. Des Weiteren können auch externe Erfahrungen genutzt werden, die im eigenen Unternehmen damit nicht aufgebaut werden müssen. Vor allem durch die Digitalisierung verändern sich die Möglichkeiten des Onlinemarketings sehr schnell. Das Outsourcing der Marketingaktivitäten ist an sich nichts Neues, aber dieses Outsourcing kann auch gezielt als Stellhebel zur Steigerung der Agilität genutzt werden.

Bei Kundencommunitys geht es darum, das Kundenfeedback in Echtzeit zu sammeln und direkt darauf zu reagieren. Hier ist der Einsatz von moderner und erweiterter Analytik notwendig, um alle Kundeneinblicke zu verarbeiten. Als Ergebnis soll eine Produktanpassung erfolgen, die schnell umgesetzt werden muss. Als Beispiel sei hier noch einmal das Unternehmen Zara genannt, das schnell auf das Feedback von Kunden und auf Verkaufszahlen reagieren kann und ihre Kollektionen in der Produktion dahingehend anpasst. Die Nutzung dieser Daten und die Verarbeitung mit Big-Data-Ansätzen wird in Kapitel 6 ausführlich beschrieben.

7.3 Agilitätsstellhebel Digitalisierung

Die Digitalisierung ist ein Thema, das im 21. Jahrhundert eine zentrale Rolle in der Gesellschaft spielen wird. Relevant für dieses Buch ist die Auswirkung der Digitalisierung auf produzierende Unternehmen. Einen großen Teil werden dabei neue Geschäftsmodelle spielen. Diese können Änderungen in Großunternehmen notwendig machen, um konkurrenzfähig zu bleiben. Vor allem Start-ups werden mit ihrer hohen Agilität Druck auf Großunternehmen ausüben. Dieses Thema wird bereits in Kapitel 5 diskutiert, wo es um Agilität in der Unternehmensstrategie geht. Im vorliegenden Kapitel liegt der Fokus auf der Produktion, daher wird die Auswirkung der Digitalisierung auf diesen Bereich betrachtet.

Im deutschsprachigen Raum ist die Digitalisierung in der Produktion vor allem unter dem Begriff der »Industrie 4.0« gelistet. Innerhalb dieses Begriffs werden vor allem vier Bereiche gesehen, die starken Einfluss auf die Produktion haben können. Diese werden beschrieben und später deren Auswirkung auf die Agilität diskutiert. Des Weiteren werden die Herausforderungen und mögliche Herangehensweisen an die Industrie 4.0 beschrieben. Grundsätzlich werden die Technologien der Industrie 4.0 als ein großer Stellhebel zur Steigerung der Agilität in produzierenden Unternehmen gesehen.

7.3.1 Bereiche der Industrie 4.0

Bei den vier Bereichen der Digitalisierung in der Produktion – oder auch Industrie 4.0 – spricht man (1) erstens von Daten, Rechenleistung und Vernetzung in der Produktion. Das bedeutet, dass immer mehr Daten zur Verfügung stehen, mehr Daten gesammelt werden können und die Software zur Auswertung dieser Daten immer besser wird. Die Technologien dahinter sind Big-Data-Ansätze, das sogenannte »Internet der Dinge« und Cloud-Technologien. Der entscheidende Schritt dabei war vor allem die drastische Kostensenkung dieser Technologien, die eine Verbreitung möglich machten.

Bei den Big-Data-Ansätzen geht es um das Aufspüren von Korrelationen innerhalb großer Datenmengen. Durch diese Zusammenhänge kann eine größere Transparenz geschaffen und schneller beispielsweise auf Störungen reagiert werden. Beim Internet der Dinge ist das Sammeln und Austauschen von Daten von physischen Objekten gemeint. Dies wird durch weiterentwickelte Elektronik, kleinere Sensoren, neue Software und stärkere Netzwerkverbindungen möglich. Als wichtige Technologie sei hier Radio-Frequency-Identification-Technologien (RFID) genannt.

Bei Cloud-Technologien wird Rechenkapazität und Datenspeicher über das Internet an Server ausgelagert. Somit ist weniger Computerhardware vor Ort notwendig und es kann auch externe Software durch Cloud-Technologien genutzt werden.

(2) Der zweite Bereich beschäftigt sich mit Analytik und Intelligenz. Das bedeutet, dass Computer immer intelligenter werden, selbstständig lernen können und auch die Nutzung von Daten immer besser wird. Die Technologien dahinter sind Erfolge mit künstlicher Intelligenz, also Software, die menschliche Intelligenz nachbilden soll, und Advanced Analytics, die durch verbesserte Algorithmen und durch mehr verfügbare Daten möglich werden. Im Zusammenspiel mit dem ersten Bereich, der sich vor allem mit mehr zur Verfügung stehenden Daten beschäftigt, können somit durch Advanced Analytics neue Erkenntnisse in Unternehmen entstehen.

(3) Der dritte Bereich befasst sich mit der Mensch-Maschine-Interaktion. Die neuen Technologien in diesem Bereich sind schnellere und präzisere Touchscreens und die nächste Generation von grafischen Schnittstellen. Des Weiteren seien hier auch Virtuelle Realität (VR) und erweiterte Reality (Augmented Reality) erwähnt. Bei Virtueller Reality wird für das Gehirn des Menschen eine neue Realität erzeugt, meistens durch Stimulation des Sehens und des Hörens. Bei Augmented Reality geht es darum, das vorhandene Sehfeld des Menschen mit zusätzlichen Informationen zu überblenden.

> **Fallbeispiel 7.14: Datenbrillen für digitales Qualitätsmanagement**
>
> Mit neuen Datenbrillen soll die Effizienz bei Mitarbeitern in der Produktion gesteigert werden. Die Datenbrillen können Informationen zum Arbeitsschritt, dem Produktionsprozess oder andere relevante Informationen im Sehfeld des Mitarbeiters einblenden. Dadurch hat der Mitarbeiter einerseits beide Hände frei und andererseits immer die richtigen Informationen, zur richtigen Zeit am richtigen Ort.
>
> Ein konkreter Einsatz ist im Bereich des digitalen Qualitätsmanagements, wo durch smarte Brillen der Durchsatz erhöht werden kann. BMW hat den Einsatz von »Google Glass« in Kombination mit der xMake Lösung von Ubimax für die visuelle Inspektion der Fahrzeuge in der Vorserie getestet. Dabei können die Mitarbeiter der Qualitätssicherung Fotos und Videos von Abweichungen machen und damit die Analyse und Korrektur der Fehler schneller abwickeln. Davor wurden diese Abweichungen per Hand dokumentiert. Dies führte zu vielen notwendigen Schleifen zwischen Qualitätssicherung und den Entwicklungsingenieuren, um die Abweichungen zu beheben.
>
> Durch die smarten Datenbrillen kann BMW die Zeit der Fehlerbehebung verringern und schneller neue Produkte auf den Markt bringen. Das steigert die Agilität durch schnellere Reaktion auf Nachfrageänderungen hinsichtlich neuer Produkte oder Varianten.[13]

(4) Der vierte Bereich ist die Umsetzung von der digitalen in die physische Welt. Hier seien Technologien genannt, wie generative Fertigungsverfahren, inklusive 3D-Druck und die fortgeschrittene Robotertechnik, die bereits am Arbeitsplatz gemeinsam mit Mitarbeitern eingesetzt werden kann.

Der 3D-Druck kann dabei in der Produktentwicklung Rapid Prototyping möglich machen, um schneller Konzepte zu testen. Weitere Einsatzgebiete liegen im Bereich Rapid Tooling, also im schnellen Werkzeugbau, oder auch im Rapid Manufacturing, also im Einsatz in der Produktion.

Eine Übersicht der vier Bereiche der Industrie 4.0 wird in Abbildung 7.3 dargestellt.

Bereiche der Industrie 4.0

Daten, Rechenleistungen und Vernetzung	• Big Data • Internet der Dinge • Cloud-Technologien
Analytik und Intelligenz	• Künstliche Intelligenz • Advanced Analytics
Mensch-Maschine-Interaktion	• Mobile Devices und grafische Oberflächen • Virtuelle und erweiterte Realität
Umsetzung von digital zu physisch	• Generative Fertigungsverfahren • Fortgeschrittene Robotertechnik

Abbildung 7.3: Bereiche der Industrie 4.0

Im Allgemeinen wird von Industrie 4.0 vor allem eine Steigerung der Effizienz und der Reaktionszeit erwartet. Im Speziellen sieht man die größten Potenziale in den Bereichen Produktion, Controlling, Administration und Entscheidungsfindung. Dies ist aber nur möglich, wenn alle Daten entlang des ganzen Produktlebenszyklus integriert werden. Des Weiteren wird auch eine Steigerung der Agilität ermöglicht, da auf individuelle Kundenwünsche und Stückzahlschwankungen durch Industrie-4.0-Technologien effizient reagiert werden kann.

> **Fallbeispiel 7.15: Vorausschauende Instandhaltung**
>
> Auch wenn bereits seit einigen Jahren der Begriff der vorausschauenden Instandhaltung regelmäßig diskutiert wird, sind wirkliche Anwendungen erst seit Kurzem durch den großen Anstieg an vorhandenen Daten möglich.
>
> Dadurch kann vor allem die Verfügbarkeit der Produktionsanlagen verbessert und die Instandhaltungskosten verringert werden. Dabei sind Verbesserungen von zehn bis 15 Prozent bei Verfügbarkeit und Kosten noch möglich.
>
> Durch das Erfassen und Analysieren von Produktionsdaten wird eine präzise Vorhersage von Maschinenfehlern möglich. Die Analyse kann maschinennah aber auch in der Cloud stattfinden. Eine Software wertet diese Daten aus und sucht dabei Muster oder Tendenzen, die den Ausfallzeitpunkt einer Produktionsmaschine vorhersagen können.

> Die Daten stammen zu meist aus dem »Manufacturing Execution System« aber auch aus anderen Quellen. Beispiel sind der Reibungswiderstand einer Antriebswelle, verstärkte Vibrationen oder eine veränderte Geräuschentwicklung. Aber auch die Temperatur oder der Stromverbrauch können genutzt werden.

7.3.2 Herausforderungen bei der Umsetzung von Industrie 4.0

Im Allgemeinen wird der Steigerung der Agilität durch Industrie 4.0 eine Menge Potential beigemessen. Es wird jedoch davon ausgegangen, dass es noch einige Jahre dauern wird, bis das ganze Potential der Industrie 4.0 in der Produktion genutzt werden kann.

Dieser ausgesprochen schleppende Anlauf der Industrie 4.0 im deutschsprachigen Raum geht vor allem auf folgende fünf Faktoren zurück:[14]

- Fehlende Koordination zwischen den Abteilungen eines Unternehmens und Fokus nur auf die eigene Abteilung, egal ob Produktion, IT, Entwicklung oder Finanzabteilung. Dies erschwert die Umsetzung von Industrie-4.0-Projekten innerhalb des gesamten Unternehmens.
- Mangelnder Mut zu Veränderungen, da ein Einsatz von Industrie-4.0-Technologien oft mit radikalen Änderungen zusammenhängt und die Vorteile am Anfang noch nicht abgeschätzt werden können.
- Fehlendes Personal für den neuen Bereich der Industrie 4.0. Das Qualifizierungsprofil fordert oft eine Verbindung von mehreren Bereichen. Aber auch Spezialisten im Bereich Data Science sind oft nur schwer zu bekommen und zu integrieren.
- Bedenken bezüglich Sicherheit der Daten. Ein Unternehmen muss bei der Einführung oft mit externen Partnern zusammenarbeiten; daher wird der Diebstahl von wichtigen Daten befürchtet. Ohne das Teilen von Daten ist aber eine datengetriebene Produktion nur schwer umsetzbar.
- Fehlende Geschäftsgrundlage, da die Erlöse durch Industrie 4.0 nur schwer abschätzbar sind. Somit sind größere Investitionen in Industrie 4.0 schwer zu rechtfertigen – es sei denn, die Initiativen werden direkt aus dem Topmanagement unterstützt.

7.3.3 Herangehensweise an die Industrie 4.0

In diesem Abschnitt wird beschrieben, wie die ersten Schritte mit dem Thema Industrie 4.0 gelingen können.

Erstens soll der Fokus zu Beginn auf eine begrenzte Anzahl von Anwendungen gelegt werden. Das bedeutet, es muss nicht gleich das gesamte Unternehmen komplett auf Industrie 4.0 umgestellt werden, sondern besser mit kleineren und leicht umsetzbaren Projekten in ausgewählten Bereichen begonnen werden. Mögliche Projekte, um mit dem Thema Industrie 4.0 zu starten, können die Verbindung von Prozessdaten aus der Produktion mit anderen Daten im Unternehmen sein. Dies könnte der Abgleich von Stückzahlen und Varianten mit Kosteninformationen sein. Ein weiteres Projekt könnte sich mit der nächsten Generation von Automatisierung beschäftigen, wo es neue Möglichkeiten gibt. Ein weiterer Ansatz kann ein digitales Qualitätsmanagement sein, das mit neuen Technologien wie smarten Datenbrillen die Qualitätssicherung beschleunigen kann.

Zweitens muss bei der Einführung von Industrie-4.0-Anwendungen entschieden werden, welche Teile der Prozesse selbst umgesetzt werden sollen und welche von externen Dienstleistern übernommen werden können. Der eigene Fokus soll dabei auf die Steuerungspunkte in den Prozessen gelegt werden die wichtig für den Wettbewerbsvorteil sind und damit Kernkompetenzen eines Unternehmens darstellen.

Drittens ist neben der IT-Infrastruktur auch der Aufbau eines internen Teams mit agiler Mentalität notwendig. Das bedeutet, dass man sich immer wieder und sehr schnell an neue Rahmenbedingungen anpasst. Dies wird in Kapitel 9 weiter im Detail beschrieben. Für die vorab definierten Prozesse müssen die benötigten Talente aufgebaut werden. Dies wird vor allem IT-Spezialisten wie die Datenanalytiker und Softwareentwickler betreffen.

Als viertes Thema sei das Experimentieren mit neuen Geschäftsmodellen beschrieben. Das bedeutet, es muss vor allem überlegt werden, woher neue Daten generiert werden können und ob mit diesen neuen Daten auch neue Geschäftsmodelle entwickelt werden können. Zusätzliche Dienstleistungen im Bereich Industrie 4.0, die Kunden angeboten werden, sind unter dem Begriff Service 4.0 zusammengefasst. In Kapitel 5 wird auf eine agile Strategie und neue Geschäftsmodelle eingegangen.

7.3.4 Einflüsse der Industrie 4.0 auf die Agilität in der Produktion

In diesem Abschnitt wird der Einfluss der vier genannten Bereiche der Industrie 4.0 auf die Agilität eines Unternehmens aufgezeigt.

Daten, Rechenleistung, Vernetzung

Big Data, also die Nutzung von großen Datenmengen, wird auch die Agilität eines Unternehmens unterstützen. Ein möglicher Bereich ist die Verbesserung des Monitorings, das bereits in Kapitel 6 beschrieben wurde. Hierbei geht es vor allem um bessere Vorhersagen der Absatzzahlen und Variantennachfrage. Ein anderer Bereich ist die Nutzung der erhöhten Anzahl von Produktionsdaten. Diese können einerseits für vorausschauende Instandhaltung genutzt werden, andererseits können die Produktionsdaten, zum Beispiel verbunden mit Kosteninformationen, die Basis für Entscheidungen darstellen. Ein weiterer Aspekt ist die Nutzung von Echtzeitdaten, wodurch auch schnellere Entscheidungen getroffen werden können und somit agil auf Unsicherheiten aus dem Markt reagiert werden kann.

Durch die RFID-Tags werden die Produkte Teil des Internets der Dinge und somit stehen mehr Daten aus der Produktion zur Verfügung. Die neu gewonnenen Daten können eine höhere Transparenz und schnellere Reaktionen, in den im vorigen Absatz erwähnten Einsatzgebieten, garantieren.

Die Agilität kann durch diese technologischen Fortschritte vor allem durch die höhere Transparenz in der Produktion profitieren, da mehr Daten durch das Internet der Dinge, und zusätzlich auch in Echtzeit, zur Verfügung stehen. Damit werden in Echtzeit Optimierungen, in Form von Effizienz und Produktivität, in der gesamten Wertschöpfungskette erreicht, da auch Daten von Lieferanten und Kunden zur Optimierung der eigenen Produktion genutzt werden können. Daten von Zulieferern können verfügbare Produktionskapazitäten, Probleme in der Produktion, Lieferzeiten in Echtzeit oder Rohmaterialpreise sein. Daten von Kunden könnte die Nachfrage nach bestimmten Varianten und neuen Produkten oder Anpassungen der Stückzahlen betreffen. Es werden dadurch bessere Entscheidungen in höherer Geschwindigkeit aufgrund von mehr Daten getroffen. Damit kann das Unternehmen auf Unsicherheiten wie Nachfrageschwankungen, Produktmix oder Lieferausfälle zügig reagieren.

Fallbeispiel 7.16: OmPrompt – Verwaltung von Bestellungen

Das Unternehmen OmPrompt aus Großbritannien hat sich auf das automatisierte Kundenmanagement spezialisiert. Dafür entwickelte OmPrompt eine digitale Plattform, die mit allen Formaten für Bestellungen von Kunden umgehen kann. Vor allem bei kleineren Unternehmen oder in der Pharmaindustrie werden oft noch unterschiedlichste Möglichkeiten genutzt. Am Ende ist es für die Plattform egal, ob die Bestellung in PDF, Excel, per Mail, per Fax oder per ERP-System übermittelt wird. Die Prompt-Plattform kann alle Daten verarbeiten und in das ERP-System übertragen. Nur in wenigen Fällen, wenn es Probleme bei der Erkennung gibt, wird die Bestellung an den Kundenservice weitergeleitet.

Somit kann OmPrompt vollautomatisiert alle Bestellungen aufnehmen und direkt über das ERP-System die Daten an die Produktion weitergeben. Die Einführung dieser digitalen Plattformen kann laut OmPrompt innerhalb weniger Tage umgesetzt und in die vorhandene Infrastruktur integriert werden. Da das System über die Cloud läuft, ist auch das Investment in eine weitere EDV-Infrastruktur nicht notwendig.

Die Vorteile sind dabei, dass Mitarbeiter aus dem Kundenservice sich auf das Wesentliche konzentrieren und direkt mit den Kunden interagieren können und sich nicht um die Bestellungen kümmern müssen. Des Weiteren hilft das System, von Menschenhand verursachte Fehler bei den Bestellungen zu verhindern. Überdies werden die Lieferzeiten von der Bestellung bis zum Eingang der Ware beim Kunden reduziert. Trotzdem bleibt durch eine hohe Transparenz der Plattform die Kontrolle beim Kundenservice erhalten. Am Ende können Unternehmen dadurch Personal im Kundenservice einsparen, die Lieferzeiten verkürzen und dadurch auch die Agilität im Unternehmen erhöhen.[15]

Fallbeispiel 7.17: Produktionsanlagen und Industrie 4.0

Eine neue Möglichkeit, mit Bestellungen in produzierenden Unternehmen umzugehen, ist der Ansatz der sogenannten »No-Touch-Order«. Das bedeutet, dass Kunden durch eine sehr hohe Transparenz und durch Vernetzung direkt auf die Produktionskapazitäten eines Unternehmens zugreifen können. Dies wird aber nur vorher definierten Kunden, die bereits vertraglich mit dem Unternehmen verbunden sind, angeboten. Die Abnahmemenge, der Lieferzeitpunkt und der Preis sind im Vertrag aber noch nicht fixiert.

Die Preisgestaltung für eine Bestellung hängt dabei vom Buchungszeitpunkt ab. Es werden transparent verfügbare Kapazitäten und Lieferzeiten dem Kunden angezeigt. Wie bei der Buchung eines Sitzes im Flugzeug gibt es Economy-Plätze und Business-Class-Plätze. Übertragen auf die Produktion können das Standardteile und Spezialteile bedeuten. Des Weiteren wird wie bei der Flugbuchung der Preis abhängig von den vorhandenen Kapazitäten gestaltet, wobei von einem fixen Lieferzeitpunkt ausgegangen wird. Frühe Bestellungen sind billiger, spätere teurer und kurz vor der geplanten Lieferzeit werden noch Last-Minute-Kapazitäten preiswerter vergeben.

Für die Umsetzung der Produktionsplanung werden wie bei der Flugbuchung intelligente und selbstlernende Algorithmen verwendet, die mit künstlicher Intelligenz arbeiten. Der Vorteil ist dabei, dass die Produktion optimal ausgelastet und die Gewinnmargen erhöht werden können. Abbildung 7.4 zeigt eine schematische Darstellung solcher Analysen.

Für den Kunden ergibt sich die Situation, dass er selbst einen Kompromiss zwischen früher und billiger oder später und teurer Bestellung finden muss. Da der Kunde selbst entscheidet, kann auch dieser Vorteile daraus ziehen.

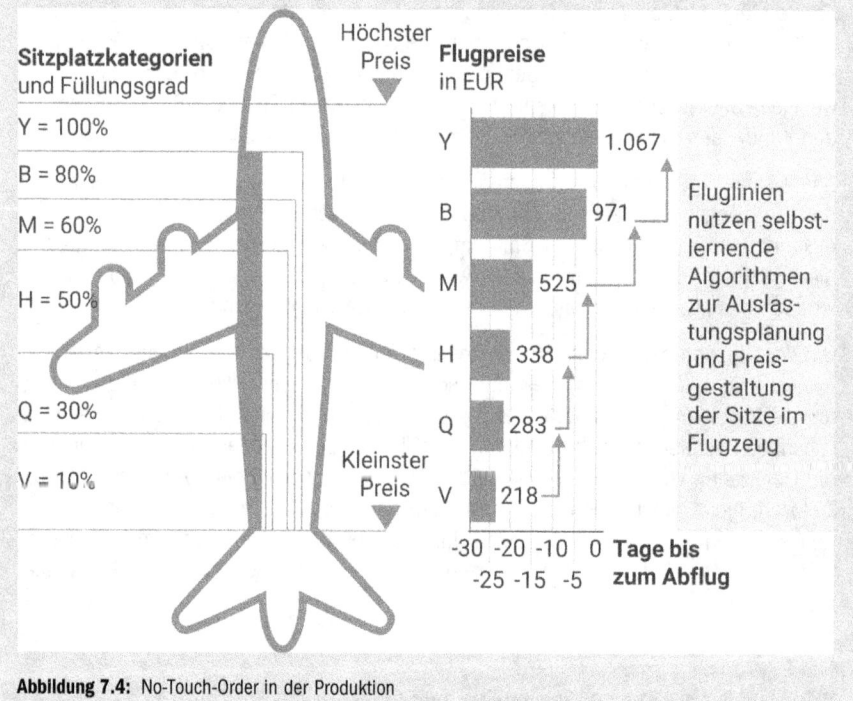

Abbildung 7.4: No-Touch-Order in der Produktion

Analytik und Intelligenz

Die künstliche Intelligenz unterstützt vor allem den Einsatz höherer Automatisierung bei Wissensarbeit. Dabei besitzt die Software die Möglichkeit, in Echtzeit auf große Datenmengen zurückzugreifen und kann, darauf basierend, Entscheidungen optimal vorbereiten. Bei Mitarbeitern hängen diese Informationen oft von den gesammelten Erfahrungen ab. Diese können dann die vorher erwähnten großen Datenmengen als Entscheidungsgrundlage nutzen.

Die fortgeschrittene Analytik in der Informatik ist durch verbesserte Algorithmen und durch eine größere Verfügbarkeit von Daten ein wichtiger Faktor in der Produktion geworden. Das bedeutet, durch das Internet der Dinge stehen mehr Daten im Sinne von Big Data zur Verfügung, die mit fortgeschrittener Analytik die Produktion in Echtzeit optimieren können. Die Optimierung der Produktion wird vor allem durch starke Stückzahlschwankungen und eine hohe Variantenvielfalt sehr komplex, kann aber durch diese Industrie-4.0-Technologien, vor allem hinsichtlich Effizienz und Produktivität, optimiert werden. Sie steigern die Agilität des Unternehmens, das genau auf diese Stückzahlschwankungen und Variantenvielfalt reagiert und daraus einen Wettbewerbsvorteil ziehen will.

Neben der Optimierung sei hier auch noch die Möglichkeit der vorausschauenden Instandhaltung erwähnt, die an Hand von historischen und in großen Mengen verfügbaren Daten Korrelation nutzt, um Wartungszyklen zu reduzieren, und Maschinenstörungen zu verringern. Diese dann nicht eintretenden Ausfälle in der Produktion steigern zusätzlich die Agilität eines Unternehmens, da mehr Produktionskapazität zur Verfügung steht und Nachfrageschwankungen bei Bedarf besser abgedeckt werden können.

Mensch-Maschine-Interaktion

Durch neue Schnittstellen zwischen Menschen und Maschine in der Produktion können schneller Daten zwischen beiden Parteien ausgetauscht werden. Damit kann vor allem in Echtzeit entschieden werden, welches Produkt produziert werden soll. Das Unternehmen ist somit in der Lage, eine hohe Variantenvielfalt zu produzieren und dynamisch zu optimieren.

Des Weiteren wird der Mitarbeiter in der Produktion vor allem mit erweiterter Realität (Augmented Reality) unterstützt, um keine Fehler zu begehen. Damit reagiert das Unternehmen auf Variantenvielfalt, die Qualitätsziele werden erreicht und die Durchlaufzeiten reduziert. Das Unternehmen steigert durch diese Technologien die Agilität in der Produktion, da es schneller auf eine hohe Variantenvielfalt reagieren kann.

Umsetzung von digital zu physisch

Hier seien zwei Technologien erwähnt. Einerseits die generativen Fertigungsverfahren, vor allem der 3D-Druck, und andererseits fortgeschrittene Robotik mit der Mensch-Roboter-Zusammenarbeit.

Der 3D-Druck wird bereits in der Produktentwicklung eingesetzt und kann genutzt werden, um schnell Ideen in Prototypen zu verwandeln und damit den Entwicklungsprozess zu verkürzen. Kürzere Zeiten bis zur Markteinführung unterstützen die Agilität, da das Unternehmen zügiger auf sich ändernde Kundenwünsche reagieren kann. In der Produktion besteht, wie bereits an anderer Stelle erläutert, die Möglichkeit des Rapid Tooling und des Rapid Manufacturing.

3D-Druck ermöglicht es, schnell auf Variantenwechsel zu reagieren und Kleinserien kostengünstig zu produzieren. Bei 3D-Druckern, die Metall verarbeiten können, spielen vor allem die noch nicht ausreichenden Materialeigenschaften eine große Rolle. Da Produkte Schicht für Schicht aufgebaut werden, besteht oft eine zu geringe Zugfestigkeit in 90-Grad-Richtung der Schichten. Grundsätzlich könnten 3D-Drucker in der Produktion die Losgröße 1 umsetzen – also die maximale Variantenvielfalt – und somit die Agilität steigern.

Die erweiterte Robotertechnik macht es möglich, dass Menschen und Maschinen am selben Arbeitsplatz tätig sind. Somit können Roboter, je nach Wissenstand des Mitarbeiters, unterschiedliche Arbeiten übernehmen. Dies erhöht die Agilität an dieser Station, da sehr schnell auf die Variantenvielfalt reagiert werden kann. Zudem kann auch zusätzliche Robotertechnik innerhalb weniger Tage installiert werden, da einerseits die Trennung zwischen Mensch und Maschine nicht mehr notwendig ist und andererseits die Programmierung schnell angepasst werden kann.

Interview: Karl-Friedrich Stracke

President Fahrzeugtechnik & Engineering; Magna Steyr

Abbildung 7.5: Karl-Friedrich Stracke, Magna Steyr[16]

Frage: Wie lauten für Sie die aktuellen Herausforderungen in der Automobilindustrie?

Stracke: Erstens die zunehmende Globalisierung, wobei es vor allem um die Erschließung neuer Märkte geht, um damit mehr Umsatz, mehr Marge und auch mehr Marktanteile zu generieren.

Zweitens die strengeren gesetzlichen Vorgaben hinsichtlich Emissionen zur Erreichung der CO_2-Ziele. Diese werden zwangsläufig zu neuen Antriebsstrategien führen und damit auch eine Umstrukturierung bei den Automobilunternehmen verursachen.

Drittens die steigende Integration von elektronischen Fahrzeugsystemen, die die Automobilindustrie revolutionieren und auch neue Wettbewerber in den Markt bringen werden.

Magna, als einer der größten Zulieferer in der Automobilindustrie, will diese Technologietrends proaktiv mitgestalten und technologisch eine Vorreiterrolle einnehmen. Die Märkte sind volatiler und unsicherer als bisher und darauf muss reagiert werden.

Frage: Welche Rolle spielt Agilität bei Magna Steyr?

Stracke: Das Thema Agilität ist für uns extrem wichtig, weil bedingt durch dieses Umfeld, der Markt und auch wir gefordert sind. Wir sind mit unserem Produktionssystem insbesondere bei stabilen Stückzahlen sehr gut aufgestellt, nutzen Lean Produktion sowie die neuesten Fertigungstechnologien. Ein Beispiel: Wenn uns unser Kunde keine solitären Produkte (Anm.: Fahrzeugentwicklung und gesamte Produktion), sondern Projekte zur Spitzenabdeckung in der Produktion anbietet, dann müssen wir darauf reagieren. Das bedeutet, dass das gleiche Produkt, welches der Kunde im eigenen Produktionsverbund hat, auch in Graz bei Magna Steyr gefertigt wird und damit die Kapazitätsspitzen abgedeckt werden. Somit wird von Magna Steyr ein anderes Businessmodel abverlangt und wir müssen sehr dynamisch auf das Volumen des Marktes reagieren können. Dies fordert eine hohe Agilität unsererseits.

Frage: Wie sehen Sie die Agilität im Bereich der Strategie bei Magna Steyr?

Stracke: Dieses Thema spielt bei uns insbesondere im Bereich der Auftragsfertigung eine sehr wichtige Rolle. Die Strategie wird für die nächsten sieben bis zehn Jahre definiert, muss aber auch immer wieder angepasst werden. Wir müssen immer alle Parameter berücksichtigen, bei Qualität, Preis und Zeit wettbewerbsfähig sein, wie auch in Bezug auf Geschwindigkeit und Anpassungsfähigkeit gegenüber dem Markt.

Wir haben im europäischen Markt nur wenige Mitbewerber, von diesen können wir uns durch Agilität abheben.

Frage: In welchen Wertschöpfungsbereichen sehen Sie die größten Potentiale der Agilität und wo setzt Magna Steyr den Fokus?

Stracke: Um die Ziele hinsichtlich Agilität zu erreichen, müssen letztendlich alle Bereiche und Prozesse agiler werden. Das kann allerdings nicht zeitgleich passieren. Wir haben entschieden, mit der Produktion zu starten, da wir hier das größte Potential sehen und hier unsere Kernkompetenz liegt.

Der zweite Bereich ist aus meiner Sicht die Logistik, die sehr stark mit der Produktion zusammenhängt. Danach kommen die Einkaufs- und Finanzprozesse, die ebenfalls angepasst werden müssen. Die Speerspitze sehe ich aber in Produktion und Logistik. Hier gilt es als erstes Antworten auf die Fragen der Agilität zu finden.

Frage: Wie wichtig ist Industrie 4.0 um die Agilität von Magna Steyr zu erhöhen?

Stracke: Hier möchte ich als erstes die Digitale Fabrik erwähnen. Wir wollen von der Produktentwicklung bis zur Produktion alle Prozesse virtuell abbilden und damit virtuell planen können. In Zukunft wird alles stärker vernetzt sein. Wir sind in diesem Bereich in unserer Branche durchaus führend und entwickeln uns ständig weiter. Mit unseren neuen Projekten haben wir in den nächsten Jahren die Chance die virtuell geplante Fertigung in der Praxis umzusetzen und damit weiter zu verbessern. Weiteres wird auch die Vernetzung innerhalb der Lieferkette zunehmen, dafür sind aber viele Gespräche mit Lieferanten notwendig.

Im nächsten Schritt geht es darum, die eigenen Daten und Daten von Lieferanten in der Produktion zu nutzen. Hier kommen Big-Data-Ansätze zum Einsatz. Die Fragestellung ist, wie die Daten interpretiert werden und wie daraus wertschöpfende Businessmodelle abgeleitet werden können. Das ist die spannende Zukunft. Hier werden sich auch neue Unternehmen etablieren und neue Businessmodelle entstehen.

Eine weitere Möglichkeit der Nutzung von Produktionsdaten sehe ich im Bereich der vorausschauenden Instandhaltung. Dabei ist das Ziel vorauszusehen, wann eine Maschine ausfallen wird. In der Lackiererei beherrschen wir das schon sehr gut, im Bereich des Rohbaus sehen wir noch Potential. Das heißt, wir müssen mit Roboterherstellern zusammenarbeiten und überlegen, wie wir die Daten und die Big-Data-Ansätze nutzen können um vorausschauende Instandhaltung umsetzen zu können. Das ist die Intelligenz, welche wir durch die digitale Welt auch zu uns holen wollen.

Diese gewonnene Transparenz in der Produktion hilft uns agiler zu werden, schneller reagieren zu können und wird am Ende auch helfen im Wettbewerb zu bestehen.

Frage: Wie wirkt sich die geforderte kontinuierliche Anpassungsfähigkeit des Unternehmens auf die Mitarbeiter aus?

Stracke: Das ist eine wesentliche Frage. Das Thema Mensch-Maschine, um hier nur ein Stichwort zu geben, wird in Zukunft eine ganz wichtige Rolle spielen. Das heißt die Qualifizierung des Mitarbeiters, individuell angepasst an die Anforderungen des Arbeitsplatzes, wird ausschlaggebend dafür sein, wie erfolgreich ein Unternehmen sein wird.

Wenn man manchmal in der Öffentlichkeit liest, dass mit Digitalisierung eine menschenleere Fabrikhalle gemeint ist, dann ist das nicht richtig. Wichtig ist eben, Mensch-Maschine-Schnittstellen anders zu gestalten. Die Produktionsmitarbeiter werden besser geschult sein müssen um auf die Anforderungen der Datenvielfalt im Betrieb reagieren zu können und diese auch nutzen zu können.

So wie sich in den letzten 10 Jahren das Bild des Mechatronikers gebildet hat, so wird sich das Ganze auch in Zukunft fortsetzen, nur dass man noch stärker mit der IT vertraut sein muss. Das heißt, dass wir schon jetzt die Facharbeiter anders ausbilden sollten, damit sie in Zukunft mit der Technik umgehen können. Dies wird bei Magna Steyr teilweise schon umgesetzt.

Auch in der Verwaltung werden sich viele Aufgaben verändern. Hier spielen nicht die Roboter, sondern eben Computer eine wichtige Rolle.

Die große Angstmache vor der Digitalisierung und Industrie 4.0 ist unberechtigt, das gehört zur Evolution und zur Entwicklung einer Gesellschaft dazu.

Anmerkungen

1. Vgl.: BMW Group: »News BMW Werk Leipzig«. URL: http://www.bmw-werk-leipzig.de/leipzig/deutsch/lowband/com/de/index.html, Abrufdatum: 24.10.2016
   Vgl.: Architekten24: »BMW Werk Leipzig«. URL: http://www.architekten24.de/projekt/bmw-werk-leipzig/uebersicht/index.html, Abrufdatum: 24.10.2016
2. Vgl.: Nikkei Asian Review: »Kawasaki Heavy, ABB to rent out industrial robots«. URL: http://asia.nikkei.com/Business/Companies/Kawasaki-Heavy-ABB-to-rent-out-industrial-robots, Abrufdatum: 24.10.2016
3. Vgl.: Heidelberger Druckmaschinen AG: »Heidelberg System Manufacturing – Factory on Demand«. URL: http://www.heidelberg.com/industry/media/local_media/downloads/Factory_on_Demand_de.pdf, Abrufdatum: 24.10.2016
4. Vgl.: Kleine Zeitung: »BMW gibt Magna grünes Licht«. URL: http://www.kleinezeitung.at/steiermark/graz/4122985/Folgeauftrag_BMW-gibt-Magna-grunes-Licht, Abrufdatum: 24.10.2016
5. Basierend auf Diskussionen mit Infineon Technologies AG
6. Vgl.: Kellner, Tomas: »Fit to Print: New Plant Will Assemble World's First Passenger Jet Engine With 3D Printed Fuel Nozzles, Next-Gen Materials«. URL: http://www.gereports.com/post/80701924024/fit-to-print, Abrufdatum: 24.10.2016
7. Vgl.: Baudin, Michel: »New assembly methods at Toyota«. URL: http://michel-baudin.com/2013/02/26/new-assembly-methods-at-toyota/, Abrufdatum: 24.10.2016
   Vgl.: Schmitt, Bertel: »Toyota's Secret Weapon: Low Cost Car Factories«. URL: http://www.thetruthaboutcars.com/2011/02/toyota%E2%80%99s-secret-weapon-low-cost-car-factories/, Abrufdatum: 24.10.2016
8. Vgl.: Boeriu, Horatiu: »Building the 335d: A Tour of BMW›s Munich Factory«. URL: http://www.bmwblog.com/2010/01/10/building-the-335d-a-tour-of-bmws-munich-factory, Abrufdatum: 24.10.2016
   Vgl.: Spira, Jonathan: »Building the 335d: A Tour of BMW›s Munich Factory«. URL: http://www.thedieseldriver.com/2010/01/building-the-335d, Abrufdatum: 24.10.2016
9. Vgl.: Redaktion RiskNET: »Supply Chain Risk Management in der Praxis – Wenn Risiken Realität werden«. URL: https://www.risknet.de/themen/risknews/supply-chain-risk-management-in-der-praxis/c74cf5602a03619017ea30def14b90ae/, Abrufdatum: 24.10.2016
10. Vgl.: Österreichische Verkehrszeitung: »KN übernimmt Outsourcing-Projekt für Siemens-Werk in Fürth«. URL: http://www.oevz.com/news/kn-bernimmt-outsourcing-projekt-fr-siemens-werk-in-frth/, Abrufdatum: 24.10.2016
    Vgl.: Industrieweb: »Optimiert – Kühne + Nagel: Waren-Management für Siemens-Werk in Fürth«. URL: http://www.industrieweb.at/epapers/832989/files/assets/seo/page32.html, Abrufdatum: 24.10.2016
11. Vgl.: Waterloo Supply chain Management: »Zara's Successful Supply Chain Management Strategy«. URL: https://smbp.uwaterloo.ca/2016/03/zaras-successful-supply-chain-management-strategy/, Abrufdatum: 24.10.2016
    Vgl.: Lu, Clara: »Zara supply chain analysis – the secret behind Zara's retail success«. URL: https://www.tradegecko.com/blog/zara-supply-chain-its-secret-to-retail-success, Abrufdatum: 24.10.2016
12. Vgl.: Fortiss GmbH: »SPEEDFACTORY Autonomik für die Sportartikelindustrie«. URL: http://www.fortiss.org/forschung/projekte/speedfactory/, Abrufdatum: 24.10.2016
    Vgl.: Vetter, Philipp: »Die Speedfactory ist für Adidas eine Revolution«. URL: https://www.welt.de/wirtschaft/article155658067/Die-Speedfactory-ist-fuer-Adidas-eine-Revolution.html, Abrufdatum: 24.10.2016
13. Vgl.: Bauer, Harald et al.: »Industry 4.0 after the initial hype: Where manufacturers are finding value and how they can best capture it«, McKinsey Digital 2016. URL: https://www.mckinsey.de/files/mckinsey_industry_40_2016.pdf, Abrufdatum: 24.10.2016
14. Vgl.: Bauer, Harald et al.: »Industry 4.0 after the initial hype: Where manufacturers are finding value and how they can best capture it«, McKinsey Digital 2016. URL: https://www.mckinsey.de/files/mckinsey_industry_40_2016.pdf, Abrufdatum: 24.10.2016
15. OmPrompt: »How OmPrompt Works: the Technology«. URL: https://www.omprompt.com/how-omprompt-works-the-technology, Abrufdatum: 24.10.2016
16. Bild: Karl-Friedrich Stracke (Quelle: Magna Steyr)

8 Koordiniert –
Das Steuerungsmodell für Agilität

Andreas Hönl

Inhaltsverzeichnis

8.1	**Das Steuerungsmodell zur Umsetzung des Agilitätskonzeptes**	**241**
	8.1.1 Zielsetzung des Steuerungsmodells	242
	8.1.2 Umdenken von der Planwelt zur Realität	244
	8.1.3 Gestaltungsdimensionen des Steuerungsmodell	247
8.2	**Braucht es einen Chief Agility Officer (CAO)?**	**251**
	8.2.1 Die Entwicklung der CFO-Rolle als Vorbild des CAO	251
	8.2.2 Agilität als Priorität der obersten Führungsebene	253
	8.2.3 Die Rolle des CAO	254
8.3	**Die operative Ausgestaltung des Steuerungsmodells**	**255**
	8.3.1 Archetypen für Steuerungseinheiten	256
	8.3.2 Aufgabenbereiche im Steuerungsmodell	259

Leitfragen

- Welche Bedeutung hat das Steuerungsmodell im agilen Unternehmenssystem und welche Gestaltungsdimensionen leiten sich daraus ab?
- Welche Rolle spielt das Thema Agilität in der Unternehmensführung und wie wird das in der Unternehmensstruktur reflektiert?
- Wie kann ein effektives und effizientes Steuerungsmodell umgesetzt und im Unternehmen verankert werden?

Dieses Kapitel zum Steuerungsmodell für Agilität beschäftigt sich mit der Frage, wie das agile Unternehmenssystem in der Praxis umgesetzt werden kann. Genauer gesagt geht es um die Verknüpfung der zuvor beschriebenen Bausteine des Agilitätskonzeptes und deren Einbettung im Gesamtunternehmen. Dabei stellt das Steuerungsmodell das Bindeglied zwischen den Bausteinen dar und soll dafür sorgen, dass diese effektiv und effizient funktionieren. So müssen die Informationen aus dem Monitoring aus Kapitel 6 mit den Stellhebeln aus Kapitel 7 verbunden werden, um auf Schwankungen schnell und zielgerichtet reagieren zu können.

Dieses Steuerungsmodell der Agilität ist jedoch abzugrenzen vom Steuerungsmodell – oder der Governance – des Gesamtunternehmens. Zum einen bedeutet das, nicht die komplette Steuerungslogik des Unternehmens muss auf Agilität ausgelegt sein. Vielmehr müssen sich die Agilitätsbausteine in bestehende Strukturen wie beispielsweise die Gremienlandschaft und Entscheidungsprozesse integrieren lassen. Zum anderen wird nicht darauf abgezielt, das Steuerungsmodell selbst agiler zu gestalten. Sondern das Steuerungsmodell für Agilität ist dahingehend zu beschreiben, wie die Anforderungen und Gestaltungsmöglichkeiten des agilen Unternehmenssystems mit Leben zu füllen sind. Wer ist verantwortlich für die einzelnen Agilitätsbausteine? Wie funktioniert die Zusammenarbeit zwischen den Beteiligten aus verschiedenen Fachbereichen? Wie können die Prozesse beim Monitoring, bei der Auswahl und Umsetzung sowie der Aktivierung der Stellhebel aufeinander abgestimmt werden, um die Agilität des Unternehmens zu steigern?

Zuerst wird dafür in Kapitel 8.1 auf die Steuerungslogik eingegangen, die hinter dem Steuerungsmodell für Agilität steht. Das Konzept der Agilität, wie in Kapitel 3 erläutert, basiert darauf wie sich Unternehmen proaktiv auf Unsicherheiten vorbereiten und auf Veränderungen – mal stetig, mal abrupt – schnell reagieren. Daraus entsteht ein gewisser Widerspruch zu konventionellen Steuerungsansätzen, die eine Optimierung eines statischen Zielzustands verfolgen. Für das Steuerungssystem der Agilität bedeutet das ein Umdenken von klassischen Steuerungsmechanismen hin zu dynamischen Ansätzen.

Bei der Implementierung des Steuerungsmodells wird anschließend der Fokus auf zwei verschiedene Perspektiven gelegt. Einerseits wird in Kapitel 8.2 betrachtet, wie die Unternehmensführung bei strategischen Entscheidungen mit Agilität umgeht und welcher Stellenwert des Themas Agilität sich daraus auf oberster Führungsebene ableitet. Braucht ein agiles Unternehmen einen Chief Agility Officer (CAO) und welche Aufgaben gehören zum Profil einer solchen Rolle?

Andererseits wird in Kapitel 8.3 beleuchtet, wie das Steuerungsmodell auf operativer Ebene ausgestaltet und im Unternehmen verankert werden kann. Schließlich müssen Unternehmen in der Lage sein, externe Entwicklungen und Trends auch auf operativer Ebene zu erkennen und entsprechende Handlungsimplikationen daraus abzuleiten. In diesem Kontext werden drei verschiedene Archetypen von Steuerungseinheiten und deren wichtigste Aufgabenbereiche vorgestellt.

8.1 Das Steuerungsmodell zur Umsetzung des Agilitätskonzeptes

Das Steuerungsmodell ist Grundlage für eine erfolgreiche Operationalisierung des Agilitätskonzeptes. Es sorgt dafür, dass die verschiedenen Agilitätsbausteine ineinander greifen und die Aktivitäten in den jeweilgen Fachbereichen koordiniert werden. Das Steuerungsmodell stellt also die cross-funktionale Abstimmung beispielsweise zwischen den Monitoringfunktionen und den Stellhebeln in den Operations sicher. Zum einen muss es Transparenz schaffen und den Informationsaustausch zwischen den Fachbereichen gewährleisten, um Handlungsbedarfe zu erkennen und die relevanten Stellhebel zu identifizieren. Zum anderen muss es die Fachbereiche bei ihren operativen Tätigkeiten unterstützen, zum Beispiel indem es Prozesse für die Auswahl und Aktivierung von Agilitätsstellhebeln beschreibt und die Verantwortlichen dafür in den Fachbereichen benennt.

Das Steuerungsmodell für Agilität kann aber nicht isoliert im Unternehmen implementiert werden. Es muss sich in gewisse Rahmenbedingungen und Gegebenheiten einordnen. So geben die Unternehmensstrategie, das dafür definierte Zielsystem zur Unternehmenssteuerung und die daraus abzuleitende Ressourcenverteilung maßgebliche Parameter für das Steuerungsmodell für Agilität vor. Dazu zählen unter anderem das angestrebte Agilitätsniveau, die wichtigsten Kennzahlen im Monitoring und auch deren Grenzwerte zur Ableitung von Handlungsbedarf bei Veränderungen im Geschäftsumfeld sowie die Ausstattung der Fachbereiche und einer zentralen Steuerungseinheit mit dedizierten Ressourcen zur Umsetzung des Agilitätskonzeptes.

Daraus lässt sich auch eine weitere Diskussion ableiten. Warum ist ein Steuerungsmodell für Agilität notwendig bzw. wie unterscheidet es sich von bestehenden Ansätzen zur Unternehmenssteuerung? Der wichtigste Grund ist, dass das Steuerungsmodell für Agilität von klassischen, planungsbasierten Steuerungsansätzen abzugrenzen ist. Letztere sind in der Regel auf statische Zielsysteme ausgerichtet und erlauben wenig Spielraum für Agilität. Um Agilität zu fördern, müssen Steuerungsmechanismen einen zeitnahen Informationsaustausch gewährleisten, verschiedene interne und externe Faktoren berücksichtigen und mehrere Handlungsoptionen und Szenarien offen halten. Praktisch heißt das beispielsweise, Planungszyklen werden verkürzt, die Unternehmensperformance wird in Relation zum Wettbewerb und Markt bewertet und Entscheidungen werden in Szenarien getroffen. Dennoch müssen auch diese Mechanismen standardisiert und formalisiert werden, um die nötige Effizienz in den Steuerungsprozessen sicherzustellen. In anderen Worten, die etablierten Steuerungsansätze werden den Anforderungen des agilen Unternehmenssystems in der Regel nicht gerecht, da sie die gestiegene Geschwindigkeit und Komplexität in den Geschäftsprozessen nicht adäquat abdecken.

8.1.1 Zielsetzung des Steuerungsmodells

Das Steuerungsmodell für Agilität zielt im Wesentlichen auf drei Aspekte ab. Die Kernaufgabe des Steuerungsmodells liegt in der Orchestrierung der verschiedenen Bausteine des agilen Unternehmenssystems wie zum Beispiel der agilen Unternehmensstrategie, dem Monitoring sowie der Agilitätsstellhebel. Die damit einhergehenden Funktionen und Aufgaben sind nicht gebündelt sondern verteilen sich über verschiedene Fachbereiche im Unternehmen. Daher ist es wichtig die entsprechenden Schnittstellen zu etablieren. Beispielsweise muss die Strategie auf umsetzungsfähige Maßnahmen heruntergebrochen werden, die im Monitoring anhand von klar definierten Kennzahlen überprüft werden können. Ebenso müssen im nächsten Schritt diese Kennzahlen mit den Agilitätsstellhebeln verknüpft werden, um die relevanten Stellhebel zu identifizieren. So ist für alle Akteure transparent und nachvollziehbar, in welchen Situationen bestimmte Agilitätsstellhebel anzuwenden sind. Das Steuerungsmodell sorgt hier als Koordinator für den notwendigen Informationsaustausch und unterstützt die cross-funktionale Abstimmung. Es ist also das Bindeglied zwischen den verschiedenen Agilitätsbausteinen über die betroffenen Fachbereiche hinweg.

Ein weiterer essentieller Bestandteil des Steuerungsmodells ist die Standardisierung und Automatisierung von Abläufen im agilen Unternehmenssystem, um auf plötzliche Veränderungen im Unternehmensumfeld schnell und zielgerichtet reagieren zu können. Im Idealfall ist das Unternehmen auf mögliche Ereignisse in der Zukunft vorbereitet und hat klar definierte Entscheidungs- und Handlungskaskaden im Steuerungsmodell hinterlegt, die von den Mitarbeitern befolgt werden müssen. Das beinhaltet die Festlegung von Grenzwerten im Monitoring, die Ausarbeitung und Abstimmung von Zukunftsszenarien sowie die Auswahl und Umsetzung von Agilitätsstellhebeln. Wenn zum Beispiel eine bestimmte Kennzahl im Monitoring einen Grenzwert übersteigt, wird ein vorher definierter Agilitätsstellhebel ausgelöst und in den jeweiligen Fachbereichen angewendet gemäß der Logik: »Wenn ich beim Monitoring die Kennzahl X überschreite, setze ich den Hebel Y ein.« Je besser solche Automatismen im Unternehmen verankert sind, umso schneller und zielgerichteter können die beteiligten Akteure handeln.

Als gutes Beispiel dafür steht das in Kapitel 7 beschriebene Fallballbeispiel eines Automobilunternehmens. Dessen Geschäftsleitung hat mit Arbeitnehmervertretern eine Vereinbarung getroffen, wonach bei Unterschreitungen von bestimmten Kapazitätsauslastungen der Werke Personalmaßnahmen, wie zum Beispiel Kurzarbeit, durchgeführt werden können, ohne sich vorher erneut mit den Arbeitnehmervertretern darüber abstimmen zu müssen. Bestünde eine solche Vereinbarung im Vorfeld nicht, müsste die Unternehmensleitung dann in Verhandlungen treten, wenn das Szenario bereits eingetreten ist. Sie befände sich dann automatisch in einer angespannteren Verhandlungsposition und würde wertvolle Zeit verlieren. Dieses Automobilunternehmen schaffte es also, in »guten Zeiten« eine Vereinbarung mit Arbeitnehmervertretern zu treffen, bei der definiert wurde, welche Stellhebel beim Eintritt bestimmter Szenarien zulässig sind (Abbildung 8.1).

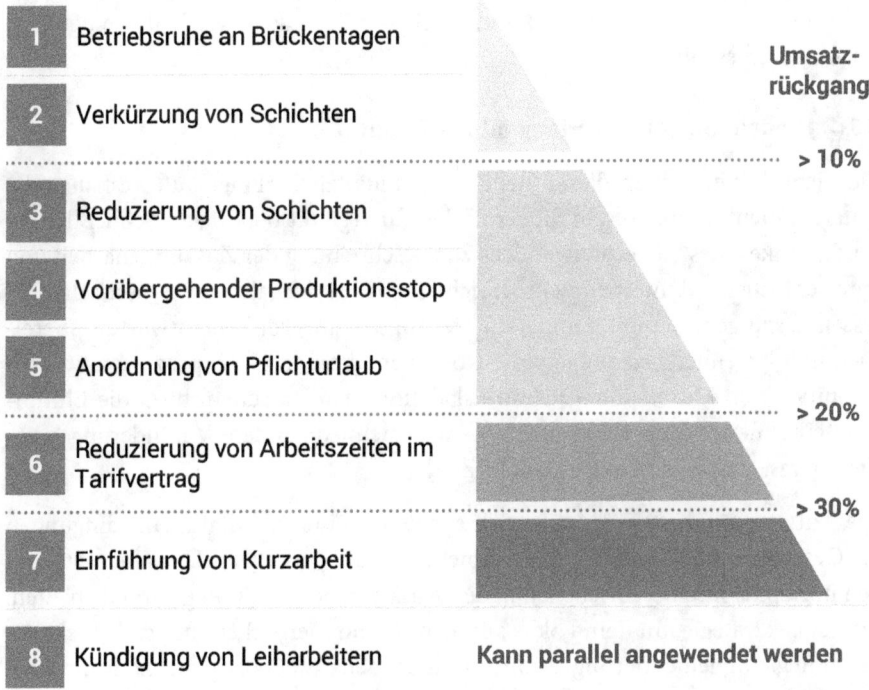

Abbildung 8.1: Beispiel Mitarbeiteragilität – Kriseneskalationsplan eines Automobilunternehmens

Mit der Koordination und der Standardisierung von Abläufen im agilen Unternehmenssystem eng verbunden ist auch der dritte Aspekt. Das Steuerungsmodell soll dabei helfen, die Komplexität von Agilität handhabbar zu machen. Denn ein agiles Unternehmen muss einerseits die Vielschichtigkeit externer Einflüsse adressieren. So sind Ereignisse im Geschäftsumfeld wie beispielsweise Lieferantenausfälle Auslöser einer Reihe von Folgereaktionen entlang der Wertschöpfungskette und häufig nur schwer zu durchschauen oder gar vorherzusehen. Andererseits ergeben sich durch die Vernetzung im Agilitätskonzept über diverse Fachbereiche hinweg diverse Abhängigkeiten, die nicht durch isolierte Geschäftsprozesse etwa im Einkauf, in der Logistik oder in der Produktion zu lösen sind. Warum der Aspekt der Komplexität im agilen Unternehmenssystem besonders schwerwiegt, ergibt sich aus dem übergeordneten Agilitätsziel, auf Veränderungen schnell reagieren zu können (siehe Kapitel 3). Daher sind im Steuerungsmodell für Agilität die Verantwortlichkeiten für die Agilitätsbausteine zwischen den Fachbereichen und zum Beispiel einer separaten Steuerungseinheit abzugrenzen. Während die fachlichen Aufgaben, zum Beispiel die Etablierung des Monitoringsystems oder die Definition und Umsetzung der Agilitätsstellhebel, in der Regel in den jeweiligen Fachbereichen zu verorten sind, kann eine zentrale Steuerungseinheit beim Informationsaustausch und der cross-funktionalen Abstimmung unterstützen. Außerdem kann diese »unabhängige« Einheit die Einhaltung der Entscheidungs- und Handlungswege sicherstellen und bei Bedarf Konflikte zwischen den beteiligten Akteuren eskalieren.

8.1.2 Umdenken von der Planwelt zur Realität

Vielleicht drängt sich an dieser Stelle die grundsätzliche Frage auf, weshalb agile Unternehmen überhaupt ein Steuermodell für Agilität benötigen. Schließlich ist der Gedanke eines Steuerungsmodells zur Beschreibung der Zusammenarbeit von unterschiedlichen Unternehmensbereichen und Koordination von Geschäftsprozessen. Dazu gehören unter anderem die Abgrenzung von Verantwortungsbereichen mit Stellenbeschreibungen, die Dokumentation von Kernprozessen und die Definition von Entscheidungs- und Eskalationspfaden. Zudem birgt die Einführung eines neuen Steuerungsmodells – wie auch jede andere Veränderung – gewisse Umsetzungsrisiken. Es braucht Zeit.

Die Antwort auf diese Frage lässt sich aus den veränderten Rahmenbedingungen im Geschäftsumfeld vieler Unternehmen, wie die gestiegene Unsicherheit, und den in Kapitel fünf beschriebenen neuen Ansätzen bei der Strategiearbeit ableiten. Eine agile Strategie mit dem Fokus auf mehr Manövrierbarkeit und eine effektivere Strategieimplementierung erfordern auch neue Steuerungsmechanismen bei der Umsetzung.

Für gewöhnlich wurden Pläne für feste Zeitintervalle aufgestellt, in dem die Unternehmensleitung klare Ziele definierte und wonach entsprechend gesteuert wurde. Erfolgsmessungen halfen dabei als Orientierung, ob sich das Unternehmen auf dem richtigen Weg befand. Diese rigide Planung ist auf Grund der gestiegenen Unsicherheit und der daraus resultierenden fehlenden Prognostizierbarkeit nicht mehr zeitgemäß. So verändern sich Kundenbedürfnisse teilweise innerhalb weniger Monate, wobei klassische Planungsansätze mitunter über Nacht über den sprichwörtlichen Haufen geworfen werden. Auf der anderen Seite kann plötzlich einen große Nachfrage im Markt entstehen. In diesem Fall ist diese Planung womöglich überhaupt nicht darauf ausgelegt, diese zusätzlich Nachfrage zu bedienen. So entsteht für das Unternehmen vielleicht noch ein größeres Problem, da dieses gar nicht so schnell produzieren kann, wie die Produkte am Markt nachgefragt werden. Es muss also heute weitaus agiler gehandelt und kontinuierlich geplant werden. Man kann sich nicht mehr auf feste Zyklen verlassen.

Insgesamt lässt sich sagen, dass vermehrte Schocks und Disruptionen mit gravierenden Auswirkungen auf vermeintlich stabile Unternehmen ein Umdenken bei vielen Unternehmen ausgelöst hat. Vor Augen geführt wurde das durch die Finanzkrise 2007, in deren Verlauf viele Unternehmen schmerzlich die hohe Bedeutung agiler Unternehmensführung erfahren haben. In dieser Phase wurde klar, wie verletzlich Organisationen sein können, sobald eine Schwankung größeren Ausmaßes eintritt.

Aber auch kleine Ereignisse können Kettenreaktionen in den auf Effizienz getrimmten Wertschöpfungsketten auslösen bis hin zum Produktionsstopp, wie das folgende Beispiel verdeutlicht. Eine gängige Methode von produzierenden Unternehmen zur Kostensenkung für Zukaufteile ist die Single-Sourcing-Strategie. Durch die Bündelung von großen Volumen bei einem Lieferanten erzielt man Skaleneffekte und eine bessere Verhandlungsposition. Damit entscheiden sich Unternehmen, die diese Strategie verfolgen, aber bewusst gegen Agilität und setzen hingegen auf Kostenvorteile. Bei VW führte diese Strategie in 2016 zu einer empfindlichen Produktionsverzögerung, da sich die zwei Lieferanten ES Automobilguss und Car Trim weigerten, dem Konzern bereits bestellte Teile für Getriebe und Sitze für den VW Golf, das in Stückzahlen wichtigste Produkt des Automobilherstellers, zu liefern. Der Grund dafür war eine Reaktion auf eine Kündigung bereits vereinbarter Aufträge in Millionenhöhe. Die Auseinandersetzung mit diesen beiden Lieferanten führte schließlich zu einem Stillstand der Bänder und es zeigt deutlich die Notwendigkeit von Agilität sowie die Konsequenzen, die auftreten können, sollte diese im Unternehmen fehlen.

Wie sich dieses in Kapitel 5 beschriebene Umdenken zu einer agilen Strategie konkret auf das Steuerungsmodell auswirkt, lässt sich an den folgenden Aspekten exemplarisch veranschaulichen. Während in der alten Welt ein regelmäßiger Zyklus für die Definition und Anpassung der Unternehmensstrategie zu Grunde lag, findet heute immer häufiger eine kontinuierliche Bewertung der Unternehmenssituation und der relevanten externen Einflussfaktoren statt.

Während früher eine Ableitung operativer Planung mit klaren, messbaren Zielen stattfand, wird heute in verschiedenen Szenarien und strategischen Optionen gedacht und daraus kurz- bis mittelfristige Handlungsoptionen und Maßnahmen abgeleitet.

In der alten Welt fanden die Steuerung und Entscheidungen an statischen Plänen statt. Heute stehen Value-Add und Value-at-Risk im Mittelpunkt von Steuerung und Entscheidungen.

Ein Handlungsbedarf ergab sich fast mechanisch aus den Planabweichungen, also aus einer rein internen Perspektive heraus und fand hauptsächlich unabhängig von externen Faktoren wie Marktentwicklung oder Wettbewerb statt. Mehr noch, es herrschte in der alten Welt häufig eine mangelnde Abstimmung zwischen verschiedenen unternehmensinternen Bereichen. In der neuen Welt wird dieser Handlungsbedarf durch aktives Monitoring verschiedener Kennzahlen ausgelöst, also intern beispielsweise durch Auswertung operativer Kennzahlen wie Auftragseingänge, Lagergröße, Kapazitätsauslastung oder Hours-per-unit (der Zeitaufwand für die Produktion einer Einheit). Externe Faktoren sind in erster Linie Markttrends wie Marktvolumen, Preisniveau, Marktsegmente oder Wettbewerbsvergleiche (Benchmarks) bezüglich Marktanteil, Profitabilität und Produktportfolio, die als Handlungsauslöser herangezogen werden.

Die Erfolgsbewertung (Performance Management) fand früher fast ausschließlich durch eine Evaluierung auf Basis der Zielerreichung statt. Dabei wurden die Zielvorgaben den tatsächlich erreichten Werten gegenübergestellt. Daran wurden häufig auch Teile der Vergütung und Boni geknüpft, die für Manager als Anreiz zur Zielerreichung dienten. Heute lässt sich viel stärker eine Erfolgsbewertung beobachten, die an einer relativen Zielerreichung gemessen wird. Also unter Berücksichtigung externer Faktoren wie die Vergleiche zum Markt, zu Wettbewerbern oder zu den Marktpotentialen, um nur einige zu nennen.

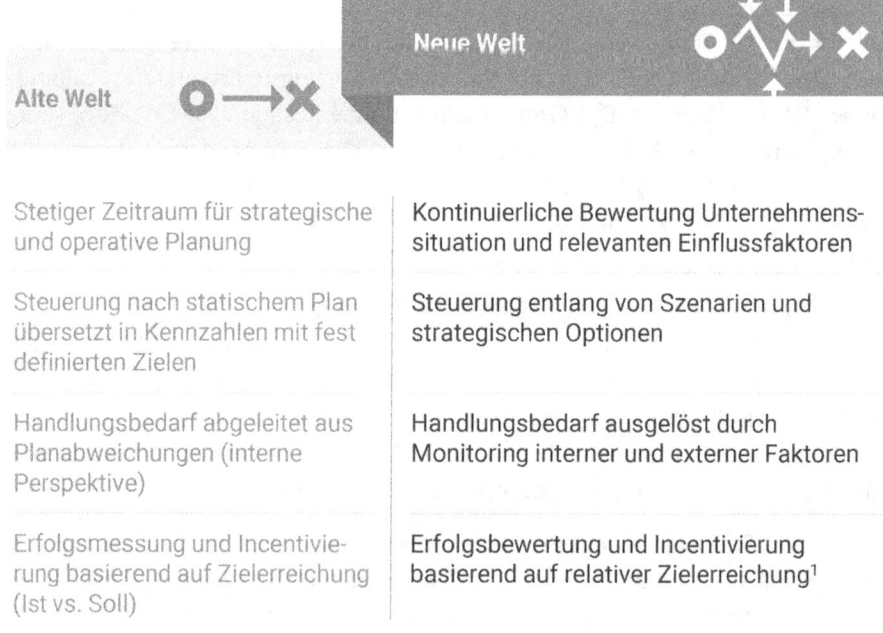

1 Vgl. Markt, Wettbewerb, Potenzial

Abbildung 8.2: Umdenken bei der Steuerungsphilosophie

In der Praxis ist jedoch nicht alles schwarz oder weiß. Insgesamt gilt es heute, die Balance zwischen rigider Planung und dynamischer Anpassung zu finden. Dabei sind natürlich nach wie vor eine realistische Planung und klare Ziele für die Budgetierung und Priorisierung von Ressourcen notwendig. Außerdem ist der unternehmerische Erfolg in der alten und neuen Welt nicht ohne bereichsübergreifende Kommunikation und Abstimmung zu erreichen. Die heute notwendige hohe Reaktionsgeschwindigkeit wird durch eine regelmäßige und dynamische Evaluierung erreicht. Gleichzeitig dürfen Top-down-Ziele aber nicht fortlaufend in Frage gestellt werden, denn die Zielerreichung bleibt auch heute die Grundvoraussetzung unternehmerischer Überlebensfähigkeit. Weit stärker als früher erzielen Unternehmen heute aber ihren Mehrwert durch die Identifizierung zusätzlicher Potentiale und gleichzeitige Absicherung gegen etwaige Risiken. Dabei muss eine rollierende Bewertung der Chancen und Risiken über sämtliche Abteilungen hinweg abgestimmt und klar kommuniziert werden. Dabei gilt heute mehr denn je, Standardprozesse – angepasst für höhere Frequenzen der Geschäftsabläufe – müssen trotz allem beibehalten werden, um die Effizienz sicherzustellen.

Es lässt sich also feststellen, nicht alles aus der »alten Welt« gilt als überholt und muss über Bord geworfen werden. Doch sollten Unternehmen sämtliche ihrer Steuerungsprozesse kritisch auf ihre Aktualität hinterfragen und sie gegebenenfalls anpassen oder ganz umstellen, wollen sie ihre Wettbewerbsfähigkeit langfristig erhalten.

8.1.3 Gestaltungsdimensionen des Steuerungsmodell

Bei der Entwicklung eines Steuerungsmodells für Agilität sind verschiedene Gegebenheiten zu berücksichtigen. Eine wesentliche Rolle nimmt dabei zum Beispiel die Organisationsstruktur des Unternehmens ein, also ob dieses stärker zentralisiert ist oder in mehrere eher unabhängige Unternehmensbereiche aufgeteilt ist. Daraus ergibt sich, wie stark die Steuerungsfunktionen für Agilität gebündelt werden können.

Aber auch bereits vorhandene Steuerungssysteme und bestehende Gremien können einen großen Einfluss auf das künftige Steuerungsmodell für Agilität ausüben und sollten bei der Gestaltung unbedingt berücksichtigt werden. Das Steuerungsmodell sollte also keine Schattenstrukturen kreieren, sondern die Agilitätsbausteine in die bestehenden Strukturen integrieren. So können beispielsweise die Informationen aus dem Monitoring in bestehende Reportingsysteme und Geschäftsberichte einfließen oder Entscheidungs- und Eskalationsbedarfe zu Agilitätsstellhebeln in regelmäßigen Lenkungsausschüssen der Geschäftsführung eingebracht werden.

Ein weiterer Faktor ist die strategische Ausrichtung und die Erreichung der Unternehmensziele, die durch das Steuerungsmodell unterstützt und nicht – im schlechtesten Falle – behindert werden sollten. Das bedeutet, dass die Steuerungsmechanismen wie die Grenzwerte im Monitoring oder die Auswahl der Agilitätsstellhebel auf das Zielsystem des Unternehmens abgestimmt werden müssen. Die Herausforderung besteht dann in der Auflösung von zuvor angesprochenen Zielkonflikten, so zum Beispiel bei der Abwägung zwischen Kostenzielen und Agilitätsniveau für die Auslegung von Produktionskapazitäten.

Um den zuvor beschriebenen Anforderungen des Agilitätskonzeptes Rechnung zu tragen und gleichzeitig die gegebenen Rahmenbedingungen des Unternehmens zu berücksichtigen, müssen grundlegende Eckpfeiler für ein effektives und effizientes Steuerungsmodell definiert werden. Auch wenn es dafür keine allgemeingültige Blaupause gibt, so lassen sich vier wichtige Gestaltungsdimensionen hervorheben. Im Folgenden wird angeführt, was die Treiber hinter den vier Gestaltungsdimensionen sind und welche Fragestellungen bei der Ausgestaltung des Steuerungssystems zu adressieren sind.

Abbildung 8.3: Gestaltungsdimensionen des Steuerungsmodells

Rollen und Verantwortlichkeiten

Dabei muss vor allem klar definiert werden, welche Rollen im Steuerungsmodell verankert werden sollen. Wer ist wofür zuständig und vor allem: Welche Aufgaben werden vom jeweiligen Rolleninhaber NICHT übernommen? Dabei kommt es vor allem auf die Unterscheidung von Aufgaben im Tagesgeschäft und den einzelnen Bausteinen des Agilitätskonzeptes an. Auch wenn im Steuerungsmodell die Zusammenhänge im agilen Unternehmenssystem zu regeln sind, die inhaltliche Verantwortung für die darin beschriebenen Aufgaben muss in der Regel von den Fachbereichen und damit letztendlich von der Linienorganisation getragen werden. Ein gutes Beispiel dafür ist die Definition und Auswahl der anzuwendenden Agilitätsstellhebel sowie deren Aktivierung und Ergebniskontrolle. Dies ist eine originäre Aufgabe der betroffenen Fachbereiche und kann – schon alleine aufgrund der notwendigen Expertise und Erfahrung – nicht aus den Fachbereichen herausgelöst werden. Ansonsten kommt es zu Überschneidungen von Verantwortungsbereichen, die sich hinderlich auf die Prozesse auswirken und im schlechtesten Falle mehr Schaden anrichten können, als hilfreich einzugreifen.

Wie bereits mehrfach angeführt, ist jedoch die Abstimmung über die Fachbereiche hinweg sicherzustellen. Abhängig vom Stellenwert der Agilität im Geschäftsmodell kann die Steuerungsfunktion aber durchaus über die reine Koordination hausgehen und bis hin zum aktiven Eingreifen in das operative Tagesgeschäft – im Zusammenspiel mit den Fachbereichen – reichen. Selbstverständlich gilt damit untrennbar verbunden auch die erforderliche Ressourcenausstattung, damit sämtliche Rollen und Verantwortlichkeiten auch adäquat ausgeübt werden können.

Organisationsstruktur für Steuerungsfunktionen

Normalerweise ergibt sich bereits aus der Rollenverteilung und den jeweiligen Verantwortungsbereichen im Steuerungsmodell die notwendige Organisationsstruktur für Steuerungsfunktionen. Der kleinste gemeinsame Nenner dabei ist eine zentrale Einheit als Stabstelle für die reinen Koordinationsaufgaben. Diese – normalerweise kleine Einheit – übernimmt neben der Konsolidierung und Vergemeinschaftung von Informationen die Abstimmung mit den relevanten Fachbereichen. Zusätzlich kann diese auch eine dedizierte Unterstützerfunktion einnehmen, beispielsweise für die Vorbereitung von Entscheidungsterminen, das Sammeln und Konsolidieren von Unterlagen sowie die Nachbearbeitung und einheitliche Kommunikation von Ergebnissen und Entscheidungen.

Weitere Aufgaben wie beispielsweise das Monitoring, die Ausarbeitung und Bewertung von Agilitätsstellhebeln oder das Tracking dieser können jeweils unterschiedlich stark zentralisiert werden. Dies hängt wiederum stark von der Organisationsstruktur des Unternehmens insgesamt ab und muss unbedingt im Gesamtkontext betrachtet werden. Abhängig vom Grad der Zentralisierung können derartige Aufgaben auch organisatorisch in die Steuerungseinheit integriert werden.

Dabei ist stets die Abwägung zwischen vorhandenem Expertenwissen durch Agilitätsbeauftragte in Fachbereichen und einer bestmöglichen Übersicht und Synchronisierung durch eine starke zentrale Einheit entsprechend zu treffen. Der Kompromiss im Sinne einer »Trade-off«-Entscheidung liegt hier häufig zwischen möglichen Effizienz- oder Qualitätsverlusten. Bei einer dezentralen Aufgabenverteilung steigt der Abstimmungsaufwand, was in ineffizienteren Prozessen resultiert. Wohingegen eine breit gefasste, zentrale Steuerungseinheit für Agilität nicht das tiefe Fachwissen aus den Fachbereichen bündeln kann. Das Gebot sollte aber immer sein, Mitglieder aus allen wichtigen Funktionen mit entsprechenden Handlungs- und Entscheidungsbefugnissen einzubeziehen – ob nun in einer gebündelten Steuerungseinheit oder in Abstimmung mit den jeweiligen Fachbereichen.

Prozesse zur Orchestrierung der Bausteine des agilen Unternehmenssystems

Beim Steuerungsmodell der Agilität liegt der Fokus auf der kontinuierlichen Identifikation von Handlungsbedarfen sowie einer schnellen und effektiven Entscheidung für und Umsetzung von geeigneten Stellhebeln. Damit eine effiziente und zielgerichtete Steuerung der Agilität überhaupt realisierbar wird, müssen deren Kernprozesse standardisiert und formalisiert werden. Gerade bei plötzlichen und unvorhergesehenen Veränderungen, bei denen die Agilität zum Tragen kommen soll, ist es wichtig bestimmten Handlungsmustern und Automatismen zu folgen, um keine Zeit zu verlieren und zielgerichtet zu handeln. Ansonsten kommen die notwendigen Steuerungsprozesse schnell ins Stocken und die gewünschte Agilität bleibt aus.

Damit es nicht soweit kommt, müssen beispielsweise eine Gremienlandschaft etabliert und wichtige Regeltermine festgelegt werden. So kommt es zu einem strukturierten und formalisierten Austausch zwischen den wichtigsten Unternehmensbereichen und dem – mit Entscheidungsbefugnissen ausgestatteten – Gremium kommt. Weiterhin sollten zum Beispiel auch Besprechungspunkte in einer klaren Agenda definiert werden, wobei der Fokus klar auf Entscheidungsbedarfen liegen muss, um handlungsfähig zu sein. Anschließend muss auch eine einheitliche Kommunikation der Ergebnisse und Entscheidungen (One-Voice-Prinzip) sichergestellt werden, da sonst die Abstimmung zwischen den Beteiligten nicht einheitlich in der Organisation weitergegeben wird. Schließlich gilt es, sämtliche getroffene Entscheidungen zur Umsetzung und Erfolgskontrolle entsprechend nachzuhalten. So erhöht sich die Verbindlichkeit für die Entscheidungsträger und die Steuerungsmechanismen für Agilität bleiben lebendig.

Mindset und Kultur als Grundlage für ein erfolgreiches Steuerungsmodell

Die Steuerung der Agilität hängt stark mit der zugrundeliegenden Führungskultur des Unternehmens zusammen. Das bedeutet, der Erfolg eines agilen Steuerungsmodells benötigt offene Diskussionen über mögliche Chancen und Risiken. Manager müssen akzeptieren, dass sie nicht autark handeln. Der Erfolg des Unternehmens hängt nicht nur von den eigenen Entscheidungen und Handlungen ab, vielmehr handelt es sich dabei um ein Wechselspiel zwischen den externen Faktoren, die sich rapide ändern können, und den Reaktionen des Unternehmens selbst. Auf diesen Annahmen kann ein funktionierendes Steuerungsmodell entwickelt werden. Die Voraussetzungen für einen solchen Mindset und die Unternehmenskultur werden später im Kapitel 9 noch umfassender beleuchtet.

Bezogen auf das Steuerungsmodell ist festzuhalten, dass ein Teil dieser Kultur eine gewisse Risikobereitschaft sein muss, offen mit Unsicherheiten umzugehen und sich nicht dogmatisch an die Vergangenheit oder statische Pläne zu klammern. Das bedeutet, es gibt keine Hundert-Prozent-Lösungen, sondern Führungskräfte müssen sich auf pragmatische Entscheidungen und manchmal auch auf »Trial-and-Error-Verfahren« einlassen. Wer agil handeln möchte, kann nicht noch die letzte Detailanalyse abwarten. Daher muss es auch eine gewisse Toleranz für Fehler geben, um Entscheidungsträgern den notwendigen Handlungsspielraum zu ermöglichen. Andernfalls fallen sie in bestehende Handlungsmuster zurück und vergeben sich bietende Möglichkeiten, den Risiken und – noch wichtiger – den Chancen pro-aktiv zu begegnen.

8.2 Braucht es einen Chief Agility Officer (CAO)?

Die Frage nach der Notwendigkeit eines CAO steht stellvertretend für die Frage nach dem Stellenwert des Themas Agilität in der Hierarchie der Aufbauorganisation. Anhand der Besetzung der Unternehmensführung wird deutlich, welche Punkte auf der Agenda des Topmanagements stehen. So wird beispielsweise die Ausrichtung vieler kapitalmarkorientierter Unternehmen am Shareholder-Value durch die zentrale Rolle des CFO an der Seite des CEO reflektiert. Um Agilität ganzheitlich im Unternehmen zu verankern, muss diese also in der Struktur der obersten Führungsebene repräsentiert sein. Nur so können die verschiedenen Stellhebel in unterschiedlichen Unternehmensbereichen aufeinander abgestimmt werden und ineinander greifen. Somit ist selbst Agilität auch keinem einzelnen Fachbereich zuzuordnen, vergleichbar mit der Unternehmenskultur, die ebenso immer nur von der Geschäftsleitung selbst etabliert werden kann Ein CAO muss das Thema ganzheitlich und funktionsübergreifend adressieren, damit sich Agilität zu einem lebendigen Faktor innerhalb der Organisationskultur entwickelt.

8.2.1 Die Entwicklung der CFO-Rolle als Vorbild des CAO

Die Aufgabenbereiche des Chief Financial Officer (CFO) und damit einhergehend seine Bedeutung im Unternehmen haben sich in den vergangen Jahrzehnten grundlegend verändert. Anfang der sechziger Jahre galt der Bereich »Finanzen« als eine Funktion im Back-Office und war im Wesentlichen auf Buchhaltung und die Vorbereitung von Jahresabschlüssen und Steuererklärungen beschränkt. Heute reichen die Anforderungen inzwischen von der Beschaffung von Eigen- und Fremdkapital als auch der Sicherstellung der Liquidität über die operative Kostensteuerung und das Risikomanagement bis hin zur Finanzmarktkommunikation sowie zur Kontrolle der internen Verwaltungskosten.

Dementsprechend wuchs auch die Verbreitung der CFO-Rolle in diesem Zeitraum. Eine Studie der Princeton University zeigte beispielsweise auf, dass von über 400 untersuchten Unternehmen im Jahre 1964 kein einziges davon einen CFO eingesetzt hatte. Bis Ende der neunziger Jahre wuchs jedoch der Anteil an Unternehmen mit einem CFO exponentiell auf mehr als 80 Prozent an.[1]

Zu dieser Entwicklung passt auch der Trend hin zu einer immer exponierteren Rolle innerhalb der Unternehmensführung, die dem CFO zuteilwird. Nicht nur das: Immer häufiger kommt der CEO-Nachfolger inzwischen aus dem Finanzbereich.

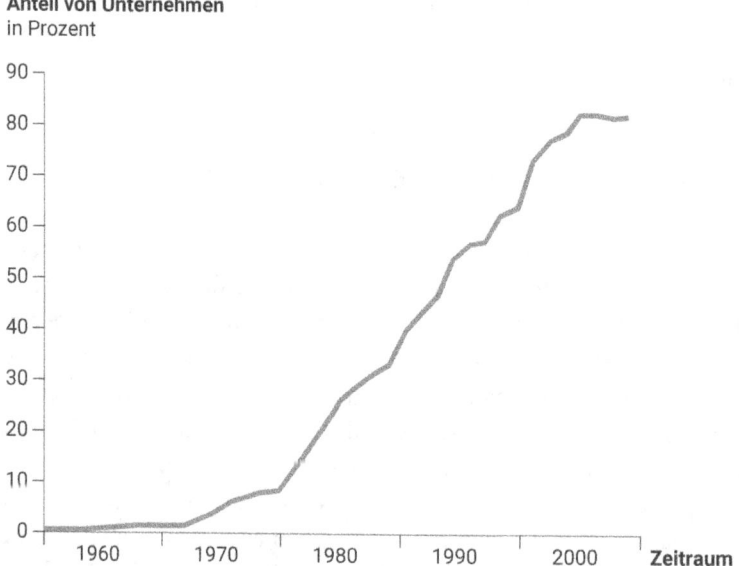

Abbildung 8.4: Verbreitung der CFO-Rolle

Die Verbreitung der CFO-Rolle erfolgte in drei großen Schritten. Vorreiter waren überwiegend Unternehmen aus dem angelsächsischen Raum. Anfänglich setzte eine allmähliche Stärkung des Finanzbereiches ein. Verbunden mit dem Wachstumsbestreben von Konglomeraten stieg der Finanzierungsbedarf für Investitionen und Akquisitionen. Es wurde eine Firmenphilosophie populär, wonach Unternehmen als eine Art Investor mit einem diversifizierten Portfolio auftreten sollten, statt sich auf einen einzigen Sektor zu limitieren. Folglich rückten finanzielle Fragestellungen wie beispielsweise die Bewertung von möglichen Akquisitionszielen oder Finanzierungsmöglichkeiten immer stärker in den Fokus der Unternehmensführung und somit wuchs auch der Einfluss der Finanz-Chefs auf strategische Entscheidungen.

Später kam es zu verschiedenen regulatorischen Änderungen vor allem mit Blick auf Bilanzierungsvorschriften und die Berichterstattung für Unternehmensgewinne im Zuge anhaltender Inflation. So stürzten die berichteten Gewinne plötzlich um bis zu 20 Prozent ab, da beispielsweise Lagerbestände und andere Vermögenswerte neu bewertet werden mussten. Die Auswirkungen auf die Unternehmenswerte waren alarmierend und so stieg die Unsicherheit unter den Führungskräften. Dies verhalf der Rolle des CFO zu einem weiteren Schub innerhalb der Hierarchie. Er wurde mit der Aufgabe betraut, die Performance des Unternehmens nach außen transparent zu machen und gleichzeitig intern die Profitabilität der verschiedenen Geschäftsbereiche zu steuern.

Die Orientierung der Unternehmensstrategie am Kapitalmarkt verfestigte sich in den darauf folgenden Jahren. Das Konzept des Shareholder-Value diente fortan maßgeblich als Grundlage für sämtliche unternehmerische Entscheidungen. Profitabilität und langfristige Wertsteigerung gelten nach wie vor als oberste Marschroute für kapitalmarktorientierte Unternehmen. Damit wurde der Platz für den CFO im Topmanagementteam gesichert. Die Herausforderungen hinsichtlich Liquiditätsproblemen und zunehmender Verschuldung vieler Unternehmen als Folge der weltweiten Finanzkrise stärkten die Bedeutung des CFO noch zusätzlich. So steht der CFO auch häufig im Blickpunkt der Öffentlichkeit und ist heute nicht mehr aus der Geschäftsleitung wegzudenken.

8.2.2 Agilität als Priorität der obersten Führungsebene

Als essentieller Aspekt bei der Etablierung eines agilen Unternehmenssystems gilt es, das Thema Agilität auf oberster Führungsebene zu verankern. Nur so kann sichergestellt werden, dass Ansätze des agilen Managements ganzheitlich über das gesamte Unternehmen hinweg angewendet werden. In diesem Zusammenhang sind folgende drei erfolgskritische Faktoren zu berücksichtigen.

Zum einen sollte das Thema Agilität eine Priorität des Topmanagements sein. Die Umsetzung von diversen Agilitätsstellhebeln bringt Veränderungen auf unterschiedlichen Ebenen mit sich. Betroffen sind beispielsweise operative Aufgaben und Prozesse, wenn Produktionsabläufe geändert werden. Aber auch weiche Aspekte wie Unternehmenskultur und Mindset fließen mit ein, da mehr eigenverantwortliche Arbeit und unternehmerische Initiative der Mitarbeiter gefragt ist. Diese Veränderungen stoßen häufig auf Beharren und Trägheit im Unternehmen und sind nur mit entsprechender Aufmerksamkeit des Topmanagements zu überwinden. Darüber hinaus zeigt die Priorisierung des Themas Agilität auf oberster Führungsebene auch eine gewisse Signalwirkung.

Zum andern ist ein integriertes Konzept für Agilität über sämtliche Fachbereiche hinweg notwendig. Entlang der Wertschöpfungskette sind zahlreiche Bereiche sowie unterstützende Querschnittsfunktionen eng miteinander verknüpft. Eine isolierte Betrachtung eines einzelnen Fachbereichs wird dieser Komplexität nicht gerecht. Nimmt man ein produzierendes Unternehmen als Beispiel, so ist eine agile Auslegung der Produktionskapazität nur wenig zielführend, wenn etwaige Produktionsschwankungen nicht auch auf der Lieferantenseite abgebildet werden können. Ebenso können Wechselkursschwankungen der Geldströme durchaus positive Wertstromeffekte eines optimierten Produktions-Footprints auffressen. In diesem Fall muss die Agilität in der Produktion mit entsprechenden Finanzinstrumenten – etwa durch Hedging – abgesichert werden. Daher muss man das Unternehmen als ganzheitliches System betrachten. Dies ist jedoch nur möglich, wenn sich die Unternehmensführung damit beschäftigt und sich zu diesem Weg verpflichtet.

Außerdem muss bei der Auswahl von Agilitätsstellhebeln eine bewusste Trade-off-Entscheidung zwischen kurzfristigen und langfristigen Effekten getroffen werden. Wie zuvor diskutiert bedeutet Agilität im Kern, Vorkehrungen für zukünftige Eventualitäten zu treffen. Demnach können übergeordnete Unternehmensziele wie Wachstum und Profitabilität kurzfristig auch verletzt werden. Beispielsweise helfen agile Arbeitszeitmodelle dabei, nachfragebedingte Produktionsschwankungen abzufangen. In einem stabilen Marktumfeld sind diese aber oftmals mit Mehrkosten sowie Opportunitätskosten verbunden. Agilität trägt auf lange Sicht zwar zum Unternehmenserfolg bei, vorab kann dieser Wertbeitrag aber nur schwer abgeschätzt und quantifiziert werden. Daher muss man kurzfristige Performance-Ziele und langfristige strategische Leitplanken genau abwägen. Eine solche Entscheidung kann nur durch das Topmanagement getroffen werden.

8.2.3 Die Rolle des CAO

Es ist schwer, eine konkrete Stellenbeschreibung für den CAO – ebenso wie für das gesamte Topmanagement – zu verfassen, die universell anwendbar ist. Abhängig vom Branchenumfeld und dem Unternehmenskontext ergeben sich verschiedene Aufgabenbereiche und Schwerpunkte für sämtliche Mitglieder der Unternehmensführung, die sich im Zeitverlauf natürlich auch entsprechend verändern können. Dennoch werden durch die Anforderungen an ein agiles Unternehmen verschiedene Fokusbereiche für den CAO vorgegeben.

Das Ziel eines CAO sollte es grundsätzlich sein, ein stabiles Unternehmen zu erschaffen und gleichzeitig dynamische Fähigkeiten aufzubauen. Auf der einen Seite muss ein Unternehmen langfristig und effizient aufgestellt sein, um dem anhaltenden Wettbewerbs- und Kostendruck standhalten zu können. Auf der anderen Seite ist es wichtig, schnell und beweglich auf Veränderungen reagieren zu können. Nur so können Organisationen unerwartete Herausforderungen meistern und Chancen nutzen. Eine Studie von der Columbia Business School belegt, dass Unternehmen einen höheren Gewinn erwirtschaften, wenn Sie es schaffen, stabile und dynamische Elemente zu balancieren. Ihr Jahresgewinn liegt mehr als 5 Prozent über dem der Unternehmen, die sich nur auf eine Dimension fokussieren.[2]

Daraus ergeben sich drei Hauptaufgaben für den CAO. Die erste Aufgabe betrifft die Organisationsstruktur sowie die Unternehmenskultur. Beides wächst in der Regel über die Jahre und liegt tief im Unternehmen verwurzelt. Obwohl feste Strukturen für eine langfristige Ausrichtung des Unternehmens notwendig sind, stehen sie Veränderungen häufig im Weg. Umgekehrt sind lose Organisationsformen extrem dynamisch – wie beispielsweise in Start-ups häufig vorhanden –, allerdings zeigen sie sich auf Grund mangelnder Effizienz als schwer skalierbar und langfristig nur schwer zu erhalten. Daher ist es eine zentrale Herausforderung für den CAO, das Unternehmen so aufzustellen, dass es die Vorteile aus beiden Welten, Stabilität und Agilität, vereinen kann.

Der zweite Aufgabenbereich umfasst die Strategie und die Weiterentwicklung des Unternehmens. Die meisten etablierten Unternehmen, vor allem in der produzierenden Industrie, fokussieren sich auf ihre bestehenden Produkte und Geschäftsmodelle. Differenzierungsmerkmale und Wettbewerbsvorteile resultieren überwiegend aus dem Aufbau von Kernkompetenzen und der Optimierung der Wertschöpfungskette. Jedoch geraten diese »Legacy-Businesses« zunehmend unter Druck durch permanente Marktschwankungen oder plötzliche, unerwartete Ereignisse. Außerdem drängen immer mehr Unternehmen der New Economy in existierende Märkte und sorgen so für Marktverschiebungen. Um ihre Marktposition nachhaltig zu verteidigen, müssen sich Unternehmen also kontinuierlich weiterentwickeln und zum Teil sogar neu erfinden. Dafür muss der CAO die richtige Balance finden, bestehende Geschäftsfelder zu verbessern oder auszubauen und neue Geschäftsfelder zu ergründen.

Der dritte Aufgabebereich zielt auf die Verknüpfung der operativen Abläufe ab. Der CAO muss Transparenz darüber haben, ob und wo es zu Schwankungen in der Wertschöpfungskette kommt, und geeignete Stellhebel dafür anwenden. Unabhängig davon, ob es Lieferantenausfälle, Engpässe in der Produktion oder einen plötzlichen Anstieg der Nachfrage gibt, die Steuerungs- und Entscheidungsmechanismen müssen klar definiert sein. Im ersten Schritt sind dafür geeignete Monitoring-Systeme und -Prozesse notwendig. Anschließend ist der Informationsaustausch sicherzustellen, sodass die handelnden Akteure zeitnah informiert werden und sich abstimmen. Um dann auch Stellhebel auswählen zu können, müssen die Entscheidungswege und -befugnisse eindeutig verteilt werden. Die Rolle des CAO ist es hier, die operativen Voraussetzungen für diese Informations- und Aktionskaskade zu etablieren.

8.3 Die operative Ausgestaltung des Steuerungsmodells

Neben strategischen Gesichtspunkten, die sich hauptsächlich an der Unternehmensstrategie selbst orientieren, kommt der operativen Ausrichtung des agilen Steuermodells eine hohe Bedeutung zu. Hier steht insbesondere die Operationalisierung des Agilitätskonzeptes selbst im Vordergrund, also die eindeutige Zuordnung von Rollen und Verantwortlichkeiten, aber auch die Beschreibung und Verknüpfung von Prozessen. Ebenso müssen die Schnittstellen so gestaltet werden, damit es zwischen den Abteilungen zu keiner Zeitverzögerung kommt oder durch kommunikative Ungenauigkeiten sogar Fehlinterpretationen entstehen, die den Prozess selbst verändern können. Mit Blick auf Geschwindigkeit und Effizienz betrifft das natürlich auch die Automatisierung und Unterstützung durch entsprechende IT-Systeme der betroffenen Prozesse und Schnittstellen. Die große Herausforderung für die gesamte Organisation besteht dabei darin, die teilweise hochgradig komplexe Struktur des Steuerungsmodells so zu operationalisieren, dass damit die einzelnen Bausteine des Agilitätskonzeptes zusammengehalten werden und auch in der Unternehmenspraxis umgesetzt werden können. Es muss dem Unternehmen bewusst sein, wenn das Steuerungsmodell versagt, bleiben viele Initiativen, die in den anderen Kapiteln vorgestellt wurden, schlichtweg erfolglos.

8.3.1 Archetypen für Steuerungseinheiten

Bei der Umsetzung des Steuerungsmodells für Agilität existiert keine goldene Regel oder eine allgemeingültige Lösung, die man als Blaupause verwenden kann. Der Erfolg eines agilen Steuerungsmodells hängt zum einen von der Art der Industrie ab, zum anderen natürlich auch vom Unternehmen selbst. Welches Geschäftsmodell zum Einsatz kommt, welche bestehenden Strukturen man im Unternehmen vorfindet und letztlich auch, wie die Unternehmensleitung selbst sich mit Agilität auseinandersetzt, sind nur ein Teil der Faktoren, die die optimale Gestaltung des Steuerungsmodells beeinflussen.

Beispielsweise findet man bei fragmentierten Unternehmen, also Organisationen mit mehreren heterogenen Geschäftseinheiten, normalerweise sehr unterschiedliche Erfolgsfaktoren und Markttreiber. Daraus entstehen unterschiedliche Anforderungen an das Steuerungsmodell für Agilität. Dennoch lassen sich grundlegende Archetypen beschreiben, die zumindest eine gewisse Orientierung erlauben. Diese Archetypen stellen verschiedene organisatorische Ausprägungen des Steuerungsmodells dar und werden im Folgenden näher beschrieben.

Schlanke Koordinations- und Unterstützungseinheit

Der erste Archetyp einer Steuerungseinheit entspricht einer schlank aufgestellten Organisationseinheit, die sich im Wesentlichen auf die Koordination und Unterstützung der anderen Fachbereiche beschränkt. Beispielsweise kann eine zentrale Stabsstelle diese Aufgabe übernehmen, wobei in diesem Fall jedoch keine Ressourcen der Fachbereiche dieser Steuerungseinheit zugeordnet sind. Das bedeutet im Umkehrschluss, diese Einheit besitzt auch keine Führungs- und Entscheidungskompetenzen für operative Aufgaben. Daher müssen in diesem Fall klare Schnittstellen zu den relevanten Fachbereichen definiert werden, um die bereichsübergreifende Koordination sicherzustellen und Verzögerungen bei der Abstimmung zu vermeiden. Damit ein reibungsloser Ablauf der Prozesse sichergestellt wird, müssen feste Ansprechpartner in den Fachbereichen existieren, die jeweils die Verantwortung für agilitätsrelevante Themen übernehmen.

Wurde dies gewährleistet, fokussiert sich die Steuerungseinheit anschließend auf die Sammlung und Konsolidierung von Informationen sowie die Vernetzung der betroffenen Fachbereiche. Nicht nur das, diese Informationen müssen schnittstellenkonform sein, also so aufbereitet sein, dass die anderen Abteilungen diese Informationen auch verarbeiten können. Für die bereits vorhin erwähnten Ansprechpartner in den einzelnen Fachbereichen bedeutet dies im Umkehrschluss, sie müssen die erforderlichen Informationen zu Verfügung stellen. Ein für Außenstehende triviales, aber leider kein seltenes Problem stellt beispielsweise die fehlende Abstimmung zwischen Vertriebs- und Produktionsplanungen dar. In einem solchen Fall bleiben die Auswirkungen einer geänderten Vertriebsplanung durch unvorhergesehenes Nachfrageverhalten für die Produktion unklar und können somit auch nicht angemessen adressiert werden. Diese Unstimmigkeiten können beim Abgleich der konsolidierten Informationen durch die Steuerungseinheit leicht identifiziert und in Zusammenarbeit mit den Fachbereichen behoben werden.

Weiterhin unterstützt die Steuerungseinheit die Fachbereiche bei der Kommunikation mit dem Topmanagement. Bestehen beispielsweise bei der Auswahl und Ausgestaltung der Agilitätsstellhebel Entscheidungsbedarfe, ist die Steuerungseinheit verantwortlich für die Erstellung und Abstimmung der Entscheidungsvorlagen für die notwendigen Managementtermine und Entscheidungsgremien.

Diese Unterstützungsfunktion beinhaltet außerdem, Agilitätsstellhebel einheitlich zu erfassen und zu dokumentieren. Eine Methode ist, standardisierte Steckbriefe für alle Agilitätsstellhebel zu erstellen mit den wichtigsten Informationen wie Auslöser, Stellhebelverantwortliche, Implementierungsschritte und Tracking der Stellhebel. So können diese allen betroffenen Akteuren jederzeit zur Verfügung gestellt werden. Besteht also die Notwendigkeit bestimmte Stellhebel zu aktivieren, können die Steckbriefe sprichwörtlich aus der Schublade gezogen werden. Die Stellhebelbeschreibungen enthalten dann klare Handlungsanweisungen, die für alle betroffenen Unternehmensbereiche transparent sind. Auch im Nachgang hilft eine einheitliche Dokumentation für die Erfolgsmessung und gegebenenfalls Optimierung der Stellhebel.

Zentrale Steuerungseinheit mit Vertretern der relevanten Fachbereiche

Eine Zwischenform stellt eine zentrale Steuerungseinheit dar, die durch Vertreter aus den wichtigsten Unternehmensbereichen ergänzt wird. Diese Vertreter werden der Steuerungseinheit zwar fachlich zugeordnet, bleiben jedoch weiterhin organisatorisch in ihren Fachbereichen verankert. Dabei übernimmt diese zentrale Einheit ebenso wie beim ersten Archetypen alle Koordinations- und Unterstützungsaufgaben, um auf diese Weise die komplette Übersicht über sämtliche Abläufe und Prozesse in den wichtigsten Unternehmensbereichen zu erhalten. Durch die Zuordnung von Fachbereichsvertretern zu der zentralen Steuerungseinheit wird jedoch die cross-funktionale Abstimmung stärker gefördert. Durch die organisatorische Verknüpfung der Vertreter mit den jeweiligen Fachbereichen besteht zusätzlich eine direkte Verbindung zu den Fachbereichen mit den entsprechenden Entscheidungs- und Handlungskompetenzen. Dadurch erreicht dieses Modell mehr Transparenz und vereinfacht zusätzlich die Abstimmung in den Fachbereichen.

Damit diese Form der Steuerungseinheit auch tatsächlich ihre Vorteile realisieren kann, muss unbedingt auf die notwendige fachliche Expertise der jeweiligen Vertreter geachtet werden. Nicht nur das, diese müssen auch inhaltlich weiterhin gut mit ihren jeweiligen Bereichen vernetzt bleiben und im regelmäßigen Austausch stehen. Dieser Spagat zwischen zentraler Steuerung und inhaltlicher Expertise im operativen Geschäft zeichnet sich bereits bei vermeintlich trivialen Themen ab – wie zum Beispiel bei der regelmäßigen Teilnahme an Meetings. Bei erfolgreicher Umsetzung lässt sich jedoch mit diesem Archetyp das Beste aus beiden Welten kombinieren. Einerseits ermöglicht die zentrale Bündelung der Steuerungseinheit eine bestmögliche Transparenz und cross-funktionale Abstimmung. Andererseits kann durch die Einbeziehung fachspezifischer Vertreter die Handlungsfähigkeit und Schlagkraft dieser Einheit verstärkt werden.

Zentrale und integrierte Steuerungseinheit

Die am stärksten formalisierte Form des Steuerungsmodells entspricht der einer zentralen und integrierten Steuerungseinheit. Dabei sind alle relevanten Fachbereiche, wie beispielsweise Einkauf, Produktion und Logistik mit dedizierten Positionen in der Steuerungseinheit vertreten und auch organisatorisch dort zugeordnet. Auf diese Weise werden Führungs- und Handlungskompetenzen in diese zentrale Einheit verlagert. So übernimmt diese Steuerungseinheit über die Koordination hinaus auch Verantwortung für operative Aufgaben im agilen Unternehmenssystem. Damit einher geht die Voraussetzung, dass die Steuerungseinheit auch die notwendigen Ressourcen zur Verfügung hat, also ausreichend Mitarbeiterkapazitäten mit dem entsprechenden Know-how aus den verschiedenen Fachbereichen. Letzteres ist im Vergleich zum zweiten Archetyp noch schwerer sicherzustellen, da die organisatorische Anbindung zum Fachbereich fehlt.

Der wesentliche Vorteil in diesem Modell besteht in der inhaltlichen und organisatorischen Anbindung der Steuerungseinheit an die betroffenen Fachbereiche. Dadurch wird der Steuerungseinheit keine reine Koordinator- oder Prozessrolle zuteil, sondern sie kann den Fachabteilungen auf Augenhöhe begegnen und fachliche Diskussionen mitgestalten. Gegenüber dem Archetyp zwei liegt der Hauptunterschied in der Rolle der Fachbereichsvertreter. Hier sind sie keine Entsandten aus den Fachbereichen, sondern fest in der Steuerungseinheit verankert. Obwohl sie also die verschiedenen Perspektiven aus den jeweiligen Fachbereichen einbringen, unterliegen sie keinen Zielkonflikten die aus funktionsspezifischen Anforderungen entstehen. Stattdessen verfolgen Sie im agilen Unternehmenssystem das übergeordnete Ziel der Steigerung der Agilität und können so besser dazu beitragen, zwischen den Fachbereichen zu vermitteln und bestehende Zielkonflikte aufzulösen.

An dieser Stelle muss jedoch klar sein, dass die eigentliche operative Verantwortung insbesondere für die Umsetzung und Anwendung der Agilitätsstellhebel weiterhin bei den betroffenen Fachbereichen liegen muss. Das gilt unabhängig von der Form der Steuerungseinheit. Denn die fachliche Kompetenz und Erfahrung ist vorwiegend in den Fachbereichen vorhanden, die letztendlich auch die Entscheidungsbefugnisse für die Auswahl, Umsetzung und – bei Bedarf – Aktivierung der Agilitätsstellhebel haben. Schließlich sind es auch die Fachbereiche, die für die Unternehmensperformance in der Verantwortung stehen.

8.3.2 Aufgabenbereiche im Steuerungsmodell

Grundsätzlich können im Steuerungsmodell für Agilität verschiedene Aufgaben verankert werden. Die Schwerpunkte werden jedoch von Unternehmen zu Unternehmen unterschiedlich gelegt. Daraus ergeben sich auch spezifische Anforderungsprofile sowie Kapazitäts- oder Ressourcenbedarfe zur Umsetzung der Steuerungsaufgaben. Zudem ist festzuhalten, dass nicht alle Aufgaben stets im Steuerungsmodell abzubilden sind. Abhängig beispielsweise von der Ausgestaltung der Steuerungseinheit gemäß den zuvor beschriebenen Archetypen können bestimmte Aufgaben zentral von der Steuerungseinheit oder selbstständig von den jeweiligen Fachbereichen erfüllt werden. Je nach Anforderungen und Komplexität des Steuerungsmodells werden bestimmte Aufgaben auch gar nicht explizit im Steuerungsmodell abgebildet. Im Folgenden werden fünf grundsätzliche Aufgaben näher beschrieben (siehe auch Abbildung 8.5).

Verknüpfung von Monitoring und Reporting mit Fachbereichen

Wie in Kapitel 6 beschrieben, bildet das Monitoring eine Schnittstelle des Unternehmens zu seinem Geschäftsumfeld. Es zielt darauf ab, bestimmte Ereignisse messbar zu machen und so Veränderungen frühzeitig zu erkennen. Im nächsten Schritt müssen diese Informationen aufbereitet und an die relevanten Fachbereiche im Unternehmen weitergegeben werden, die daraus die notwendigen Handlungen ableiten. Die Aufgabe des Steuerungsmodells ist hier den Informationsaustausch zwischen dem Monitoring und den relevanten Fachbereichen zu gewährleisten.

Zudem sind Informationen aus dem Monitoring häufig nicht nur isoliert in einzelnen Fachbereichen zu beleuchten. Aus der Vernetzung im Produktionssystem ergeben sich vielfach Abhängigkeiten, die beim Sammeln und Austausch der Informationen zu berücksichtigen sind. Im besten Fall werden die Zieldimensionen zwischen den Fachbereichen abgestimmt und auf operative Parameter heruntergebrochen, die eine Vergleichbarkeit zwischen den unterschiedlichen Bereichen ermöglichen. Am Beispiel von Automobilherstellern erfolgt dies beispielsweise

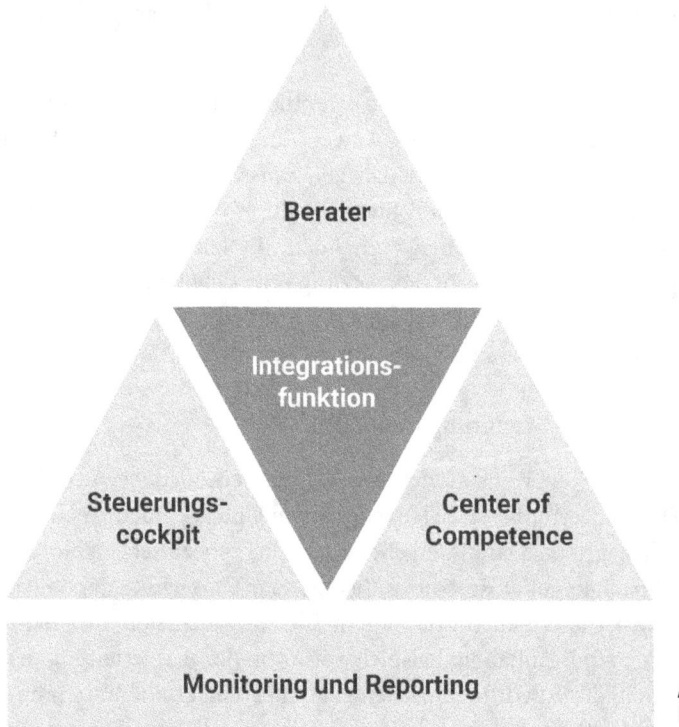

Abbildung 8.5: Aufgabenbereiche im Steuerungsmodell

durch die Betrachtung der Agilität von Produktionskapazitäten über die gesamte Wertschöpfungskette hinweg. So müssen die Kennzahlen für Kapazitätsauslastungen und -schwankungen zwischen Komponentenlieferanten, der Produktion von Motoren und Getrieben sowie von Fahrzeugaufbauten abgeglichen werden, um mögliche Produktionsengpässe und kritische Prozesse zu identifizieren. Eine agile Steuerung der Produktionsmengen ist in dem Fall nur möglich, wenn alle Teile in der Wertschöpfungskette aufeinander abgestimmt sind. Das Steuerungsmodell sorgt für die erforderlichen Schnittstellen (zum Beispiel Kompatibilität von Kennzahlen) und den Informationsaustausch (zum Beispiel Identifizierung eines Produktionsengpasses) zwischen den Fachbereichen.

Standardisiertes Steuerungscockpit zur Transparenzschaffung

Das Steuerungscockpit stellt den nächsten möglichen Bestandteil im Steuerungsmodell dar. Es ist eine Übersicht der wichtigsten Kennzahlen aus dem Monitoring, die standardisiert und regelmäßig – im Idealfall in Echtzeit – aufbereitet und für das Management zur Verfügung gestellt werden. So können Entscheidungsträger jederzeit die für sie relevanten Informationen abrufen. Im Vergleich zu einer klassischen Berichts- und Reportingfunktion hat das Cockpit durch den Pull-Charakter von Informationen einen großen Vorteil bei der Transparenz und Aktualität. Jeder greift auf die gleichen Informationen zurück, die immer dem aktuellsten Datenstand entsprechen.

Ein zusätzlicher Vorteil des Steuerungscockpits ist die Kaskadierung der enthaltenen Informationen. So können Kennzahlen für verschiedene Managementebenen heruntergebrochen werden, zum Beispiel auf einzelne Regionen, Werke oder Produkte. Die aggregierte Betrachtung ermöglicht eine konsistente Steuerung der verschiedenen Einheiten. Umgekehrt erleichtert der Herunterbruch von Kennzahlen die Identifikation und Priorisierung von Handlungsbedarfen.

Integrationsfunktion zwischen verschiedenen Unternehmensbereichen

Diese Aufgabe bezieht sich auf die ganzheitliche Perspektive des Steuerungsmodells zur Integration des agilen Unternehmenssystems über verschiedene Unternehmensbereiche hinweg. Die Koordination der verschiedenen Agilitätsbausteine wurde in diesem Kontext schon adressiert. Mit Blick auf die operative Umsetzung liegt der Schwerpunkt auf der Auswahl und Ausarbeitung sowie der Umsetzung und Aktivierung der Agilitätsstellhebel. Einerseits müssen dabei die Interdependenzen zwischen verschiedenen Stellhebeln berücksichtigt werden. So können agile Produktionssysteme nur adäquat gesteuert werden, wenn auch die entsprechenden Personalstellhebel wie etwa agile Arbeitszeit- oder Schichtmodelle angewendet werden.

Andererseits sind die Auswirkungen von Stellhebeln auf andere Fachbereiche zu bewerten. Denn die Agilitätsstellhebel sind in der Verantwortung bestimmter Fachbereiche, jedoch können sie sich durch die Abhängigkeiten entlang der Wertschöpfungskette auch auf andere Fachbereiche auswirken. Die inhaltliche Ausarbeitung und Abschätzung von Nutzen und Aufwand bei der Umsetzung und Aktivierung der Stellhebel muss demnach cross-funktional durchgeführt und abgestimmt werden. Schnell kann es sonst zu Interessenskonflikten kommen, die eine rasche Reaktion auf Veränderungen im Geschäftsumfeld im Sinne des Agilitätskonzeptes verhindern. Um das vorher geschilderte Problem der Single-Sourcing-Strategie zu adressieren, ist ein möglicher Stellhebel die Auswahl eines zweiten oder gar dritten Lieferanten für wichtige Bauteile oder Komponenten. In der Produktion und Logistik stellt das jedoch zusätzliche Anforderungen an die Integration der zusätzlichen Lieferanten und damit einhergehende Prozessänderungen. Nicht zu vernachlässigen sind in diesem Fall natürlich auch die steigenden Kosten beispielsweise auf Grund der aufwändigeren Lieferantenauswahl und Beschaffung, der geringeren Skaleneffekte durch die Aufteilung von Bestellvolumen oder möglicher Qualitätsabweichungen.

Center of Competence für Agilitätsfragen

Das Center of Competence ist eine Art Anlaufstelle für sämtliche Agilitätsfragen. Es unterstützt die Fachbereiche durch die Sammlung, Kodifizierung und den Transfer verschiedener Kompetenzen und Erfahrungen im agilen Unternehmenssystem. Eine mögliche Methode dafür ist die Bewertung von Agilitätsstellhebeln im Sinne von Best Practices oder Fallbeispielen. Die Steuerungseinheit beleuchtet konkrete Situationen, in denen Agilitätsstellhebel gezogen wurden. Was war die Ausgangssituation und die Problemstellung? Wie erfolgte die Umsetzung bzw.

Anwendung der Stellhebel und wie erfolgreich war diese? Die Erkenntnisse und Lessons-Learned werden dokumentiert und dadurch für den Wissenstransfer in der Organisation festgehalten. Die Ergebnisse können zum Beispiel in Form eines Handbuchs mit anschaulichen Anwendungsbeispielen aufbereitet werden.

Das Ziel ist die enge Einbindung des Center of Competence in reguläre Prozesse und Abläufe in den Fachbereichen bei Fragenstellungen zur Agilität. Dadurch werden gleichzeitig die Anwendung und Weiterentwicklung von Kompetenzen in diesem Bereich innerhalb der Organisation sichergestellt. Der Erfolg eines Center of Competence ist jedoch abhängig von der Visibilität und Akzeptanz im Unternehmen. Nur durch einen regen Austausch mit den anderen Fachbereichen kann das hier gebündelte Wissen und Know-how zum Tragen kommen. Aus diesem Grund muss es innerhalb der Organisation klar positioniert werden und für sich werben.

Berater für Erarbeitung und Umsetzung der Agilitätsstellhebel

Die Steuerungseinheit als Berater der Fachbereiche sollte auf der Wissensplattform des Center of Competence aufsetzen. Sie stellt ebenso die gebündelten Informationen und das Know-how des agilen Unternehmenssystems zur Unterstützung der Fachbereiche bereit. Jedoch nimmt sie hier eine wesentlich aktivere Rolle ein, indem sie agile Lösungsansätze gemeinsam im Schulterschluss mit den Fachbereichen mitgestaltet. Die beratenden Tätigkeiten beginnen bei der Identifikation von Handlungsbedarfen, beinhalten die Ausarbeitung und Abstimmung von konkreten Agilitätsstellhebeln als Gegenmaßnahmen und reichen bis hin zur Umsetzung und dem Tracking der beschlossenen Stellhebel. Die Steuerungseinheit leistet dabei einen großen Beitrag zum einen durch die fachliche Expertise, zum anderen aber durch methodische Kompetenzen im Kontext des Agilitätskonzeptes.

Bei der Betrachtung von internationalen Produktionsnetzwerken wird dies beispielsweise besonders deutlich. Dort werden Stückzahlen häufig zwischen Standorten verschoben, um Kapazitäten und Auslastung besser ausgleichen können. Dies funktioniert jedoch nur, wenn gewisse Kompatibilitätsanforderungen, etwa an die Produktmerkmale (austauschbare Gleichteile in mehreren Produkten, modulare Komponenten etc.) in der Entwicklung, an die Lieferantenauswahl im Einkauf, an die Produktionsanlagen und -prozesse oder auch an die Prozesse und Verfahren im Qualitätsmanagement sichergestellt werden. So müssen Bauteile in einem Werk in Deutschland und China beispielsweise nicht nur identische Abmaße haben, um sie später in der Produktionskette im selben Produkt verbauen zu können, sondern auch die passenden Aufnahmepunkte für gegebenenfalls unterschiedliche Produktionsanlagen oder die gleichen Messpunkte für eine einheitliche Qualitätssicherung. Die Steuerungseinheit kann diese Anforderungen zentral definieren, um anschließend die Umsetzung in den verschiedenen Standorten zu steuern und zu kontrollieren. Bei steigender Komplexität und Vernetzung in der Wertschöpfungskette kann diese Aufgabe nicht mehr adäquat in einzelnen Fachbereichen oder an isolierten Standorten abgedeckt werden.

Anmerkungen

1 Dirk M. Zorn, »Here a chief, there a chief: The rise of the CFO in the American firm«, *American Sociology Review, 06/2004*

2 Rita Gunther McGrath, »How the growth outliers do it«, *Harvard Business Review,* 01/2012

9 Verankert –
Agile Organisation und Unternehmenskultur

Marco Wampula

Inhaltsverzeichnis

9.1	**Organisationsdesign und Agilität**	**266**
	9.1.1 Agiles Organisationsdesign als Bestandteil eines agilen Unternehmens	266
	9.1.2 Charakterisierung einer agilen Organisation	267
9.2	**Prozesse – Standardisierung für effektive Zusammenarbeit und Kooperation**	**271**
9.3	**Struktur – Vom festen Organisationschart zu Projekt-basierter Ressourcen-Allokation**	**273**
	9.3.1 Zusammenarbeit in Projekt-basierten, cross-funktionalen Teams	275
	9.3.2 Performance Management für projekt-basierte Arbeit	277
9.4	**Menschen – Agile Unternehmenskultur**	**278**
	9.4.1 Unternehmerisches Mindset und Empowerment	279
	9.4.2 Begeisterung für Ambiguität	281
	9.4.3 Recruiting und Karriereentwicklung	284

Leitfragen

- Wie lauten die Kernbestandteile eines agilen Organisationsdesigns?
- Wie kann die Zusammenarbeit im Unternehmen gestaltet werden?
- Welche konkreten Elemente kann ein Unternehmen implementieren, um die Agilität der Organisation zu unterstützen?
- Welche relevanten kulturellen Faktoren und Soft Skills erwecken ein agiles Organisationsdesign zum Leben?

9.1 Organisationsdesign und Agilität

Die Fähigkeit eines Unternehmens, Maßnahmen zur Steigerung der Agilität umzusetzen und schnell auf Veränderungen zu reagieren, wird im Rahmen der Ausgestaltung und Umsetzung des agilen Unternehmenssystems auch maßgeblich vom Organisationsdesign beeinflusst. Um die Agilität des Unternehmens ganzheitlich abbilden und umsetzen zu können, stellt ein zur gesamthaften Agilität des Unternehmens beitragendes Organisationsdesign eine wichtige Grundlage dar. Das folgende Kapitel beleuchtet im Detail die Kernaspekte einer agilen Organisation und Unternehmenskultur und untersucht diese entlang der drei maßgeblichen Bestandteile des Organisationsdesigns: Struktur, Prozesse, und Menschen.

9.1.1 Agiles Organisationsdesign als Bestandteil eines agilen Unternehmens

Unsicherheiten und Veränderungen in der Umwelt eines Unternehmens, wie bereits insbesondere in Kapitel 2 beschrieben, erfordern Anpassungen im Organisationsdesign. Diese können möglicherweise aufgrund von Anpassungen im Aktivitätsschwerpunkt des Unternehmens – sowohl geografisch als auch durch das Geschäftsfeld bedingt – oder durch das Aufkommen von neuen Technologien und Produkten notwendig werden. Eine agile Reaktion des Unternehmens auf diese Unsicherheiten stellt nicht nur eine grundlegende Anforderung an das Organisationsdesign dar, in erster Linie muss es diese Unternehmensreaktion unterstützen.

Eine Veränderung im Organisationsdesign lässt sich heute zwar nicht als Routine oder Dauerzustand bezeichnen, stellt jedoch in vielen Unternehmen eine bekannte Maßnahme zur Reaktion auf Veränderungen dar. Einer Studie der Unternehmensberatung McKinsey zufolge erlebten beinahe 60 Prozent der befragten Führungskräfte innerhalb der letzten zwei Jahre eine Reorganisation im eigenen Unternehmen. Bezogen auf ein erweitertes Zeitfenster von drei oder mehr Jahren beantworteten sogar fast 85 Prozent der befragten Gruppe diese Frage positiv. Diese Reorganisationen sind allerdings keinesfalls immer erfolgreich. In dieser Studie gaben gleichzeitig die befragten Führungskräfte an, weniger als ein Viertel der Reorganisationen hatten den gewünschten Erfolg zur Folge.[1]

Zukünftig könnte der Bedarf an Anpassungen im Organisationsdesign sogar noch zunehmen. Gründe dafür liegen sowohl in unternehmens- oder branchenspezifischen Herausforderungen, als auch in grundlegenden Trends wie Digitalisierung oder der zunehmenden Globalisierung.

Vor diesem Hintergrund wird deutlich, ein agiles Unternehmen muss einem Ansatz im Organisationsdesign folgen, der auf derartige Veränderungen, wie ein erweiterter oder angepasster Standort-Footprint oder neue Produkt- und Technologieentwicklungen, agil reagieren kann. Durch imminente Agilität des Organisationsdesigns werden Reaktionen des Unternehmens ermöglicht, ohne den mitunter aufwändigen und oftmals nicht mit dem gewünschten Erfolg behafteten Prozess einer gegebenenfalls immer wiederkehrenden Reorganisation durchführen zu müssen. Zudem ermöglicht ein agiles Organisationsdesign zusätzlich die Beschleunigung von Entscheidungsprozessen, da mögliche Hindernisse durch starre Strukturen und Hierarchien beseitigt werden, oder die schnellere Neuausrichtung auf neue Geschäftsmodelle, beispielsweise durch Etablierung flexibel zu allokierender Ressourcenpools.

Die Ausrichtung des Organisationsdesigns entlang der im folgenden Kapitel beschriebenen Grundlagen ist integraler Bestandteil des agilen Unternehmenssystems und kann Unternehmen dabei unterstützen, einen Wettbewerbsvorteil zu erzeugen.

9.1.2 Charakterisierung einer agilen Organisation

Auf den ersten Blick kann Agilität leicht als Gegensatz zu Stabilität und Effizienz missverstanden werden. Auf der einen Seite steht Agilität als Fokussierung auf Dynamik, mit wenig einheitlichen Vorgehensweisen oder Prozessen, dezentralisierten Entscheidungen und unabhängigem, schnellem Vorgehen einzelner Teams, um auf neue Entwicklungen zu reagieren. Auf der anderen Seite befinden sich Stabilität und Effizienz durch genau definierte Prozesse, im Rahmen fester organisatorischer Einheiten und exakt spezifizierter Entscheidungsabläufe entlang Hierarchieebenen und Gremien.

Für ein Unternehmen können beide Ausrichtungen bei singulär fokussierter Umsetzung mit Nachteilen behaftet sein. Eine Fokussierung auf Dynamik ohne Stabilität kann dazu führen, dass unkoordinierte Arbeitsweisen überhandnehmen, mit unklarer Abstimmung, redundanter Arbeit und Nicht-Nutzung von Skalenvorteilen. Andere Nachteile ergeben sich aus einer kompletten Ausrichtung entlang Stabilität. Hierbei kann das operative Geschäft stark verlangsamt und das Unternehmen durch langwierige und bürokratische Prozesse von der Entwicklung der Umwelt und des Wettbewerbs abgehängt werden.

Agiles Organisationsdesign bedeutet nicht, zwischen diesen beiden Arten zu wählen, sondern sie zu vereinen. Es herrscht somit kein Widerspruch. Untersuchungen von McKinsey zeigen, dass erfolgreiche Unternehmen Organisationsmodellen folgen, die beide Aspekte vereinen, eine starke und effiziente funktionale Basis, gepaart mit ausgeprägten dynamischen Fähigkeiten.[2] Darunter wird im unternehmerischen Kontext verstanden, bestimmte Zentralfunktionen wie Personal oder Marketing global einheitlich aufzustellen, beispielsweise im Rahmen von Prozessen, Vorgehensweisen und Aktivitäten, um dabei eine größtmögliche Effizienz zu erreichen. Gleichzeitig sind dynamische Fähigkeiten fester Bestandteil der Organisation, beispielsweise ausgeprägt durch kleine, cross-funktionale Teams im Entwicklungsbereich, die unabhängig voneinander und marktnah neue Produkte und Lösungen entwickeln. Dadurch wird ermöglicht, die oben beschriebenen Nachteile bei Verfolgung eines einzelnen Ansatzes zu vermeiden und das Beste aus beiden Aspekten zu vereinen. So kann eine hohe Effizienz in Standardprozessen sichergestellt werden, während gleichzeitig eine kontinuierlich hohe Anpassungsgeschwindigkeit durch agile Teams und Einheiten gewährleistet ist. Abbildung 9.1 stellt diesen »Zielkorridor« bildlich dar: Agilität im Organisationsdesign wird erreicht, wenn die Entscheidung zwischen stabilen und dynamischen Organisationselementen in eine Kombination aus beiden verwandelt wird.

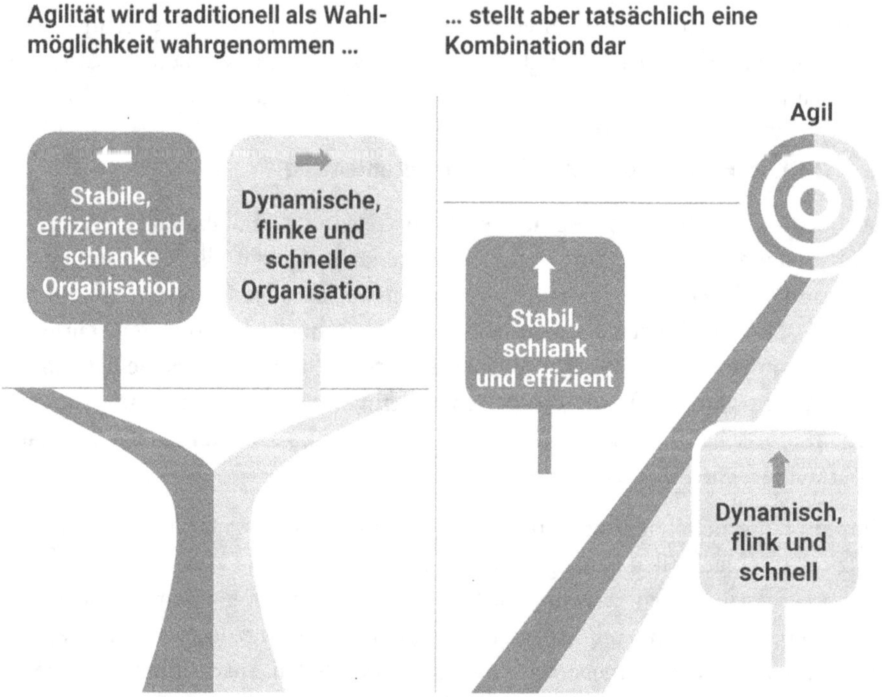

Abbildung 9.1: Agilität als Kombination aus Stabilität und Dynamik

Stabilität und Effizienz durch eine starke funktionale Basis

Eine starke funktionale Basis bildet das Rückgrat zur Etablierung eines agilen Organisationssystems. Mag es in einem kleinen Start-up mit wenigen Mitarbeitern noch einfach möglich sein, alle Kernprozesse und Aktivitäten in einem frei beweglichen und dynamischen Modell ohne feste Funktional- oder Strukturzuteilungen abzubilden, so ist für große Unternehmen, mit einer breiten geografischen Verteilung und unterschiedlichen Geschäftsfeldern, ein anderer Ansatz notwendig. Effektive und effiziente Steuerung sowie Führung sind so nicht möglich, denn diese unstrukturierte Dynamik würde innerhalb kürzester Zeit in einem unübersichtlichen und ineffizienten Organisationsmodell enden. Fehlende Abstimmung zwischen unterschiedlichen Teams oder Bereichen führen dann zu einem chaotischen Vorgehen, wodurch redundante Arbeiten, unklare Prozesse und Vorgehensweisen entstehen, die wiederum uneinheitliche Ergebnisse zur Folge haben. Dies erzeugt mit hoher Sicherheit qualitativ unterschiedliche Endprodukte, die sich kein Unternehmen leisten kann, möchte es im Markt überleben.

Um dies zu vermeiden, ist eine starke funktionale Basis zur Verwirklichung eines agilen Organisationsdesigns notwendig. Auch die eingangs erwähnten Start-ups bauen mit zunehmender Unternehmensgröße Stabilität und Effizienz durch eine funktionale Basis auf.

Agilität und Veränderung durch dynamische Fähigkeiten

Die zweite Grundkomponente einer agilen Organisation bilden dynamische Fähigkeiten und Elemente wie flexibel einsetzbare cross-funktionale Teams, das Vorhalten von Verträgen mit Dienstleistern zum schnellen Abruf zusätzlicher Kapazität oder minimal spezifizierte und schnell implementierbare Kernprozesse. Die Fähigkeit zur schnellen und flexiblen Reaktion auf Veränderungen ist integraler und definierender Bestandteil einer agilen Organisation. Verschiedene Faktoren tragen hierzu bei.

So ist die Vermeidung von historisch mit der Entwicklung des Unternehmens gewachsenen komplexen und langwierigen Prozessen und Abstimmungsrunden ein erster wichtiger Faktor, um administrative Hürden zu entfernen. Stattdessen müssen dynamische Elemente die Möglichkeit zu schnellen und unabhängigen Reaktionen des jeweiligen Teams oder der jeweiligen Einheit sicherstellen. Ein hohes Maß an (Selbst-)Verantwortung und Gestaltungsfreiheit trägt zur Lösung dieser Herausforderungen bei.

Die dynamische Komponente des agilen Organisationsdesigns wird zudem maßgeblich durch die zugrundeliegende Struktur bestimmt. Ein rigides Organisations-Chart mit festgelegten Strukturen kann hier zu einem Hindernis werden. Dynamische Reaktionen erfordern eine sowohl geografisch als auch organisatorisch flexible Allokation von Ressourcen, die durch entsprechend flexible Strukturen unterstützt werden müssen. Die Möglichkeit, ein Projektteam zur Bearbeitung einer neuen Fragestellung mit hoher Geschwindigkeit zusammenzustellen und einzusetzen, kann einen Wettbewerbsvorteil darstellen, der nicht durch strukturelle Hürden, wie die starre Verankerung von Mitarbeitern in Linienfunktionen, beschränkt werden sollte.

Darüber hinaus gilt es außerdem, die Fähigkeit zu etablieren, schnell alle für eine Fragestellung notwendigen Stakeholder, Funktionen und Wissensträger zu versammeln, respektive deren Wissen und Einschätzung zu nutzen. Dynamische Bestandteile, die dies ermöglichen, reichen von informellen und formellen Netzwerken bis zu einer Unternehmenskultur, die eine schnelle Reaktion von Mitarbeitern fördert und fordert. Eine Unternehmensvision, mit starkem Fokus auf Zusammenarbeit und mit klaren Werten, trägt hierbei essentiell dazu bei, um Mitarbeiter zu ermutigen, auch ohne offizielle Anfrage oder Anweisungen pro-aktiv zu agieren. Zusätzlich kann das Management durch konsequentes Delegieren von Entscheidungen und die Schaffung einer positiven Fehlerkultur die Eigenständigkeit von Mitarbeitern fördern.

Die beschriebenen stabilen und dynamischen Elemente müssen zur Verwirklichung einer agilen Organisation grundsätzlich entlang dreier Grundbestandteile von Organisation und Unternehmenskultur Anwendung finden. Prozesse, Strukturen und Menschen, die innerhalb dieser Kultur agieren, bestimmen, wie das Organisationsdesign eines Unternehmens verwirklicht und gelebt wird. Abbildung 9.2 zeigt das Zusammenwirken dieser Elemente.

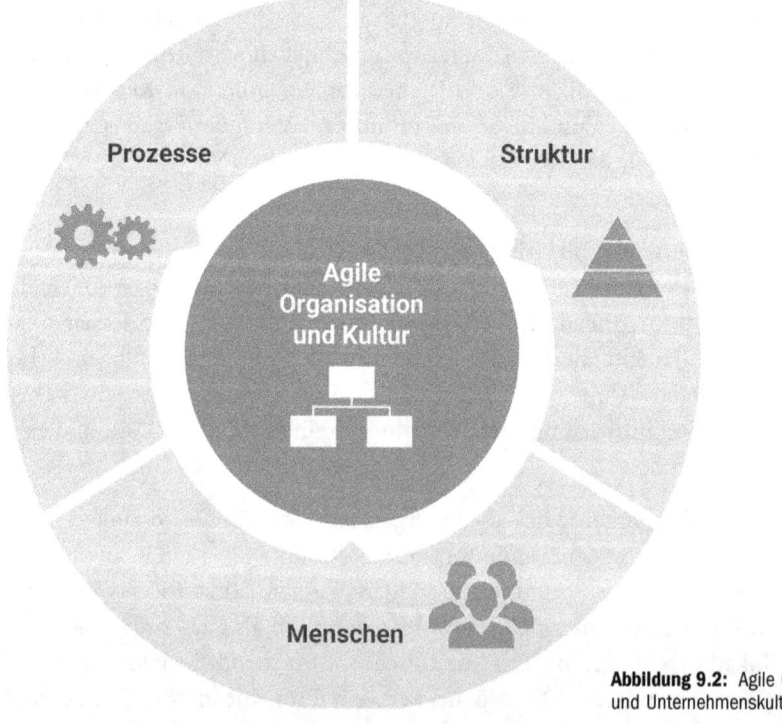

Abbildung 9.2: Agile Organisation und Unternehmenskultur

9.2 Prozesse – Standardisierung für effektive Zusammenarbeit und Kooperation

Wie die Gesamtorganisation selbst müssen auch die Unternehmensprozesse beide Komponenten eines agilen Organisationsdesigns abdecken. Um Agilität zu fördern, gelten in allen Unternehmensteilen und jeder lokalen Organisation identische, standardisierte Kernprozesse, die jedem einzelnen Mitarbeiter bekannt sind als wichtige Faktoren. So trägt eine feste Definition dieser Prozesse zum einen dazu bei, sicherzustellen, dass das Unternehmen in Zusammenspiel mit unterschiedlichen Stakeholdern reibungslos funktioniert. Dies gelingt nur, indem Aktivitäten, Abläufe und zugehörige Zeitpläne für Mitarbeiter fest definiert sind. Beispielsweise die Sicherstellung des Fortbestands von Beziehungen und Verpflichtungen mit Kunden, Lieferanten und Partnern sowie die effektive Abwicklung interner Verpflichtungen wie Gehaltszahlungen und Geschäftsberichte.

Zum anderen helfen bewährte, schlanke und kostengünstige Prozesse Effizienz sowie Transparenz für jeden Mitarbeiter in der täglichen Zusammenarbeit zu schaffen, beispielsweise durch standardisierte Einkaufsprozesse in der Beschaffung von direktem und indirektem Material, einheitliche Abläufe bei der Einarbeitung neuer Mitarbeiter und weitere interne Standardprozesse wie die Abwicklung von Geschäftsreisen. Vor allem Support-Funktionen bieten sich hierbei als ein erstes Feld an, in dem die Harmonisierung und Standardisierung vorangetrieben werden kann. Durch die in der Regel globale Verbreitung von Funktionen in den Bereichen Finanzen oder Controlling eignen sich die entsprechenden Prozesse gut, um harmonisiert zu werden und zudem als Beispiel für weitere folgende Prozess-Harmonisierungen zu dienen. Darüber hinaus tragen harmonisierte und standardisierte Prozesse zur Durchführung und Unterstützung der weiteren organisatorischen Agilität bei. So ist es für die Arbeit in flexiblen, global agierenden, cross-funktionalen Teams extrem wichtig, dass in der agilen Projektarbeit weltweit identische Arbeitsstandards und Prozessabläufe als Referenz dienen, um sicherzustellen, dass die Teams identisch funktionieren und sich neue Teammitglieder ohne Probleme und schnell in neue Teams und deren Arbeit einfügen können.

Über eine reine Prozess-Standardisierung hinaus spielen zusätzliche Rahmenbedingungen eine wichtige Rolle. Einer einheitlichen Sprache im Gesamtunternehmen, sowohl hinsichtlich der gesprochenen Sprache an sich, als auch bezogen auf die Verwendung von Formulierungen und Abkürzungen, kommt hierbei einer ebenso hohen Bedeutung zu wie standardisierte IT-Systeme und Hardware, wie Laptops und Telefone, um eine reibungslose Kommunikation und Zusammenarbeit zu gewährleisten. Auch eine entsprechend standardisierte Infrastruktur aus Räumen und entsprechender (Kommunikations-)Ausstattung stellt einen relevanten Faktor dar, um die Zusammenarbeit über Landes- und Zeitzonengrenzen hinweg zu vereinfachen.

In Kombination dieser Faktoren kann ein Unternehmen sicherstellen, Mitarbeiter global einsetzen zu können, die mit minimalen Reibungsverlusten an jedem Ort der Welt innerhalb kürzester Zeit arbeitsfähig sind. So macht es innerhalb einer derart standardisierten Struktur keinen Unterschied, ob ein Mitarbeiter morgens in sein eigenes Büro geht oder in einer Niederlassung auf einem anderen Kontinent seinen Arbeitstag beginnt. Benötigte Unterstützungsprozesse und Arbeitsabläufe bleiben ja letztlich identisch. Diese Faktoren können zudem das Zusammengehörigkeitsgefühl und die Zusammenarbeit stärken und können damit außerdem einen positiven Einfluss auf die Unternehmenskultur ausüben.

Die Effizienzgewinne durch Standardisierung und Vereinheitlichung von Prozessen innerhalb des Unternehmens können sehr hoch sein. Dazu können durch eine Reduzierung von Prozessschritten, die Anzahl der involvierten Stakeholder oder die Reduktion benötigter Unterlagen überdies wertvolle Kapazitäten für wertschöpfende Tätigkeiten genutzt werden. Gleichzeitig ist jedoch wichtig, diese Bestrebungen nicht dazu führen zu lassen, die Kreativität und die Weiterentwicklung bestehender Arbeitsweisen einzuschränken. Vor allem die Arbeit von crossfunktionalen Teams, die möglicherweise in engem Kundenkontakt neue Produkte oder Lösungen entwickeln, sollte durch standardisierte Prozesse nicht beschränkt werden. Vor allem im Bereich der Produktentwicklung empfiehlt sich vielmehr ein Vorgehen, bei dem einzelnen Teams bewährte und fest definierte Standardprozesse im Rahmen eines Toolkits, bestehend aus Elementen wie einer standardisierten Projektorganisation, Zeitpläne, Quality Gates oder Ähnliches angeboten werden. Für diese Teams sollte jedoch keine Verpflichtung bestehen, diese Tools auch tatsächlich zu nutzen. Vielmehr sollte es ihnen freistehen, eigene, durch das Projektteam individuell entwickelte und auf die spezifischen Anforderungen der Problemstellung maßgefertigte Herangehensweisen zu erproben. Diese Tools können an das Gesamtunternehmen oder ausgewählte andere Teams zurückgespielt werden, um gegebenenfalls einen neuen Standard zu definieren oder weitere Synergien zu realisieren. Ein Mitarbeiter-Performance-Management mit entsprechendem Fokus wie es an späterer Stelle in diesem Kapitel beschrieben wird, trägt darüber hinaus zur Verankerung dieser Arbeitsweise bei.

Eine agile Organisation mit kurzen Entscheidungswegen und voneinander unabhängigen, projekt-basierten Arbeitsteams erfordert zudem ein effektives System, um Informationen und Wissen innerhalb der Organisation zu sammeln, zu kodifizieren, zu sichern und verfügbar zu machen.

Um dies zu erreichen und ein aktives Wissensmanagement zu etablieren, sollte ein freier Informationsfluss innerhalb der Organisation gewährleistet werden und sowohl durch formale, IT-basierte Tools und Lösungen als auch durch informelle Kanäle und interne Expertennetzwerke gefördert werden.

Durch festgeschriebene Abläufe und Standards, wie ein verpflichtender Upload von Projektergebnissen und Zusammenfassungen durch einzelne Teams nach jedem Projekt und Incentivierung in Form von internen Awards für Informations- und Wissensbeiträge, kann das Unternehmen sicherstellen, dass erarbeitetes Wissen innerhalb der Organisation erhalten bleibt. Um das Wissen nicht nur zu sammeln, sondern auch verfügbar zu machen, müssen Mitarbeiter notwendigerweise jederzeit auf diese Informationen zugreifen können. Zu diesem Zweck gilt die Etablierung entsprechender IT-Tools oder Online-Lösungen, wie sie beispielsweise in von projektbasierter Arbeit geprägten Unternehmensberatungen etabliert sind, als gangbarer Weg, da auf diese Weise eine zeitliche und räumliche Unabhängigkeit im Zugriff auf Informationen gewährleistet werden kann.

Auch muss ein freier Informationsfluss zwischen einzelnen Projektteams sichergestellt werden, so dass auch im operativen Miteinander Erfahrungen und Wissen ausgetauscht werden können und nicht erst wenn alles kodifiziert wurde. Um den freien Informationsfluss innerhalb einer Organisation zu fördern, kann neben einer offenen Kultur, auch über die Möglichkeit einer Incentivierung nachgedacht werden, beispielsweise über Awards für Teams, die in besonderem Maße diesen Austausch unterstützen.

Darüber hinaus, können (Kontakt-)Informationen zu themenspezifischen Experten innerhalb der Organisation im Rahmen desselben Tools zur Verfügung gestellt werden und damit eine zusätzliche Form des Wissenstransfers ermöglichen.

9.3 Struktur – Vom festen Organisationschart zu Projekt-basierter Ressourcen-Allokation

Traditionell organisieren sich Unternehmen mehrheitlich entlang einer festgelegten Struktur, welche die Mitglieder der Organisation in regionale oder funktionale Geschäftsbereiche, oder einer Kombination aus beiden, in Abteilungen und Teams einteilt. Per Definition legen diese Organisationsstrukturen Einteilungen fest und können dadurch die freie Zusammenstellung von Funktions- oder Geschäftsbereichsübergreifenden Teams erschweren.

Um die in Kapitel 9.2 beschriebenen agilen Prozesse vollständig implementieren und nutzen zu können, muss das organisatorische Grundgerüst eines Unternehmens jedoch als unterstützende Rahmenbedingung fungieren.

Hierzu ist eine effektive Kombination aus dynamischen und stabilen Elementen in der Organisationsstruktur notwendig. Eine klar definierte und transparente Struktur aus Verantwortlichkeiten, Entscheidungs- und Eskalationsmechanismen stellt einen wichtigen Baustein der funktionalen Basis dar. Eine klare Übersicht für Mitarbeiter und Führungskräfte kann in dieser Hinsicht beispielsweise direkt im Rahmen des Organisationscharts, entlang »Boxen und Linien« oder aber auch durch klare Rollenbeschreibungen erzielt werden. Dabei muss die Aufteilung von Verantwortlichkeiten sowie die Wege, wie Entscheidungs- und Eskalationsmechanismen ausgelöst und genutzt werden können, für jeden Mitarbeiter ersichtlich und greifbar sein. Eine klare Definition des zugehörigen operativen Modells, welches das Vorgehen entlang dieser Strukturen beschreibt, stellt sicher, dass die hinterlegten Strukturen auch im Rahmen der täglichen Arbeit gelebt werden. Gleichzeitig ist die Integration dynamischer Elemente notwendig, um dem Unternehmen zu größerer Agilität zu verhelfen.

Im Folgenden werden Möglichkeiten beschrieben, wie agile Strukturen etabliert und verstärkt werden können. Dies ist sowohl innerhalb der bestehenden, traditionellen Organisation möglich, als auch in einer Art Weiterentwicklung im Rahmen von agilen Zusammenarbeitsmodellen, die keinen festgelegten Strukturen mehr folgen.

Generell lassen sich drei Hauptkategorisierungen von agilen Organisationsstrukturen unterscheiden. Hierbei sind die Übergänge fließend, wobei sich eine beliebige Anzahl an Unterkategorisierungen beschreiben lässt, deren Umsetzung je nach Unternehmensgröße, Branche, (angestrebtem) Geschäftsmodell und Veränderungsbereitschaft des Unternehmens unterschiedlich stark ausgeprägt sein kann.

- In der ersten Hauptkategorie wird eine traditionelle Organisationsstruktur mit festen Abteilungen und Bereichen weiterhin beibehalten, während agile Organisationselemente durch festgelegte Flex-Kapazitäten für Mitarbeiter integriert werden. Dies bedeutet konkret, Mitarbeiter verbringen einen festen Anteil ihrer Arbeitszeit, beispielsweise 20 Prozent, nicht in der traditionellen Linienstruktur, sondern arbeiten während dieser Zeit in cross-funktionalen, agilen Projekten, beispielsweise der Entwicklung eines neuen Produkts. Je nach Art des Projekts kann diese Zeit in festen Intervallen, etwa ein Tag pro Woche, oder über einen zusammenhängenden, fixen Zeitraum, etwa drei Monate, erfolgen. Zudem wird die Agilität des Unternehmens durch die freie Zeiteinteilung, durch zunehmende Ermöglichung der Nutzung des Wissens und der Kreativität der Mitarbeiter gesteigert. So können Ideen für neue Geschäftsmodelle oder andere Reaktionen auf Veränderungen ein wertvolles Nebenprodukt des eigentlichen Projektergebnisses sein.
- In der zweiten Hauptkategorie befinden sich agile Eigenschaften durch unabhängige, cross-funktionale Projektteams noch stärker im Fokus. Traditionelle funktionale Strukturen bestehen weiterhin, jedoch ist ein Teil der Mitarbeiter, variierend je nach Unternehmensstrategie und Agilitätsanspruch, sowohl aus direkten oder indirekten Funktionen, nicht mehr in diese Strukturen integriert. Vielmehr sind diese Mitarbeiter in einem Ressourcenpool für cross-funktionale Projekte gebündelt. Mitarbeiter aus diesem Pool arbeiten in diesem Modell ausschließlich in unabhängigen und agilen Projektteams, die an unterschiedlichen Themen, etwa die Entwicklung neuer Produkte oder Konzeption neuer Geschäftsmodelle, arbeiten. Im Gegensatz zur ersten Hauptkategorie besitzen diese Mitarbeiter somit keine traditionellen Aufgaben in Linienfunktionen, sondern widmen sich vollständig und ausschließlich Projektarbeit.

- Die dritte Hauptkategorie legt im Gegensatz zu den vorherigen ihren Hauptfokus auf agile Elemente und kann je nach Anspruch des Unternehmens bis hin zu selbst-organisierenden Modellen wie »Holacracy« führen. In dieser dritten Kategorie reduzieren sich traditionelle Strukturelemente bis auf ein Minimum. Das bedeutet, die Mitarbeiter arbeiten in einer großen Zahl selbst organisierter Teams, die entlang der Unternehmensstrategie unabhängig agieren und sich möglicherweise sogar ihre Ziele eigenständig definieren, Produkte entwickeln und zur Marktreife bringen.

Verbindender Faktor über all diese verschiedenen Kategorien und Ausprägungen ist die Zusammenarbeit in cross-funktionalen Teams. Als ein Kernbestandteil und gleichzeitig wichtiger Erfolgsfaktor eines agilen Arbeitsmodells gilt die Zusammenstellung und Organisation dieser Teams, worauf im Folgenden noch näher eingegangen wird.

Das zweite Thema, das in diesem Abschnitt genauer beleuchtet wird, ist eng mit der Zusammenarbeit in cross-funktionalen Teams verwandt. Effektives Performance Management in agilen Strukturen beinhaltet eine Reihe von Aspekten, die vom traditionellen, entlang Linienstrukturen geprägten Ansatz abweichen.

9.3.1 Zusammenarbeit in projekt-basierten, cross-funktionalen Teams

Um die im Rahmen der agilen Prozesse beschriebene Zusammenarbeitsmodelle umzusetzen und im Umfeld einer sich ständig ändernden Umwelt agil agieren zu können ist eine agile, projekt-basierte Organisation erforderlich. Wie oben beschrieben, kann diese je nach Unternehmen unterschiedlich stark ausgeprägt sein, baut sich jedoch immer entlang bestimmter Grundsätze auf: Zusammenarbeit in cross-funktionalen Teams und flexibles Staffing über Geschäftsbereiche und Regionen hinaus.

Langwierige Abstimmungen über verschiedene Funktionen hinweg werden durch die direkte Zusammenarbeit vermieden und die erarbeiteten Reaktionen, Lösungen, oder Neuprodukte können durch das Team direkt umgesetzt werden. Diese Zusammensetzung ermöglicht somit, mit hoher Geschwindigkeit zu reagieren und Entscheidungen zu treffen.

Es existieren unterschiedliche Möglichkeiten, wie eine teaminterne Organisation aufgebaut sein kann. Sie reichen von einer festen, top-down definierten Zusammenstellung konkreter Personen, inklusive Teamleitern und exakt festgelegten Verantwortlichkeiten bis zu einer völlig freien Zusammenstellung, unter der sich Teammitglieder individuell zusammenfinden und Verantwortlichkeiten (inklusive Teamleitung) sowie (neue) Projekte, Aufgaben und Ziele selbst und unabhängig von der Geschäftsführung definieren. Selbstverständlich ist insbesondere unter dieser freien Zusammenstellung überaus wichtig, die übergreifenden Werte und Zielrichtungen des Unternehmens ständig präsent zu halten um den Teammitgliedern als konstante Orientierung zu dienen.

Fallbeispiel: »ZZJYT« bei Haier

Haier ist ein führender Hersteller von Haushaltsgeräten wie Waschmaschinen, Klimaanlagen und Kühlschränken. Beheimatet in der chinesischen Küstenstadt Qingdao ist das Unternehmen bekannt für seine Nähe zum Kunden und verfolgt in der Produktentwicklung einen Ansatz der von Agilität geprägt ist. Cross-funktionale Teams von 10 bis 20 Mitarbeitern – die Mitglieder aus verschiedenen Bereichen wie beispielsweise Entwicklung, Produktion und Marketing beinhalten – agieren weitgehend unabhängig und entwickeln neue Produkte sowie Lösungen in engem Kontakt mit Markt und Kunden. Diese Einheiten werden »ZZJYT« genannt (eine Abkürzung für »Zi zhu jing ying ti«, was übersetzt »unabhängig operierende Einheiten« bedeutet) und wurden mit dem Ziel erschaffen, neue Produkte mit hoher Geschwindigkeit zu entwickeln, zu produzieren und zu vermarkten und somit schnell auf Nachfrageveränderungen oder Trends im Markt reagieren zu können. Einzelne »ZZJYT« werden mit spezifischen Aufträgen betraut und formieren sich zu diesem Zweck. Diese Einheiten können eigenverantwortlich neue Mitglieder rekrutieren oder entlassen und tragen dabei volle Verantwortung für Gewinn und Verlust. Darüber hinaus besitzen diese Teams die Freiheit, beinahe jede operative Entscheidung selbst zu treffen und auch durchzuführen. Diese Einheiten formen sich nicht entlang fest vorgegebener Themen oder Produkte, sondern werden laufend im Rahmen von einem internen Wettbewerb zusammengestellt. Mitarbeiter können sich für einzelne Teams bewerben oder neue Produkte vorschlagen, die sie gemeinsam mit einem Team zur Marktreife bringen wollen. Diese Organisationsform ermöglicht es Haier, sich laufend an die Verhältnisse im Markt anzupassen und neue Produkte in engem Zusammenspiel der einzelnen Funktionalbereiche zu entwickeln.[3]

Unabhängig davon, auf welchen teaminterne Organisation die Wahl am Ende fällt, um diese Teams mit den notwendigen Mitgliedern zu versorgen, ist ein zentraler Ressourcenpool erforderlich, aus dem flexibel Mitarbeiter zur Verfügung gestellt werden können. Nur so wird sichergestellt, dass Teams schnell und agil zusammengestellt werden können, um direkt auf Veränderungen reagieren zu können.

Hierfür existiert eine Vielzahl von Möglichkeiten. So kann dieser Ressourcenpool in einer traditionellen Struktur zunächst virtuell sein. Mitarbeiter, die sich zur Projektarbeit gemeldet haben, werden dann im Rahmen von zeitlich begrenzten Einsätzen Mitglieder von cross-funktionalen Teams. In der am weitesten fortgeschrittenen Form kann sich ein Unternehmen komplett von traditionellen Strukturen lösen und selbstorganisierend agieren. Hierbei finden sich die Mitarbeiter auf Basis von Rollen- oder Skill-Profilen frei in Projekten zusammen, deren Themen und Ziele eigenständig festgelegt werden. Dabei existieren auch keine traditionellen Führungsstrukturen mehr, die Zusammenarbeit erfolgt frei und ändert sich fließend entlang der Anforderungen durch das Umfeld. Es muss dabei jedoch stets Klarheit darüber herrschen, dass Unternehmen, abhängig von lokalen oder regionalen arbeitsrechtlichen Rahmenbedingungen, gegebenenfalls gesonderte vertragliche Vereinbarungen mit den Mitarbeitern treffen müssen, um einen global flexiblen Einsatz im Rahmen von mehrmonatigen Projekten zu ermöglichen und langwierige administrative Vorbereitungen zu vermeiden.

> **Fallbeispiel: »Holacracy« bei Zappos**
>
> Der US-Amerikanische Online-Schuhversand Zappos, gegründet im Jahr 1999 und heute ein Teil von Amazon, begann im Jahr 2013 mit der Implementierung eines »Holacracy« genannten Selbstmanagementsystems. Das System wurde einige Jahre zuvor durch den US-amerikanischen Unternehmer Brian Robertson entwickelt und in seinen Grundsätzen kodifiziert. Im Gegensatz zu traditionellen Organisationsformen zeichnet sich das System dadurch aus, dass Mitarbeiter nicht innerhalb einer festen Struktur aus »Boxen und Linien« spezifische Aufgaben erfüllen, sondern vielmehr verschiedene Rollen übernehmen und sich ohne Managementebenen oder definierte Strukturen selbst im Rahmen von sogenannten »Circles« organisieren. Die Mitarbeiter wählen hierbei ihre Rollen selbst aus, je nachdem wo sie den größten Bedarf sehen, und organisieren sich zu Gruppen in Form der genannten Circles. Mit Verschiebungen auf dem Markt oder anderweitigen Veränderungen ändert sich in diesem System die Organisation fließend. Mitarbeiter nehmen unterschiedliche Rollen ein und Circles bilden sich, lösen sich auf, oder fügen sich neu zusammen – eine agile Organisation, die einen stetigen Wandel durchläuft. Zappos ist das bisher größte Unternehmen, das sich der Organisationsform »Holacracy« verschrieben hat. Seitdem entwickelt sich die Organisation ständig weiter und entwickelt neue Vorgehen, die durch diese Organisationsform bedingt sind. So gilt es beispielsweise Vorgehen zu finden, wie Performance Management durchgeführt werden kann, wenn Mitarbeiter ihre Arbeitszeit zwischen mehreren verschiedenen Rollen aufteilen oder wie Gehälter festgelegt werden, wenn keine Hierarchieebenen mehr existieren.[4]

9.3.2 Performance Management für projekt-basierte Arbeit

Ein weiterer wichtiger Aspekt, den es bei der Etablierung einer agilen Organisation zu berücksichtigen gilt, ist ein entsprechend angepasstes Performance-Management-System. Mit intensiver Arbeit in cross-funktionalen, sich ständig ändernden projekt-basierten Teams wird schnell ersichtlich, dass ein traditionelles Performance Management entlang einer möglicherweise bereits nur noch virtuell existierenden Linienstruktur nicht mehr den Anforderungen aus der cross-funktionalen und projekt-basierten Arbeit gerecht werden kann.

Ein Manager innerhalb einer Linienstruktur, dessen Mitarbeiter unter Umständen ihre gesamte Arbeitszeit in unterschiedlichen Projektteams verbringen und oftmals auch geografisch weit verteilt sind, besitzt de facto keine realistische Möglichkeit, eine effektive und faire Leistungsbewertung durchzuführen. Auch eine entsprechende Mitarbeiter-Incentivierung entlang dieser Strukturen zeigt sich in einem agilen Zusammenarbeitsmodell als sehr schwierig, da Leistungen hauptsächlich in cross-funktionalen Teams erbracht werden.

Aus diesem Grund sollte sich Performance Management in agiler, projekt-basierter Zusammenarbeit sehr stark an Team-, respektive Projektzielen und -bewertungen orientieren. Sehr wenig bis überhaupt nicht sollte sich die Bewertung des entsprechenden Mitarbeiters an den Zielen und Bewertungen durch die Linienfunktionen, falls diese überhaupt noch existieren, ausrichten.

Jedes Mitglied wird gemäß dieser Ziele, die auch in einem Bottom-up-Ansatz vom Team selbst gesetzt werden können, beurteilt. Sowohl von anderen Teammitgliedern als auch Teamleitern erfolgt eine Bewertung entlang einheitlicher, unternehmensweit definierter Bewertungskriterien. Auf diese Weise wird eine Vergleichbarkeit zwischen einzelnen Teams und Mitarbeitern gewährleistet.

Die Vorteile dieser Form des Performance Management zur Unterstützung einer agilen Organisation liegen in drei Hauptbereichen:

- Reduzierter administrativer Aufwand: Ein dezentraler Ansatz im Performance Management reduziert den damit einhergehenden administrativen und zeitlichen Aufwand stark.
- Schnelles Feedback: Zudem erlaubt der enge Kontakt von Mitarbeitern und ihren Bewertern schnelles Feedback und, falls notwendig, Anpassungen und ermöglicht damit eine agile Zusammenarbeit und schnelle Reaktion auf sich ändernde Anforderungen.
- Hohe Transparenz: Die Mitarbeiter erhalten ständig ein sehr klares Bild von ihrer persönlichen Performance und besitzen durch die dadurch entstehenden kurzen, spontanen Review-Zyklen einfache Möglichkeiten, um auf das Feedback zu reagieren.

Naturgemäß verzahnt sich diese Form des Performance Management sehr stark mit der im vorherigen Abschnitt beschriebenen Team-Zusammenarbeit, und kann wie auch diese über eine Vielzahl von Zwischenstufen erreicht bzw. umgesetzt werden.

9.4 Menschen – Agile Unternehmenskultur

Agile Prozesse und eine entsprechende Struktur bilden die Grundlage einer agilen Organisation. Der tatsächliche Erfolg und die Verwirklichung der angestrebten Prozesse und Strukturen stehen und fallen jedoch mit jenen Menschen, die in diesem Rahmen arbeiten und agieren.

Die Unternehmenskultur bildet hierbei den Grundrahmen. Sie bildet sich aus den Werten, Normen und grundlegenden Einstellungen sowie dem entsprechenden

Verhalten gemäß den unausgesprochenen Regeln der Zusammenarbeit, die in einem Unternehmen vorherrschen. Diese kulturellen Wertmuster, die in einem Unternehmen etabliert sind, bestimmen maßgeblich die Zusammenarbeit zwischen Mitarbeitern, aber auch mit externen Partnern, Kunden oder Lieferanten. Gleichzeitig gibt eine starke Unternehmenskultur der Organisation Stabilität, da den Mitarbeitern auch unter sich ändernden Bedingungen ein einheitlicher, akzeptierter und verlässlicher Referenzrahmen zur Seite steht.

Der folgende Abschnitt zeigt auf, wie bestimmte Werte und die entsprechende Verwirklichung in der Zusammenarbeit dazu beitragen können, eine agile Organisationskultur zu bilden.

9.4.1 Unternehmerisches Mindset und Empowerment

Die Arbeit in kleinen, sich gegebenenfalls selbststeuernden Teams, wie in den vorangegangenen Abschnitten beschrieben, erfordert von den Mitarbeitern ein hohes Maß an Selbstständigkeit sowie die Bereitschaft, sich aktiv einzubringen. Dieses Modell der Zusammenarbeit kann seine Kraft nur dann voll entfalten, wenn die Teammitglieder in der Lage sind, relevante Entscheidungen selbst zu treffen, anstatt eine Vielzahl von Führungskräften einzubringen und entlang langer Abstimmungszyklen Entscheidungsmöglichkeiten zu diskutieren. Außerdem müssen sie sich in der Lage befinden, mögliche Probleme oder Hindernisse direkt zu lösen und dürfen dabei nicht auf Entscheidungshoheiten von außerhalb angewiesen sein.

Zudem lebt eine agile Organisation auch davon, dass Mitarbeiter neue Ideen einbringen, ein waches Bewusstsein für Entwicklungen im Geschäfts- und Makroumfeld aufrechterhalten und diese Wahrnehmungen auch entsprechend einbringen. So können Implikationen dieser Entwicklungen auf das Unternehmen und Geschäftsmodell wahrgenommen und umgesetzt werden. Im Idealfall können innerhalb des entsprechenden Teams direkt Aktivitäten oder Maßnahmen definiert werden, um auf solche Veränderungen zu reagieren oder mit neuen Vorschlägen für Produkte oder Services neu aufkommende Marktlücken abzudecken.

Diese unternehmerische Mentalität zu etablieren und aufrechtzuerhalten, sollte den Kern einer agilen Unternehmenskultur bilden. Wenn es gelingt, dass sich Mitarbeiter pro-aktiv mit den Möglichkeiten und Chancen durch Veränderung, sowohl innerhalb des Unternehmens als auch durch externe Impulse und Faktoren, auseinandersetzen, kann eine inhärente Agilität erzielt werden, die zu einer definierenden Unternehmenskultur werden kann.

Um dies zu fördern, müssen die Mitarbeiter darin gestärkt werden, sich aktiv einzubringen. Der Zielzustand dieser Handlungskompetenz – »Empowerment« genannt – kann anhand von drei Grundleitplanken definiert werden:

- Das Verhalten der Mitarbeiter ist jederzeit an den Werten und der übergreifenden Vision des Unternehmens ausgerichtet.
- Die Mitarbeiter besitzen ein vollständiges Verständnis dafür, was von ihnen persönlich erwartet wird. Außerdem verfügen sie über die notwendige Unabhängigkeit und Autorität, um dafür benötigte Entscheidungen zu treffen.
- Die Mitarbeiter agieren als motivierte Leistungserbringer und besitzen gleichzeitig die notwendigen Fähigkeiten, um diese Erwartungen zu erfüllen.

Die Verwirklichung dieses Zielzustands beruht auf drei konkreten Treibern, die im Rahmen der Unternehmenskultur die Grundlage der Zusammenarbeit bilden:

- Vertrauen: Jedem Mitarbeiter wird das Vertrauen entgegengebracht, dass er die im Rahmen der jeweiligen Verantwortlichkeiten übertragenen Aufgaben erledigt.
- Verantwortung: Jeder Mitarbeiter ist verantwortlich für seine Ergebnisse und Entscheidungen und zeigt dabei persönliche Verantwortung. Diese Verantwortung wird auch gegenüber anderen Abteilungen und Unternehmensbereichen erbracht und gleichermaßen auch erwartet.
- Courage: Jeder Mitarbeiter zeigt jene Courage, die notwendig ist, für seine Entscheidungen und Verantwortlichkeiten einzustehen und seine eigenen sowie die anderer Kollegen und Vorgesetzten auch zu hinterfragen. Andere werden ermutigt, dies auch zu tun.

Um diese Treiber und Eigenschaften zu fördern, kann das Empowerment der Mitarbeiter in verschiedenen Dimensionen stattfinden und es besteht eine Vielzahl von Möglichkeiten, wie sie durch das Unternehmen allgemein und das entsprechende Management direkt unterstützt werden können.

Grundsätzlich muss das Ziel darin bestehen, den Spielraum, in dem sich Mitarbeiter im Rahmen von Verantwortlichkeiten, Entscheidungen und Selbstständigkeit frei bewegen können, auszuweiten. Die Hauptaspekte liegen dabei auf der Etablierung einer »Fail fast, fail often«-Kultur und darauf, damit auch das kalkulierte Eingehen von Risiken zur Förderung agiler Arbeitsweisen zu incentivieren. Möglichkeiten dazu sind weitreichend und enthalten ein breites Spektrum. In ihrer konkreten Ausgestaltung kommt es naturgemäß zu Unterschieden zwischen einzelnen Branchen und Unternehmen. So wird die Ermutigung, Risiken einzugehen, bei einer Bank sicherlich geringer ausfallen, als bei einem eCommerce-Unternehmen oder Start-up. Grundsätzlich lassen sich die Möglichkeiten jedoch entlang folgender Maßnahmen darstellen:

- Vergrößerung der Autonomie und Verantwortung, etwa Delegieren bestimmter Entscheidungen und Verantwortungen, etablieren von persönlichen Zielen und KPIs.
- Ermutigung zur Risikobereitschaft, etwa gezielte Förderung neuer Ideen und deren Umsetzung.

- Vorleben gewünschter Verhaltensweisen durch das Management, etwa unabhängiges Treffen von Entscheidungen.
- Bereitstellung von Coaching und Training, etwa fachliche Trainings, um Mitarbeitern das benötigte Skill-Set zu vermitteln, regelmäßiges Coaching und Feedback durch Manager.

Entlang dieser Maßnahmen können konkrete Aktivitäten und Initiativen definiert werden, um das Empowerment in Verhalten und Denkweisen zu verankern, Entrepreneurship zu fördern und ein Team von unabhängig denkenden, entscheidungsfreudigen und damit auch agilen Mitarbeitern zusammenzustellen.

9.4.2 Begeisterung für Ambiguität

Ein weiterer Faktor von hoher Wichtigkeit in einem agilen Umfeld ist eine grundsätzliche Begeisterung für Ambiguität, im Sinne von Ungewissheit hinsichtlich Ereignissen oder Entwicklungen im Arbeitsumfeld. Die Nichteindeutigkeit des Makro- und Geschäftsumfelds, die Notwendigkeit, Entscheidungen auf Basis unvollständiger Informationen zu treffen und die Arbeit an Themen und Aufgaben, die sich innerhalb kurzer Abstände komplett ändern können, sind hierbei definierende Einflussfaktoren. Das Arbeiten unter solch unsicheren Bedingungen als Chance und Möglichkeit und eben nicht als Stressfaktor wahrzunehmen, stellt einen entscheidenden Erfolgsfaktor für die Zusammenarbeit dar.

Es existieren unterschiedliche Möglichkeiten, diese Fähigkeit innerhalb des Unternehmens zu verankern. Die offensichtlichste Variante besteht darin, auf entsprechende Faktoren bei Kandidaten bereits im (Projekt-)Recruiting Wert zu legen und die Rekrutierung solcher Mitarbeiter zu forcieren, sowohl intern als auch extern. Dies kann beispielsweise durch zielgerichtete Fragen im Interviewprozess oder entsprechender Case-Beispiele geprüft werden.

Darüber hinaus gibt es jedoch auch verschiedene Optionen, ein entsprechendes Mindset bei bestehenden Mitarbeitern zu fördern und zu etablieren. Eine Begeisterung für Ambiguität als Verhalten im Rahmen der Organisationskultur zu etablieren, ist ein ausschlaggebender Faktor, um diese agil zu gestalten.

Viele Möglichkeiten, diese Ambiguität zu fördern, lassen sich bereits in den im vorangegangen Abschnitt beschriebenen Empowerment-Maßnahmen wiederfinden. Gezieltes Training und Coaching von Mitarbeitern kann einen großen Beitrag dazu leisten, Ambiguität und Unsicherheit positiv zu begegnen. Zwei Hauptfaktoren tragen hierzu bei: Zum einen kann die Vermittlung eines allgemeinen Bewusstseins für unsichere Makro-Umstände helfen. Ein Verständnis zu schaffen, welches Ambiguität nicht per se als schlecht definiert, sondern als einen weiteren externen Einfluss, wie zum Beispiel Faktorkosten, etabliert, der ebenso als Chance wahrgenommen werden kann, ist hierbei das Ziel.

Zum anderen tragen die Vermittlung von zusätzlichen Fähigkeiten und fachliche Weiterbildungen im Rahmen von Trainings dazu bei, Mitarbeiter auf ein breiteres Skill-Set zu stellen, um auf schnelle Veränderungen und unsichere Rahmenbedingungen zu reagieren. Auch der Aufbau und die Erweiterung von methodischem Wissen und Fähigkeiten wie Szenario-Planung können Mitarbeiter dabei unterstützen, das Vertrauen in die eigenen Fähigkeiten zu steigern und damit einhergehend gegenüber Veränderungen ruhiger und mit mehr Selbstvertrauen zu reagieren. Im Idealfall werden diese Faktoren dann nicht als Bedrohung wahrgenommen, sondern als eine Möglichkeit, die erlernten Fähigkeiten anzuwenden und von neu entstandenen Chancen zu profitieren.

Ein weiteres Element, Ambiguität als Chance und Möglichkeit wahrzunehmen, liegt im beispielhaften Verhalten des Managements. Die Möglichkeiten hierzu sind breit gefächert und können entlang verschiedener Formen und Kanäle erfolgen. So kann eine pro-aktive und transparente Kommunikation von Interpretationen des Geschäftsumfelds, der strategischen Ausrichtung oder geplanter nächster Schritte dazu beitragen, das Sicherheitsgefühl der Mitarbeiter zu steigern und zu zeigen, dass Veränderungen im Umfeld mit neuen Chancen verbunden sind.

Interview mit Markus Hammer

Senior Knowledge Expert; McKinsey & Company
Universitätslektor, Lernfabrik TU Graz

Frage: Worin besteht für Sie der kritischste Erfolgsfaktor bei der Implementierung von Agilitätsmaßnahmen?

Hammer: Ganz klar: der Mensch. Agile Prozesse und Strukturen müssen zwar den Rahmen vorgeben. Doch ob eine agile Organisation wirklich zum Leben erwacht, hängt allein von den Mitarbeitern ab. Sie müssen in der Lage sein, schnell auf Veränderungen im Umfeld zu reagieren. Und sie müssen bereit sein, konstruktiv mit Ambiguität und Unsicherheit in einer immer volatileren Welt umzugehen.

Frage: Worauf müssen die Mitarbeiter von Unternehmen auf dem Weg zur Agilität vorbereitet werden?

Hammer: Soziale und fachliche Kompetenzen gewinnen mehr und mehr an Bedeutung. Damit steigt der Bedarf an effektiver Weiterbildung und Qualifizierung der Belegschaft.

9.4 Menschen – Agile Unternehmenskultur

Mitarbeiter brauchen eine hohe Anpassungsfähigkeit und Resilienz, also die Fähigkeit, notwendige Veränderungen als Chance zur Weiterentwicklung zu sehen. Sie werden vermehrt in projektbasierten, cross-funktionalen und internationalen Teams mit kürzerer Verweildauer arbeiten. Je höher die Methodenkompetenz, also Problemlösung, Prinzipien agiler oder schlanker Fertigung, desto einfacher wird es sein, unterschiedliche Aufgaben zu erledigen und an verschiedenen Arbeitsplätzen innerhalb eines Unternehmens zu wirken.

Auch die fortschreitende Digitalisierung im Rahmen von Industrie 4.0 erfordert ein permanentes Auseinandersetzen mit neuen technischen Hilfsmitteln. Die durchgängige Nachverfolgung von Produkten mittels RFID-Chips, additive Fertigung oder moderne Benutzerschnittstellen sind hier nur einige Stichworte.

Frage: Wie können die notwendigen Kompetenzen einer agilen Unternehmenskultur aufgebaut werden?

Hammer: In der Erwachsenenbildung versprechen praktische, realitätsnahe Trainings die besten Lernerfolge. Das haben unabhängige Studien in den vergangenen zehn Jahren immer wieder gezeigt. Sowohl Universitäten als auch Industrieunternehmen haben deshalb gemeinsam mit Partnern begonnen, sogenannte Lernfabriken aufzubauen. Eine Lernfabrik ist ein praxisnahes Produktionsumfeld, in dem man die Fähigkeit zum Wandel erproben kann, ohne das Risiko einzugehen, tatsächliche Unternehmensprozesse zu stören.

Abbildung 9.3: Beispiel »Leanlab« als Lernumfeld

Frage: Wie kann man sich eine Schulung in einer Lernfabrik vorstellen?

Hammer: Teilnehmer erleben in einem realen Umfeld, wie man im Team suboptimale Abläufe Schritt für Schritt verbessern kann. Sie wenden Optimierungsmethoden wie Analyse des Ist-Wertstroms und Reduktion nichtwertschöpfender Tätigkeiten an, führen Leistungskennzahlen ein und implementieren sukzessive Agilitätsstellhebel wie den flexiblen Mitarbeitereinsatz. Die praktische Anwendung wird durch intensives Coaching begleitet. Dabei vermittelt dieser Learning-by-doing-Ansatz nicht nur Methoden und Instrumente, sondern gerade auch die wichtigen sogenannten Soft Skills.

Der starke Kontrast des Vorher/Nachher und die intensive Erfahrung der gemeinsam erreichten Verbesserungen tragen entscheidend dazu bei, Methoden und Fähigkeiten bei den Teilnehmern dauerhaft zu verankern.

Frage: Sie hatten den Fokus »Mensch« eingangs erwähnt. Welche Verhaltensweisen sind für Agilität erforderlich und werden in der Lernfabrik gestärkt?

Hammer: Wandel funktioniert nur, wenn die Mitarbeiter in Ideengenerierung, Problemlösung und Maßnahmenumsetzung eingebunden sind. Hier baut, aus meiner Sicht, die Agilität auf Prinzipien der schlanken Produktion auf. Unternehmen wie Toyota haben eine starke Kultur des Vertrauens, der Eigenverantwortung und der kontinuierlichen Verbesserung. Solche Erfahrungen kann die Lernfabrik vermitteln. Dabei zeigt sich interessanterweise auch, dass gerade vermeintlich gegenläufige Maßnahmen wie das Einhalten von standardisierten Prozessen und eine koordinierte Zusammenarbeit und Stabilität maßgeblich die Agilität unterstützen. Sie sind Voraussetzung beispielsweise für schnelle Umrüstvorgänge und den flexiblen Mitarbeitereinsatz in einer Montagezelle. All das lässt sich in den experimentellen Lerneinheiten einer Lernfabrik verdeutlichen.

Frage: Was würden Sie einem Produktionsleiter empfehlen, der seine Mannschaft auf die volatile Welt und agile Organisation vorbereiten möchte?

Hammer: Für Produkte, Services oder Produktionsprozesse werden Soll-Ist-Analysen im Rahmen der Unternehmensstrategie meist standardmäßig durchgeführt. Das allein reicht aber nicht aus. Auch die Kompetenzen der Mitarbeiter gehören unter die Lupe. Ein Produktionsleiter wird auf Basis der gegebenen Qualifikationsanforderungen regelmäßig prüfen, welche Fähigkeiten die Mitarbeiter haben und wo eventuell Lücken bestehen. Für den Aufbau fehlender Kompetenzen sind dann effektive Schulungsmaßnahmen einzuplanen – etwa durch Nutzung bestehender oder Aufbau neuer Lernfabriken.

9.4.3 Recruiting und Karriereentwicklung

Bei der Betrachtung des Themas »agile Unternehmenskultur, Mitarbeiter und Menschen« müssen auch Aspekte des Recruiting berücksichtigt werden. Um wirklich Teil des Unternehmens werden zu können, müssen neue Mitarbeiter neben den benötigten Kenntnissen und Fähigkeiten auch zur agilen Unternehmenskultur passen. Als wichtigster Bestandteil des Unternehmens und entscheidender Faktor bei der Verwirklichung einer agilen Organisation muss bereits im Recruitingprozess eine starke Berücksichtigung dieses Fits zur Unternehmenskultur erfolgen.

Rein auf Basis übermittelter Unterlagen und entlang der im Unternehmen typischerweise angewandten Methoden zur Prüfung der Kompetenz eines Bewerbers ist eine Beurteilung des kulturellen Fits jedoch nicht möglich.

Für Gespräche und Interviews ist eine konkrete Definition von Kriterien notwendig, mit der die Bewerber auf kulturellen Fit geprüft werden können. Die Definition und Festlegung der Kriterien muss hierbei in enger Anlehnung an die Unternehmenswerte und Vision erfolgen. Darüber hinaus sollten sicherlich auch allgemein gültige Elemente einer agilen Kultur wie Begeisterung für Ambiguität und ein unternehmerisches Mindset Teil dieser Kriterien sein. Diese müssen dann von der Einschätzung des Interviewers der aus eigener Erfahrung die gelebte Unternehmenskultur kennt und versteht ergänzt werden.

Auch nach der Einstellung eines neuen Mitarbeiters gibt es Möglichkeiten, den Fit zur Unternehmenskultur nochmals einer genauen Prüfung zu unterziehen. So bieten einige Firmen Formen der Probearbeit an, die es neu eingestellten Mitarbeitern erlaubt, nach einer kurzen Zeit und ersten Erfahrungen, die Entscheidung zu treffen, ob die Kultur und das Unternehmen zu ihnen passen oder ob sie das Unternehmen direkt wieder verlassen möchten, nachdem sie eine entsprechende Abfindung erhalten haben. So bieten beispielsweise die Internethändler Zappos und Amazon ihren Mitarbeitern die Möglichkeit, das Unternehmen freiwillig zu verlassen und dafür eine einmalige Bezahlung in Höhe von mehreren Tausend US-Dollar zu erhalten. Bei Zappos erfolgt dieses Angebot im Rahmen eines vierwöchigen Trainingsprogramms für neue Mitarbeiter und trägt den Namen »The Offer«, bei Amazon wird es bestimmten Mitarbeitern sogar jährlich unterbreitet. Diese Maßnahme kann auch als eine Art »performance-review« des Unternehmens durch seine Mitarbeiter wahrgenommen werden, mit dem Ziel, dass Mitarbeiter dies als eine bewusste Entscheidung für das Unternehmen sehen.[5] Diese oder ähnliche Formen des »Pay to quit«-Konzepts können effektive Möglichkeiten sein, einen weiteren Mechanismus zu etablieren der sicherstellt, dass neue Mitarbeiter auch wirklich zum Unternehmen passen und das Unternehmen auch zu ihnen.

Um neu rekrutierte und bestehende Mitarbeiter zu halten, besteht auch Handlungsbedarf von Seiten des Unternehmens. Die Definition von konkreten Entwicklungspfaden innerhalb eines agilen Modells gehört hierbei zu den wichtigsten Aspekten. Im Vergleich zu bekannten Linienstrukturen kann auf den ersten Blick ein agiles Organisationsdesign aus dieser Perspektive komplex und unklar erscheinen. Deshalb ist es notwendig, klare Entwicklungsstufen zu definieren und entsprechende Pfade sowie dazugehörige Trainings und Unterstützungsmodelle zu etablieren.

Speziell vor dem Hintergrund der Digitalisierung und er damit einhergehenden Veränderung von Kompetenz- und Anforderungsprofilen wird deutlich, dass klare Entwicklungsmöglichkeiten notwendig sind, um Mitarbeiter für neu aufkommende Felder zu befähigen. So kann sich etwa in der Produktion die Rolle eines Wartungsmitarbeiters, der aufkommende Fehler behebt, hin zu einem Planer, der von den Maschinen automatisch generierte Daten analysiert und Predictive-Maintenance-Pläne überblickt, wandeln.

Anmerkungen

1 Vgl.: Steven Aronotowitz, Aaron de Smet, Deirdre McGinty: »Getting organizational Redesign right«. In: *McKinsey Quarterly* (June 2015), S. 98-109
2 Vgl: Wouter Aghina, Aaron de Smet, Kirsten Weerda: »Agility, It rhymes with stability«. In: *McKinsey Quarterly* (December 2015), S. 58-69
3 Vgl.: Cecily Liu: »Taking customers to a Haier ground to serve them better«. In: *China Daily* (26.08.2013), URL: http://europe.chinadaily.com.cn/business/2013-08/26/content_16920090.htm (Abgerufen am 25.10.2016) und Bill Fischer, Umberto Lago, Fang Liu: »The Haier road to growth«. In: Strategy+Business (27. April, 2015), URL: http://www.strategy-business.com/article/00323?gko=c8c2a (Abgerufen am 25.10.2016)
4 Vgl.: Gianpiero Petriglieri: »Making Sense of Zappos' War on Managers«. In: *Harvard Business Review* (19. Mai 2015), URL: https://hbr.org/2015/05/making-sense-of-zappos-war-on-managers (Abgerufen am 25.10.2016) und David Gelles: »At Zappos, pushing shoes and a vision«. In: *The New York Times* (17. Juli, 2015), URL: http://www.nytimes.com/2015/07/19/business/at-zappos-selling-shoes-and-a-vision.html?_r=0 (Abgerufen am 25.10.2016) und Jerry Useem: »Are bosses necessary«.In: *The Atlantic* (Oktober 2015), URL: http://www.theatlantic.com/magazine/archive/2015/10/are-bosses-necessary/403216/ (Abgerufen am 25.10.2016)
5 Vgl.: Bill Taylor: »Why Amazon is copying Zappos and paying employees to quit«. In: *Harvard Business Review* (14. April 2014), URL: https://hbr.org/2014/04/why-amazon-is-copying-zappos-and-paying-employees-to-quit (Abgerufen am 25.10.2016)

Danksagung

Die Herausgeber und Autoren danken allen, die einen Beitrag zum Buchprojekt Erfolgsfaktor Agilität geleistet haben.

Raimund Diederichs und Sebastian Miller waren während der Anfangsphase des Buches wertvolle Diskussionspartner mit viel Input für das Autorenteam. Dafür möchten wir uns sehr herzlich bedanken.

Außerdem danken wir Markus Egger, Jochen Fabritius, Farouq Halawa, Carolin Heck, Andreas Liebl, Karin Malinski, Peter Oswald, Kai-Peter Rath, Akima Spatz-Safidine, Gerd Tatzer und Thomas Tscherner.

Ein besonderer Dank geht auch an Frau Jutta Hörnlein vom Wiley Verlag und an Herrn Dr. Hans Peter Schnöll vom Institut für Innovation und Industrie Management der Technischen Universität Graz für die gute Zusammenarbeit während der Fertigstellung des Buches.

Die Herausgeber und Autoren

Über die Herausgeber

Prof. Dr. Christian Ramsauer ist Vorstand des Instituts für Innovation und Industrie Management an der Technischen Universität Graz. Nach zwei Jahren Forschung an der Harvard Business School in Boston und mehreren Jahren in der Managementberatung vor allem für die Stahl- und Automobilindustrie leitete er als geschäftsführender Gesellschafter erfolgreich ein Maschinenbauunternehmen. Bevor er dem Ruf an die Universität folgte, war er Geschäftsführer einer Beteiligungsfirma in München. Sein Institut beschäftigt rund 25 Mitarbeiter. Diese befassen sich mit neuen Ansätzen im Produktionsmanagement, im Anlaufmanagement und in der »Maker Economy« für Produktinnovationen und Start-ups. Er betreibt ein LeanLab, ein FabLab und einen »Harvard Case Study Raum«. Gemeinsam mit über 20 Lektoren aus der Industrie wird Lehre für Studierende und auch Executive Education für Manager angeboten.

Dr. Detlef Kayser ist Executive Vice President Strategy & Fleet und ist unter anderem für die Gestaltung der Flottengröße, Flottenzusammensetzung und -zuordnung für die gesamte Lufthansa Group zuständig. Er verantwortet strategische Projekte und das Corporate Office, welches den Ordnungsrahmen für die Leitung und Überwachung der Gesellschaften im Lufthansa Konzern setzt. In dieser Funktion berät Dr. Kayser bei der Gestaltung, Weiterentwicklung und Auslegung von Regelwerken. Nach seinem Maschinenbau-Studium an der Technischen Universität Braunschweig promovierte er zum Dr.-Ing. mit »summa cum laude«. Er war in verschiedenen Funktionen für das Institut für Flugführung und Flugregelung der TU Braunschweig tätig. Detlef Kayser war 19 Jahre bei McKinsey & Company tätig und führte als Senior Partner und Direktor die globale Manufacturing Practice über viele Jahre.

Dr. Christoph Schmitz ist Senior Partner bei McKinsey & Company. Er verfügt über 15 Jahre Erfahrung in der Topmanagement-Unternehmensberatung und leitet aktuell die globale Manufacturing Practice. Weiterhin steht er dem Frankfurter McKinsey Büro vor und führt als promovierter Chemiker auch die Digital-Aktivitäten des Chemiesektors. Seine Fokusgebiete sind neben Produktionsstrategien die Entwicklung und Einführung von globalen Produktionssystemen, Netzwerkoptimierungen, Re-Organisationen und Post-Merger-Integrationen. In den letzten Jahren hat er sich verstärkt auf die Entwicklung von digitalen und Advanced-Analytics-basierten Methoden für den nächsten Horizont der Produktivitätssteigerung und operativen Transformationen fokussiert. Christoph Schmitz promovierte an der Universität Bayreuth mit Fokus auf makromolekulare Chemie und die Entwicklung von organischen elektro-optischen Dünnschichtbauelementen. Bevor er in die Beratung wechselte, arbeitete er in der freien Wirtschaft und war zehn Jahre lang selbstständig.

Über die Autoren

Dominik Luczak ist Partner im Münchner Büro von McKinsey & Company. Er berät seit mehr als sechs Jahren sowohl Automobilhersteller als auch -zulieferer mit Fokus auf die Bereiche Produktentwicklung, Einkauf und Operations – insbesondere rund um das Themenfeld Agilität. Er leitet die McKinsey Initiative »Agile Operations« – bei der es um die Erhöhung der Agilität im Geschäftsmodell produzierender Unternehmen geht – und die Kooperation mit der Technischen Universität Graz. Dominik Luczak hält ein Diplom in Wirtschaftsingenieurwesen der Universität Karlsruhe (TH) und einen MBA der London Business School sowie der Keio University (Tokio).

Martin Kremsmayr ist wissenschaftlicher Mitarbeiter und Doktorand am Institut für Innovation und Industrie Management der Technischen Universität Graz. Seine Forschungsschwerpunkte liegen in den Bereichen Agilität in der Produktion und Anlaufmanagement. Im Rahmen seiner Dissertation beschäftigt er sich mit der Optimierung des Anlaufmanagements bei neuen Produkten in prozessorientierten Hochtechnologie-Unternehmen. Martin Kremsmayr studierte Wirtschaftsingenieurwesen-Maschinenbau an der TU Graz mit Fokus Produktionstechnik. Während seines Studiums sammelte er Praxiserfahrung in führenden Unternehmen der Automobilindustrie und des metallverarbeitenden Sektors.

Dr. Matthias Schurig ist Senior Berater im Berliner Büro von McKinsey & Company. Er ist Teil der Operations Practice und berät überwiegend Unternehmen aus der Pharma- und Halbleiter-Industrie zu Fragestellungen aus dem Bereich Operations. Er unterstützt die McKinsey Initiative »Agile Operations« und entwickelt Ansätze zur Steigerung der Agilität von produzierenden Unternehmen. Er hat zum Thema Bewertung der Agilität von Produktionsnetzwerken am Institut für Innovation und Industrie Management an der Technischen Universität Graz promoviert. Matthias Schurig hält einen Diplomabschluss in Wirtschaftsingenieurwesen vom Karlsruher Institut für Technologie (KIT) und studierte an der Universidad del País Vasco (Bilbao).

Thomas Deubel ist Project Manager im Corporate Development der LEONI Kabel GmbH und dort zuständig für strategische Projekte zur Unternehmensentwicklung. Zuvor war er im Berliner und Münchener Büro von McKinsey & Company tätig. Dort war er Teil der globalen Automotive & Assembly Practice und leitete vorwiegend Projekte in der Automobilindustrie mit Fokus auf Strategie und Operations. Zudem unterstütze er die McKinsey Initiative »Agile Operations«, wo er neben der Untersuchung theoretischer Grundlagen in verschiedenen Projekten auch die Agilität von Unternehmen bewertet und in deren Aufbau beraten hat. Thomas Deubel hält einen Master in Wirtschaftsingenieurwesen des Karlsruher Instituts für Technologie (KIT).

Christian Rabitsch ist wissenschaftlicher Mitarbeiter und Doktorand am Institut für Innovation und Industrie Management der Technischen Universität Graz. Seine Forschungsschwerpunkte liegen in den Bereichen Agile Operations und strategisches Produktionsmanagement. Im Rahmen seiner Dissertation beschäftigt er sich mit Maßnahmen zur Steigerung der Agilität produzierender Unternehmen. Christian Rabitsch studierte Wirtschaftsingenieurwesen-Maschinenbau mit Fokus Mechatronik an der TU Graz und an der University of Glasgow. Nach Abschluss seines Studiums war er als Projektleiter im technischen Vertrieb bei der Wild GmbH tätig.

Stefan Heldmann ist wissenschaftlicher Mitarbeiter und Doktorand am Institut für Innovation und Industrie Management der Technischen Universität Graz sowie Berater im Frankfurter Büro von McKinsey & Company. Im Rahmen seiner Dissertation beschäftigt er sich mit der Anwendung von Big Data für das Monitoring externer Unsicherheiten im industriellen Umfeld. Seine Arbeit bei McKinsey & Company fokussiert sich auf den Industriesektor. Hier unterstützt er die McKinsey Initiative »Agile Operations« und beschäftigt sich mit dem Einsatz von Advanced Analytics. Stefan Heldmann hält einen Diplomabschluss in Wirtschaftsingenieurwesen von der TU Darmstadt und studierte zudem an der UC Berkeley, University of Canterbury und am MIT.

Alexander Pointner ist Universitätsassistent und Doktorand am Institut für Innovation und Industrie Management der Technischen Universität Graz. Seine Forschungsschwerpunkte liegen in den Bereichen der

Agilen Produktion und der Lean Produktion. Im Rahmen seiner Dissertation beschäftigt er sich mit der Einführung von Agilen Methoden anhand bestehender Produktionskonzepte in der Industrie. Alexander Pointner studierte Wirtschaftsingenieurwesen-Maschinenbau mit Fokus Production Science and Management an der TU Graz und an der Jönköping University (Schweden). Vor seiner Zeit am Institut arbeitete er als Projektmitarbeiter im Bereich Elektromobilität bei der Porsche Austria GmbH & Co OG.

Dr. Andreas Hönl ist Senior Berater im Berliner Büro von McKinsey & Company. Als Mitglied der globalen Automotive & Assembly Practice berät er überwiegend Automobil- und Zuliefererunternehmen mit Schwerpunkt in den Funktionen Entwicklung und Produktion. Darüber hinaus befasst er sich mit dem Thema Agilität für Operations und Organisation, unter anderem als Projektleiter für die McKinsey Initiative »Agile Operations«. Andreas Hönl hält einen Masterabschluss in Management von der Handelshochschule Leipzig (HHL) und war als Visiting Scholar an der Zicklin School of Business (New York) tätig. In seiner Promotion an der Philipps-Universität Marburg beschäftigte er sich mit den Auswirkungen von Persönlichkeitsfaktoren auf Risikoverhalten.

Marco Wampula ist Berater im Stuttgarter Büro von McKinsey & Company. In seiner Beratungsarbeit fokussiert er sich hauptsächlich auf die Automobilindustrie und ist für Automobilhersteller und -zulieferer tätig. Vor allem in den Bereichen Entwicklung und Operations arbeitet er hierbei mit Klienten in Europa und Asien. Seit mehreren Jahren befasst er sich im Rahmen der McKinsey Initiative »Agile Operations« mit dem Thema Agilität bei produzierenden Unternehmen. Marco Wampula hält einen Bachelorabschluss in Asian Studies and Management und studierte in Konstanz und an der Dalian University of Foreign Languages (Dalian, China).

Stichwortverzeichnis

A Absatzprognose 192
Ad hoc Monitoring 175
Adidas 220
Advanced Analytics *siehe* Datenanalyse 179
agiles Unternehmenssystem 78, 85
Agilität
– Definition 78
Agilität und Effizienz 103
Agilitätsindex 141, 173
Agilitätslevel 139
Agilitätsmaßnahmen 82
Agilitätsstellhebel 84, 141, 168, 201
Analysesicht 182
Anpassungsfähigkeit 80, 95
Arbeitsorganisation 206
Archetypen für Steuerungseinheiten 256
Atmungsfähigkeit 81, 95
Ausprägungen von Unsicherheit 52
Auswirkungen auf die Operations 58
automatisierte Entscheidungsregeln 166
automatisierte Signale 168
Automatisiertes Reportingsystem 175
Automobilbranche 206
Automobilindustrie 215, 223, 234

B Bausteinfokus 171
Beschaffung 213
Best Practices 141
Betrugserkennung 191
Bewertungskatalog 175
Bewertungsprozess 62 f.
Big Data 164, 179, 182
Big-Data-Kompetenzen 186
Black-Box-Ansatz 185
BMW 208, 213
Bottleneck-Analyse 189
Break-even-Level 108

C Chief Agility Officer (CAO) 251
Chief Analytics Officer 179
Chief Data Officer 179
Chief Financial Officer (CFO) 251
Churn Management 190
Clickstream-Daten 190

D 3D-Druck 211, 233
Daimler 134
Data Cubes 190
Data Scientists 179, 187
Data Warehouse 179, 190
Daten 178
Datenanalyse 184

Datenbanktechnologien 178
Datenbeschaffung 186
Datenmenge 178
Datenquellen 182
Datensicht 182
Dezentrales Monitoring 195
Digitalisierung 47, 128, 132, 178, 226
disruptierende Unternehmen 150
Disruption 49
Diversifizierung 49

E Echtzeit 183
Echtzeit-Monitoring 175
Einflussgebiet für Unsicherheit 58
Eintrittswahrscheinlichkeit 62, 65
Elektromobilität 41
End-to-end-Monitoring 177
Enterprise Risk Management 78, 90, 92
Entscheidungs- und Governance-Strukturen 150
Entschluss zur Maßnahme 67
Entwicklungsprozess 170
Experimentieren 153, 185

F False Negatives 171
False Positives 171
Feststellen des Handlungsbedarfs 66
Finanzkennzahlen zur Quantifizierung der Agilität 106
Flexibilität 78, 82, 91 f.
FMEA-Analyse 72
Frühwarnindikatoren 175
Frühwarnzeit 167
Funktionales Monitoring 195

G General Electric 132, 211
Gesamtagilität 84
Geschäftsmodell 50, 129, 131
Geschäftsmodellinnovationen 132
Globalisierung 128
Granularität 48

H Handlungsbedarf ableiten 72
Hochlaufgeschwindigkeit 167
Holacracy 275, 277

I Industrie 4.0 226, 229 ff., 235
Infineon 210
Informationsbasierte Monitoring 165
Informationsbasis 184
informelle Sensoren 172
Inputfaktoren 174
Inputkosten 61
Internet der Dinge 178

K Kawasaki 209
Known Unknowns 184
Komplexität 49
Koordiniertes Monitoring 195
Kosten 172
Kosten-Nutzen-Rechnung 121
kritische Elemente der Wertschöpfungskette 119
Kundenservice 188

L Lean Production 78, 93
Lessons Learned 155
Lieferanten 174, 214f.
Logistik 216, 218

M Marketing 224f.
Marktfolgefähigkeit 109
Mechanik der Agilität 166, 168
Mikroebene 56
Mindset 250
Minifabriken 220
Monitoring 79, 86
Monitoring im engeren Sinn 176
Monitoring im weiteren Sinne 176
Monitoringaufwand 168
Monitoringergebnisse 175
Monitoringfelder 173
Monitoringfrequenz 175
Monitoringsystem 169
Monitoringtools 172
Monitoringumfang 170

N Nachfrageschwankungen 59
Naturkatastrophen 45
neue Normalität 43

O Operations 130
Operative Umsetzung der Maßnahme 67
operativen Steuerung 166
Optimierung 123
Organizational Health 111

P Portfolio strategischer Initiativen 153
Potenzielle Unsicherheiten 63
Predictive Analytics 188
Predictive Maintenance 286
Pricing 190
Priorisierung der Unsicherheiten 73
Produktentwicklung 188
Produktgestaltung 221
Produktionsanlagen 211
Produktionsnetzwerk 219
Produktionsstörungen 60
Produktmix 60
Produktnachfrage 166
Prozessoptimierung 137

Q Quantifizierung der finanziellen Wirkung 117

R Reaktionsvermögen 62, 66
Reaktionszeit 167
Regelmäßiges Monitoring 175
Resilienz 78, 90, 92
Ressourcenallokation 114, 154
Ressourceneffizienz 189
RFID-Chips 283
Risiko-Chancen-Profile 137
Risiko-Profil 128
Risikominimierung 138
robust 171
Rohmaterial 174
Rohstoffpreisentwicklung 43
Routenplanung 189

S Scheinkorrelationen 185
Schichtplanung 192
Schnelles Scheitern 152
Sensoren 163
– externe 175
– interne 175
Siemens 218
Signalbasiertes Monitoring 166
Signale 164
Simulationsmodell 118
Small Data 182
Stage-Gate-Prozess 153
Standardreporting 175
Start-up 152
Steuerungsmodell 168, 241f.
– Aufgaben 259
– Gestaltungsdimensionen 247
– operative Ausgestaltung 255
Strategiearbeit 149
Strategieprozess 153
Strategieumsetzung 155
strategische Manövrierfähigkeit 150
strategische Steuerung 165
Supply Chain 90, 176, 191
Systembaustein 162
Systemdenken 168, 196
Systemfokus 171

T Technologie 174
Text Mining 184
Topmanagement 175
Topmanagement-Befragungen 176
Total Shareholder Return 114
Toyota 212, 214

U Uber 150
Umfeldanalysen 79
Umsatzprognose 192

Unbeständiges Geschäftsumfeld 37
Undurchsichtige Wirkzusammenhänge 38
Ungewisse Entwicklungen 39
Unknown Unknowns 184
Unsicherheit 34, 86, 148
Unsicherheit bewerten 61
Unsicherheitsgefühl 34, 47
Unternehmensebene 57
Unternehmenselemente 87
Unternehmenskultur 80, 111, 250
Unternehmensorganisation 193
Ursprungsbereiche von Unsicherheit 54

V 4-V-Modell 182
Variety 183
Velocity 183
Veracity 184
Veränderungsfähigkeit 84
Vernetztheit 51

Vertrieb 224f.
Volatilität 128
Volume 183
Vorausschauende Instandhaltung 228
Vorbehalte gegen Agilität 102

W Wandlungsfähigkeit 82
War Room 176
Warenverfügbarkeit 192
Webquellen 184
Wettbewerb 174
What-if-Szenariobetrachtung 154
Wirkungsdauer 167
Wirkungsintensität 167
Wirtschaftlichkeit 169

Z Zara 218
Zentrales Monitoring 194
Zulieferer 174
ZZJYT 276

www.ingramcontent.com/pod-product-compliance
Lightning Source LLC
LaVergne TN
LVHW082008090526
838202LV00005B/256